Dmitry Orlov

The Five Stages of Collapse

Survivors' Toolkit

崩壊5段階説

生き残る者の知恵

ドミートリー・オルロフ
大谷正幸
訳

新評論

訳者によるまえがき

一九九六年夏、崩壊した祖国の混沌とした状況を目の当たりにして、一人の男が未来について思索せずにはいられなくなった。それは、これから家庭を築こうとする男の嗜《たしな》みとも言えるものであった。

悪性インフレに苦しみながら途方に暮れている祖国の人々の表情は、結婚したばかりの男の前途を決して祝っているようには見えず、苦難が待ち受けていることを予告しているかのようであった。当時、西側の資本主義、民主主義、自由主義は勝利した。「歴史の終わり」なのだ、などと謳《うた》われていた。しかし、彼には西側諸国の繁栄が永続するとは到底思えなかった。

旧ソビエト社会主義共和国連邦の学者家系に生まれた彼は、一二歳のときから家族でアメリカに移住していたが、一九八九年、一五年ぶりに祖国を訪ねることが許されて、叔父との再会を果たした。叔父はアンドロポフ時代の政治犯として収監されていたが、釈放されることになったのだ。それは、チェルノブイリの原発事故から三年が経ち、ミハイル・ゴルバチョフが社会の再構築《ペレストロイカ》に取り組んで国民の不満と奮闘していたころのことである。同じ年の一一月、ベルリンの壁が崩壊している。

このとき以来、彼は繰り返しロシアを訪ねるようになり、祖国の移り変わる様子を直に観察してきた。あとになって気付いたことは、叔父が釈放されるようになったことも、ソビエトが東側の衛星国に構っていられなくなったことも、「兆候だった」ということだ。ソビエトはやがて崩壊するに至り、混沌としたロシアはハイパーインフレを経験したあと、ウラジーミル・プーチンが登場して強国ロシアが再生されていく。その変遷と対比させながら、もう一つの超大国であるアメリカ合衆国の未来に彼は想いをめぐらせた。未来を展望する際、彼はとくに「ピークオイル論」に注目した。

ピークオイルとは、一年間に採掘される石油の世界全体の総生産量がピークに達することを言う。そして、ピークオイルに達したあと、石油の生産量は減少の一途を辿ることになる。

一九五六年にシェル石油の地質学者マリオン・キング・ハバート博士（Marion King Hubbert, 1903～1989）はアメリカ国内の石油生産量が一九七〇年頃にピークに達すると予測し、その通りになったという実績がある。その予測方法を世界各国のデータに適用すると、二一世紀初頭には地球全体の石油生産量がピークに達しそうだというのだ。アメリカ合衆国だけでいえば不足分を輸入で補えばよかったわけだが、地球全体の石油生産量がピークに達したあとはどうすればいいのだろうか。

分かりきったことだが、ピークオイル後、私たちが利用できるガソリンや軽油などの燃料が減少し、旅客・貨物の輸送量が減ることは避けられない。石油はまた、プラスチックや医薬品などの石油化学製品の原材料でもあるため、その最終生産物となる製品も減少することになる。要するに、経済活動の縮小が余儀なくされ、さまざまな影響が懸念されるということである。このような不穏な未来予告は、前世紀の末頃からネット上を駆けめぐっていた。

とりわけ、ジェイ・ハンソン[1]が立ち上げたウェブサイト「dieoff.org」は、ピークオイル後の世界を考えるために試みられた「知の統合」の嚆矢《こうし》であり、まだ無名だったあの男もこのサイトを覗《のぞ》いていた。そこには、重要で示唆に富む多くの論文やオリジナルの論考が用意されており、それらをつなぎ合わせると未来が展望できるようになっていた。つまり、石油地質学者による石油生産量の将来予測に留まらず、ピークオイル後の影響を考えるうえで基本的かつ有用な考え方を扱った記事が充実していたわけである。

たとえば、ギャレッド・ハーディンの「共有地の悲劇[2]」のような比較的よく知られた話もあれば、日本人にはほとんど知られていないものの、未来を読み解くうえで重要なウィリアム・カッ

（1）(Jay Hanson) カリフォルニアでコンピュータ・プログラマーとして成功したあと、ハワイに移住して悠悠自適の生活を送るなかで、ライフワークとして取り組んでいた「人類の生態学的危機」というべき問題に人々の注意を向けさせて、「人々を変えたい」との理由から、知る人ぞ知るウェブサイト「dieoff.org」を立ち上げた。

（2）http://dieoff.org/page95.htm（二〇一五年九月六日アクセス）

トンJr.の「オーバーシュート」の抜粋[3]やジョセフ・テインターの崩壊論の要約[4]なども紹介されており、現代文明に待ち受けている危機を多角的に考察できるようになっていた。

一九九七年、すでにハンソンは、さまざまな知見から演繹した行動パターンに照らしてアメリカが石油目当てにイラクへ侵攻することになるだろうと予言していたが[5]、二〇〇一年にジョージ・W・ブッシュ政権（二〇〇九年まで）が誕生してイラクに対する強硬論が強まっていくなか、ハンソンはますます悲観的な未来を思い描くようになっていった。

ハンソンの思索の結論は以下のようなものであった。

「生物は包括適応度を増大させようとする[6]」という動物行動学の原理は、人間社会の安定のためにエネルギー利用の拡大を要求するわけだが、ピークオイル後、利用可能なエネルギーは減少の一途を辿るため、さまざまな衝突が避けられなくなる。

二〇〇三年、アメリカのイラク侵攻がはじまる二か月前、彼は掲示板サイト「Yahoo!Group」への書き込みにて休筆を宣言した（現在は活動を再開）。その書き込みには、「ピークオイル後の苦難を予見するための理路が分かる人は、世界中で二〇〇〜三〇〇人にも満たないのではないか」という悲観論が綴《つづ》られていた。

あらゆる物質の移動および変化には、エネルギーの散逸が伴うという物理学や化学熱力学の見識は必須である。また、先述した動物行動学の見解や、それに依拠した進化心理学の考え方を踏まえて人間行動を考察する必要がある。もちろん、テインターの崩壊論を参照した歴史認識も欠かせない。付言すれば、現行の金融システムが経済成長を前提とした部分準備銀行制度を採用している[7]ことも考慮する必要がある。

つまり、ピークオイル後の苦難を予見するために必要とされるのは「知の統合」であり、ジェネラリストたる能力なのだ。だが、近代社会の特徴はエキスパートを目指すことになっている。「専門の仕事への専念と、それに伴うファウスト的な人間の全面性からの断念は、現今の世界ではすべて価値ある行為の前提であって、したがって『業績』と『断念』は今日ではどうしても切り離しえないものとなっている[8]」

（3）http://www.dieoff.org/page15.htm（二〇一五年九月六日アクセス）

（4）http://dieoff.org/page134.htm（二〇一五年九月六日アクセス）、その邦訳 http://mogaku.moo.jp/pdf/academic_journal/ohtani2.pdf（二〇一五年九月六日アクセス）本書三一ページ参照。

（5）http://www.dieoff.org/page128.htm（二〇一五年九月一〇日アクセス）

（6）現代生物学では、適応の評価を、ある個体がどれだけ多く子を残したかではなく、ある個体とその血縁者も含めた包括的なものとして、ある遺伝的形質をより多くより確実に残す営みに注目している。ウィリアム・ドナルド・ハミルトン博士が血縁淘汰説として提唱。

（7）（Fractional Reserve Banking System）預金の全額でなく、銀行が一部だけを払い戻しに備えて保管しておく仕組み。

というマックス・ヴェーバーの指摘通り、人々は高度に分業化された専門的な営みに従事し、学問はますます重箱の隅をつつくような研究へと細分化していっている。もっとも、テインターの崩壊論に照らせば、それは「価値ある行為」というよりも、複雑性を増大させながら崩壊に至る道程にすぎないと言える。

本書の予備知識ともなるピークオイルの影響について、もう少し触れておこう。

ピークオイルはもとよりエネルギー問題の話になると、一般の人はまず第一に電気のことを心配するかもしれない。しかし、電気よりも前に考えるべきことがある。近代農業による生産から輸送・販売に至る食糧供給システムがいかに石油利用に頼っているか、ということだ。一カロリー分の食材が食卓に届くまでに、五〜一〇カロリー分の化石燃料が使われているという話もあるのだ。

さらに、ほとんどの人が気付かないことは、ピークオイル後の問題が経済と物理の齟齬《そご》となって現れるということだ。省エネルギーや代替エネルギーの開発にしか目が向けられないとしたら、問題の核心に近づくことはできない。

利用可能なエネルギーが減少するにつれて金融システムが崩壊するという話になると、発電技術が大好きなエンジニアたちは困惑するようだ。彼らは永久機関が不可能であることを知っているにもかかわらず、永久運動を強いる金融の仕組みの問題については考えようとしない。だが、禍根《かこん》はまさにそこに潜んでいる。

お金が社会に流通しはじめる起点は銀行による貸し出しであるわけだが、その際、金利分のお金は社会に供給されない(9)。人々は椅子取りゲームのような状況に置かれて、競い合うことを強いられ、誰かが再びお金を借りてくれることを願わずにはいられないわけだ。それゆえ、社会全体の債務総額は複利で、つまり指数関数的に膨れ上がっていくことになる（本書四七ページ、第1章「まずい数学」参照）。

人類で最初に原子力エネルギーの大きさに気付き、放射壊変の研究でノーベル化学賞を一九二一年に受賞したフレデリック・ソディは、どんなにエネルギーが潤沢であったとしても金融の仕組みを放置しておけば現代文明は滅びると考えたが(10)、経済と物理の齟齬について考えるエンジニアやエコノミストは希有《けう》と言える。

(8)　マックス・ヴェーバー／大塚久雄訳『プロテスタンティズムの倫理と資本主義の精神』岩波文庫、一九八九年、三六四ページ。
(9)　Michael McLeay et al., “Money creation in the modern Economy”, Quarterly Bulletin 2014 Q1, p14-27 http://www.bankofengland.co.uk/publications/Documents/quarterlybulletin/2014/qb14q1prereleasemoneycreation.pdf（二〇一五年九月一〇日アクセス）

前述したように、石油の生産量が減ればプラスチックや医薬品などの石油化学製品の生産量が減り、あらゆる貨物の輸送量も減ることになる。その結果、市場で取引される商品の量も減ることになる。仮に物価が一定ないし下落基調ならば、取引量が減ると売り上げが落ちることにもなる。すると、生活水準を落とさざるをえなくなり、債務の返済も困難になって税収も落ち込むことになる。売り上げが減少して債務の返済が難しくなるという予想が大勢を占めれば、融資が滞ることになるだろう。となると、さらに商業活動が冷え込み、さらに税収が落ち込み、行政サービスの低下を招くことになる。

では、物価上昇に火を付けるにはどうすればよいのだろうか。グローバル化による物価の平準化圧力に抗してでも貨幣を社会に供給すればよいのだが、一体誰が喜んで債務者になりたがるだろうか。最後の借り手は政府となる。政府が借り入れたお金をうまく社会にばらまけば物価上昇に火が付くわけだが、一方では商品の取引量が減少の一途を辿ることも分かっている。そうなると、スパイラル的な物価上昇が予想され、投機に走る者も出てきてハイパーインフレになりかねない。

ピークオイル後の世界について考えるには、風が吹けば桶屋が儲かる式の思考、つまり三段論法の繰り返しを、先に引用したヴェーバーの言葉に逆らうジェネラリストの視点で周到に行う必要がある。本書にはピョートル・クロポトキンの思想も紹介されているが（一三一および二六五ページ参照)、クロポトキンの自伝に記された言葉を紹介しておこう。

「教育のある者と教育のない者のおもな相違は、私の考えでは、教育のない者はいくつもつながっている推論の鎖をあとづけることができないということになる。最初の推論は理解するし、たぶんそのつぎの推論も理解する。ところが、第三の推論までいくと、結局、最後になにをいおうとしているのかがわからないと、疲れてしまって投げだしてしまうのだ。しかし、これと同じようなことは、教育のある人々の間でもたえず見かけるが[11]」

一人の男が未来についての思索をはじめて九年の年月が流れた。

その年の六月、スティーブ・ジョブズはスタンフォード大学の卒業式で「伝説」とまで言われるようになったスピーチを披露し、そのなかで一七歳のときに感銘を受けた言葉を紹介していた。「毎日を人生最後の日であるかのように生きるならば、いつか必ず本当にそうなるだろう」(“If you live each day as if it was your last, someday you'll most certainly be right.”)

(10)　(Frederick Soddy, 1877~1956)　世界経済の混迷とピークオイル後の経済展望のためにソディの貨幣論が再評価されている。ホワン・マルチネス＝アリエ／工藤秀明訳『エコロジー経済学―もうひとつの経済学の歴史』(新評論、一九九九年)を参照されたい。

(11)　高杉一郎訳『ある革命家の思い出・上』平凡社ライブラリー、二〇一一年、一二七ページ。

そしてジョブズは、毎朝、鏡の前で次の言葉を自問することを習慣としていた。

「今日が人生最後の日になるとしたら、今日の予定は私がやりたいことなのだろうか？」（"If today were the last day of my life, would I want to do what I am about to do today?"）

そう、いつか必ず「その日」はやって来る。その後、生産活動が縮小し、金融システムが不具合を起こし、商業活動は低迷し、税収減によって行政サービスが低下し続けるのだ。そこまで分かっているとしたら、分析に明け暮れるだけではなく備えをはじめるべきである。

ところが、微分方程式に新たな項を導入してピークオイルに達する時期の予測精度を上げることに熱中する研究者や、金融システムのことなど一顧だにせず、新エネルギー技術の開発に励む研究者が圧倒的に多い。その後のことを考えて行動する研究者はかぎられている。また、石油文明の崩壊を思弁的に説くピークオイル論者はいたが、現実の崩壊から学んだというピークオイル論者は、当時、まだ登場していなかった。

一人の男が九年近く考えていたことを社会に公表したのは、伝説となったジョブズのスピーチが行われた一〇日ほど前のことだった。その内容は、未来志向に人を誘う、画期的な論考だった。それまでのピークオイル関連の論考は得体の知れなさから来るモヤモヤした感じを人々に残していたが、鋭い洞察力とユーモアのセンスを備えた一人のジェネラリスト、つまり本書の著者であるドミートリー・オルロフが登場し、その壁が取り払われたのだ。その論文は、今もなお読み返

すに値するものである。(12)

「一九八五年にはソビエト連邦がまさか崩壊することになるとは思われていなかったように、今はまだ、アメリカ合衆国の崩壊は起こりそうもないことのように思われる。ともあれ、先に崩壊したほうの経験は、次の崩壊から生き残りたい人々にとって教訓となるかもしれない」

このように前置きをして彼は、ペレストロイカのころから繰り返し訪ねて観察してきた崩壊した祖国の様子を、アメリカの事情と対比させながら伝えた。経済が崩壊するとどんな生活になるのか、崩壊した経済のなかで生き残るための有効な方法とはどのようなものか、そして旧ソビエト連邦の生活様式には崩壊時の苦難を緩和する備えがあったということを具体的に記したのだ。

この画期的な論考は二〇〇八年に出版された著書『Reinventing Collapse: The Soviet Example and American Prospect（再発する崩壊：ソビエトの前例とアメリカの見通し）』（邦訳未刊）の骨子ともなり、同書は二〇〇九年のＩＰＰＹアワードを受賞した。彼はまた、自身のブログ「ClubOrlov」を通してエッセイを発表するようになった。今や、彼のブログは世界中で閲覧されており、しばしば各国語に翻訳されて再配信されるほどまでになっている。

（12）Post-Soviet Lessons for a Post-American Century, FTW,（2005）。その邦訳は、http://www.shiftm.jp/show_blog_item/164 で読める。

二〇〇八年二月二二日、彼は「崩壊5段階説」と題するエッセイを発表した。そのエッセイの前半は、本書序章の「崩壊の段階とはどんなものか?」と題する項に転記されている。崩壊が、金融、商業、政治、社会、文化へと段階を踏みながら進展することを説いたものであり、その後半では、崩壊における段階ごとの特徴を手短に解説していた。

このブログ記事は、公表から二年が過ぎてもなお、毎月一五〇〇ほどのアクセスが継続していた。やがて、ピークオイル後の影響が論じられる際には、テインターの崩壊論と並んでオルロフが提唱した崩壊の「分類」がしばしば引用されるようになった。そして、その記事の後半部分の詳説を読者が渇望したことで、書籍版の「崩壊5段階説」が執筆される運びとなったわけである。

そして本書こそ、ここまでに記した経緯で誕生した、Dmitry Orlov, The Five Stages of Collapse: Survivors' Toolkit (New Society Publishers, 2013) の全訳である。邦訳タイトルは、直訳で「崩壊5段階説」とさせていただいた。サブタイトルは「生き残る者のtoolkit」ということだが、「toolkit」はもともと「工具一式」を意味し、転じて「個人に備わった資質、能力、技能など」という意味で使われる。「セミナーに参加してtoolkitをゲットした」というような表現にも用いられる。生き残るうえでの「toolkit」をひと言で代表させて、ここでは「知恵」とさせていただいた。

本書は、「すでに社会および経済が激変するという見通しを受け入れる心の準備ができた者」（序章）に、崩壊過程を段階ごとに分類して定義しつつ有益な思索材料を供し、生き残りたい者には段階ごとに異なる心構えが必要となるということを説いたものである。これにより、「崩壊の段階に応じて、一過性のことなのか、永続することなのか、崩壊が治まる地点なのか、などと具体的に計画を立てる」（序章）ことができるというわけである。

本書を読了した良識ある人には分かるだろうが、崩壊時に必要とされることは、「大学やビジネススクール（経営大学院）が教えていることとはまったく異なるスキル」（一一〇ページ参照）だということを肝に銘じておくべきだ。

たとえば、崩壊の第1段階「金融の崩壊」はすでにはじまっていると考えられるが、そんな状況のなかで信頼できる人を探すときには、「『私はあなたのおばあちゃんを知っているよ』と言えば、どんなVIPの推薦状、大学の学位、あるいは有名人の名前を挙げるよりも事がうまく運ぶ」（九四ページ）という知恵が紹介されている。これは、決して嘘ではない。その証明として、「あなたが手掛けた著書を知っている」と私は言って、本書の邦訳出版の機会を得ている。

次に読者は、第3章を開いて三ページばかり読んでいただきたい。最近の日本のことが言い当てられているように思ったならば、この本が生き残るための知恵を供しているものだとお分かりいただけるだろう。読者のみなさまに、恵みがあらんことを訳者として祈りたい。

そして、訳者として付言しておきたいことは、「段階説」と言いながらも本書には全体を貫く主題があるということである。それは「家族の再生」である。とくに、第5章において詳述されているので、現在の日本の状況に照らし合わせて読んでいただきたい。

一つだけ、訳者からヒントを差し上げておこう。

ヒトは家族という単位で生命を継承する生物として進化したと推察されるが、家族という単位の健全な存続に対して、企業中心社会がしばしば無理筋な要求を突き付けてきたことはご存じであろう。「メンタルヘルス」対策を講じなければならないような社会のおかしさを、そろそろ考えたほうがいいだろう。経済が順調だったときには「亭主元気で留守がいい」と笑っていたわけだが、それは進化史的には冒涜とも言えよう。また、貨幣経済の行き詰まりを想定すると、ゼロ歳児保育の報いも覚悟しておかねばならないだろう。

今後、エネルギー利用が制約されることは不可避であり、いや応なしにライフスタイルの変革が迫られる。もしも、人間らしく生き残りたいのであれば、私たちは「家族の再生」について思案しなければならないだろう。ちなみに、オルロフは結婚を機に未来についての思索をはじめているわけだが、彼はまた、英語の綴りと発音の不規則性の問題（三〇〇ページ参照）を克服するための英語教材「Unspeller」（二〇一四年）を作成・出版しており、それをつくった理由は「息子のため」であった。

流されるのではなく、理性を働かせて未来を展望することは、家族を思う親の嗜《たしな》みだ。「嗜み」という字のなかには「老いた日」という字が入っているが、あなたがよき長老《エルダース》（第1章参照）になるという目標を立てるならば、崩壊の時代を生き抜く家族の再生も果たされ、自ずと心強いソーシャル・キャピタル（互恵的な人間関係）が構築されるであろう。言ってみれば、本書はその手引き書でもある。

本書の翻訳は、金沢美術工芸大学における基盤研究課題「エネルギー制約とライフスタイルの変革に関する研究」の一環として取り組んだものでもあり、教育基本法第七条に鑑み、この出版をもって「成果を広く社会に提供する」次第である。また、この翻訳出版の機会を与えてくださり、読みやすくするための編集作業に骨を折ってくださった株式会社新評論の武市一幸氏に心より感謝したい。

二〇一五年九月　金沢美術工芸大学附属図書館のいつもの席にて

大谷正幸

もくじ

第5章の事例研究 イク族 …… 504

凡例

・本書は、Dmitry Orlov, The Five Stages of Collapse: Survivors' Toolkit, New Society Publishers, 2013 の全訳である。
・訳出にあたっては、直訳を基本としつつも、実用的な読みやすさを優先して、一部冗長的な表現の簡潔化あるいは意訳を行っている。
・原著における明らかな誤植（大統領令の番号、日付、貨幣単位、加速器の円周長、引用ページ）は、気付いたかぎりにおいて修正している。
・原註は、本文中に（原註番号）によって示し、一括して巻末に掲げた。
・訳者による補足は、本文に挿入した［ ］内の補記、および本文に（番号）を示したうえでの脚註により行った。
・傍点を振った言葉は、原著において強調がほどこされた単語などに相当する訳語、または訳者が「きらい」「まし」などの日本語を明瞭に表したものである。
・「 」を用いた記述は、原著における引用箇所、または訳者が訳語を強調したものである。

崩壊5段階説——生き残る者の知恵

First published New Society Publishers Ltd.,
Gabriola Island, British Columbia, Canada.
Japanese translation rights arranged with New Society Publishers
through Japan UNI Agency, Inc., Tokyo.

序　崩壊論の概略

崩壊とは、社会的に扱いにくい話題である。本気で深く物事を考える男たちはときどきこの崩壊について語り合っているが、休みの日や酒場で声を潜めてやっている。このトピックは、男女が同席するような場所ではごく稀にしか話題に上ることはなく、子どもたちがいる席ではほとんど取り上げられることがない。

だが、若干の専門家たちには、つまり科学者やエンジニア、最近では金融部門で働く人々にとっては、崩壊はいよいよ「部屋の中にいるゾウ」(1)となっている。そして、沈黙を守る

(1)　(elephant in the room)　無視されている、もしくは議題には挙がっていないが、明らかに事実であることを表す際に用いられる英語の慣用句。

べきではないかといったような空気が専門家たちにひどい挫折感をもたらしている。というのは、専門家たちが自由に扱えるデータに基づくならば、自身の頭の中で崩壊に至らないシナリオを練り上げることがますます難しくなってきたからだ。

一方、ほかの人々、つまりビジネスマン、政治家、経済学者、社会科学者、心理学者、教育学者は、このような考え方はあまりにも後ろ向きなものだと考えたがる。

この二つのグループの違いは、大きく異なる二つの思考様式の相違にほかならない。一つ目のグループは、システム理論や熱力学などを踏まえて、測定可能な物理量と物理学的な原理に則して考える訓練を積んでいる。このような人々は、事実と結果を、前向きか後ろ向きかではなく、単に正確か不正確かという観点でのみ研究している。研究成果が社会にどのように応用できるかといったことについては、せいぜい二次的にしか考えない。

一方、二つ目のグループにとっては、社会はいつでも主体と客体の両方を保持していることになっている。彼らはこの考えをもっとも重視しており、物理学的な考察や原理をいつでも二次的な事柄と見なしている。こういう人々は、物理学的な考察や原理を理解する訓練を積んでいないどころか、物理学的な考察や原理をさまざまな見解のうちの一つぐらいにしか考えていない。

彼らにとっては、崩壊というトピックは、社会への直接的で緊急性のある影響に限定されている。崩壊が現代社会に及ぼす影響に関する議論の域を越えることはなく、崩壊が長期に及ぶ現実とは見なされないのだ。このような見方をする人には、本書の主題は感激して励みになり、教訓に富み、楽しく力がみなぎるというよりも、あまりにも後ろ向きで、煩わしくて悩ましく、気が重くて敗北主義的なものと思われることだろう。

この両極の専門家たちの間にも、合意に達する一つの確固たる点がある。両者ともに、崩壊という話題についてよくよく考えるということは、自らのキャリアを築き上げる導きにならないということである。このことを口外する専門家たちは、「もし、私たちがこれこれをしないならば」とか「私たちはこれこれをしなければならない」といった言い回しを発する傾向があり、崩壊が予防あるいは回避できる出来事であるかのように言葉の置き換えを行おうとする。

ビクビクすることなく明け透けに崩壊についての議論ができる者といえば、定年退職した専門家や終身在職権をもつ大学教員くらいであろう。(2) しかも、大学教員の場合には、当人の研究が助成金に依存していないという条件付きである。また、正反対の極には、崩壊が市場のニッチとあらゆる製品・サービスの運び屋を育んでいることに気付いた人々がいる。彼らは、荒れ地でサバイバル訓練をする人、つまりサバイバリスト向けの燃料置き場や装備から、崩壊をヘッジする金

(2)　日本で石油減耗に伴う社会の変化について研究している東大系の「もったいない学会」、あるいは京大系の「縮小社会研究会」を覗くならば、この見解の正しさと若手研究者の少なさを確認できる。

融商品を販売促進するための著書まで提供している。

この中間のどこかに位置する人々は、実際に崩壊中のコミュニティーで働いており、その現実や社会的影響、そして医療面での影響に目をつぶっていられるほど快適な状態にはない。彼らは、いや応なしに直面する不快な日常の現実と、雇われ続けるために装わねばならない、無理強いされたような楽天的な振る舞いという認知的不協和によって葛藤している自らに気付いている。

より個人的なレベルでは、崩壊という話題は結婚と家庭生活を蝕むことになる。月並みなパターンは、夫があれこれと読書をして、崩壊が進行中であることに確信をもつようになるというものだ。世界観の劇的な変化によって、夫は突然急進的な考えをもつようになり、異常なまでの備えこそが最上級の優先事項として求められるべきことだと信じ込むようになる。

そのような備えが早まって、夫のキャリアを放棄させることになるかもしれない。農場を手に入れようして、場合によっては外国の土地に手を出す。道具や必需品などを購入するために、投資、年金基金、その他の蓄えをすべて現金に換える。農耕、栽培、狩猟について学ぼうとする。子どもの教育をホームスクーリングにする。崩壊の話題に懐疑的な友人や知人に対してよそよそしくなる、などである。

だが、旦那がそのようなことに注力している間にも、妻はずっと望んでいたような暮らしを続けたがる。つまり、友達や実家の近くに住んで、冬には暖かい地方で長期休暇を満喫し、おしゃれなブティックで買い物をして、子どもを私立の学校やサマーキャンプに送り出して、他の夫婦を家に招いて楽しむような暮らしである。ところが、夫にとっては崩壊こそが何にも増して考えるべきことになっており、家族が崩壊を切り抜けて生き残るように準備することに余念がない。

一方、妻にとっての崩壊は、ますます変人の度合いを増して疎《うと》みたくなる、世間的にも恥ずかしい夫から再三聞かされた会話のなかでの抗《あらが》うことのできなかった話題である。いよいよ妻は、ふさわしい男性と結婚したのだろうかと自問しはじめることになる。詰まるところ、誰かの夫はどんなことが起ころうといつでもうまく対処するのである。女性にとっては、崩壊を切り抜けて生き残ることは、崩壊についてあれこれ腐心することではなく、負け組の男との結婚を避けることで手堅く対処できるという単純な話でしかない。

このことは伝統的な進化戦略であり、人類史のほとんどにおいてずっとうまく機能し続けてきたことである。だが、この戦略がグローバル化した工業文明の崩壊の最中にどれくらいうまく機能し続けるのかについて、私たちは見極めねばならなくなるだろう。

男性は誰を大統領に選ぶべきかといった大局観に関心がある一方、女性はどの洗濯機を購入すべきか、子どもをどこに通わせるべきかといった細かいことにこだわるパターンのようなものがある。しかしながら、このようなパターンが逆転することもある。妻が崩壊通になって、旦那のほうが否認し続けようとすることもあるのだ。

いずれにせよ、多くの家庭で片方の配偶者が時代の趨勢に気付いて、人生設計を大きく変える準備をはじめるが、片方の配偶者はそれを受容できないということがある。子どもがいれば制約条件はさらに大きくなる。なぜならば、必要な順応として崩壊後に照準を合わせたような人生設計は、崩壊前の考え方に照らすと低水準な生活のように思えるからだ。

たとえば、アメリカ合衆国の至る所で、電気、集中暖房、あるいはトイレのない場所で子どもを育てることは児童虐待と見なされて、担当部局が押し掛けて子どもを連れ去っていくのではないだろうか（崩壊過程では、この同じ担当部局がお手上げ状態になるまで、家族全員を緊急の難民キャンプへと避難誘導しようとすることだろう。電気、集中暖房、トイレ、政府サービス、警察による治安維持活動といったものがない生活、それは一世紀ばかり前には当たり前の生活様式だったのだが、そのような生活様式に家族を適応させて生き残らせようとすることには、担当部局は積極的に取り組まないだろう）。また、祖父母も虐待と見なされかねない生活に巻き込まれるとしたならば、誤解はさらに拡大することだろう。

もう一つ、より大きいと考えられる隔たりが社会レベルにある。それは、システム理論やその他の高尚な学問分野の専門用語を散りばめた冷静な学術的議論のトピックとしての崩壊と、個人的な体験としての崩壊との間にある隔たりである。後者はあくまでも、すでに何とか崩壊を切り抜けた人々によって実践されたことについての体験談である。

実際の崩壊の初期段階では、まず最底辺の弱者に影響が及ぶことになり、もっとも貧困で、保護も特権もわずかばかりのコミュニティーや家族、個人を襲う。崩壊は工業およびサービス部門の職員を解雇させることになるが、熟達した職業人の場合は、しばらくの間は以前よりも良好な状態となるかもしれない。つまり、崩壊の初期段階では、能力のない人や準備を怠った人が罰される一方で、勤勉な人や成功者が報われる道徳劇のように崩壊が看取《かんしゅ》されることになるかもしれない。

適者生存を夢想する社会ダーウィニズムの信奉者は大喜びだろう。ところが、それはぬか喜びでしかない。洪水が低地を水浸しにしてから高地に達して丘をも洗い流すように、やがて崩壊は万人に到達する。そして、まさに本物の洪水に飲み込まれたときのように、生き残りを可能にするのは協力であって競争ではない。したがって崩壊を、自分自身には高遠な試練だが、能力もなく準備を怠った不運な人には悲惨な体験だと考えるような人も、単に順番待ちをしているだけのことで、時が来たれば、彼らもまた高慢な鼻を折られることになる。

こういったことすべてが、家族、コミュニティー、社会、あるいは国家として、崩壊に備えて何かに取り組んで意義のある策を講じるだろうと期待することを難しくさせている。社会の惰性というものは恐ろしい力なのだが、多くの人々は、崩壊が不可避であることを理解したがらないという、ほとんど先天的とも言える傾向をもっている。つまり、多くの人々がこの真実をある程度は理解するものの、崩壊に対して行動することを拒否するのだ。

崩壊が人々に何らかの影響を与えるとき、人々は崩壊を個人的な問題として捉えたり、運気の問題として考えたりする傾向がある。そして人々は、崩壊に備える人を変わり者だと思ってしまう。ひょっとすると、危険な破壊活動分子だとさえ考える人もいるかもしれない。これは、とりわけ権力や地位のある人にありがちな傾向だが、それというのも、自分の居場所がなくなるという将来見通しによって元気づけられることがないからだ。

ある種の個人、主として未婚男性は、崩壊に備えた行動に移すことのできる自由をもっとももち合わせているが、肉体的あるいは心理的に無傷のまま崩壊を切り抜けて生き残り、新しい環境に適応できる人には、然るべき性格の型があるように思われる。

難破などといった災難からの生存者には、いくつかの共通する特徴がある。冷淡さあるいは超然としたところがある程度幸いしており、苦痛にも動じないのだ。そして、恐らくもっとも重要な特徴は、技能や準備、あるいは運よりも重要なことなのだが、生き残ろうとする強い意志をもっていることである。次に大事なことは独立自尊の気概であり、他者の援助がなく孤独であっても頑張り通すだけの能力である。

そして最後に挙げるのは、分別を欠いているかのような非常識さであり、親友や多勢の意見にも耳を傾けず、一見すると不可能な見込みについても諦めないだけの不撓不屈《ふとうふくつ》の精神である。

　このことは、まったくもって驚くようなことではない。というのは、社会性と単独性という二つの明確な構成要素が人間性には備わっているからだ。ほとんどの人々は完全に社会性動物であり、他者との相互作用から動機、規範、抑制、報酬を導き出しているが、少ないながらも単独性動物のような人がいて、自分自身で動機づけをし、自然から直接恵みを引き出すだけでなく、唯一の抑制も自ら課している。

　人間性における単独性は、確かにより高度に進化した性向であり、才気あふれる独立独歩の人や変わり者の奮闘を通して人類は前進してきたという事実がある。彼らの名前は、永遠に、正確に刻まれることであろう。なぜならば、社会は彼らの才気を消し去ることができない、あるいは彼らの進取の気性を社会の惰性によって妨げることが不可能だからだ。

　他方、社会性という本能は原始的なものであり、恐ろしいほど確実に、凡庸さや体制順応を帰結する。私たちは数家族の小さなグループで生活するように進化してきたわけだが、それは、ごく少数の才気ある変わり者を受け入れて活かすことになるほど十分に小さな社会だった。だが、限界を超えている私たちの最近の実験(3)は、とくに人間らしさとは言えない群居本能《ぐんきょほんのう》に基づいているように思われる。差し迫った危機に直面すると、ヒトの大群も慌てふためいて殺到する傾向が

(3)　現代の産業社会、すなわち石油文明を指す。

ある。そのような場合、通常人々は折り重なって踏みつぶされることになる。これが進化の頂点なのか！

そのような訳で、生き残りに資する未来を形づくるうえでは、崩壊前のコミュニティー、領域、国家、人類全体といった現存する大きな実体よりも、むしろ諸個人や小さな協力的なグループに重きを置くほうがうまくいくだろう。

排他的ではなく協調的であることの必要性を痛感している人々は、歩み寄って解決を求めて総意を得るために、社会の惰性という恐ろしい力を理解する必要がある。惰性は動かすことのできない圧倒的な重圧だからだ。

「社会全体の利益を考慮しなければならない」という言い回しは、「痛みの伴う変化を望まない人々や変われない人々によって、私たちの転身が妨害され続けることを甘受して、変われない人々の意向を尊重する」ということを暗に意味している。それゆえ大きなグループでは、崩壊についての中身の濃い話題はたいてい俎上に乗せられない。

検討される話題について言えば、代替手段によって現行のシステムを永続させる方法を探すことに集中しがちとなっている。再生可能エネルギー、有機農業、ローカル・ビジネスの創業や支援、自動車に代わる自転車利用などが挙げられるが、これらのことは決して悪い話ではない。ただ、これらのことに焦点を絞ることで、より大きな問題、すなわち必要なことは社会の早急な単純化ということを見逃してしまう。

管理された段階を踏んで、この早急な単純化を達成できるとは思えない。管理された段階を踏むということは、爆薬を仕込んでビルを吹き飛ばしてからブルドーザーで更地にしつつ瓦礫を運び出したあとに新しい土台を築くという標準的な手順ではなく、解体屋に一階ごとのレンガを一つずつ取り外すように頼んでいるようなものだ。社会の複雑性は、じわりじわりと慎重に解体されるよりも、むしろ伝統的な速くて汚い手法で取り壊されるようなことになると予期しておくほうがはるかに合理的であるように思われる。

崩壊とは何か?

本書は崩壊について扱うわけだが、崩壊が起きるのかどうか、あるいはいつ崩壊するかといったことではなく、むしろ崩壊はどのように看取《かんしゅ》されるのか予期しておくべきこと、また崩壊を切り抜けて生き残ることを望むならば、どのように振る舞うべきかといったことを取り上げている。このような情報は頑迷な崩壊懐疑派には最小限の関心事かもしれないが、懐疑派の人々も、この類いの話題に関して自学自習に励むことは望ましいことであるはずだ。

本書は、崩壊過程をより分かりやすくする手がかりとなる資料であり、ヒントを与えるものである。だが、決して容易ではない。というのは、この重要性を理解するうえでの主たる障害は、知性ではなく心理的なものだからである。そこで、地球規模での工業文明の差し迫った崩壊を証拠立てて述べるために、二つのことを示す必要がある。

まず一つ目は、化石燃料、金属鉱物、その他の工業および農業分野の投入資本、淡水および肥沃な土壌、これらが地球上に有限であることを根拠として、これらの資源の多くがすでに生産量においてピークを過ぎてしまったか、あるいはやがてピークに達することを証拠づけることである。

そして二つ目は、これらの資源があまりにも乏しくなって地球規模で工業経済が成長しなくなるとして、その結果、決定的な歴史的最終段階に達することなく何世紀にもわたってゆっくりと一様に悪化し続けるというものではなく、むしろ崩壊にまで至ってしまうということを立証することである。

一つ目の作業は多くの人々によって遂行されたが、その話題に関して特記すべき良書はリチャード・ハインバーグ[4]の著書『すべてがピーク』[原註1]であり、二一世紀がなぜエネルギー、農業生産、安定していた気候および人口が衰退する世紀となるかを冷静に説明している。

ハインバーグが説得力のある話を練り上げるのに対して、クリス・クラグストン[5]は、二〇一一年に自費出版した著書『欠乏』[原註2]のなかで、より直接的な手法を採用している。クラグストンは、再生不可能な天然資源に関するアメリカ政府による詳細な研究を取り上げた。二〇一二年の改訂版のなかで彼は、継続的な経済成長を遂げるにおいて不可欠となる工業用原料のなかで、一品目だけが供給可能となるだけの十分な残存量があることを示している。その原料というのは、アルミニウムの精錬に用いるボーキサイトだけだというのだ。

そのような訳で、世界の物質面での生活水準（一人当たりGDPとして計測される）の改善率は、二〇世紀後半の二パーセント程度から、ここ一〇年ほどの〇・四パーセントへと鈍化しており、負の値に転じつつある。クラグストンの推定に基づくならば、工業文明を維持するために必要な再生不可能な資源の欠乏が甚大になることこそ、今世紀半ばまでに地球規模で社会の崩壊をもたらす確実な引き金となる。

（4）（Richard Heinberg, 1950～）ポストカーボン研究所の上級研究員。第一線で活躍するピークオイル教育者として知られている。多数の論文や記事を「ネイチャー」「エコロジスト」「アメリカン・プロスペクト」などの雑誌や新聞、ウェブサイトに寄稿している。レオナルド・ディカプリオ制作の環境ドキュメンタリー映画「The 11th Hour」など、数多くの映画やテレビドキュメンタリーにも出演している。卓越したエネルギー教育者に贈られるM・キング・ハバード賞を受賞。

（5）（Chris Clugston）テンプル大学のMBA取得後、三五年間電子機器メーカーに勤務。二〇〇六年よりNNR（nonrenewable natural resource：非再生可能天然資源）の希少性について調べ、エネルギー問題を扱ったウェブサイトである「Oil Drum」や「Energy Bulletin」に寄稿していたインデペンデントの研究家。

一つ目の作業は、数値の解釈という比較的簡単な問題である。言いにくいものの、信頼できる情報源から諸々の数値が入手され、産業経済が機能する数理と一般的な理解に長けた人物によって把握され得るものだ。それに対して、二つ目の作業ははるかに困難なものだ。というのも、それに取り組むための唯一の方法は数学的なモデルを使うことになるからだ。

このようなモデルの最初のものが、一九七二年に著された『成長の限界』(6)で用いられた「World3 モデル」である。World3 は比較的単純なモデルであり、スマートフォンよりも演算能力がないコンピュータでもプログラムが作動する。それは五つの変数だけからなり、世界人口、工業化の水準、汚染、食糧生産、資源の減耗を扱った。そしてこのモデルは、二一世紀半ばまでの経済および社会の崩壊を予測した。

二〇〇四年に出版された『成長の限界――人類の選択』(原註3)は、三〇年を経て、実測値の推移が当初の予測に沿ったものだったことを確認している。読者の本能は数学モデルの予測能力を概して信じようとしないことかもしれないが、そのような態度は、数十年を経てモデルが正しかったことが示された今、いくらか軟化すべきだろう。

だが、数学的なモデルは恐ろしく複雑になり、一回の計算ですらスーパーコンピュータで何時間も要し、仕事で計算結果を理解しようとすることをも億劫《おっくう》にさせてしまう傾向がある。また、そのようなモデルはひどく複雑であるため、懐疑的な態度を呼び覚ますことにもなる。方程式とパラメータが多すぎる、どこかに間違いがあるにちがいない！　という具合だ。

幸い、イタリアのフィレンツェ大学のウーゴ・バルディ教授(7)によって提示された「セネカ崖モデル(8)」のおかげで、崩壊のモデル化はもっとも単純で直感に訴えるものになって、さほど複雑なものではなくなった。

バルディ教授の目標は、数学的モデル化をわずかばかり知っている者には一目で容易に理解可能な「脳に優しい」モデルをつくり出すことだった。そして、バルディ教授は、古代ローマ時代の哲学者セネカ(9)の言葉から数学モデルの名前を思い付いたのだ。

---

(6)　ダイヤモンド社から刊行された邦訳書の副題は「ローマ・クラブ『人類の危機』レポート」だが、「人類の危機」に当たる原文は「the Predicament of Mankind」である。答えのある問題は「problem」だが、答えがない問題には「predicament」が用いられる。

(7)　(Ugo Bardi, 1952～) ローマ・クラブおよびＡＳＰＯ（The Association for the Study of Peak Oil & Gas）のメンバーで、フィレンツェ大学地球科学学部の物理化学の教授。

(8)　セネカ崖モデルに関連したウーゴ・バルディ教授のブログ記事の邦訳は、次のサイトで閲覧可能である。
http://www.shiftm.jp/show_blog_item/253

(9)　(Lucius Annaeus Seneca, 4BC～65) ユリウス・クラウディウス朝時代の政治家、哲学者、詩人。父親の「大セネカ」と区別するため「小セネカ（Seneca minor）」とも呼ばれる。第五代ローマ皇帝ネロの家庭教師としても知られるほか、治世初期にはブレーンとして支えた。

「もしもあらゆるものが出来上がるのと同じくらいゆっくり滅びるのであれば、それは私たちの弱さと私たちの住む世界にとって何らかの慰めとなったことだろう。だが、現実には成長の速度は遅く、破滅に至る時はすみやかだ」（原註4）（10）

バルディ教授は、資源の利用と減耗というとても単純なモデルからはじめた。それには、「資源」と「資本」という二つの変数だけが含まれていた。資源は、残存する資源の量と資本の量の積に比例するような速度で資本に変換される。そして、資本は時間の経過とともに朽ちる。

このモデルは、簡易表計算ソフトで実行された。また、とても短く簡単なコンピュータプログラムで実行された。その計算結果は対称的なベル型曲線になる。すなわち、資本の量は経済規模を表すわけだが、資源を減耗しながら徐々に成長して、ピークに達したあと徐々に減じていくというものだ（このベル型曲線はどこでも姿を現すもので、確率や統計の基礎としても扱われ、石油減耗のモデル化に使われるハバード曲線としても知られている）。

次いでバルディ教授は、三つ目の変数をモデルに加えた。その変数には「汚染」というラベルが付けられ、工業文明を稼働することに伴う間接経費を表している。なお、この変数は、汚染そのものだけではなくインフラストラクチャーや官僚機構なども含意している。つまり、汚染は工業経済が機能するためにはなくてはならないものの、生産能力には貢献しないあらゆるものを表しているわけだ。したがって、資本の規模とこの三つ目の変数の大きさの積に比例して、資本の一部は汚染に変わることになる。そして、資本と同じように、汚染もまた時間の経過とともに低下する。

このモデルの場合、非対称に傾いた曲線になり、上り坂は緩やかだが下り坂は急峻な崖のような形状になる。[11] このモデルでは、資源が不足するにつれて資本が徐々に低下するのではなく、資本は崩壊するというわけである。

なぜそうなるのかを直感的に正しく認識するために、工業文明のインフラストラクチャー、つまり高速道路や橋梁、石油備蓄基地、製油所やパイプライン、空港、港湾、送電網などについて考えてみよう。

経済が拡大するにつれて、これらのインフラはすべて経済に歩調を合わせて拡大しなければならないだけでなく、生産における障害、物資不足、交通渋滞、停電を避けるべく余力を確保しておかなければな

---

(10)　ルキウス・アンナエウス・セネカ、ルーキーリウスへの手紙、n.91、大柴芳弘訳『セネカ哲学全集6　倫理書簡集Ⅱ』岩波書店、二〇〇六年、一二六ページより引用。

(11)　セネカの崖とは、資源開発および資本がピークに達したあと、下降局面で急減する挙動を言い、グラフを用いて例示するならば下の通りである。

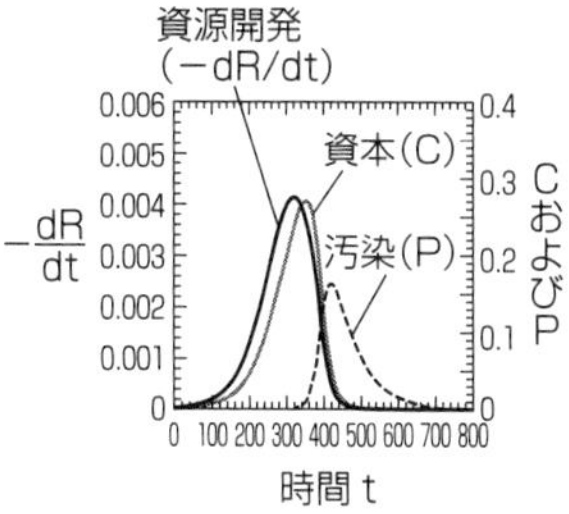

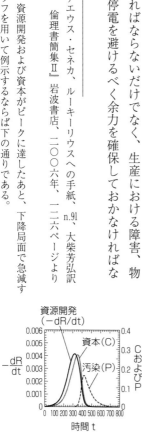

らない。だが、資源の不足によって経済の縮小が余儀なくされはじめても、経済の縮小に合わせて諸々のインフラが縮小することはあり得ない。なぜならば、インフラはすべてある規模を前提として建設されており、遡《さかのぼ》って小さくなるものではないからだ。しかも、最大容量近くで利用されるときに効率よくスケールメリットを実現するように設計されている。

たとえインフラの利用が減ったとしても、その維持管理のコストは同じであるから、それが経済にますます大きな割合を占めることになる。ある時点に至るや、維持管理のためのコストは耐え難いものになり、維持管理が先延ばしされるようになる。こうなってしまっては、すぐにインフラが機能しなくなり、同時に工業経済の操業停止と相成る。

崩壊のメカニズムについてのさらなる洞察は、グローバル経済の毎日の動きにおける金融の役割を考察することからも得られる。なぜならば、金融業は系統的に未来の成長に賭けることで拡大するものだからだ。つまり、未来から借りていることになるわけだが、若干の一時的な後ずさりを除いて、未来は現在よりも繁栄していると仮定されている。

この借り入れは、拡大成長のための融資だけではなく、世界中の貿易を成り立たせるすべての積み荷の資金を融通する際にも行われている。すべての国と国を行き来する積み荷は輸入相手国の民間銀行によって信用状が発行されており、それを輸出国の民間銀行に受け取ってもらうことではじまっている。もしも、長期にわたって経済が成長しなくなったならば、先に述べた未来の成長への賭けはもはや利益をもたらさなくなり、夥《おびただ》しい件数のローンが焦げつくか不良債権化するために、多くの銀行が破産して信用状を発行することができなくなるだろう。

一方、まだ支払い能力のある他の銀行も信用状を受け取るというリスクを引き受けづらくなるだろう。世界中の貿易が停止し、その結果、世界規模でサプライチェーンを崩壊させることになり、さまざまな部品や他の工業資材の不足を招くことになるだろう。ほどなくグローバル経済は利益のない点を過ぎて、回復し得なくなる。なぜならば、グローバル経済を結び付けていた供給網と貿易関係が崩壊しているからだ。

崩壊が高い蓋然性《がいぜんせい》で起こりそうだという理由についてのこれらすべての説明は、人を動かさずにはおかないはずだ。しかし、多くの人々にとってこれらの説明は、崩壊それ自体の問題と同じくらい脳に負担がかかるようだ。だが、ありがたいことに第三の方法がある。それは、時間が経つにつれて、資源量あるいは数学モデルのいずれかよりも崩壊について知らせるうえにおいてはるかに実りのある方法だ。何かと言えば、それは個人的な実体験である。

いずれ、国全体がギリシャのように、まったく論争の余地もなく金融、商業、および政治に関して崩壊と呼ばれ得る渦中にあることに気付くようになっていることだろう。人々は現金を引き出して海外に預金を移すようになり、銀行の取り付け騒ぎが発生する。薬局には薬がなくなり、他の輸入品も不足する。国選の公務員は政治的に任命された人に置き換えられるが、その候補者は、その国の預金者によって審査されるようになる。

その他の国々では、アメリカ合衆国がそうであるように、このような影響はまだ感じられていないが、それにもかかわらず人々は、未来が過去とは似ていないだろうということを認識しはじめている。大学の学位が経歴というほどのものではなく、好条件の終身雇用を導いてくれないと若い人々は気付きはじめている。老いた人々は、年金だけでは暮らしていけないだろうと考え、長期にわたる失業者は早々と人生が終わっていると考えはじめている。

こういった人々の多くは、何かがひどく間違っていることをすでに理解しているのだが、そのほとんどの人が、自国がいかに完膚なきまでの変化を経験しようとしているのかをまだ察知していない。

いつ崩壊が起きるのか？

崩壊が起こるとあなたが確信したとして、次に尋ねるであろう質問は、「いつ崩壊が起きるのか?」というものになる。この質問は妥当ではあるが、あいにくと決定的な答えがない。お分かりのように、何かが起きることを予言することは、何かがいつ起きるかを予言するよりもはるかに簡単なのだ。

古い橋について考えてみよう。コンクリートにヒビが入っており、コンクリートの塊が崩落して、そこから錆びた鉄筋が見えるといった古い橋だ。調査官は、それを「構造的欠陥」だと公表する。この橋は明らかにある時点で崩壊するだろうが、それが一体いつなのかは誰もあなたに語ってくれない。もちろん、調査官もほかの誰かも教えてくれない。もし、あなたがその答えを要求すれば、彼は次のように答えるかもしれない。

「一年以内に崩壊しないならば、もう二年大丈夫かもしれません。そして、もっと長くもちこたえたならば、さらに一〇年大丈夫かもしれません。けれども、丸一〇年もちこたえたとしても、それから一、二年のうちに恐らく崩壊するでしょう。というのは、橋の劣化速度が分かっているわけですから、一〇年を超えた時点で、何が橋をもちこたえさせているのかがまるで分からなくなるからです」

お分かりだとは思うが、タイミングの見積もりは避け難く主観的な問題である。あなたが見積もるとしたならば、印象に基づくことになるだろうが、注意を払うべき事実に基づく見積もりも可能である。（コンクリートの大きな塊が橋から下の川へと崩落しているとして）どれくらいの構造が残っているか、（一か月当たりの崩落した塊の数で測るとして）どんな速度で劣化しているか、といったことである。多くの人々は、そのようなリスク評価に悩みを抱えることになる。

二つの問題がある。第一に、もっとデータがあれば、より正確なリスク評価が可能だと考えがちなことだ。だが、探しているデータが手に入ることはあり得ない。というのは、そんなデータは存在しないという単純な理由があるからだ。それでも人々は、関連のあるデータだと期待してさらなるデータを取り込んで、見積もりをより不正確なものにさえしてしまうものだ。

第二の問題は、運がものをいうゲームをしていて、それが公平なゲームだと人々が思っていることが挙げられる。それは、『ブラック・スワン』[原註5]の著者であるナシム・タレブ[12]が「お遊びの誤り」と呼んでいる状態のことだ。つまり、あなたが構造的欠陥のある橋の上を毎日運転して通っているならば、あなたは自らの人生を賭けて一か八かの冒険をしていることになる。だが、それは本当に賭けと言えるのだろうか。

通常ギャンブルは、誰かがいかさまをしていなければ、サイコロの目やコインの裏表のように運がものをいうゲームの要素を含んでいる。公平な賭けは、すべての確率遊びのなかで構成されており、それゆえ、人為的に管理された単純な状況下で完璧に動作するようにつくられた装置を用いた場合にのみ、公平なゲームがなされ得る。

それでは、誰かがあなたに「一〇回コインをはじいて一〇回とも表になる」と話したとしよう。次にコインをはじいたときに、表になる確率はどれくらいになるだろうか？　五〇パーセントだと思うとしたら、あなたはゲームが不正操作されている可能性がとても高いということを考慮していないことになる。つまり、あなたはカモにされるということだ。

自然に逆らって実行されるゲームは断じて公平なものではない。言い換えれば、自然はいつもいかさまをしている。ちょうどあなたが大当たりになりそうなくらいに、カジノに小惑星が衝突することもあるのだ。このような起こりそうにもない出来事は重要なことではない、とあなたは考えるかもしれないが、それが重要なことだということは判明している。タレブの『ブラック・スワン』は世界を支配しているのだ。

実を言えば、自然はあなたの習慣を少しも気に留めないだけで、それほどいかさまをしているわけではない。そして、これらのルールが橋の上を通り過ぎる際のすべてのこととなる。

橋の状態が設計者の頭の中に思い描かれたものに合致しているならば、その橋は大丈夫だ。その一致具合は、橋が新しいときにはほぼ完璧となっている。だが、橋が古くなるにつれて著しい相違が生じてくる。ヒビが入り、構造が損なわれる。遅かれ早かれ、ある時点で安全でないことが公表されるようになる。だが、誰の頭の中にも、その橋が崩壊しているイメージはない。なぜならば、お分かりのように、壊れることを想定して橋は設計されていないからだ。橋は架かっているものとして設計されており、壊れるときに関する情報は存在しないのだ。

---

(12)　(Nassim Nicholas Taleb, 1960〜)　レバノン生まれの随筆家、統計学者であり、かつては数理ファイナンスの実践者だった。金融業界でも有名人で、ニューヨークのウォール街でデリバティブトレーダーとして長年働き、その後リスク分析の研究者となった。

しかしながら、一つの妙技がある。あなたは基準となる状態から外れる速度を観察することができるのだ。それが線形の変化から指数関数的な変化になるとき（つまり、倍増しはじめる）、崩壊はさほど遠くはない。少し考えれば、橋がいつまで維持されるかの上限をあなたは求めることができるかもしれない。橋から落ちたセメントの塊の数が倍増しているとして、橋の最後の一片が川に入るその瞬間を算出することができるだろう。それが上限となる。

それでも、あなたの予測は主観的なものである。あるいは、予報士として幸運に支えられていると言ってもいい。なぜならば、あなたはまだ単に見込みをもてあそんでいるだけだからだ。

橋の劣化が線形（崩落した塊の数が常に一か月に一個のような変化）であることに気付けば、あなたはそのように外挿《がいそう》(13)するであろう。また、橋の劣化が指数関数的（崩落した塊の数が前月の倍の数になるような変化）であるならば、指数関数となるように外挿し、あなたが幸運をもち合わせておればその通りになるだろう。

だが、どちらの見込みを採用するかはまったくあなたの考え方次第である。したがって、それらは予測可能というよりも主観的な判断となる。それを「ランダム」だとか「カオス」だとか呼ぶことには意味がなく、あなたが探し求めている情報は単に存在しないということになる。

要約すれば、何かが薄気味悪い正確さで起きることを予言するのは可能であるということだ。たとえば、すべての帝国は崩壊するという結果に終わっており、例外はないのだ。それゆえ、アメリカ合衆国も崩壊するだろう。ほら、まさに私は予言したわけだが、それがいつ起きるかを予言することは、情報を欠いているという問題ゆえに不可能なのだ。

私たちはどのように何かがあり続けるかというメンタルモデルをもっているが、どのように何かが不意に途絶えるかというメンタルモデルはもち合わせていない。しかしながら、劣化速度あるいはメンタルモデルからの乖離《かいり》を考察することによって、時折、その日が近づいていると語ることはできる。

何かが崩壊するという最初の型の予言は極めて有益なものである。なぜならば、失うわけにはいかないものを危険にさらすことからあなたは避けることができるからだ。だが、選択の自由がない状況もある。たとえば、崩壊しかかっている帝国に生まれた場合だ。そこで、何かが本当にすぐに崩壊しそうだという第二の型の予言がとても役立つようになる。なぜならば、「災い転じて福となす」時機かもしれないことを告げているからだ。

念押しをしておこう。予言を提示するプロセスはあくまでも主観的である。あなたはいろいろと考えてその予言に到達したかもしれないし、首の後ろを襲うゾクゾク感に基づいて予言してい

---

(13)　(extrapolation)「補外」とも言う。ある既知の数値データを基にして、そのデータの範囲の外側で予想される数値を求めること。また、その手法を「外挿法」と言う。

るかもしれない。それでもなお、人々は理論立てたいものだ。懸案事項はランダムであるとかカオスであるとか宣言して、ランダムネスやらカオスやらの数学的モデルの定式化を続ける者もいるだろう。だが、大規模な「起こりそうもない」出来事のタイミングは、ランダムやカオスということではなく未知というものなのだ。

規則的な小規模の出来事では、統計学者は平均をとっていかさまを働くことができる。このことは、あなたが予見可能な稀な出来事に保険をかけて売り歩けば役に立つことだろう。事実、火災保険や洪水保険（もはや稀《まれ》な出来事ではなく、アメリカでは洪水はひどいリスクで、納税者に直接費用払いが引き受けさせられている）はあるが、崩壊保険なるものはあり得ない。なぜならば、そのリスクを客観的に見積もる術《すべ》がないからだ。

ここで、誰からも愛されたヨギ・ベラ(14)の言葉を引用しよう。

「予測ってのは難しい。将来の予測ならばなおさらだ」

私は異論を申し出たい。将来だけでなく、過去について予言することも極めて難しいのだ。ソビエト連邦は期せずして一九九一年に崩壊したが、「専門家たち」を驚かせている。というのも、崩壊の根本原因はいまだ謎に包まれたままなのだ。そして、崩壊のタイミングについての理由づけも、完全に謎のままなのだ。

クレムリン研究の専門家は、共産党幹部内における権力の跡目争いにこだわってばかりいた。

経済の専門家は、計画された社会主義経済よりも自由市場の資本主義が優越するのだと完全に確信していた。そして、軍事戦略の専門家は、戦略的防衛構想（実現していない）の長所を論じていたのだ。そして、ソビエト連邦が潰れて吹っ飛んだとき、専門家たちはみんな意表を突かれたわけである。

同様に、アメリカの政治問題の専門家のほとんどは、二〇一二年一一月にオバマ氏が再選するかしないかのいずれかだと確信をもっていたが、選挙が行われず、誰も大統領に選ばれないという可能性を示すことはなかった。

このように、その可能性はゼロではなく、そんな日が来ることを私たちは確信することができるのだ。ただ、それがいつのことなのかを私たちは知らないだけなのだ。

崩壊の段階とはどんなものか？

遅くとも今世紀中頃までに崩壊が起きる、とあなたが確信したとしよう。すると、ショック、

（14）（Lawrence Peter “Yogi” Berra, 1925～2015）が本名。ヤンキース、メッツで活躍したプロ野球選手（捕手）。引退後は監督を務め、選手時代の背番号「8」は永久欠番となっている。「ヨギイズム」と名付けられた独特のコメントに定評があった。

恐怖、悲嘆、不安、その他の役に立たない感情を乗り越えるために、あなたは崩壊に関する用語を用いることに迫られるであろう。エリザベス・キューブラー＝ロス(15)は、悲しく嘆かわしい出来事と折り合いをつけるまでに、否認、怒り、取引、抑鬱、受容を経るという五段階説を定義づけた。この五段階説は、愛する者の死や突然の失職といった、個人に降りかかるさまざまな悲劇的な喪失現象についてとてもうまく応用された。

幾人かの思想家、とりわけジェームス・ハワード・クンスラー(16)とジョン・マイケル・グリーア(17)は、キューブラー＝ロス・モデルは、資源の枯渇や悲劇的な気候変動、さらに政治の機能不全などが絡まり合って不連続となる未来の不可避性に社会全体（あるいは、少なくともそのことを知らされて考えている社会の一部）が甘んじることになるプロセスを映し出す際に、恐ろしく的確であることを指摘している。

だが、これまでのところ、その不連続性のより明確に区分された構成について特別な言及がなされてきたわけではない。むしろ、「厳しく長引く経済の低迷」(原註6)（金融関係の雑誌のなかでしばしば目にする予言）から、クンスラーの「長期化する緊急状態」、あるいはマンネリで通俗的な「西洋文明の没落」(18)まで、ますます話は大きく描かれはしているものの、主観による断定的な話ばかりだと私たちは気付いている。

そこで、すでに社会および経済が激変するという見通しを受け入れる心の準備ができた者にとっては、感情的な言い回しよりもより的を射た専門用語をもつことが有益かもしれない。また、崩壊の分類を定義することは、単なる知的訓練以上に有益なことだと分かるかもしれない。

　私たちの能力と環境に基づいて、私たちのうちの誰かが、崩壊の段階に応じて、一過性のことなのか、永続することなのか、崩壊が治まる地点なのか、などと具体的に計画を立てるかもしれない。たとえ現状の社会経済的な複雑性を有する社会がもはや成り立ち得ないとしても、またテインター[19]が『複雑な社会の崩壊』[原註7]のなかで指摘したように、崩壊が正しい適応的な応答[20]として生じる状況であるとしても、必ずしも崩壊が自ずと人口の著しい減少を導き、生存者たちが一人ひ

---

(15)　(Elisabeth Kübler-Ross, 1926～2004) 精神科医。『死ぬ瞬間―死とその過程について』(鈴木晶訳、中公文庫、二〇〇一年) の著者。死の受容のプロセスと呼ばれている「キューブラー＝ロス・モデル」を提唱している。

(16)　(James Howard Kunstler, 1948～) アメリカの作家、社会評論家、ブロガー、画家。スプロール現象の評論で建築・都市計画のテキストとしても使われる『The Geography of Nowhere』(一九九三年)、石油生産の減耗が工業文明の終焉を招来することを論じた『The Long Emergency』(二〇〇五年)、石油減耗時代の生活を描いた小説『World Made By Hand』(二〇〇八年) などの著者として知られる。ハーバード、エール、ＭＩＴなどの大学で講義をした経験があり、二〇〇四年にはＴＥＤで講演している。

(17)　(John Michael Greer, 1962～) アメリカの作家、ドルイド教指導者、ブロガー。ピークオイルと工業文明の未来について精力的な執筆活動を行っている。著書多数。

(18)　ドイツの文化哲学者で歴史学者のオスヴァルト・シュペングラーによる一九一八年の著作名。

とりに別れて、野生化した人が荒野に散らばって哀れに暮らすというものではない。

崩壊は、無秩序な総崩れというよりも、むしろ秩序のある組織的避難と考えられる。ひょっとすると、崩壊を変遷と考えることが有益かもしれない。その変遷は、すでに予想されたことで（すると、さらなる変遷を計画する活動は必要とされない）、金融、消費社会、平時の政治の崩壊からなり、それらに完全に依存していた社会と文化の崩壊を伴うことになる。

この崩壊についての有益な分類を導入する取り組みにおいて私は、「崩壊五段階説」を定義した。これは、私たち自身の崩壊への備えの適否を評価して、その改善に役立てるための知的な道標となるものだ。キューブラー＝ロス・モデルのように、特別な気分に対して段階ごとの言い回しを割り当てるよりも、ここで提示する分類は、現状において信頼していることが特異的なレベルで失墜する段階に応じて、崩壊の五段階をそれぞれ関連づけたものとなっている。

各段階は物理的で観察可能な環境変化を招来するが、それらは徐々に起こり得ることである。他方、気持ちの変化は通常の場合、極めて速やかに生じる。（真のバカ以外は）誰も、嘘を信じ続ける最後のバカにはなりたくない。このことは、文化的に普遍的なことと言えるだろう。

第1段階——金融の崩壊

「平常通りのビジネス」という信頼が失われる。未来はもはや、リスク評価や保証付きの金融資産を可能にした過去とは違うものだと考えられるようになる。金融機関が破産する。預金が一掃され、資本調達が損なわれる。

第2段階——商業の崩壊

「市場が供給してくれる」という信頼が失われる。通貨が減価するか希少なものとなる。あるいは、そのどちらもが起こる。商品価格が高騰し、輸入および小売りチェーンが支障をきたす。そして、生存するうえにおいての必需品が広範囲で不足する事態が常態となる。

---

(19)（Joseph A. Tainter, 1949〜）アメリカの人類学者で歴史家。人類学博士。ユタ州立大学環境社会学部教授。文明社会の崩壊パターンを論じた一九八八年の著書『The Collapse of Complex Societies』（邦訳未刊）は文明の未来を論じるうえでの必読書となっており、邦訳されているジャレッド・ダイヤモンドの世界的ベストセラー『文明崩壊（下）』（草思社、二〇〇五年、二一七ページ）やジェームズ・リカーズ『通貨戦争』（朝日新聞出版、二〇一二年、二八〇ページ）でも言及されている。サステナビリティに関するすぐれた研究によって、テインターは国連環境計画、UNESCO、世界銀行、ランド研究所などの機関からも助言を求められてきた。レオナルド・ディカプリオ制作の環境ドキュメンタリー映画「The 11th Hour」にも出演している。

(20) テインターの崩壊論では、社会は見返りが増えるならば複雑性を増すが、見返りが減じるようになると複雑性の低下という適応的な応答（崩壊）が生じると考える。

第3段階——政治の崩壊

「政府があなたの面倒を見てくれる」という信頼が失われる。市販されている生活必需品が入手困難となり、それを緩和する公的措置が奏功しなくなるにつれて、政界の支配層は正当性と存在意義を失うことになる。

第4段階——社会の崩壊

権力の空白を埋めるために現れるのが、慈善団体だろうと他の集団だろうと、地方の社会制度は資源を使い尽くすか内部抗争の果てに機能しなくなり、「周りの人々があなたを気遣ってくれる」という信頼が失われる。

第5段階——文化の崩壊

人間の善良さへの信頼が損なわれる。人々は、「親切気、寛大さ、思いやり、情愛、正直さ、もてなしのよさ、同情心、慈悲」といった能力を失う。家族はバラバラになって、希少な資源をめぐって骨肉の争いとなる。新しいモットーは、「お前は今日死ね、俺は明日だ」というものになる。

最後の人間の美徳を列挙したものはコリン・ターンブル(21)の『ブリンジ・ヌガグ』から引用したものであり、「文化の崩壊」について取り上げる章のあとで私はその本に収められたイク族の社会の研究について論じる。また、「お前は今日死ね、俺は明日だ」というモットーは、アレキサンダー・ソルジェニーツィン(22)の『収容所群島』から引用したものである。

容易に想像できるように、拱手傍観《きょうしゅぼうかん》がカスケード型の失敗の連鎖をもたらす。崩壊のそれぞれの段階は、容易に次の段階へ、時には段階が重なりながら進行していく。ソビエト連邦崩壊後のロシアでは、崩壊過程は第3段階を過ぎかかったところで食い止められた。民族派マフィアおよび武闘派とのかなりの動乱があったものの、政府権力が最終的には勝利したのだ。

第1段階と第2段階の崩壊を食い止めようとする試みは、恐らくエネルギーの無駄に終わるだろう。しかし、第3段階、そして何としてでも第4段階を食い止めることに毅然として取り組む

(21)（Colin M. Turnbull, 1924~1994）イギリス出身の社会人類学者。オックスフォード大学でインド哲学を学ぶ。インドからの帰路コンゴに立ち寄ってピグミー研究に転向。帰国後、エヴァンズ・プリチャード、ニーダムなどのもとで社会人類学を学び、ムブティ・ピグミー研究の第一人者となる。著書『ブリンジ・ヌガグ』（一九七二年）は舞台上演もされている。ほかに、『アフリカの部族生活』（一九六六年）などがある。

(22)（Александр Исаевич Солженицын, 1918~2008）ソビエト連邦の作家、劇作家、歴史家。一九九〇年代、ロシア再生の国外からの提言者。一九七〇年にノーベル文学賞受賞。

ことは万人の利益となる。最後の第5段階を避けることは、単純な死活問題にすぎない。

人口密度が高いうえに危険な核施設や工業施設がある地方では、国際的な平和維持軍あるいは外国の軍隊や政府を招請してでも秩序を維持して惨事を避け、第3段階の崩壊を回避することがとても重要となる。その他の地域ならば、第3段階であっても不確実ながら栄えることができるかもしれないし、またもっとも荒廃した環境でさえも、第4段階にて不確実ながらも生きるわずかな人口を支えることができるかもしれない。

言うまでもなく、第5段階を生き残るために備えることは可能だが、それを試みるには完全に自信喪失に陥ってしまうように思われる。第3段階および第4段階を凌《しの》ぐ準備をすることがより合理的なことのように思われる。もっとも、あなたが崩壊から生活手段をつくり出すつもりならば、第3段階のためのあらわな企てが合理的かもしれない。

それはともあれ、読者には下準備することを練習問題として残しておかねばならない。私が望むことは、「西洋文明の没落」のような曖昧でまったくナンセンスな言葉にとらわれたままでいるよりも、崩壊についての明確な段階を定義づけすることのほうがより具体的で、実りのある議論を可能にするということなのだ。

第1章

金融の崩壊

第1段階——金融の崩壊

「平常通りのビジネス」という信頼が失われる。未来はもはや、リスク評価や保証付きの金融資産を可能にした過去とは違うものだと考えられるようになる。金融機関が破産する。預金が一掃され、資本調達が損なわれる。

崩壊の初めの三つの段階（つまり、金融、商業、政治）について考察するならば、金融の崩壊が初めに起こることになるはずだという理由は明白である。それに、それはある程度すでにはじまっている。そして、商業の崩壊は製品やサービスの物理的な流れの撹乱《かくらん》から生じ、その結果、政府がもはや市民に対する責務を果たせなくなると、続いて政治の崩壊が起こることになる。

金融の崩壊ゆえに命じられることは、未来についての前提が無効になるということである。というのは、金融の仕組みは物理的なシステムではなく、観念的な構成物だからだ。それは、子どもが「トランプのカードでつくる家」(1)に似たものであり、このたとえを少しだけ拡大解釈するならば、トランプの家がカードの継続的追加が可能な間だけ安定して存在できるように、金融の仕組みは経済成長によって支えられる継続的な信用の拡大が可能な間だけ安定的に存在するということになる。

ところが私たちは、さまざまな物理的制約が世界中で看取《かんしゅ》される時代に突入している。つまり、化石燃料資源、金属鉱物、リン酸塩、淡水、農地が減少しているところに、気候変動の激化によってもたらされる干ばつ、洪水、熱波のために大混乱が発生し、食料品価格が高騰した結果として政治の不安定化と動乱が世界に襲いかかっている。

これらの要因をすべて勘案するならば、グローバルな経済成長のための「薔薇色の計画」も持続不可能なものになる。そして、経済を維持するための政策のあとには長い経済停滞が続いて、恐らく、さらなる借金とさらなる成長を絶えず要求する金融システムにとっては、救いようのない経済の縮小が致命的となるであろう。

二〇〇八年の金融危機以降、アメリカ合衆国、ヨーロッパ、その他の政府によって採用された金融緩和策は、「先送りと偽り（extend and pretend）」だったと言うことができる。つまり、政府が債務保証をすることで問題を先送りして、経済成長が短期的には回復して人々を偽るというものだ。この状況は、今では有名になったジャン＝クロード・ユンケル氏(2)の引用文によってもっともうまく要約されている。

ユンケル氏は、ルクセンブルクの首相でユーログループの代表でもあり、ヨーロッパでもっとも長く奉職しているリーダーである。彼は、二〇一一年に次のように言っている。

「深刻な事態になると、嘘をつかねばならなくなる(3)」

（1）（house of cards）「机上の空論」「危ない計画」といった意味で用いられる慣用句。

（2）（Jean-Claude Juncker, 1954〜）ルクセンブルクの政治家で、キリスト教社会人民党の元党首。現在、欧州委員会委員長。一九九五年から二〇一三年まで、ジャック・サンテールの後任として同国の首相を一八年以上にわたって務めた。また、一九八九年から二〇〇九年まで財務大臣を務めてもいる。

（3）"When it becomes serious, you have to lie." http://www.telegraph.co.uk/news/worldnews/europe/eu/10967168/Jean-Claude-Junckers-most-outrageous-political-quotations.html

彼が伝えたかったことは次のようなことだろう。

金融とは、私たちが互いに交わす約束に関する事柄だが、もしもその約束が非現実的な約束だと分かったときには、経済や金融というものは私たちが互いに語り合っている嘘に関する事柄だと判明してしまう。それでも、私たちはこの嘘を信じ続けたがる。なぜならば、信じなければメンツが潰れてしまうからだ。

そして、私たちは金融業界の人々の意見に耳を傾け続け、彼らの言っていることは正しいと信じて、できるかぎり痛みに耐えようと努めてしまう。もちろん、経済は今年の後半には回復するだろう。いや、来年になるかもしれない。いずれにしろ、経済が回復するや否や、未来に対する過度に楽観的な金融上の賭けは再び成果を上げはじめることだろう。

ただし、この回復は金融問題にかぎった話であり、社会問題や政治問題のことではない。納税者の基金を注ぎ込んで金融システムを強化する必要がある、という話でしかない。すべてが嘘であったとしても、しばらくの間、金融業界の人々は私たちをよい気分にさせてくれるというわけだ。

○ 禍根《かこん》

より基本的なことを言えば、金融崩壊の根本原因は高利貸しにある。あなたがまず世界的な金融崩壊の問題を倫理や宗教上の見地から考察しているのだとしたら、絶望的に世間知らずで理想主義者なのかもしれない。やがて私たちは、「高利貸し」という言い回しが適切かつ正確であることに気付くはずである。高利貸し、つまり金利をとってお金を貸し付けることは、聖書をはじめとしてイスラム教でも禁じられており、歴史の長きにわたって禁止されるか制限が課されてきたことである。たとえば、イングランドではもっとも古い時代に禁止された。

一三世紀、ヘンリー三世〔Henry Ⅲ, 1207～1272〕は高利貸し業者の財産を没収して、皮を剥ぐか内臓を抜き出すかする刑に処するために高利貸しの人々をコーンウォール地方の司令官に引きわたしたそうだ。また一四世紀には、エドワード三世〔Edward Ⅲ, 1312～1377〕が貸金業を死罪とする法律を制定している。それから二世紀後、ヘンリー八世〔Henry Ⅷ, 1491～1547〕は金利一〇パーセント未満の貸し出しについての特例を許した。低い金利の貸し出しは法律によって取り立てができなかったが、インチキ金融業者は斬首されなくなったのだ。

しかし、この特例は時限的なもので、のちに現れたメアリー一世〔Mary Ⅰ, 1516～1558〕は、高利貸しならば「首をはねろ！」政策を厳格に維持した。そして、高利貸しに対する扱いは一六九四年までは紆余曲折あったが、その年、[4]ウィリアムとメアリー二世[5]は永遠の貸し出しを保証する契約を結び、その金利を永遠に支払うために王国を担保に入れてしまった。

金利を制限するヘンリー八世とエリザベス［Elizabeth I, 1533～1603］の法律は一八五四年まで有効だったが、[6]そのときが来て、すべての貸金業に関する法律が改正された。

二〇一一年のイギリス下院の報告によると、金融部門はイギリス経済において「粗付加価値」[7]の九・四パーセントの寄与があり、わずか一パーセントながら成長しているとまだ考えられている。もしも、金融部門の寄与が加えられるのではなく差し引かれるようになれば（私はそうなると思うのだが）、経済は縮小することになるだろう。恐らく、イングランドの目的は、進んで他の国々への警鐘となって、イングランドに感謝すべき理由を将来世代に残すことなのであろう。そうすれば、彼らも報われるというものだ。

そもそも、富が時間の経過とともに増えるという考え方は物理法則に反するものである。[8]一つ二つのあまり知られていない金属や幾種類かの宝石と同じく金が劣化することはないが、どれも時間の経過とともに大きくなるわけではない。他のものと比べれば、その価値を保つというだけのことだ。

一方、宇宙にある他のものすべては時間とともに崩壊することになり、エネルギーを放ちながらますます散らばっていく。例外もあるにはあるが、熱力学の法則に従っているため、その例外は局所的で一時的な現象となる。

私たちは、お金が好きなだけに金融界の深部の事情をひどく嫌うかもしれないが、それを変えるためにできることはほとんどない。逆に私たちは、正貨に基づいたグローバル化した金融に依存するようになっている。とはいえ正貨は、金や銀や土地のように、慣習的に不変とされる価値を貯えたものに裏付けられているわけではない。正貨は、銀行によって利子付きで貸し出されることで存在するものである。

（4）一六九四年は、イングランド銀行が設立された年。

（5）「William and Mary」と英語で言う場合、通常、ウィリアム三世と妻のメアリー二世によるイングランド、スコットランド、アイルランドの三国の共同統治を指す。二人の共同統治は一六八九年にはじまるが、このとき二人は、名誉革命で「亡命したと考えられている」ジェームズ二世に代わって議会から招聘されている。

（6）「ヘンリー八世の条例はエリザベス一世（在位一五五八～一六〇三）の治世第十三年の条例八号によって復活され、ジェームス一世の治世第二十一年に八パーセントに制限されるまで、ずっと一〇パーセントが法定利子率であった。王政復古後まもなく、それは六パーセントに引き下げられ、アン女王の治世第十二年に、五パーセントに引き下げられた」（アダム・スミス／玉野井芳郎・田添京二・大河内暁男訳『国富論』中央公論新社、一九六八年、一六二ページ）金利の上限を五パーセントとする高金利禁止法は一八五四年に廃止された。

（7）（gross value added）減価償却費を含めて、積上法で計算した付加価値のこと。

（8）ノーベル賞科学者フレデリック・ソディは、エネルギーがどんなに潤沢でも銀行の仕組みを管理しないならば文明は滅びると予言していた。（*Wealth, Virtual Wealth and Debt*, George Allen & Unwin, 1926）

私たちの預金、私たちの年金、私たちに安全を供する政府サービス、私たちの食料となる収穫物の種まき、私たちが依存する輸入財のための国際貿易の資金繰り、これらすべてのことが、利子付きの貸し出しを止めれば消滅してしまうだろう。つまり、貸金業者の排除は、すべての西側の国にとっても経済的な自殺行為になるわけだ。

まして、金利を制限することなどはできない。なぜならば、市場参加者は借金のリスクにふさわしい金利を設定できる能力を要求するからだ。いわゆる「リスク・プレミアム」である。たとえば、スペインの国家債務の金利が現在七パーセント以上（多くの人々が法外だと考える）に跳ね上がっている理由は、市場が要求する金利だからであり、スペインが借用証書を売るためには、スペイン国債の投資家に対して国家破綻の高いリスクの埋め合わせをしなければならないからだ。

要するに、スペインは債権者に自国の破綻に対する保証をしておかねばならず、その保証のためのコストがあまりにも過重になると、スペインはもはや借り続けることができなくなり、破産を宣言することになるわけだ。だが、保険のようなものとしてリスク・プレミアムを考える人は、保険の概念についてよく分かっていない。あくまでも保険とは、私たちの財産を保証するために私たちが誰かに保険料を支払うものだ。貸し金業務では、貸し手の財産を保証するために借り手が貸し手に支払うことになり、借り手の財産は保証されずにいるのである。(9)

貸し出し金利に関するもう一つの論理的に誤った考え方は、お金を貸している間、そのお金を貸し手が使えなくなっていることへの手当てとして金利を考えることである。なるほど、あなたがケーキを手にしていないのならば、ケーキを食べることはできない。だが、もしあなたが利子を取ってケーキを貸し出したとしても、考えられる状態はケーキが食べられてしまったか、一個丸々残っているかだろう。ケーキを食べないでいた報酬は、それがせいぜい半分になるということではないだろうか。(10)

より一般的な振る舞いは、もしあなたが空腹ならばケーキを食べよ、逆に空腹でなければそれを分け合えばいい、というものだ。だが、ケチの定義である食い意地の節制のために誰かに報いることは悪を育むことになる。悪であると同時に、利子をとって貸し出すことが怠惰を助長するという事実を看過しないでおこう。というのは、貸し手がまったく働かなくてよくなる一方で、借り手は利払いのために稼ぎが少なくなることに気付いて、より労働量を少なくするからだ。

倫理的な見方をすると、明らかに高利貸しには立つ瀬がない。だが、倫理的な思考はまったく

(9)　債権者は保険料を払っているわけでもないのに、リスクプレミアムを保険のように考えることを諫《いさ》めている。また、スペイン政府にとっては、リスクプレミアムを債権者に支払うばかりで己の財政状況を保証するもの、すなわち保険ではない。

(10)　利子を機会費用の補塡のように考える人がいるが、ケーキで同じことを考えればおかしいことに気付くではないか、という話。

正当化されないかもしれないし、高利貸しは、せいぜい組織的で制度化された暴力の一形式と見なされるだけかもしれない。利子を取って貸し出すことを考察するもっともよい方法は、強奪の一形式と見なすことである。

二つのグループがあれば、常に一つのグループはみんなお金を持っていて、もう一つのグループは一文なしで生きるためにお金を必要としている。前者はお金を貸して、後者からの利払いを強要できる。ちょうど詐欺師と同じで、貸し手の目的は、決して返済することができない永続的な債務の罠に借り手を陥《おとしい》れて、借り手を貸し手の年季奉公人にしてしまうことであり、利払いの強要を永遠に続く「貢ぎ物の計画」へと変えてしまうことなのだ。

金利を取って貸し出すことについて、もっとも分別のある反応はこうだ。高利貸しは人間の弱さと悪徳の嘆かわしい所産だが、ほとんどの悪行と同様、根絶することは不可能であり、それゆえ貸金業は管理されねばならないとする態度である。たとえば、予想される経済成長率をわずかに下回るところに、高利貸しの金利、つまり上限金利を設定するのである。(11) 債務の成長率は、経済全体の成長率を上回るわけにはいかないのだ。そして、この方法は、経済成長が鈍化して後退したときに取り組むべきことに関して、興味深い疑問を投げ掛けている。

貸し出し金利の上限は〇パーセントに留まるのか、それともマイナス金利になるのだろうか？この質問はすぐれてアカデミックな問題である。というのは、法外な高利（usury rate）はアメリカ合衆国の多くの州で廃止されているものの、今なおそれが有効な州では経済成長率以上の高利が存続しているからだ。これは、人々がまだ「高利貸し（usury）」という言葉の意味を覚えていた大昔の名残である。だが、有効な教化方法がある。なぜ高利貸しが金融の崩壊を不可避なものにするのかを説明するには、簡単な数学で事足りるのだ。

まずい数学

○パーセント以上の金利での貸し出しがデフレーションによる崩壊を導いて、最終的には急激で痛ましいハイパーインフレーションの発作となって跳ね返ってくる、というシナリオが議論されている。プラス金利は指数関数的な成長を要求し、指数関数的成長は、何であれ、どこでも、崩壊という一つの結末に至るしかない。なぜかと言えば、指数関数的成長はこの宇宙における持続可能な物理的プロセスを早々と追い越してしまうからだ。制御された核爆発のような珍しいケースを除いて、指数関数的成長は私たちを連れて宇宙の果てにまで膨らんでしまうわけだが、私

---

(11)　トマ・ピケティは『21世紀の資本』（山形浩生他訳、みすず書房、二〇一四年）において、「r（資本収益率）」が「g（経済成長率）」を上回り続けてきたことを格差拡大の根源として指摘し、その是正を訴えた。

たちの借金もまた同じことだと言える。

このことを例示するための思考実験は次のようなものである。

私たちが地球上のすべての技術的な問題を克服して宇宙空間に進出し、宇宙を植民地化するとしよう。宇宙に植民地を探し、太陽系から銀河系、さらにその他の小宇宙、ついには宇宙全体を支配するのである（宇宙は無限の大きさではないかもしれない。そうだとすると、最終的に崩壊に至る別の理由を私たちに与えることになるが、とりあえずそのことは考えないでおこう）。

さて、誰もが知っているように、宇宙帝国は安く手に入るものではなく、宇宙帝国を創始するために私たちはお金を借りることになる。それは、特別設定の低金利なものだ（宇宙帝国を築くことが低リスクの事業計画だと、貸し手に確信させることができたわけだ）。そして、私たちはこの帝国を光速に近い速さで拡大させるとしよう（というのは、光の速度にまで有限の質量を加速するには無限のエネルギーを必要とするからだ）。

光速だとしても、三次元空間において拡大する宇宙帝国は時間の三乗（t^3）に比例して成長するだろう（当初、太陽系と銀河系を支配下に収める際には、どちらも平面的なので、私たちの帝国は二次元の拡大だけでもよいという事実を無視することにする）。帝国の拡大と同時に、私たちの帝国の借金はD^t［時間tを指数として累乗で大きくなる債務］のように成長する。ここで、問題に突き当たることになる。時間が経過すると（つまり、tが大きくなると）、初めの借金の大きさとは無関係に、債務は帝国よりも速く成長するのである。指数関数的成長が物理的プロセスを追い越すというのは、このことである。

すなわち、$D^t \gg t^3$ となる。

そこで、この帝国のエンジニアがこの問題に果敢にも格闘して、研究開発の資金繰りのために追加的な借金を引き受けたあとで、ついに「ワープ速度」なるものを発明したとしよう。物理法則を破って、私たちの帝国は光速を凌駕する速さで拡大するまでになったのだが、驚いたことに、借金はなおも増加し続けるのだ。やがてエンジニアたちは答えを見つけ出す。光速の一〇倍となる「ワープ10」であったとしても、借金はなおも帝国より速く増加しているのである。なぜならば、$D^t \gg (10t)^3$ だからだ。

すると、一人の才気煥発なエンジニア（彼は偶然にも、ロックバンド「スパイナル・タップ」のファンである）が素晴らしいアイデアを着想して、「ワープ11」を発明するのだ。[12] この発明は、帝国の成長速度に「崖をも飛び越えるような特別の飛躍[13]」を可能にし、「ワープ11」によって、

(12)　スパイナル・タップは、映画『スパイナル・タップ（This is Spinal Tap）』（クリストファー・ゲスト製作、一九八四年）に登場する架空のロック・バンド。ボリュームの目盛りが11まであるアンプを誇らしげに語るシーンがあり、「up to eleven」は「最大音量」を意味する慣用句となっている。http://en.wikipedia.org/wiki/Up_to_eleven

膨らむばかりの借金にも追いつけるものだと誰もが期待を寄せる。だが、これまた無益なものなのだ。なぜならば、$D^t \gg (11t)^3$ だからだ。

途方に暮れながら、帝国のエンジニアたちは振り出しに戻る。そのとき、一人のエンジニアが昔観た映画『バカルー・バンザイの8次元ギャラクシー（The Adventures of Buckaroo Banzai Across the 8th Dimension）』[14]を思い出して、素晴らしい考えを思い付いた。

あの映画のなかでバカルーは、固体である山を突き抜けて三次元どころか八次元の世界を横断して旅をして回ったが、それを可能にする電気回路を実際につくってしまえばよいのではないか。そうすれば、宇宙帝国は同じ時間で八次元の世界に拡大できるではないか！

エンジニアたちは黙々と設計に取り組んで、すぐにオスシレーション・オーバースラスターという寄せ集めの機械をつくった（バカルーの完全自動型12ボルト・シガレット・ライター・ソケットのプラグイン式ユニットであって、リザルド博士の、大きくて扱いにくい、足で操縦する床に取り付けられたクラッジではない）。

オーバースラスターを「ワープ11」で使うときには、未知の超相対論的効果を補正するためのさらなる工夫が要求される（バカルーは、マッハ1を少しばかり超えたくらいで試したにすぎない）。だが、一度扱い方を覚えたならば、宇宙帝国は光速の一一倍で八次元を横断して拡大しはじめ、すぐに「惑星10」の赤色レクトロイドを征服して奴隷化したあと、数え切れないほどの星を同じく支配下に収めることができるのだ。

しかし、何ということだろう。やがて、この成長速度をもってしても債務を抑え込めるほどの十分な速さには遠く及ばないことが判明する。なぜならば、$D^t \gg (11t)^8$ となるからだ。

いくつかのさらなる無益な調査の末、エンジニアたちは数学に関する生得《しょうとく》の疑念を克服しようと決意して、一人の数学者をチームに加わるように誘った。エンジニアたちは、彼ならばこういう失敗がなぜ起こり続けるのかについて説明できるかもしれないと期待した。

その数学者は、カクテルを持ってきてくれと頼む。そして、エンジニアたちが十分に酔って悪いニュースに鈍感になったのを見計らうと、カクテルナプキンをつかんで証明（ここでは省略）を流暢に書き込んだ。彼の証明は、指数関数的に増加する借金がついにはあらゆる有限なものの成長速度を上回るということの例証を試みたものだった。ここで言う「有限なものの成長」とは、有限次元において有限な速度で成長するということである。

そして数学者は、「私たちが無限の領域に踏み込むや、物事ははるかに興味深くなる」と言う。そして、さらに謎めいた次の言葉を残した。

---

(13) 映画『スパイナル・タップ』の目盛りが11まであるアンプを語るシーンの台詞「"if we need that extra push over the cliff, you know what we do?" "Put it up to eleven."」にちなむ。

(14) W・D・リクター監督、一九八四年、アメリカ。

「私たちはいつでも、あとになってそれを繰り込むことができるがね[15]」

エンジニアたちは憤慨して数学者を解雇し、藁にもすがる思いでシャーマンを雇った。シャーマンは彼らの問題を傾聴し、説明のために日没まで待つように言う。そしてシャーマンは、彼らにすべての電気を消して、外の駐車場に集まり、自分の周りで輪になるように命じた。エンジニアたちの目が暗闇に慣れたころ、シャーマンは空を指差して言った。

「星々の間の闇を見たまえ。見えるかね？　そこには何もないのだ。では、星を見てご覧なさい。それが、そこにあるすべてなのだよ」

エンジニアたちは全員、見ることのできるものは無限にもなり得る宇宙の大きさではなく、宇宙の年齢と光の速度によって制限されることを知ったわけだが、そんなことはすでに知っていたことなので彼らはシャーマンを解雇して、灯りをつけて酒を飲み、そして二日酔いの手当てをすることになる。

エンジニアの一人（道化師的存在）が「時間を指数とする借金の累乗だよ、愚か者！」と紙に書き込み、更衣室の壁にピンで留めた。すると、H・G・ウェルズが一八九五年に著した小説『タイムマシーン』[16]を愛読するもう一人の男が、さらに別の才気あふれるアイデアを思い浮かべた。つまり、タイムマシーンを発明して、帝国の借金を清算するために過去に戻ってはどうか、と。

この試みとともに、ついに数学は彼らのお気に入りとなった。なぜならば、彼らは過去に戻って元金だけ支払えばよいことになるからだ。現金が不足していたので、エンジニアたちはタイムマシーンの開発資金を手に入れるためにさらに大きなローンを組もうとするが、債権者は逡巡《しゅんじゅん》して、その計画は「リスクが高すぎる」と告げた。そして、帝国は破産してしまった。その後まもなく、惑星間の酸素輸送を継続するために必要な帝国の資金繰りを確保することができなくなったことが判明し、彼らは全員窒息して死んでしまったのである。

結論——金利を取られる借り入れは、タイムマシーンの計画とそれを実際に製造するだけの十分な資金を手元に持っていて、過去に戻って元金だけを返済できるのであれば結構なことだが、それができないのならばおすすめすることはできない。

金融崩壊の根本原因の話に戻ろう。高利貸し（金利を取って貸し出すこと）は拡大している経済においてのみ成り立つのである。経済成長が止まるや、法外な債務の重荷が高利貸しの消滅を招来するようになる。ダンテ［Dante Alighieri, 1265～1321］の『神曲』地獄篇が、高利貸しを地獄の第七圏谷の一番下の狭苦しい円の中に押し込んでいたのは偶然ではない。高利貸しは、多

（15）繰り込みとは、場の量子論における計算値の発散を避けるための数学的操作のこと。
（16）（Herbert George Wells, 1866～1946）イギリスの著作家。ジュール・ヴェルヌとともに「ＳＦの父」と呼ばれている。社会活動家や歴史家としても多くの業績を残している。

column

訳者による補足

カクテルナプキンの上の証明はどんなものだったか。借金の指数関数的成長とは、経過時間を t、金利を a とすれば、元金に e^{at} を掛け合わせた大きさに債務が成長するということである。ここで、e はネイピア数（2.71828…）である。$D=e^a$ とおけば、$D^t=(e^a)^t=e^{at}$ であり、債務は元金に D^t を掛け合わせた大きさに成長していることになる。ところで、e^{at} をマクローリン展開すれば、次のような無限級数として表せる。

$$e^{at}=1+\frac{at}{1!}+\frac{(at)^2}{2!}+\frac{(at)^3}{3!}+\frac{(at)^4}{4!}+\frac{(at)^5}{5!}+\frac{(at)^6}{6!}+\cdots$$

$at>1$では高次項の寄与が大きくなるが、言い換えれば、三次の項 $(at)^3$ の寄与が小さくなるということである。したがって、

$$D^t=e^{at}\gg(at)^3$$

言うまでもなく、無限級数のなかでは八次の項の寄与も小さくなるので、

$$D^t=e^{at}\gg(at)^8$$

不等式は任意の正数 a について成り立つ。a を11とすれば、本文の証明となり、三次元世界の開拓はおろか八次元世界の開拓でも、しかもワープ11でも、債務の指数関数的成長に太刀打ちできないことが了解されよう。

くの場所において多年にわたって禁じられてきたことなのだ。

現在、アメリカ合衆国では、いくつかの州が高利貸しのような金利を設定しているが、理論的には、その金利が（経済が成長しているとして）その州の経済成長率に連動しているのであれば債務不履行は免れ得る。だが、いくつかの州は愚かしいほどの高い金利（マサチューセッツ州では二〇パーセント）を設定している。一方、そのような高い金利をまったく設定していない州もある。正しい貸し出し金利は〇パーセントである。なぜならば、経済成長は無限に続くことはなく、経済がつまずき、成長が止まり、後退することを正確に予測することは不可能だからである。

◯債務不履行の軽重《けいちょう》

誰もがいずれ債務不履行になると分かっているが、それがいつ起きるのかは誰も確信をもって分かっているわけではないのだから、「デフォルト・リスク」や「リスク・プレミアム」のような考えには嘘がある。このような考えは、国際金融に関与する獣のアニマル・スピリットの現れでしかないのだ。ともあれ、私たちはほんの少しのことだけをよく知っている。それは、国家債務が膨大なのに国の経済が縮小しているようならば、国家のデフォルト（債務不履行）は避け難いということである。

国家が債務を履行しなくなると、債権者たちは、彼らが引き出すことができた「リスク・プレミアム」がどんなものであるかにかかわらず、大きな損失を被ることを余儀なくされる。そして、恐らくもっとも重大なことなのだが、リスク・プレミアムの支払いを国に強要することが債務不履行になる日を手繰り寄せ、支払いを求められているリスク・プレミアムの大きさに比例して国家破産の日が近くなるのである。そもそもリスク・プレミアムを課すということは、それによって影響を緩和したい出来事が起こることを想定して設計されたリスク低減の方策なのだ。

主権国家の債務不履行は以前にも起こっている。たとえば、ロシアの債務不履行が一九九八年八月に起こっているが、これは比較的小さな出来事だった。しかしながら、ロシアの債務不履行は、巨大ヘッジ・ファンド「ロング・ターム・キャピタル・マネジメント社（LTCM社）」の崩壊を急がせることになった。

LTCM社はとても多くの金融契約を結び、リスクについての確たる前提に基づいて利益を得るためのポジションに着いていたが、ロシアが彼らの前提を無効にしたとき、(17)契約総額が巨大であるがゆえにLTCM社は契約にこたえられなくなり、国際金融市場全体が閉鎖の瀬戸際に追い込まれた。

あまりにも大きなシステムがうまくいかなくなるときにはいつでも、それが起こるメカニズムについて理解できないと思われるかもしれないが、その原理は複雑なものではない。すべての市場参加者は他者と契約をすることになるわけだが、リスクはどういうものかという参加者なりの理解に基づいて小さなリスクを受け入れている。参加者が予期することと言えば、小さな変動が彼らを利することになるのか、あるいは一ドルにつき一ペニーよりも小さな損失になるのか、といったことくらいだ。

だが、一人が破産すると、数名が数ペニーどころか一ドル丸々の損失分を支払う羽目になる。そのドルは借りて工面するしかなく（金融市場の全プレーヤーが営むゲームは、わずかばかりの元手を借金という大きな山に変えて、その借金を悪用することなのだ）、その結末は倒産の連鎖となる。一九九八年には、アメリカの連邦準備制度理事会が介入してＬＴＣＭ社の救済を計画することができた。それは最初の救済であったが、決して最後の救済ではなかった。

ロシアの財政破綻の原因となったリスク・プレミアムを見てみよう。ロシアは「政府短期債券」と呼ばれた短期の金融商品を売って、国際金融市場で資金調達をしていた。この金融商品が満期になるたびにロシア政府は、償還期限の債券の借り換えのために新規ものに乗り換えながらさらなる債券を売ることで人々を追い払っていた。これがうまくいくためには、借り換えのたびに金

---

(17)　ニコラス・ダンバー／寺澤芳男監訳『ＬＴＣＭ伝説』（東洋経済新報社、二〇〇一年、三五七ページ）によれば、ロシア政府が為替取引の停止を宣言したほか、法廷で争えないマフィアが出現している。

利を上げなければならなかった。

一九九八年の財政破綻が起こったのは、たとえ三〇〇パーセントの金利であっても、債券の借り換えがもはやできなくなったときのことだった。その金利水準では、うすのろのトレーダーでさえも、ロシアは単に「ネズミ講」を主宰しているということに気付いたのだ。

ここで、三つのことが注目に値する。まず、ある臨界数の人々がパニックになるまでネズミ講は続くということである。次に、ひとたびパニックが生じると、ネズミ講の崩壊がとても早く起こるということである。そして三つ目に、その崩壊の影響は当のネズミ講だけに留まらないということだ。つまり、より大きなグローバルなネズミ講に影響が及ぶのである。

ネズミ講がこの惑星全体を巻き込んで利益がゼロになる前に崩壊を阻止しようとするには、各国の中央銀行と政府が介入して新規の債務を引き受けねばならない（結果において、リスク・プレミアムを吸収することになる）。

ロシアがデフォルトした一〇年後、アメリカ合衆国では、サブプライム・ローン危機の結果として「リーマン・ブラザース」が破産宣告を余儀なくされたとき、損失隠しと金融システムの崩壊回避のために発行されねばならなくなった新規債務の規模は驚異的なものであった。スーザン・ジョージ[18]は『これは誰の危機か、未来は誰のものか』（原註8）のなかで、一秒当たり一ドルのペースとして、二〇〇八年の金融危機の救済において全部支払うのに五〇万年かかると見積もっている[19]。

このような数字は強い印象を与えるものだが、二〇〇八年にはじまった危機が決して終わっていないということを理解することは重要である。救済措置が国際金融市場の構造的な特徴になっており、金融システムはもはや自動的に安定化することはない。その存続には、継続的な協調介入が必要になっている。すなわち、「救済措置」「量的緩和」「流動性の注入」といったことが必要なのであり、これらはすべて、金融機関を存続させるためにお金を印刷して支払い能力のない金融機関にお金をわたすという意味の婉曲《えんきょく》な言い回しであり、放っておけば金融機関は直ちに崩壊してしまうだろう。

だが、これらの介入は持続可能なものではない。絶えず支援して金融システム内の損失を隠している政府のポジションは、介入を重ねるほどにますますもちこたえられないものになってきている。目下、アメリカ合衆国は記録的に低い金利でまだ借りることができるが、これはこの国の借金がギリシャやスペインの借金よりも返済され得るという理由によるものではない。市場は、アメリカ合衆国の破綻が最後になると考えているのだ。言わば、アメリカ合衆国は「にかわ工場

(18)　(Susan George, 1934〜）アメリカ出身でフランス在住の政治経済学者、社会運動家。グリーンピースなどで貧困・開発問題に取り組み、現在、トランスナショナル研究所の研究員で理事長。国際通貨基金や世界銀行が進める構造調整政策や、近年の新自由主義的グローバリゼーションに対する鋭い批判で知られる。

(19)　負債総額は六〇〇〇億ドル超だった。

でもっとも容姿端麗な馬」[20]だと評されているのであり、巨大マネーが最期を迎える場所、それがアメリカ合衆国ということなのだ。

アメリカ合衆国とともに連邦準備制度理事会は、今、無制限の紙幣印刷と資産の買い入れを行って、米ドルの将来見通しは薄暗くなっている。[21]それでもなお、米ドルは世界の多くで準備通貨であるがゆえに、世界中の国々の紙幣の将来見通しも暗雲垂れ込めるという状況になっている。

この状況を物語る適切な例を挙げよう。

ロシア銀行は流通しているすべてのルーブルを買い付けるために十二分な外国通貨を保有しているが、このルーブルの取り付けに対する徹底的な防衛策も、諸外国の通貨が減価するならば効力を失うことになる。そして、星回りの悪い恋人たちが抱き合いながら崖を飛び降りるかのように、ルーブルと米ドルはともに急落してしまうのだ。そのため、ロシア（他の国々も）は金をせっせとため込んでいる。

◯貨幣の終わり

金融業界の奇術師たちは、リスクを数値化できるモデルをもっていて、実質的にリスクのない複雑な金融商品を構築している、とあなたに語るだろう。マイロン・ショールズ［Myron S.

Scholes, 1941〜］に注目してみよう。彼は金融派生商品の価格を算出するブラック・ショールズ方式の共著者としてノーベル経済学賞を受賞し［一九九七年］、「ロング・ターム・キャピタル・マネジメント社」の破綻の裏にいた人物であり、現在の金融業界が露呈する大失敗の多くの生みの親でもある。彼は、リーマン・ブラザースの大惨事のあと、次のように言っている。

「ほとんどの間、あなたのリスク管理はうまくいく。けれども、リーマン・ブラザースの崩壊のあとに続いている最近の衝撃的な全体に波及する出来事によって、明らかに、どの銀行のリスク管理システムも、事実に鑑みて不完全であることがあらわになっている」

そして、そのような全体に波及する不祥事が今では、ＬＴＣＭ、リーマン・ブラザース、ＡＩＧ［保険会社］、ＭＦグローバル［証券会社］、ＰＦＧ［金融サービス機関］……と定期的と言えるくらいに発生している。

金融業界の奇術師たちはリスクを数値化するさまざまなモデルを用いたが、どのモデルも「全体に波及する不祥事」の確率と激烈さが増していることとの説明に失敗している。したがって、エコノミストや金儲けの天才たちが「リスク」という言葉を用いるときに、何について語っている

---

(20)　にかわ工場（glue factory）は、「不要物の廃棄処分場」を指す比喩としても俗用される。

(21)　原著出版時（二〇一三年）にはＱＥ（量的緩和）が盛んだったが、二〇一四年一〇月にＱＥ３は停止した。

のかを彼らが分かっていると仮定し続ける理由はない。彼らは、あなたのポートフォリオのリスクについて一言二言意見を述べることはできるかもしれないが、あなたのポートフォリオに価値を与えているシステム全体を揺るがすまでに波及するリスクについては何ら語ることができないのだ。

一世紀の長きにわたる経済成長の流れに乗って、呪文を唱えては呼び出されてきた貨幣は、経済成長が終われば行き場がなくなる。それに、経済成長が末期にあることを示す証拠は数多くある。前世紀あたりのことを調べれば、いくつかの相互に連関した重要な指標パラメータの指数関数的急増を確認することができる。

まず、化石燃料利用の増加が挙げられるが、輸送手段および広範な産業への石油利用が進んだことはもっとも重要なことだった。二つ目として、世界人口の増加が挙げられる。そして、三つ目として債務の増加が挙げられるが、より正確に言えば、貸し出しにより存在する貨幣が増加したということになる。

貨幣が地球を動かしていると考えたがるエコノミストもいるようだが、こういう迷妄《めいもう》を解くには簡単な実験で事足りる。彼らのドル紙幣を燃料タンクに詰め込んで、それが彼らをどこまで運ぶのかを調べればよい。経済が成長した本当の理由は天然資源の利用が継続的に増えたからであり、もっとも重要なことはエネルギー利用が拡大したことである。

現在の工業文明においては、文明を駆動するエネルギーは化石燃料に由来している。再生可能エネルギーは、合算しても全体のせいぜい一パーセントほどにすぎない。エネルギー、人口、負債、これら三つの指数関数的成長を見れば、これら三つが明らかに相互に関連しているという結論を下さずにはいられないだろう。つまり、エネルギーが経済成長をもたらし、経済が大きくなればより大きな人口を維持することになり、次いで将来への期待、つまりさらなる成長期待とともに負債の増大が起こるのだ。

二一世紀の初めの一〇年が終わる前に、これらの増加傾向のうちの一つが終わってしまった。まず、世界の石油利用の伸びが鈍化に転じて、最近では石油利用はすっかり成長を止めている。このことを理解するためには、地質学的な話題を取り上げねばならない。まず、安価かつ容易に採掘できた油井《ゆせい》のほとんどはすでに減耗してしまった。地中にはまだたくさんの石油が残っているが、そのような石油は、開発費用の転嫁が保証されるような価格のときにだけ市場に運ばれることになる。

歴史が教えてくれることは、GDPの六パーセント以上が石油に費やされるときには景気が後退するということだ。石油利用の衰退が救い難いことだと考える十分な理由もある。地質学者が新たな資源を発見するペースよりもはるかに速く、世界は石油を使っているのである。すべての石油生産の四分の一を生産するような超巨大油田［サウジアラビアのガワール油田に匹敵］は、恐らくもう残っていないだろう。そして今日では、世界の石油消費量の二、三日分を供し得るくらいの油田の発見で祝福しているというありさまなのだ。

石油利用の伸びが止まって、やがて石油利用が減じるにつれて、経済もまた成長を止めて縮小することになる。そして、楽観的な見通しに基づいた貸し出しによって生じた貨幣の海も同じく干上がることになる。人口もまた、ついには急降下しはじめるだろう。私の推測では、人口減は出生率の低下ではなく、むしろ死亡率の上昇によって引き起こされる。

私たちは自らが特別な存在だと思いたがる傾向をもっているが、個体数が爆発的に増加したのちに死滅する現象について言えば、生物種としてヒトが特別な種というわけではない。人口が永遠に増加し続けるという考え方は、有限の地球で終わりなき経済成長を実現し得るという考えと同様、根拠のないものだ。人口の指数関数的成長は、化石燃料利用の指数関数的拡大の跡を追い掛けてきたものである。その化石燃料が今では減っている。人口がそうならないはずがない。

この見通しがあなたには悩ましく感じられるならば、私が安心させてあげよう。この見通しについてじっと考えるのを止めれば、あなたの悩みは取り除かれることだろう。伝染病、世界大戦、移民の急増、飢餓の時代、こういったことから生き残った人々によって語られる話は、ほとんどの社会がまったく大騒ぎになることもなく突然の死に対処できることを示している。

ソビエト連邦崩壊後のロシアでは、死亡者数が大きく跳ね上がったが、死体公示所や火葬場の外にいる人には直接感知されることはなかった。二、三年後に、人々が懐かしい学校の集合写真を見て、ようやく半数が死んだことに気付くだろう。

次々に人が死んでいく状況下で生きることにおいてもっとも辛いことは、起こっていることを認識することである。だが、生き残る人々はたちまちこの経験を過去に捨て去り、すぐに子づくりに戻るのである。

さて、人口、化石燃料および経済活動は徐々に縮小するが、お金はそういうわけにはいかない。なぜならば、エネルギー、経済あるいは人口と違ってお金は観念にすぎないからだ。そして、ひとたびお金が不足すると、壊滅的なほど欠乏するようになる。

銀行は、将来の経済成長を期待してお金を貸し出している。借り手（企業も政府も同等）は、経費を抑えたり、さらに借り入れを増やしたりして、一時的な経済の停滞や株価の下落から生き残ろうとする。経済の停滞が長期的な傾向だと判明すれば債務不履行は避けられず、デフレ的な経済の縮小を招くことになる。銀行は経済成長の資金を融通すべく設計されており、一時的な停滞を凌《しの》ぐことはできるが、永続的な世界規模での経済縮小はどの銀行にとっても致命的なものとなる。

銀行の貸出金融資産が劣化することによって導かれるデフレ的な縮小局面では、銀行が破産することもある。銀行が保持する収益や株主の資本は、銀行の貸出金融資産に比べてわずかでしかなく、膨大な損失を埋め合わせるには足りない。縮小経済では、すべての銀行が頓挫することになるが、そのプロセスは政府と中央銀行のてこ入れによってこれまでは抑えられてきた。だが、そのてこ入れが永遠に続けられるわけではない。

「最終的には、中央銀行がもっている唯一の歯止めは無限に紙幣を印刷する能力になるが、もし中央銀行がその能力をずっと行使し続けなければならないとしたら、中央銀行が機能しなくなっているだろう。なぜならば、貨幣への信用を失墜させてしまうからだ」

このように、デビッド・コロウィッツ[22]は『代償』[原註9]と題する論文のなかで書いている。中央銀行の操縦室の机にはただ一つの非常用ボタンがあり、そこには「印刷開始」と記されているわけだ。

中央銀行が試みていることは、通貨の信用を破壊しない程度に、ゆっくりと彼らが管理している通貨の価値を損なっていくことだ。この点では極めて上首尾だった。米ドルが金と兌換できた一九七一年以前には、一ドルは一オンスの金の一二分の一の価値があったが、その四〇年後には、一ドルは一オンスの金の一六〇〇分の一という価値になっているのだ。だが、このことはまだ別にどうこう言うほどのことでもないインフレーションであって、むしろ経済のよい時代においては、法定不換紙幣が通常どのように振る舞うかを表しているだけのことだ。

実際、中央銀行はインフレ・ターゲットを設定して、小幅のインフレーションを健全だと見なすものだ。たとえば、ユーロを創設した通貨同盟の論拠たるマーストリヒト条約は、年率三パーセントまでのインフレ・ターゲットを発布している。(23) だが、経済の悪い時代には、法定不換紙幣の信用がすっかり損なわれる傾向があり、突然、予想外の影響を及ぼすことになる。

一九二三年の第2四半期に、ドイツの物価は平均して三日毎に二倍になった。税収はゼロへと落ち込み、国家は単に紙幣を印刷することで自らを支えた。より最近のジンバブエのハイパーインフレーションはもっと急激なもので、すべて以前の記録を塗り替えた。それまでの記録保持者はドイツではなくハンガリーであり、一九四六年に、一九三一年の一ペンゴ金貨が一垓三〇〇〇京（1.3×10^{20}）のペンゴ紙幣の価値になったという記録がある。

ハイパーインフレーションは悪性のインフレとは違う。というのは、ハイパーインフレーションは貨幣の定義を変えてしまうからだ。貨幣は交換を媒介するものとして（不承不承一回切りで）

---

(22)（David Korowicz）ロンドン大学などで学んだ物理学をベースとして、人間システムのシステミック・リスクの伝播メカニズムに深い洞察力のあるコンサルタント。アイルランドの環境系シンクタンク「FEASTA」の研究員時代に発表した論文「Tipping Point: Near-Term Systemic Implications of a Peak in Global Oil Production（変曲点：世界の石油生産がピークに達することが近未来に示唆すること）」（二〇一〇年）は、ドイツ軍シンクタンクのピークオイル研究でも大いに参考にされた。本文に挙げられている『代償』（二〇一二年）では、物流と金融に着目して現代文明の崩壊を理路整然と論じている。

(23) マーストリヒト条約は、物価安定とともに財政赤字がGDP比三パーセント以内という通貨統合への参加条件を掲げており、このことが含意する物価への影響を原著者はインフレ・ターゲットと解したのだろう。

供され続けるが、価値を貯蔵する機能を失ってしまうのだ。

反対の過程もある。デフレーションは、流通している貨幣量が入手できる商品やサービスに比べて少なくなる過程であり、モノが安くなる。実際問題として、このことはまったく悪いことではないかもしれない。たとえば、ハイテク分野などではいつでも起こっていることだ。

あなたが今日購入するコンピュータは、二〇年前に入手できたどのモデルよりもはるかに性能がよくなっており、かなり安くなっている。それに、そのことについて不満を言い立てる人はまずいない。それどころか、実際にはそれを当然のことのように期待している。

このことは、ハイテクのオモチャにかぎった話ではない。コヤスガイの貝殻やココナッツで交易が行われている熱帯の小島の経済を考えるならば、ある年にどれくらいの貝殻やココナッツが生産されるかを基礎として、二つのものの比が変動していることが分かる。法定不換紙幣が登場する前、貨幣が貴金属でできた硬貨だったとき、商品に対する貨幣の比は、貴金属がどれくらい採掘されるか、農作物の収穫はどれくらい好調か、また製造業者は商品をどれくらい生産できるか、といったことに基礎づけられていた。

デフレーションは、一九世紀にはごく普通のことと考えられていた。というのは、金や銀が比較的一定量に留まっていたのに対して、経済が拡大した時代だったからだ。だが、金の採掘ペースが他の分野の成長ペースを超えるといつでも、商品やサービスに対する貨幣の比は反対方向、つまりインフレーションに向かって変化する。まさに、ゴールド・ラッシュのときに繰り返し起こったことと同じである。

このことが意味することは、貴金属の所有者は、時が経って、他の資産を所有する人と比べてわずかに豊かになったか、わずかに貧しくなったということだった。だがこれは、取り立てて攪乱というほどのことでもない、小さな遅々とした変化だった。また、金によって引き起こされるデフレ的崩壊はあり得ないが、金によって引き起こされたハイパーインフレーションの唯一の例として、一三二四年のマリの皇帝ムーサ一世［Musa Keita I（Mansa Musa とも），1280?～1337?］のメッカ巡礼のときに起こった出来事がある。

そのとき皇帝は六万人の随行員と、一五〇万トロイアオンスを超える金の延べ棒を運ぶ一万二〇〇〇人の奴隷と、さらに数千ポンドの金粉を運ぶ八〇頭のラクダを付き添わせた。皇帝は道中で町々に寄付をして、モスク建造を発注しながら移動したので、彼が通った跡に経済的に滅茶苦茶な状態を残していったそうだ。

ほとんどの市場参加者が過重債務を抱える経済のなかでは、まったく異なる型のデフレーションが起こる。貸すときにはインフレーションで損をするリスクを引き受け、借りるときにはデフレーションで損をするリスクを引き受けるわけだが、その重要な違いは、デフレ下での赤字は債務返済の継続を不可能にしてしまうということだ。

価格が下落するにつれてビジネスも税収も落ち込み、収益が債務を返済し続けるために必要とされる水準を下回るならば債務不履行になる割合が高まって、デフレーションはデフレ崩壊、あるいはハイパーデフレーションに至る。そうなると、貸し出しによって存在していた貨幣が消失してしまう。

この現象は、緩慢だった一九世紀のデフレーションとは質的にまったく異なるものだ。貨幣価値が上がるのではなく、貨幣がただ失われてしまうのだ。なぜならば、金融システムが営業を停止して、新規融資はもうあり得なくなってしまうからだ。新規融資がなくなるとともに商業も行き詰まる。つまり、ほとんどの商品は掛け売りで運ばれているからだ。すると、人々の収入が急減し、すぐさま税収がゼロに向かって落ち込む。金融機関が一掃されると、政府は財政赤字を埋め合わせるために借り入れ続ける能力をもたなくなり、財政赤字は一〇〇パーセント近い状況になってしまう。

政府と銀行にとっての唯一の頼みの綱は、印刷機のスイッチを入れることだ。これはハイパーインフレーションの引き金であり、成り行きに任せれば数か月でそうなるだろう。ハイパーインフレーションが起こるや否や、「すばらしい新世界(brave new world)」に私たちは投げ込まれる。ものすごい数の紙幣があふれることになるが、それはリサイクルペーパーとしての重量に見合う価値しかなく、財源がなくなり、商業は行き詰まり、政府は麻痺することになる。

こういう訳で、崩壊の段階は「金融の崩壊」から「商業の崩壊」、そして「政治の崩壊」へと続く順序で起こるはずだと予想されるのだ。ひとたびこれら三つの段階が成り行き通りに進行しはじめたならば、秘密の金融協定、信頼できる排他的サークル内での取引、敬意と物々交換および贈与に基づく顔の見える非公式な商業活動、そして地域レベルでの自発的な自治といった新しい生活様式で再起動して、社会と文化のできるだけ多くの要素を保持することに万人のエネルギーを注ぐべきとなる。

崩壊前の状態におぼろげに似た何かへと、国際金融市場、グローバル化した商業、および国と法の関係を再建しようとする試みは無意味である。これらすべては化石燃料時代の指数関数的成長局面で共進化したシステムであり、この成長局面が終わると同時に崩壊していることだろう。もちろん、そのときまで、再建のための資材や原料といった物質的基盤は存在していないだろう。化石燃料は一度かぎりの贈り物だったが、人類はますます速くそれを使って、金属鉱物、淡水の帯水層、漁場、農地をも消尽《しょうじん》している。次に到来することは、自然あるいは自然界に残っているものとの間で均衡のとれた生活に回帰する努力に密接に結び付いたものだろう。

さらに、化石燃料関連の産業、コンテナ船、タンカー、大量輸送、アメリカのインターステートハイウェイシステム(24)、あるいは送電網を再始動するような試みも無意味になるだろう。これらの取り組みを支えるインフラはすべて、とても巨大なグローバル経済として稼働するように計画されたものであり、経済が小さくなって地域性を強めて貧しくなれば、規模の経済が深刻なマイナスの効果を現すことになるだろう。

コンテナ船が立ち寄る港湾ネットワークを維持することは、船が数年に一度出港するだけならば、あるいは積み荷が軽くなるだけでも、合理的な事業計画ではなくなってしまう。石油の精製施設を維持することも、年に数週間稼働させるだけならば合理的なものではない。

当面、送電網を毎日数時間だけ稼働することは可能かもしれないが、電力供給が不確実なものになれば送電網を保有することの利点が損なわれる。ある鉄道の区間では既存の線路と所有車両を利用できるかもしれないが、古びた工業時代のインフラの主たる用途は多量のスクラップの源となり、それがまったく新しい「急場凌ぎの方法」で再利用されることになるのは確実である。

◯キャッシングアウトのためのオプション

事情が分かっただろうか。利子を取る貸し出しと、終わりなき経済成長という仮定に基づいた国際金融システムがあり、多くの人々には、終わりなき成長の具体化がすでに失敗しているように見えはじめているというわけだ。この金融システムは、すでに投資家がお金を預けておくには危険な場所になっており、また、そう考えることが理に叶っているとは思えないだろうか。

銀行口座のお金、債券、株式証券、あるいは銀行の金庫に置かれた金でもいい、あなたがお金をもっているとしよう。そして、あなたはそのお金を雲散霧消することがないようにしたいとしよう。なぜならば、あなたはあとでお金が必要になるかもしれないし、あるいは単にお金が好きだからだ。

さらに、この金融システムが破裂するように仕組まれていると考えるに足る理由を理解しているとしよう。それでいて、自由落下している「金融業界」とラベルの貼られたバスケットの中にあなたの卵すべてを預けているのだとしたら、あなたは理性を失っているのかもしれない。すでに割れている卵もあり、LTCM、リーマン・ブラザース、AIG、MFグローバル、PFG、そして本書執筆中にもナイト・キャピタル［証券会社］と、荒れ模様が続いているのだ。

まだいくらかの貯えがある人々は困難な選択肢に直面しているが、それらのほとんどは満足できるようなものではない。確かに、私たちはお金を金融機関に預け続けることができる。たとえそうすることの結果が貧しくなる傾向をすでに示していて、さらにますます悪い事態となり、事によっては預けたお金のすべてを失うのだとしても、預け続けることはできるのだ。しかし、退職金を金融機関に預けて運用している多くの人々は、もはや隠居生活を送る余裕がないことに気

(24)　アメリカ四八州の人口五万人以上の都市のほとんどを結ぶ高速道路網。

付いている。また、自分のお金を引き出せなくなっていることに気付く人もいる。

今では潰れてしまった「MFグローバル」にお金を預けた人々は、お金が没収されるというひどい目に遭っている。それは、上院議員とニュージャージー州知事を務めたことがあるMFグローバル会長ジョン・コーザイン［Jon Stevens Corzine, 1947〜］がギャンブルでつくった個人的な借金の支払いに充当するためだった。私的な賭けへの流用に現金箱のお金を使うことは非合法だが、彼はまだ捕まっていない。

金融業界のエリート・マネージャーというオオカミの群れも同様で、同じことをさらにやらかしてもいいという権限を与えられているように感じている。彼らは政治家たちに政治活動資金を払うことができ、非公式で語られることはないものの、起訴を完全に免れることが許されており、投資家の資金のより大きな没収をも企んでいるのだ。法律に則って処理されるリスクは小さく、盗みを働く誘因はとても大きいのだから、彼らのような者が儲けようとしないわけがない。

人々がお金を預けるのを止めさせるために取り組まなければならないことは何だろうか。「俺たちゃ、あんたの金を盗むよ」と書いたネオンサインを金融機関に掲示すればよいのだろうか。だが、この点では異論もある。捕食者が群れから動きの遅い個体や弱い個体を淘汰して群れの健全性を保つ進化論的義務を果たしているように、彼らは金融業界を信じている人々から盗むという本能的な衝動に従って義務を果たしているという説もあるのだ。

私たちが目をこすって眠りから覚めて、すべてを失うリスクに曝されていることに気付けば、私たちは自らの手で問題に対処すべく、急成長するとまだ考えられている世界経済のある部門に投資を試みることができる。たとえば、シェールガスである。もうしばらくはよい投資であるように思われるが、さほど長くは続かないだろう。この分野で一番大きなプレーヤーである「チェサピーク・エナジー社」は、損失を削減することとガス掘削の中止を決定している（あなたは、シェールガス掘削事業に伴って環境破壊に寄与してしまうことに対して寛大にならねばならないだろう。また、損をしてまで売られるガスの生産に投資しているという意味では、いくらかバカにならねばならない）。

すべての経済事情を鑑みれば、経済成長がある所ほど成り行き任せという状態になっている。したがって、こういう投資は「勝負事」と言えるほどの投資ではなく、シェールガスの油井《ゆせい》と同じように、急激に尽きてしまうことになるだろう(25)。

他の部門で経済成長をしているのは小火器製造業だ。銃乱射のバカ騒ぎのたびに銃器の売り上げが伸びている（最近、コネチカット州ニュータウンで起きた学校での大量殺人事件(26)のあと、殺

(25)　二〇一四年下半期には、日本の名だたる商社もシェールガスへの投資による大きな損失を発表しており、二〇一五年六月には、伊藤忠商事がシェールガス開発事業から撤退することになった。

人犯が好んだブッシュマスター社製の「アサルトライフル」が売り切れた店舗もあるそうだ)。恐らく銃器製造で利益が出るだろうが、(潜在的な) 殺人事件から利益を得ることは万人が好むことではないだろうし、とりわけアメリカでは「銃が十分にない」と主張することは難しい。

もう一つの成長産業はサバイバルグッズだが、先に挙げたものほどには非難されない。しかしながら、そういう類いのものは恐怖心から買い求められて備えられるものであり、人々の恐怖心に付け込んで利益を得ることは「よい仕事」に分類されることはないだろう。ともあれ、これらのリスクを伴う「勝負事」の終わりには、あなたが幸運に恵まれていれば、取り掛かったときよりもいくらか持ち金を増やしているはずである。だが、そのお金で次にすべきことをあなたは知っているのであろうか。

恐怖心に付け込んで儲けることや、環境を破壊すると知りつつ私利を得ることに対するあなたの耐性が低いのであれば、あなたは環境保全技術に投資することもできるだろう。市場調査の結果は、普通の人々に環境に対する罪の意識が鬱積《うっせき》していることを表しており、そのことは、商品開発や販売促進に携わる人、あるいは広告主にとっては開発し甲斐のある宝の山となる。

人々は、再生不可能な資源を使い切ることに加担している一方で、「グリーン」のラベル[日本のエコマークに相当]が貼られた消費財の製造と販売にもすっかり慣れている。環境を滅茶苦茶にしている罪の意識を軽減しようとして、人々は「グリーン」なゴミで埋め立て場を満たそうとしているのである。これはやはり、道徳的なジレンマを引き起こすことにもなる。

もし、あなたが環境を保全したく、なおかつ消費財に頼らない生活を準備したいのであれば、あなたは消費財を売ったり買ったりすべきではない。はるかによい妙案は、できるだけ少なく買うことなのだが、それは多額のお金をどうするかという問題の答えにはならない。

そして、もっとも環境保全に資する技術は消費財のなかには取り入れられていないのだ。その技術は「樹木」と呼ばれる緑色の生物によって採用されており、「クロロフィル」と呼ばれている緑色の物質のとても不思議な性質を頼りにしたものだ。あなたも木々を植えることができ、それによって格好の「環境保全」になり気分もよくなるのだが、樹木が私たちを必要としているわけではない。そもそも木々は、自分自身で種をまいている（リス、鳥、他の動物がときどき助けているが）。加えて、木々はたいした金融商品ではない。

次いで、経済活動から貨幣を引き出して時間が経っても価値を保つモノを買うこと、つまり「キャッシングアウト」のために役立てられる事例がある。デフレ的な環境では、すべてのものが価値を失って万人が貧しくなるわけだが、真に価値のあるモノを保有するならば、あなたは無

(26)　二〇一二年一二月一四日に起きたサンディ・フック小学校銃乱射事件のこと。一二人の児童と六人の教職員が死亡した。

策の人よりもゆっくりと貧しくなれるかもしれず、金融機関にお金を預けたり現金を保有したりすることで蓄えをすべて失う人々よりも貧しくならずにすむかもしれない。もちろん、あなたも蓄えを失うことになるのだが、すべてを失うことはなく、また一度に失わずにすむだろう。

まず、あなたは、教訓として活かすための現金を保有すべきだ。私は祖母のことをよく覚えている。彼女は私が七歳のときに亡くなったのだが、彼女が退蔵していたケレンキで私は遊んだことを覚えている。ケレンキとは、恐ろしく高額ながらも価値のないルーブル紙幣のことで、アレキサンダー・ケレンスキー［Алекса́ндр Фёдорович Ке́ренский, 1881～1970］首相の下、ロシア臨時政府によって発行されたものだ。ケレンスキー首相の在任期間は一九一七年の七月から一一月までで、その後、彼は船乗りに扮するか女装をして（記事により異なる）国外に逃亡したそうだ。

ともあれ、当時の私には大金のように思えたので、一万ルーブル紙幣にすっかり魅了されてしまったのだが、まったく価値がないことを聞かされてとても驚いた。それで私は、一枚もらって本の栞《しおり》として使った。ロシアがそのような高額紙幣を再び発行することは一九九〇年代までなかったが、先例の通り、印刷後すぐに価値がなくなった。

同様にあなたも、米ドル、ユーロ、ルーブル、元などが無価値になるとき、手に入れることができるもっとも高額な紙幣を記念品として取っておくべきだ。そうしておくと、あなたはそれらを孫に見せて、「想像できるかい、この汚い紙切れが昔はありがたいと思われた財産だったことを?」と話すことができるだろう。

するとと、あなたの立派なお孫さんは疑いもなく、あなたが老いて、少し呆けてしまったと思うだろう。だが、それでもあとになって、孫たちはその出来事について考えることになるだろう。なぜならば、そのときまでにはあなたは恐らく死んでいるからだ。しかしながら、古いお金がいっぱい入った靴箱をいくつも取っておくことは賢明でない。そんなことをしようものなら、立派なお孫さんは、あなたが本当に頭のおかしい人だと思うことだろう。正気の人は、ゴミをため込んだりはしないものだ。

肝心なことは、孫たちには思いもよらないことだという点であり、だからこそ教訓は大切なのだ。孫たちが生きている間に、粗悪な似非《えせ》国家主義のリーダーが、死んだ人の肖像とフリーメーソンの象徴と大きな数字が描かれた汚い紙切れを印刷して、その紙切れをあらゆる取引における交換の媒介物として使うことを人々に課す可能性がある。あなたの立派なお孫さんは、若くしてそれが詐欺だと分かる必要がある。それは、公式の詐欺なのだ。暴力の脅威によって裏打ちされたとしても、やはり詐欺でしかないのだ。

孫たちは、そういう詐欺への対処法も知っておく必要がある。要点は、紙切れを保有することや、それらを金融機関に預けることを拒否することだ。件《くだん》の紙切れがまだ価値のあるうちに、時間が経っても価値を失わないものを買うために紙切れを使ってしまうべきなのだ。

私たちの時代において、正しい金融商品として宣伝されているもっとも明白なものは、金と銀の地金（一オンスコイン）および延べ棒である（ここで指しているのは、あなたが保有している現物の金属のことであって、金融機関に保有されている金属ではない。ましてや、金融機関によって発行されている紙切れの上にだけ存在している名目上の金属でもない）。

だが、金や銀を貯蔵するにはいくつかの問題がある。まず、それらが本当のお金であることだ。政府によって印刷された見せ掛けの紙幣ではなく、地殻中の希少性と世界中の供給源となる金鉱石および銀鉱石の減耗が進んでいることにより、富の永続的な貯蔵物となっているものだ（金は、今では粉砕した鉱石の一〇〇万分の三ほどの濃度でしか採掘されない。銀は、銅や他の金属の採掘に付随するものだが、その量は少なくなっている）。

古代ペルシャやビザンチンのコインのなかの物質は、メープルリーフやクルーガーランドのコインのなかに含まれている物質と同じである。その価値は、金属の重量で測れば不変であり、しかもコインは時間が経つと硬貨そのものの価値を増してくる。本当のお金であるので、金と銀は政府によって印刷された見せ掛けの貨幣と競合するわけだが、そのことを政府は好ましく思っていない。

政府の特権の一つはシニョリッジ（seigniorage）である。シニョリッジとは、通貨を管理することによって利益を得る能力のことだが、貴金属はこの能力を蝕むのだ。ほとんどの時代、政府はこのことに無関心でいた。というのは、金の全量が政府の操作に重大な衝撃を与えるほど十分に多くなかったからだ。だが、政府が紙幣の急激な減価や支払い能力の罠にはまっていることに気付いたとき、あるいは財政的な難局に直面したときには、一九三三年の四月にルーズベルト大統領［Franklin Delano Roosevelt, 1882～1945］が「大統領命令６１０２号」を発して実施したように、政府は市民が保有する金をすべて没収する傾向がある。安全な貯金箱を望んだ人々だけが政府の代理人の立ち会いの下で金を差し出すことができたが、代理人は見つけ出した金を速やかに持ち去ってしまった。

貴金属のコインや延べ棒は盗まれる対象にもなる。とても密度が高くて、持ち運びしやすい価値の貯蔵物だからだ。だが、よほど下品でもなければ貴金属はめったに展示されず、あまりにも目立ちすぎるので陳列されることもなく、通常は隠して貯蔵されている。貴金属は比較的めずらしいもので、信頼できる人のなかに買い手や売り手を見つけることも困難であり、いや応なしに見知らぬ人との慎重を要するビジネスへと導いてしまう。

貴金属はまた、役に立たないことが判明しやすい。社会が混乱した状態では、人々はしばしばコインの蓄えを使って何かを営むという能力をまったく失ってしまい、庭にある彫像の足元のような秘密の場所にコインを埋めたまま放置してしまうことになる。今日でも、古代ローマ人の大邸宅跡の発掘作業によって、ローマ帝国末期の金が入った壺がイングランドで定期的に掘り出されている。そういう大邸宅の住人は、ローマ帝国が崩壊して暗黒の時代が彼らの身に迫るにつれて、それらの貯蔵から利益を生み出せなくなってしまったのだ。

そうは言っても、金貨には多くの状況において比類ない有用性がある。身代金や賠償金の支払い、乗船券を船長から直接購入するときなど、金の密度ゆえに小さくて明白な価値があって追跡できない性質が、金貨を特別上等の手段にするような取引において有用なのだ。だが、金貨は手段にすぎない。美的あるいは文化的価値を取り払えば、コインの原料となる金属の相対的な希少性から了解されるような価値を生み出す手段でしかないのだ。

そして、金貨は隠し続けなければならない。なぜならば、泥棒を呼び寄せるからだ。金貨を陳列することは危険かつ下品である。また、紙幣同様、金貨の一般的で人間的な温かみのない性質は、金貨を心ない贈り物にしてしまう。やはり、金貨は悪趣味である。

多くの他のものもまた、価値の貯蔵のために供することができる。需要があれば、それらは交換の媒介物として急場に使われることにもなる。それは実用的で、美的にも心地よいもので、文化的意義があり、すぐれて個人的なものだ。そういうものは、美しさ、珍しさ、唯一無二の一点物といった、すぐれた職人技ないし熟練の腕前が生み出す質の高さから価値を引き出している。

宝石、ブレスレット、シガレットケース、嗅ぎタバコ入れのような貴金属や貴石、あるいは準貴石からつくられた品々は貨幣にもっとも近いものであり、しばしば通貨として機能するが、それらはその珍しさや職人技の質の高さ、あるいは稀な出所から価値を引き出している。銀の皿、絵画、小さな彫像、壺、稀覯本《きこうぼん》、楽器、武器、骨董品、あらゆる収集品および歴史的価値のある品物は、すべて長い時代を超えて価値をもっている。

そのような品々は、政治の動乱期や占領期、あるいは内戦の時代にしばしば起こるように、盗まれたり、没収されたり、略奪されたりもするが、金貨とは異なり一点物であり、明確に峻別されるので、のちになって特定されて本当の所有者に返還されることもある。それらの品々が画然とした唯一無二のものであることはまた、それらを素晴らしく思慮深い贈り物にしている。

より希薄ながら価値を蓄えているものならば、他にもまだある。今となっては、時間が経つにつれて高密度のエネルギー源はますます希少になるので、その価格が上がることを予期するには十分な理由があるということに異論はないように思われる。このことが示唆することは、時間が経ってもエネルギー自体は価値を貯蔵しているということだ。

もっとも、エネルギーを直接蓄えるにはあまり多くの方法はない。原油は（明らかに）何百万年と状態を保つが、あなたが石油精製施設を所有していないのであれば、まったく使い物にならないものとなる。火薬は確かにエネルギーを有しており、乾燥状態を保てば永遠に価値を保つわけだが、調理や暖房、あるいは照明に（安全に）用いることができず、経済生活においては用途が限定されている。

永遠に状態を保つ燃料は固体や不揮発性の液体であり、数え上げられるほどしかない。石炭、木炭、ガラス容器に収められたアルコール、薪、蝋《ろう》、そしてブタンだ。軽油と灯油は生物分解し、ガソリンや他の蒸溜物は揮発性が高く、メタンやプロパンは大量に貯蔵するには費用がかかり、時間が経つにつれて漏れ出してしまう。固体あるいは不揮発性で生物分解しないエネルギー担体《たんたい》は貯蔵可能であり、価値の貯蔵にも使える。すると、使用価値のない金塊よりも、蝋の塊が価値をもつことになる質素な時代を想像することもできるだろう。

製造過程で多量のエネルギーを必要とする多くのものがあり、それらの価値は、時間が経ってエネルギーそれ自体の価値が高くなるとともに、自ずと高くなることになるだろう。まとめて蓄えられる一般的な製品の例は、アルミニウムや銅の板、亜鉛メッキされたチェーンやワイヤーロープ、ファスナー、船具などである。多くの場合、そのような在庫はすでにあるのだが、人々はその価値を認識していないものだ。

以前、ボートを運んで艇庫で修理をしていたときのことを私は思い出す。あれはもっとよい時代のことだった。そこには、ハリケーンによって運ばれてきた漂着物の山があった。漂着物のほかに、長い間置き去りにされて放棄されたままのヨットの船体がたくさんあり、その隙間から木が伸びているほどだった。

比較的無傷の船体もあって、そこにはときどき艇庫で働いていた人々が住んでいた。彼らは賃貸料とビール代を払えるくらいの余裕があり、アルミでできたローンチェアに座ってビールを飲んでいるだけだった。

その艇庫はスラム街の通りを越えた所にあり、獰猛《どうもう》な番犬が見張りをしていた。艇庫のオーナーが懐具合を嘆きはじめたときのことだ。私は、彼が所有しているすべての放棄されたヨットの船体キール(27)にある、鉛《なまり》でできたバラストの価値を計算したことがあるのかと尋ねた（鉛の価格は、その当時急騰していた）。私が彼のために簡単な概算をしてみせると、彼の目が輝いた。彼は金鉱（鉛鉱山）の上に座っていたわけだが、そのことにまったく気付いていなかったのだ。付言しておくが、その妙案から法外な雑費を請求するようなことを私はしていない。

上記のような一般的に有用な品目に加えて、有用な蓄えをつくり出すことで、あらかじめ資本を投下しておくより戦略的な方法を考案することができる。

たとえば、良質な土壌や降雨が期待できる地域では、鋤《すき》、熊手、鍬《くわ》、鎌などといった農業に使う道具を蓄えて、人々が再び機械に頼らない昔ながらのやり方で食糧をつくるときを待つことは有意かもしれない。あるいは、あなたは帆船による航海や輸送が復活することに賭けて、沿岸で

---

(27)　船体の底部にあって、中心線に平行に船の全長にわたって通されている構造部材のこと。「竜骨《りゅうこつ》」とも呼ばれている。動物にたとえれば背骨にあたり、元々は木船の船体構造の中心として縦方向の力材の役を果たしていた。

の交易のために貨物用帆船の建造に必要な工業製品を蓄えておくのもいいだろう（私がとくに関心のある領域だ）。

先に挙げたものや他の多くの価値の貯蔵物は、今日でも銀行や金融会社のコンピュータのなかにある、数字によって保持された短命な名目上の価値よりもはるかにましである。それらは仮想的な数字ではなく、物質でできた有形の資源だからだ。仮想的な数字の推定上の価値は、現状が続くことに基づいたものであり、その現状はあてにならないほど不安定である。

ひとたび法定兌換紙幣が役に立たなくなれば、価値を貯蔵した物質を所有することによって、どこからともなく、コミュニティーはその内部での交換の媒介物をつくり出すことを可能にするだろう。のちに、私はこのことについて詳述することになる［一〇一ページより参照］。

◯貨幣の代用

コミュニティーが自前で価値の貯蔵手段と信頼に基づく交換の媒介物を維持することができるようになるためには、まずコミュニティーが存在していなくてはならない。さらに、そのコミュニティーはアイデンティティを共有し、互いの利益をおもんぱかり、互いへの敬意と信頼を抱かずにはいられない、強く結束したコミュニティーでなければならない。これは決して当然のことではない。このようなコミュニティーが形成されるには、コミュニティーがあらかじめ強い家族から構成されていなければならない。そして、強い家族も同様に、決して当然のことではない。強い家族もまた、強い結び付きを必要とするからだ。

神が結び付けてきたものは、銀行、投資アドバイザー、会計士、財産関係の弁護士あるいは遺言検認の鑑定士などをバラバラにお金で雇うことを許さないのである。家族とコミュニティーが金融機関と法定不換紙幣の消滅から生き残ることができる特別な方法を考察する前に、そのような家族やコミュニティーが本当に応戦するためにはどのような形態であらねばならないかを考察しなければならない。

経済的に発展した国々で優勢となっている社会の風潮として言えるのは、家族のなかにおける経済的な関係が十分に強調されなくなっているということだ。かつては家族自らために、あるいは近隣住人のために非公式に供したサービスのほとんどが職業になっているからだ。子どもの世話から老人介護まで、すべてが見知らぬ低賃金労働者によって行われており、個人および公共の大きな費用で賄われるようになり、拡大家族の消滅に対して何ら気に留められることがない。

各個人、あるいは各夫婦が別々の銀行口座をもつようになり、たとえあるとしても家族の共有財産はごくわずかなものとなっている。そして、私たちみんなで頑張ろうという考えは、人間味のないシステムのなすがままに、各人を孤独で無力な個人として機能するように強制している。

このような風潮は、すべての取引に介入する金融業者の仲介者をもつということでもある。どんなに私的なことだとしても、あるいは個人的なことや生まれつきのことだとしても、はたまた配偶者と寝ることだろうと、あなたの子どもを母乳養育することだろうと、私たちにアドバイスするさまざまなプロがいるのだ。ただし、それらのプロは、あなたのクレジットカードに代金を請求することを望んでいる。

金融業者の厚かましさをたしなめようではないか。

銀行の関与は、不動産売買やエスクローとして第三者の仲介を要する大きな取引ならば必要性を理解することもできるが、とはいえ、知らない人と取引をするときに必要なだけだ。むしろ、銀行がかかわる傾向は、どんなに小さい取引でも、あらゆる取引のたびに金融「税」を課することへと方向づけている。

あなたは、プラスチック製のカードやいろんな種類の電子マネーで支払うとき、便利だがコストのかかるシステムを培養している。あなたがいつも給料をすべて現金にして、誰にでも現金で支払い続けることを励行《れいこう》していれば、ごく稀《まれ》に盗まれて、一度にすべてを失うというリスクを背負うことになるが、銀行にお金を預けて、プラスチック製のカードで支払うならば盗まれるという怖れはまずない。

だが、カードを読み取り機にさっと走らせるたびに、あなたは必ず二・五パーセント［手数料］

も盗まれているではないか。それは、毎年一週間分の給料が丸々盗まれることに匹敵する。そして、クレジットカードの利用を受け入れるために、商人たちは取引分だけ価格を上げることを強制されている。

一方、彼らはめったに現金割引を申し出ることがない（ガソリンスタンドの一〇パーセント以下の現金割引はあるが）。しかしながら、注意をされたい。金融業界の混乱は、ボール紙に慌てて書かれた「現金のみ」の表示をもたらすことになるだろう。現金は一夜にして王になり、預金はあっても現金のない人々は放逐されることになるだろう。

ところで、あらゆるものに融資しようとする風潮が蔓延したせいで、かなり大きな部分が痛い目に遭っている。あなたが二〇パーセントの頭金を用意して家を購入し、残金を何年もかけて支払うとするならば、あなたは購入価格の二倍以上の代金を支払うことになる。つまり、借りたお金の小切手を丸々盗まれたに等しいわけだ。

そうする代わりに、あなたがいつか手に入れたい家よりも小さな土地を賃貸して、賃貸料収入と住宅ローン支出相当分を貯金する。そして、準備が整ったとき、家を現金で購入するようにすれば、あなたは少なくとも二倍速く抵当に入っていない家を所有することができるだろう。正しい方法（貯金で購入）だろうと悪い方法（ローンで購入）だろうと、抵当に入っていない家が家族にあれば、人は再び借金を背負うことを避けるために最善を尽くすことを考え、何世代にもわたって家族で家を保有しようとするだろう。

世代ごとに両親は子どもへと家を譲り、親が独り身になれば、一部屋だけを使うか、家族が多ければ近所で間借りをするだろう。ところが、こういう流れは私たちが通常目にするようなパターンではない。

その代わりに、成長した子どもは家を出ていき、子どもは自分自身の住宅ローンを抱え込むことになる。一方、親は、自宅を担保とした、老齢年金いわゆるリバース・モーゲッジを受けるか、家を売って分譲マンションを買う。これらすべてのことが、あり金すべて奪われて、抵当流れ処分の憂き目に遭い、破産するまで続くわけだ。

これまで長い間にわたって人々は、自動車購入の資金繰りも何とかして、毎年加入する保険の月々の支払いやクレジットカードのリボルビング払い、さらにあらゆる種類の分割払いについてもやり繰りをしてきた。しかし、忘れてはいけない。親たちは、子どもたちには自動車、住宅および大学の授業料の債務を抱えさせておきながら、恐らく価値がなくなる個人年金をあてにしているということを。

彼らは、一息ごとに金利を支払っているのだ！

あなたは、そのような人々から金品を奪い取りたいとは思わない聖人にならねばならない！

実に、狂った状況なのだ！

このことは、絶望的なほど古風なことをあなた方のほとんどに知らせたいという気持ちに私をしてしまう。というのは、私たちの一部は幸運にも、使う前にためる、何でも先払いする、借金をしない（借金は緊急時にかぎり、しかもすぐに確実に返済できる可能性があるときだけ）、個人的に知らない人とは仕事をしない、といった精神を（うまくはいかなかったものの）吹き込もうとしてくれた祖父や曾祖父をもっていたからだ。そういう人々は、昔あるいは今日においても、古風で伝統的な文化のなかで「長老（elders）」と呼ばれてきた。

地方自治の仕組みをもった社会では、家族の内でも外でも、長老たちがしばしば唯一の権威者となる。その実践は、若者の祭壇を拝む社会では、リーダーシップの要件は齢を重ねることなのか、という疑問となり、年齢についての逆差別のように思われるかもしれない。だが、往々にして年齢を重ねた人々は、若者よりも権限のある地位に就くべきより良い候補者になる。

年長者は私利私欲が弱くなり、容易に買収されなくなる。なぜならば、自己満足や悪い誘惑の機会が加齢とともにほとんどなくなるからだ。そして、年齢を重ねることで用心深くなり、そのことを今なお生きているという事実が物語る（向こう見ずな性分は早死にしがちだ）。

彼らは、未来（孫）や自分の遺産（孫が受け継ぐもの）のことを他のことよりも気に掛けている。年長者にはまた分別も備わっているが、知恵があるかどうかは人による。重要なことは、彼らがリーダーシップを台無しにする恐れのある若気を欠いているということなのだ。つまり、衝動的行動、野心、無謀で奔放、直情径行《ちょくじょうけいこう》、競争心、独善がなくなっているのである。

リーダーシップの質について言えば、その一番の教師は経験ではなく不完全な痛悔《つうかい》(28)である。あなたが健康と評判を損なうことなく長老になるほど長く生き残っていれば、リーダーシップの九〇パーセントが発現することだろう。当然、若者を賛美するような社会では、老いた人々も若者の価値観に「賛同」しようとして、ほとんどの人々が自身の長所や欠点とは無関係に無作為に生き残ることになる。

老いた人々は、完膚なきまで失敗したあとでさえも繰り返し若者に迎合してしまい、やがて衰弱と死が教訓に富んだ年長者の価値を葬ってしまう。老いた愚者ほどどうしようもない愚者はいないが、老いた愚者がよい長老になることはない。

ここで説明していることが、絶望的なほど理想主義的であるように思われはじめているかもしれない。何しろ、富をため込んでいて、長老によって統轄された強固な拡大家族が一致団結してコミュニティーを形成し、長老会議によって自治を達成していると言ってみたところで、そのような拡大家族は一〇〇年前に消え去ってしまっていると思っているからだろう。

だが、そうではない。そういう類いのコミュニティーは数多く残っていて、世界中でまだ見つけることができる。それらは、保守主義または逆境の地、あるいはその両方の理由でたまたま経済成長に毒されることがなかった家族やコミュニティーであるというだけの話だ。

このような家族やコミュニティーは、崩壊のあとでも存在し続けるだろう。だが、この類いの家族やコミュニティーは、西ヨーロッパや北アメリカの小家族の事情では再構築がかなり困難かもしれない。そこでは、親は子どもが成長して「自立する」までほとんど待つことができず、冷たくされた子どもたちは大人になることを切に願って両親を捨て、長の名に値しない年長者といえば、「自活」を守ることだけが気掛かりで貯蓄も不屈の精神もない。生きるために消費主体の経済と政府サービスに哀れなほど依存しているくせに、虚栄心から強がってみせる諸個人が寄り集まった匿名の群衆と化してしまっている。

存在すべきものと存在しているものとの間の大きな隔たりはとても克服し難くなっている。バブル経済を波乗りして、親戚やコミュニティーを捨ててグローバル金融の情けにすがった経験しかない人々は、木登りした何百万匹ものネコのようなもので、助けに来てくれる消防隊員がいなければ自ら下りることもできないでいる状態となっている。何しろ、お気付きのように、登るよりも速く成長する不思議な木だと彼らは教えられてきたからだ。

(28)「痛悔とは、魂の悲しみであり、将来再び罪を犯さないという決心をもって犯した罪を忌み嫌うことである」、「痛悔は愛徳による完全な痛悔（contritio perfecta）と、罪の醜さや刑罰の恐れにより罪を犯す意志を捨てる不完全な痛悔（attritio）とに区別される」（学校法人上智学院新カトリック大事典編纂委員会編『新カトリック大辞典Ⅲシャ－ハキ』研究社、二〇〇二年）

金融業界のユートピアにまつわる話から逸れてしまうが、私はうまくいっている人類の文化的普遍性について記したい。

家族は最低三世代であり、ともに暮らし、富を保持しており、もっとも全体の利益になることに富を割り当てている。コミュニティーとは、そのような自治能力のある家族が結び付いたものだ。そして、先述した理由で、自治の伝統的な形式は長老たちの会議となる。

社会と文化の崩壊を扱う章では、家族やコミュニティーの効能について、詳細な事例研究とともにもっと多くの話題を提供するつもりだが、本章での目的は、銀行や投資信託会社、あるいは公式の交換の媒介物の合法的入手方法を失ったときに家族やコミュニティーは金融問題にどのように対処するかを記すことである。その際に、私は架空のことや理想主義に訴えることは避けたい。

また、「これを実行するのに十分なほど互いに信頼できる人々がいったいどこにいるというのか？」という避け難い問いを発することも避けたい。これには、一言で簡単に返せる答えがあるかからだ。「私はあなたのおばあちゃんを知っているよ」と言えば、どんなＶＩＰの推薦状、大学の学位、あるいは有名人の名前を挙げるよりも事がうまく運ぶものだ。これは私たちの周りにずっとある世界の姿だが、気付かれないことだ。世界は、私たちのほとんどが参入方法を知るために教えられてきた世界とは違うということなのだ。

◯私の家族はどのように対処したか

私の家族は、一九七五年初頭にソビエト社会主義共和国連邦を去った。一九七四年、アメリカ通商法の「タイトルⅣ」に関するワシントンのジャクソン＝バニク修正条項[29]に応じることをモスクワが望んだことで、私たちは出国が許されたのだ（なお、この条項は二〇一二年に撤廃され、はるかに不快なマグニツキー法に置き換えられた）。

この修正条項は、移住を制限した非市場経済の国々に最恵国待遇を付与することを禁じたものだ。モスクワは、これを安全弁を開く機会として利用し、厄介者や反体制的な人々に比較的平和的な出国を許した。一方、ワシントンは、それを頭脳流出の駆り立てに利用し、安心な雇用という空約束でアメリカ合衆国に来て働くようにソビエト連邦の専門家たちを引きつけたのだ。

私の家族は、一九七四年のクリスマス・イブに、内務大臣だったボレイコ軍曹から出国の書類が準備できたという珍しく真心のこもった電話を受け取った。それは細部まで忘れることができない出来事だった。移住は表向きには家族の再会を促進することとして正当化されたが、これはたぶんにつくり話である。架空のイスラエルの祖母から届いたとされる、偽造された招待状があ

(29)　アメリカによる共産圏諸国への経済制裁と、共産圏諸国に在住するユダヤ人の移住を援助した法律のこと。

るというサービスだった。こういうものをソビエト当局は疑いもせずに受理しており、ユダヤ人でないもっとも幼い人々からのものさえ受理していた。

私の両親はあまり蓄えることができなかったが、家族全体ではルーブルの十分な蓄えがあり、それを私たちは持ち出したかった。だが、お金を外国に運び出す公式のメカニズムがなかった。ソビエト市民は、外国の通貨を保有することが許されていなかった。ルーブルは閉鎖的な通貨であり、ソビエト社会主義共和国連邦の外では外貨両替もできなければ、持ち出すことさえできなかったのだ。だが、その移動はさまざまな方法を駆使して何とか行われた。

最初の方法は、ルーブルで宝石、カメラ、時計を購入し、西側に到着してから必要に応じてそれらを売り払うというものだった。ソビエト製の35ミリの一眼レフカメラは、丈夫な構造と上等のカールツァイス（Carl Zeiss）のレンズを備えており（第二次世界大戦後、ツァイス・イエナの工場が東ドイツからキエフに移転していた）、西側ではとくに高く評価されていた。

移民の一団が西側に相当数定住すると、その後、お金を移動するもう一つの方法が使えるようになった。私たちのなかには、ロシアにいる親戚に送金したいという人もおれば、ロシアの親戚からお金を受け取りたいという人もいた。

答えは簡単だった。米ソ間で互いに反対方向に送金したい二組を探して、アメリカ側の関係者の間ではドルを移動させ、ソビエト側でも関係者の間でルーブルを移せば済んだのだ。ただし、このときに移動できるお金の額は、二組の関係者が移動させたい額のうち少ないほうの額に合わせなければならなかった。また、このようなやり取りで行われたお金の移動は、お金の入用が一致することを条件としたために時折利用できたにすぎず、その入用もタイミングと金額においてしばしば一致しなかった。

頼みの綱は、後発の移民の鞄に価値のあるモノを詰めて、それらを輸出させ続けることであった。そして、たくさんの贈り物を持ち帰ってくる外国人の訪問者を介して価値のあるモノを輸入することだった。

移住者が西側で市民権を得ることができるようになってから、ソビエト政府をだまして不正利益のドルをはき出させて、ロシアからお金を移動するもう一つの可能性が開かれた。先述したテクニックの一つを用いて、まとまったお金がソビエト社会主義共和国連邦に「空中補給」された。その後、そのお金をソビエト市民が外国に暮らす近い親戚に遺贈することになるのだ。

当のソビエト市民が逝くと、ソビエト政府は国際法に則って遺産を国外に移すという手助けを余儀なくされた。この計略をとくに有益にしたのは、ソビエト政府が愚かしいほど高い「虚栄心」の為替レートを適用していたからだった。

当時、一ルーブルに対して一ドル近い値で、ルーブルは過大評価されていた。この為替レートは通常の金融取引では適用されず、出版物のなかで強いソビエト通貨を自慢して、文書にてソビエト経済をより大きく見せるために存在したものだった。

留意していただきたいことは、こういった取引は非公式な活動だっただけではなく、ソビエトの法に照らせば非合法な活動でもあり、KGB［ソビエト連邦国家保安委員会］の監視下で行われていたということだ。すべての国際電話の会話が盗聴されていた。すべての手紙が蒸気をあてて開封されて検閲された。誰もが、逮捕されないようにとても注意深く行動しなければならなかった。政治犯として監獄に送られることは名誉の印だったが、一般の犯罪者（経済犯）としてそこに行くことはまったく別の扱いだった（もっとも、プロの犯罪者の間にかぎれば、経済犯罪も名誉の印だった）。

このように、この取引は明快な教科書のなかに準備されていたことではない。関係者は鉄のカーテンの反対側で動けない状態にあり（移住者は一九八八年までソビエト連邦に帰省することが許されず、ほとんどのソビエト市民は海外旅行を許されていなかった）、面と向かった交渉は不可能だったのだ。

若干の読者が、今、読むと時間の無駄になるアメリカ合衆国の冷戦時代を扱った三流小説を思い出したり、あるいはKGBを負かそうと一撃の機会を待つスパイごっこでたしなんだ秘密のコードと通信技術の呪文を無意識に唱えたりしているのではないかと私は確信している。また、KGBがあまりにも無能かやる気を失ったかで、秘密の通信をすべて見落としたと考えたがる人もいることだろう。

実践において通信がどのようなものだったかを取り上げて、あなた方すべてを偏った考えから解放できれば私は幸せだ。実は、必要とされた技術は話し言葉とペンと紙だけだった。よい成果は、不屈の精神と連帯意識のおかげで達成された。

私が目にした技術は暗号（steganography）の一例であり、それは「送り手と受け手以外の誰もメッセージの存在を疑うことなく、隠れたメッセージを書く教養であり、不明瞭にして安全な表現形式である。その言葉はギリシャ語に由来し、ギリシャ語で『覆われた、あるいは　守られた』を意味する『στεγανός《ステガノス》』と『書くこと』を意味する『γραφή《グラフィ》』からできた『隠された書写』を意味する（原註10）」。

まず、外に向かって公にされるメッセージがあり、それは退屈な内容、無味乾燥な内容、あるいはじれったいほど冗長な内容である（いくつかの、容易に無視される詳細を除く）。そして、秘められた私的メッセージがあって、あらかじめ知識を備えたお目当ての受取人だけが識別できるようになっている。主要な安全上の特徴は、受け取った人にそれを解読しようという気を起こさせずに、メッセージがまるでその通りのメッセージだと思わせるようにする必要があるというものだ。

私の母と祖母は、日々の電話でのなかで多くの通信を続けた。彼女たちは、天気のことから読書や朝食に食べたものまであらゆることを話し合った。彼女たちはまた、陶磁器の破片に不思議なほど悩まされているように思われた。どの茶器のセットは誰からもらったの、それは誰の好みか、昔、誰かが同じセットを持っていた、誰からそれを買ったのか、それにいくら支払ったのか、カップはいくつヒビが入って壊れたのか、それらは修理できるのか、誰が不器用でカップを割ったのか、新品同様にできるほど割れたカップの接ぎに長けているのは誰かなど、表面上すべてこれらの会話は懐かしい骨董品の思い出にふける二人の頭の弱そうな女性の無駄話だが、事情に通じている者には秘密の意味を運ぶことになる。

カップは一〇〇〇ドルを、茶器のセットは一万ドルを意味していたのだ。ヒビ割れたカップは損失を負った費用のことで、割れたカップは失敗に終わった取引のことだった。会話に登場した人物は、誰もフルネームではなく非公式の短縮した名称か愛称で言及された。また、共有された思い出以外では、実際の場所や時間に言及することはなかった。

だが、スープやケーキのレシピのような一般的な関心を扱う一節が盛り込まれ、交わされているコメントは、「これを読んでいる人がいたら、これを興味深いと思うかもしれないわ」のように、KGBの検閲官に直接向けられていた。一見したところ、正直な人物のなかに、秘密の極悪で陰謀めいた意図があったと疑うことはできなかっただろう。KGBでさえできなかったのだ!

◯伝票、正貨、在庫品

銀行も通貨もないとき、人はどのように取引をするのだろうか。金属の塊を運び回ることは不便でリスクを伴う。加えて、取引される必要があるものすべてに対応する十分な金属はみんなに行きわたるほどいつも存在しない。貴金属に裏付けられた地域紙幣を印刷することは、時として一つの可能性となるが、十分な影響力があって、そのような骨の折れる仕事を実行するだけの信頼された権力者がいないとしたらどうするのか？　また、そのような通貨を一〇〇パーセントの準備率で裏付けるのに十分な貴金属が手元にないとしたら、どうするのか？

必要とされることは、急場凌ぎにつくられる特別の事業計画であり、それはどんな中央の権力からも独立していて、取引相手との有限責任の信用に基づく計画となる。

そのような計画のことをジェームス・クラベル[30]は一九九三年に著した小説『ガイジン（Gaijin）』に書いており、小説の舞台は一八六〇年代の日本となっている。

この物語の舞台は、海軍准将だったペリーが国際貿易を行うために日本を開国させようとして

（30）（James Clavell, 1924～1994）イギリス（のちにアメリカに帰化）の作家、脚本家、映画監督。第二次世界大戦では、一九四〇年にマレー半島に従軍して日本軍の戦争捕虜となっている。戦国時代の日本を舞台にした小説『将軍』（一九七五年）をはじめとして、映画『大脱走』などの脚本で知られている。

軍艦から砲撃による威嚇を行った少しあとのことだ。面白い話の大部分は、商品を輸入して日本人に売りつけようとするアメリカ人、イギリス人、フランス人、オランダ人、そしてロシア人が住んでいた辺境の小さな貿易用の出先機関で起こる。貿易商たちは互いを信頼していなかったが、即席のコミュニティー内でともに暮らし、協力し合うことを余儀なくされた。

彼らの母港までは海路で数か月もかかり、通信も遅れがちでときどき当てにならず、金融市場や商品価格についての最新情報を得ることもおぼつかない状態であった。彼らはまた、それぞれの国の鋳造硬貨を使うことには気乗りがしなかった。それを行うと、もっとも頭数の多いグループ（そのときにはイギリス人）に不当な利益を与えてしまうからだ。

そこで、通貨を使う代わりに彼らは、正貨（金および銀）および在庫品（あらゆる種類の価値あるものと商品）に裏付けられた伝票（紙片）を用いた。伝票とは、日付、振出人、受取人、金額（たいてい、銀または金の重量で指定された）および署名が記された紙切れのことだ。そして月末ごとに、会計士がすべての伝票から正味の計算をして、必要があれば武装した護衛を付き添わせて、各国の金庫室の間で正貨をやり取りして調整したそうだ。

十分な正貨がなかったならば（そういうことがよくあった）、月末に債務の清算のために在庫品を用いるように催促された。さらに、十分な在庫品がなければ借金は先送りされる、もしくは赤字の埋め合わせのために何らかの他の所有物が交換されるか弁済に用いられた。このようにして交換の媒介物が無から生み出されたが、必要かつ十分な構成要素は、ペンと紙切れ、金貨と銀貨、そして価値が認められる他のさまざまな品々だったというわけだ。

　この方策には、流通する通貨、凹版印刷機、お金の入った袋を運ぶための装甲車、あるいはお金を分配するための銀行の支店やＡＴＭ、あるいは偽造を取り締まるための警察といったものは登場しない。養わなければならない銀行員もいないし、月末にみんなが自分自身の伝票の計算をするならば、会計士さえいなくてもいいのだ。

　伝票は盗まれることもあるが、ほとんど起こらない。なぜならば、泥棒にとって伝票は無価値だからだ。すべての伝票は月末ごとに計算されるので、流通する通貨もなければ、翌月に繰り越される債務も自ずとなくなる。だが、負債の清算を急ぐ必要がない場合や、何らかの事情でその月の清算が不都合ならば、人々が一か月を越えて伝票を保有することに同意することも可能となっていた。また、ある取引がうまくいかなかったときには、関係を保つために伝票を破り捨てることも可能だった。

「政府の完全な信頼と信用」に裏付けられた法貨という概念はここにはない。そして、このやり方は、政府が信頼も信用もされず、有益なサービスを提供できない、あるいは政府が存在しない、そんなときに極めて役に立つ方法なのだ。二人の個人の間には約束だけがあり、月末まで金利を取らずに支払い猶予期間を延期できるくらいに一人が相方を信頼するわけだ。

この仕組みは安全である。なぜならば、参加者は誰も価値あるものや譲渡できるものを運んでいないからだ。さらに、このやり方は好きなだけ大きな取引へと拡張することができる。なぜならば、伝票の数字はいくらでも大きくすることが可能だからだ。

同様の仕組みは、犯罪者集団内や闇市の業者たちにも採用されている。また、公式のお金や金融機関の利用が不都合な場合や、危険な場合にも採用されている。ただし、その場合、仕組みが二点修正される。

まず、伝票は使われない。もう一点、月々の（あるいは、その他の定期的な）決済サイクルがない。伝票は足がつくから危険なのだ。取引や物品の授受の記録は頭の中に仕舞っておき、誓いを信じるほうがより安全なのだ（盗賊間の仁義があり、平和な決済の代わりとなるのは暴力的なやり方である）。

また、月ごとの決済サイクルは、価値あるものの持ち主がいつ変わるのかを誰もが知ることになり、強盗に予定を立てさせることになって危険である。それゆえ、重大なケースでは、（所有物を公式の記録から消すための）偽装強盗や（「ダーリン、私が今日森の中で見つけたものを見てよ」という具合に）偶然に紛失物を見つけたかのような企て、あるいは二組の関係者同士が知己であることや、売買したことを否定する口裏合わせのような一芝居を打って取引が行われる。

特筆すべきことは、このようなシステムには柔軟性があり、秘密に取引されるために影響を受けにくく、政府、マフィアおよびその他の暴力的な人々が活動に強引に割り込んでくることを妨げている。

恐らく最終段階

金融と輸入によって駆動されるグローバル経済は、恐らく最終段階に突入している。世界の金融業界がもう一度二〇〇八年のような「ウンチ」をすると、つまり「信用にかかわる出来事」が起こると、金融市場が閉鎖することなどが考えられる。このシナリオはすでに一度リハーサルが行われており、政府が悪い債務を吸い上げる一時的な穴埋め以外には、再び問題が起こることを防ぐ手立てはない。

だが、今までと違うことは、すべての政府がすでに魔法のような救済を導く銃弾をすべて撃ち放ってしまっているということだ。悪党たちはまだ捕まらず、二〇〇八年の危機のときよりもリッチになっていて、次の危機が自分たちをもっとリッチにする恵みになるとさえ考えている。

先回、危機が起きたとき、若いほうのブッシュ大統領はよく知られる宣言を出した。

「資金を出さないならば、このカモは倒れてしまうかもしれない」(31)

そして、実際に金融緩和が実施され、ずっと緩んでいる。しかし、どれだけ緩和すればやりすぎになるのだろうか。[32] どこかの時点で、二つの大洋から衝撃的な言葉をきっと耳にするはずだ。「あなた方のお金はここでは使えません」と。[33]

そうなったとして、早送りして一週間後を見てみると、銀行が閉まり、ATMには現金がなくなり、スーパーマーケットの棚は空で、ガソリンスタンドでは燃料を切らしている。まだ営業を続けている数少ない店（食料と銃弾以外で人々が買うものはない）では、クレジットカードを磁気読み取り機に通しても何もいいことは起こらない。そして、何かが起こる。

政府は危機対策委員会を立ち上げたとアナウンスして、銀行を国有化して資本構成を改め、営業を再開して信頼を回復しようとする。要するに、政府は何とかグローバル経済の窮地に単独で対処しようと試みるだろう。銀行は厳重な警戒態勢の下、営業を再開し、数千人の人々が預金を引き出そうとして逮捕される。そして、銀行が閉まると暴動がはじまる。

次に政府は、商業を再開する足掛かりとして預金の保証を引き受けて、単純に現金を配るだろう。現金を印刷しては配るのだ。こうして誰もが金持ちになるが、スーパーマーケットには食料がなく、ガソリンスタンドにはガソリンがない。なぜならば、そのときまでには国際的なサプライチェーンが崩壊し、輸送用燃料のためのパイプラインが空になっているからだ。それらを再開するには国際的な信用が必要だが、それは商業銀行が正常に営業しはじめることを条件として、サプライチェーンと小売りがうまく機能していることをさらに条件として加えてくる。

起動のための説明書

こういう不穏なことが起きているとあなたが気付き、あなた自身とあなたの拡大家族を信頼できる人々がいる場所へ移住させるとしよう。比較的快適で優雅な暮らしのまま経済の行き詰まりから生き残るために、あなたは時間と預金を、協力と物々交換のできる友人という堅固なネットワークづくりのために投資してきたのだ。

自国通貨はたくさんあるが、古紙としての重量の価値しかなく、取引をかさばるものにしている。あなたは物々交換で生き残ることができるが、当然、最適な暮らしには達していない。あなたは、私的な交換の媒介物を本当に欲しくなる。

先述したようなシステムをあなたはつくり出したくなるだろう。つまり、伝票と正貨に基づく、閉じた一対一の交易システムである。だが、あなたには十分な正金《しょうきん》の持ち合わせがない。そこで、

(31)　"If money isn't loosened up, this sucker could go down," http://www.nytimes.com/2008/09/26/business/26bailout.html

(32)　二〇一四年一〇月にQE3が停止し、原油価格の急落、シェールガスなどの新エネルギー開発事業の頓挫をもたらした。

(33)　ロシアと中国の二国間貿易でドル決済を停止するなど、ドル離れの動きが出ている。

そのシステムをはじめる足掛かりとして、あなたは価値ある何かを抵当に入れる。宝石、文化的な収集品、骨董品、剥製、珍品、武器、箱詰めされた弾薬、工具類、干し首、ベースボールカード、ワイン、セレブのサイン、クジラの陰茎骨《いんけいこつ》……可能性のあるものは切りがない。

一品の価値は、あなたが取引する相手次第で変わるかもしれない。たとえば、祖父の勲章は祖父を知る人にとっては価値が大きくなるだろう。匕首《どす》のメッキー(34)が使ったナイフは、昔の仕事仲間には貴い思い出を留めている。

ともあれ、必要に応じて、時々刻々とどんな取引の不均衡が生じても精算できるようにするために確かな品物を抵当に入れて、各人と取引することにあなたは同意する。品々が抵当に入れられたとき、あなたは人々に知らせる。その後、必要に応じてお互いに伝票を書く。交易システムは集団全体を巻き込むまで、他の人々の参入が可能なのだ。他の人々は、清算ができない間は一時的に除外される。だが、除外行為は各人に委ねられ、各人が取引ごとに伝票を受け取るか否かを決定することになる。

このシステムの利点の一つとして、他の所に持っていくことで所有物の価値の低下を招くことが避けられるという点がある。貨幣の供給が足りないとき、債務不履行によって人々は必要なものと自身の所有物の物々交換に頼ることになるが、所有物の価値を下げてしまうことになる。だが、前述のやり方であれば、価値のある品々は可能なかぎり長い間市場から切り離され、最初に抵当に入れられたときの公正な価値に同意する人々の間で売られるというよりも、むしろ交換されることになる。

そのような交易システムが十分に大きくなれば、より多く集めた価値ある在庫品を安全にしまっておくためのコミュニティーの蔵を造ることが意味をもちはじめる。そして、月末に精算する際、モノを何も動かさなくてよくなる。コミュニティーがお互いに取引をすることを決めるとき、参加者たちは蔵の中に価値あるものを蓄える同意をすればよくなる。すると、二つのコミュニティーが伝票を用いて交易し、何も移動させることなく精算できることにも気付く。もしも、大きな交易上の不均衡が二つのコミュニティーの間に生じたならば、そのときにはそれを是正するために、厳重な監督の下、二つの蔵の間で一度の移送が行われれば十分である。

さて、このやり方だが、中世的な逆戻りだとあなたが思われたとしたならば、まさにその通りである。中世の後に西洋の帝国主義の時代となって、化石燃料で駆動された産業化、商品生産のための植民地経済、そして製品を吸い込む専属市場、これらによって帝国主義の国民国家は豊かになった。そしてついには、世界金融市場と惑星全体に及ぶ複雑なサプライチェーンを配して、

(34)　ベルトルト・ブッレヒトの戯曲『三文オペラ』の主人公で盗賊団の親分。「銀行強盗など、銀行設立に比べれば子ども騙しの仕事に過ぎません」（岩淵達治訳『三文オペラ』）岩波文庫、二〇〇六年、二〇五ページ）という名台詞に社会批判が仮託されていた。

もっとも低コストの国々へと生産拠点を移動させて労働者の賃金から鞘取《さやと》りする(35)というグローバル経済に育ったのだ。

国境を越えた金融機関と多国籍企業は、究極的な中央権力である国民政府を乗っ取っている。大きな貿易の不均衡は国家債務を表す紙の山で表現されるようになっており、ますます速く、ますます多くの借金を背負い続ける主権者の能力によって公債価格が決まっている。詰まるところ、このようなことは経済成長が持続するかぎりにおいてのみ可能だということだ。

それゆえ、原点へと戻ることはあまり期待できないと考えるべきではない。その原点は、現代の発展のすべてを遡った時代に存在した交易と金融の、豊かで古くからの伝統なのだ。それは小規模でのみ機能するものだが、それこそまさにグローバル経済の崩壊過程で、地域経済に復活をもたらすために必要とされることとなのだ。

これは、大学やビジネススクール（経営大学院）が教えていることとはまったく異なるスキルを要求するものであり、それを実践するにはまったく異なる心構えが必要とされるが、この点こそ、私が思うにあなたが本書を読んでいる理由であろう。

◯金融界の暴政に注意

取引における有価物の利用は、貨幣を中心として進化したすべての社会制度や貨幣の利用よりも数千年遡る。貨幣と考えることができる最初の例は、支配者の像を伝える「王国のコイン」の形態である。王国のコインの貨幣単位で表された税を徴収することによって、人々から貢ぎ物を引き出す過程を合理化するようにした。このことはまた、税金を払うことができるようにするために、賃労働または貨幣との交換による商品取引を人々に強制することにもなった。

たいていの場合、支配者はコイン鋳造を独占するために、状況に応じてコインを増やしたり減らしたりする特権を行使した。しかし近年、硬貨鋳造および紙幣印刷というシニョリッジ特権は金融市場によって激しく侵されている。今や政府は、財政赤字の資金繰りに貨幣を必要としており、民間の資金需要に課されるのと同じくらい高い金利を支払って個人の資金を引き付けることを強いられている。

しかしながら、貨幣をつくり出すことは、「リバティ・ドル」の考案者であるバーナード・フォン・ノットハウス(36)が最近気付いたように、今日でも国家独占に留まっている。彼は、懲役一五

(35)　(arbitrage)裁定取引とも言う。金利差や価格差を利用して売買し、利鞘《りざや》を稼ぐ取引のこと。

年の判決を言いわたされたのだ。米ドルと競合するように設計された通貨の鋳造と流通を行った彼の違反行為は、国内テロ行為と見なされたのだ。

ほとんどすべての政府における印刷機の放漫な利用を見越して、代替通貨をつくり出そうとする強い衝動がいつでも存在する。多くの人々はお金が大好きなわけだが、お金に関するシステムが政府寄りで、預金者には厳しく不公正である事実を嫌っている。米ドルは、金本位制をやめて以来、過去四一年でその価値の八〇〇〇パーセントを失っているのだ。したがって、貯金が霧消《むしょう》するのを見たくない人々は、金融市場においてギャンブルを強いられることになる。

多くの人々が望むものは、時間とともに価値を失うことがなく、腐敗した貪欲な政府の役人によって管理されていない正直なお金なのだ。この目的のために古典的自由主義の経済学者であり哲学者のフリードリヒ・ハイエク(37)は、通貨を脱国営化して、長期的安定性を目的とした超国家機関によって管理された通貨を導入することで貨幣の国家独占をやめさせることを提唱した。

だが、この提案は絶望的なほどの夢物語でしかない。システムが正直者の規範として供されるべくつくり出されたとしても、誘惑と機会があれば、人はどんなシステムでも蝕んでいくものだからだ。さらに悪いことに、独占的業務に適している活動を支配する多国籍の非政府組織機関を設けることによって、国際的な専制的金融体制のようなものを生み出すという「意図せざる結果(38)」を招くというリスクがあり、通貨の長期安定性という意図とはまったく反対のことになってしまうだろう。

フランクリン・D・ルーズベルト［八一ページ参照］が一九三六年一〇月三一日のスピーチで話したように、「統合された通貨によって営まれる政府は、組織化した暴徒によって営まれる政府と同じくらい危険である」のだ。

金融業界による暴政は、政治的干渉なしの操業が許されている自由金融市場の不可避的副産物だと言われている。米ドルやユーロのような、比較的安定しており、至る所で認められている通貨を持つことによる「意図せざる結果」[39]が不均衡を助長して、周辺から中央へと富を効果的に奪

---

(36)（Bernard von NotHaus, 1944〜）ロイヤルハワイアンミント社の共同創業者。リバティ・ドルは、リバティサービスあるいはNORFED:National Organization for the Repeal of the Federal Reserve and Internal Revenue Codeとして知られる民間組織が発行する民間通貨（private currency）である。日本で言うところの地域通貨のようなものだが、リバティ・ドルの特徴は、実体のある金属との兌換性の裏付けがあることである。ノットハウスは、二〇一一年に「通貨偽造」の罪で逮捕された。だが、通貨偽造といっても、リバティ・ドル紙幣は連邦準備銀行が発行する紙幣と明らかに見た目が異なるものであり、リバティ・ドル硬貨もまたアメリカ合衆国造幣局が製造する硬貨とは明らかに異なるものである。

(37)（Friedrich August von Hayek, 1899〜1992）オーストリア学派の代表的学者で、二〇世紀を代表する自由主義の思想家。一九七四年、アルフレッド・ノーベル記念経済学スウェーデン国立銀行賞を受賞。

(38)（unintended consequence）ある目的を達成するための行為の集積によって導かれる結果が当初の目的に合致しない状況。。

うことを可能にしており、最終的に周辺が崩壊するまで、絶えずその周辺を荒廃させながら中央を潤すことになる。

この事実を、ラテンアメリカとアフリカにおける一連の債務危機が証明している。より最近では、金融業界の崩壊が近づくにつれて影響が周辺から中央へと向かっており、アイルランド、スペイン、ポルトガル、ギリシャのような国々を巻き込んでいる。

ギリシャは、今や多くの点においてすでに崩壊した国である。失業率は三〇パーセントに迫っており、人口の多くが移住したがっているのだが、そうするだけの経済的な余裕がない。スペインも同じ方向に漂いはじめているし、イタリアもそのあとを追い掛けている。ユーロは修復不可能なほど傷んでいるわけだが、金融業界にはびこる大勢の奇術師同様、ヨーロッパの政治家たちはその治療方法を知らない。

そもそも、ユーロはどのように傷んでいるのだろうか。ユーロ加盟国が遵守する義務を負うマーストリヒト条約は、年率三パーセント以下のインフレーション、年間三パーセント以下の財政赤字、およびGDPの六〇パーセントを下回る政府債務を保つように謳《うた》っている。これらのうちインフレ率だけが目標を達成しているのだが、これは欧州中央銀行の管理下にある政策だからだ。

ほかの二つの項目は、国民政府によって遂行される政策に影響される。結果的に、ギリシャの債務は今やGDPの一六〇パーセント、イタリアのそれは一二〇パーセントだ。だが、恐らくユーロの設計上のもっとも大きな問題はマーストリヒト条約のいわゆる「社会条項」であり、同一労働・同一賃金や最低保証年金を加盟国に義務化したものの、すぐに無効になってしまった。この社会条項が無効化しているのでは、言及されはしないものの、ユーロの目的はドイツの富裕化になってしまう。

そもそもお金という概念に大きな欠陥があるのだから、恐らく、完璧な通貨を探究するということが根本的には見当違いの営みなのだろう。「金は臭わない」(40)と言われ、お金はどのようにして得られたかを問うことなく同じように機能することを意味している。だが、このように考えることは現実を否定することになる。というのは、お金はひどく臭うものだからだ。貪欲、そして、恐怖の臭いがするではないか。それを稼いだ汗の臭い、それのために仲間割れした血の臭いもする。お金にまつわる争いは、他の何よりも友情や結婚生活を台無しにしてきた。

犯罪も、影のようにお金に付きまとっている。社会内部にお金があればあるほど、その社会の不平等は大きくなる。金融化は、人間関係を紙切れに印刷した数字の問題へと変換して、その数

(39) 強力で安定した基軸通貨がモノを言うがために、意図したわけではないが、政治的不干渉が結果的に暴政のような状況を生み出したということ。

(40) (Pecunia non olet) 有料公衆便所を設置したローマ皇帝ウェスパシアヌスの言葉。『マルクス　資本論（一）』（岩波文庫、一九六九年、一九五ページ）にも登場する表現。

字を機械的に操作するための分別を失った計算によって人間関係から人間味を奪っている。この抽象的な数字を踊らせることに参加する人々は、他者から人間味を奪い、その結果、自分自身の人間性さえも失ってさらなる非人間的な悪行に手を染め続けることになる。要するに、お金は社会的に毒性のある物質なのだ。

そして、もちろん中毒性がある。お金をさらに純化して精製するような試みは、コカインをクラック・コカイン(41)やコデイン(42)、さらにデソモルヒネ(43)へと化学変換させるようなもので、有益な方向へとあなたを導いてくれそうにない。

お金の動きを変える方法を議論することを目的として書かれた本はごくわずかしかない。しかし、地域経済から富を抽出するための主要な道具としてのお金ではなく、地域の必需品を供することができるようにすることを主眼とした本はある。マイケル・シューマン(44)が著した『ローカルダラー　ローカルセンス』(原註11)がそのよい例となる。

だが、お金がなぜずっと必要なのかを論じた著書はほとんどない。お金は必要なものだと、単純に仮定されているのだ。とはいえ、ほとんどお金を持たないか、あるいはまったくお金を持たないながらも活気があって繁栄しているコミュニティーが世界中にある。そういう所では、特別なときのためにコインの入った壺が庭のどこかに埋められているのかもしれないが、日常的にはほとんどお金が使われていない。

そのような訳で、経済危機がアテネやその他のギリシャの都市を荒らしている間も、エーゲ海に浮かぶギリシャの小島では生活が続いており、新鮮な産物はなおも豊富で、多くの人々は金融危機が起きていることさえ知らずに至福の生活を送っている。同様に、メキシコのディスエンバンカドスは、一九九四年のペソの通貨危機をそのことに気付くこともなく生き抜いた。というのも、彼らは食糧を自給して、近隣住人で交換しながらお金をほとんど持たない生活をしていたからだ。

お金の不足は、ある特定のことをとても困難なものにする。たとえば、ギャンブルや高利貸し業、強奪、贈収賄、詐欺などが挙げられる。また、富を蓄えることやコミュニティーから富を吸い上げて便利な形態にして他のどこかへ運ぶことも困難にするだろう。

私たちがお金を利用するとき、（債務とともに）お金をつくって（債務と相殺して）お金を破

---

(41)（Crack）煙草で吸引できる状態にしたコカインの塊。
(42)（Codeine）局所麻酔、鎮咳、および下痢止めの薬。
(43)（Desomorphine）一九三二年にアメリカで開発された鎮痛剤の一種。非常に強力な鎮痛作用をもつ薬物。
(44)（Michael Shuman）弁護士、経済学者、作家。メイン州バックスポートのTDCの副理事長。『ゴーイング・ローカル―グローバル時代に自立するコミュニティを創る』（ルートレッジ、二〇〇〇年）を出版し、地域経済についての専門家として全米で知られている。

壊する人々に権力を譲渡しているのである。私たちはまた、物質界に直接携わっている人々よりも、恣意的にルールや数字のような観念的なものを操作することに専門性を用いる人々の地位に力を与えている。この隠喩[45]は、彼らにぞっとするようなレベルの暴力を隠しもたせることになり、単に紙切れをかき混ぜるくらいの営みとして暴力を記号によって表現している。そして、人々、動物、生態系全体が、紙片の上の単なる数字に成り下がってしまう。

　他方、同じではないものを同一の記号を用いて表現できてしまうことが大変な混乱を導いている。たとえば、手の施しようがないほどの金融機関をうまくいっているように見せるために公的資金を投入すれば、未亡人や孤児の養育にうまく費やされることになる、と知的水準の高い人々が語るのを私は耳にしたことがある。天文学的な大きな数字がコンピュータの中に与えられて、それが行き来したところで誰かを養うことにはならないということさえ彼らは理解できないようだ。そもそも、食糧は中央銀行の職員らによってつくり出されているものではなく、また、霜、熱波、干ばつ、洪水といった自然現象は物価変動に反応しているわけでもないのだ。

　ある程度お金が必要であるとして、単身の個人よりも集団でお金が蓄えられて使われるほうがより効果的だろう。拡大家族全体、あるいは一族が金融資産を蓄えて、もっとも有能な人に共同出資金の管理を委ねて、交渉して必要なモノを卸売り価格で調達するならば、各人が小売価格で買うためにそれぞれのお金を使うよりもはるかにお金が有効利用されることになる。したがって、個人や核家族の集まりは、同じ規模の拡大家族や一族として組織化された集団が共同基金を用いて物品購入するのに比べて、何倍もの金融資産を必要とする。

家族や一族内で支払いの伴わないサービスが可能ならば、お金の必要性をさらに低下させることになる。そういうこととして、料理、掃除、自動車修理、警備、建設、法務、会計、保管、輸送、縫製、庭造り、保育、教育、医療などといったさまざまな例が挙げられる。ああ、そうだ、金貸しも忘れないようにしよう、もちろん無利子だ！

一族内でこれらの活動を実践すれば、金融業界に対する依存性を克服して、金融システムを養うために支払わされていた意義ある仕事の分け前を取り返すことができるのだ。

◯お金にまつわる神秘主義

現代の金融業界の主要なやり口は、神秘化、攪乱、催眠術である。ほとんどの人々にとって、お金にまつわる大きな謎はお金を創造する際のサクラメント(46)である。位の高い司祭がボタンを押

(45)「金は力なり」、「金がモノを言う」、「地獄の沙汰も金次第」などの表現。
(46) 洗礼や聖餐などキリスト教において神の見えない恩寵を具体的に見える形で表す儀式。

すと、見たところ苦労の跡もなく、万人がより多く欲したがるお金を何もないところからより多くつくり出せてしまうからだ。これは実に強い印象を与える妙技である。何しろ、私たちが額に汗して稼ぐためにもがいているものを、位の高い司祭は謎めいたまじないの儀式によって目の前に用意してしまうのだから。これは祈祷師の雨乞いのダンスよりも進歩的なものであり、はるかに確実な営みと言える。

撹乱は、ほとんどの人々が理解しない数式を用いることに由来する。数式の意味することとや、それが物質界にどのように反映するのかについては、ごくわずかな人でさえ理解していない（ずっと失敗してきた）。ともあれ、金融に関する主要な数式は、債務が時間を指数として累乗で増加するというもので、現代の金融取引に内在する時限爆弾のようなものだ〔四七ページ参照〕。

金融にまつわる数式のほかに、経済判断の理論的根拠を与えて政策決定するために用いられてきた経済学のモデルがある。二つの別々の出来事を空虚な思い付きで結び付けた数学を用いれば、経済を適当に特徴づけることさえ可能になるのだ。さらにうわべだけのことを言えば、大投資家で慈善活動家のジョージ・ソロスはこのことを相互作用性原理と定義した(47)。すなわち、とりわけ金融市場では、市場が市場観察者の知覚に応答して、それが結果に影響を及ぼすことになり、多分に客観的な観測を無効にしてしまうというわけだ。

経済モデルは市場参加者の合理的な選好を仮定しているが、ソロスによれば、相互作用性は市場に合理的な選好をさせず、予測不可能で期待に逆らったように市場に振る舞わせることになる、というのだ。だが、このことが含意することは、社会を特徴づけることに関して言えば（まさに金融は社会の一側面なのだが）、むしろ客観的である機会が制限されて、実のところノンフィクションというカテゴリーがあり得なくなってしまうということだ。

観察対象に知られてしまうような観察は、間接的でも風聞でも、相互作用性によっておかしくなってしまう。つまり、主観的なものになり、ある程度フィクションになってしまうのだ。相互作用性原理は、経済学のような社会「科学」における客観性の主張を否定しているわけだ。こうなると、より良い理解は演劇や文学作品を通して達成されることになる。それらは客観性を主張せず、個人の豊かな感覚に基づく知覚や感情から直接新しい知識を紡ぐことができるからだ。しかも、定量化されるもの、観測されるもの、客観的に観測されるものによって制限されることもない。合理的な特色を示さない社会現象を研究するかぎり、合理主義の厳しい束縛を身につけることは自滅に至るように思われる。

もっと深いレベルでは、経済のような無限に複雑なシステムを正確に特徴づけるために有限の

---

(47)　(George Soros, 1930～)　ハンガリー生まれのユダヤ系アメリカ人。投機家・ヘッジファンドマネージャー。ソロスの邦訳書において、「reflexivity」は「再帰性」と訳される場合と「相互作用性」と訳される場合がある。

数学を用いた企てには（有限な数の記号からなるモデルを用いなければならないという、とてもはっきりした意味で）論理的欠点があるのだ。この欠点は、リード・バークハーツ[48]の（経済学者と数学者の両方に不評だと思われる）最近の記事「数学の限界：誤った出発点を正す（The Limits to Maths: Correcting Some Erroneous Foundation）[49]」のなかにおいて焦点があてられている。

数学的なモデルは、社会現象に適用されたときになおも有用であるが、観測されたときのシステムの状態について注意深く定義されたシステムの部分集合を特徴づける場合にかぎられる。これこそ、経済学者の「計算する」熱心な努力にもかかわらず正確な予測をする能力が増進しない理由である。それどころか、「あなたは予測をする経済学者のことを何と呼びますか？　信用できない！」というジョーク[50]を生み出しているくらいだ。

なぜ、経済学者が、予測に用いている彼らの「科学」のほぼ完全な無能さにも挫《くじ》けずに研究を続けているのかは、熟考する価値が十分にある問いとなる。彼らの「科学」は、説明になっていないが規範的であるということがあり得るのだろうか。何しろ、政府内の彼らの得意先が彼らの予測能力の欠如に愕然としているようにも思われないのだ。

彼らの「科学」が、データではなく仮定によって営まれているとしたらどうだろうか。あるいは、自由市場を信奉する自由主義の独善と言うべきなのかもしれない。つまり、自由市場は資源を最適配分し、市場への政治的干渉は歪みなどを生むとする考えだ。それとも、資本主義者による中央の計画が科学を装っているだけだとしたらどうだろうか。

「自由市場」は、自動的にそれ自体が効率的で最適なものになり、おせっかいな政治家によって煩《わずら》わされなければ、自発的に繁栄をもたらすというひどい考えである。このとんでもない考えが政治の世界を席巻している。だが、実際には自由市場とて、財産権などの法体系、契約を守らせることができる法律、および経済犯罪を防ぐ法の執行に完全に頼らざるを得ないのだ。

第2章の最後に掲載した事例研究で詳述するように、一九九〇年代のロシアで起こったことが示したのは、そのような法が無効ならば、自由市場はすぐに犯罪的な市場に様変わりするということだった。そこでは、借金は一ドルにつき数ペニーで債権者を射殺して清算されたのだ。

結局、自由市場というものも抜け目のない政府の計画であることが判明し、その計画によって経済成長が持続する期間に利益を得るためのものであることが分かる。だが、自由市場は経済が縮小し続ける期間には崩壊しやすい。そのような期間に政府は、まだ何かを試みる力を残してい

---

(48)（Reed Burkhart）カルテクの電子工学修士号をもつエンジニアで、インデペンデントの研究者。
(49) 下記のウェブ・サイトを参照されたい。http://limitstomaths.com/
(50) アメリカのジャーナリスト、ロバート・カットナーの〈Business Week〉誌の記事「September 6, 1999.」に由来する。

れば、市場メカニズムを無視して、持続可能なレベルで乏しくとも予測可能な経済の切り盛りを確保すべく、中央で計画した資源の配給をはじめようとするからだ。戦時下におけるガソリンの配給は、アメリカ合衆国でもうまくいった計画の一例でしかない。

金融業界の神秘化と撹乱が十分でないとしても、現代の金融業界はさらにもう一つの方法をもち合わせている。それは人々が唯々《いい》諾々《だくだく》と従って隷属する効果をもつ催眠術だ。これは、ノイズの上に、暗示的だが関係のない信号を重ねて生み出される催眠術である。説明できない出来事にも自発的に解釈を試みようとし、またノイズからメッセージを抽出しようとする私たちの進化しすぎた脳の性質を利用したものである。寄せては砕ける波の音は、基本的にリズミカルな構造が加えられたホワイトノイズだが、それを長い間にわたって聞く人は幻覚を起こして、音楽や声を幻聴することになる。

金融市場も同じ効果を達成しており、市場関係者が自ずと生み出すフラクタルノイズの上に解釈の層を重ねている。実際に毎日、数百万人が自身のチャートに意味のある信号を確認しようとしている。そこに意味などはないのだが、いつまでも人を魅了し続け、いつまでも捉え所のないままとなっている。

古代の神のお告げが羊の内臓を問題にしたかのようなやり方で、市場の無意味な乱高下を眺めていれば、無意味なことから意味を引き出そうとして、ノイズ以外の何かがそこにあるという神秘信仰をもつことになるだろう。金融業界のウェブサイトやケーブルテレビのニュースは、まさに市場の動きを報告しながら、金融関連のニュースの見出しを並べることによって信者を喜ばせている。

では、まとめておこう。現代の金融業界という砂上の楼閣は、三本の柱に支えられている。すなわち、奇術のような通貨創造の儀式、科学を装って数学的な扱いを取り込んだ政治、市場のフラクタルノイズの虜《とりこ》になっている人々である。

信用できない人と信じやすい人

現代の高度に金融化した経済環境では、ほとんどの人付き合いが人間味のないもので、市場システム内の売り買いに基づくものとなっている。もしも、あなたが何か一つの取引で失敗するならば、それはあなたのミスになる。なぜならば、信用する特別な理由のない人との取引を選んだのはあなたであるからだ。

詐欺が非合法でないならば、あなたは合法的な償還請求権をもたないことになる。もちろん、あなたは数人の友人に愚痴を言ったり、ブログに書いたり、呟いたりすることはできるが、市場経済の内側では騙すことよりも騙されることのほうが不名誉なこととなっている。そして、ほとんどの人々は、誰かが人々を利用している世界について話すことになると、口を閉ざしてしまうものだ。

金融部門がその不可避的なデフレによる崩壊を経験して、その後ハイパーインフレーションを起こすと、まさに不信ゆえに金融に関する取り決めが破綻する。巨大銀行から慎ましい個人まで、誰を信じていいのか分からなくなってしまう。誰がまだ「支払い能力があるのか」が分からなくなるからだ。

それでも可能な取引は、どんなものでもこそこそと疑い深く、したたかなやり方で行われる傾向がある。「モノを見せろ！」とか「カネを見せろ！」といった具合だ。そして、金融化された経済のなかで人々が抱いた職業の評価は、どんなものでも、損なわれるか単純に忘れられることになる。

そして、新しい評価は、暴力に訴える用意や暴力に抗《あらが》う能力に基づいて認められるようになる。もちろん、犯罪組織の後ろ盾がない個人には、強奪される恐れがかなり高くなる。広告を出す代わりにビジネスマンは身を隠して、製品在庫や財産が人目につくことを怖れるようになる。多くの人々にとっては、見知らぬ人々との交渉は危険極まりないものとなる。

人間味のない商業的な関係から信頼に基づく個人的な人間関係へと変わる、そのような文化的な宙返りが必要になるわけだが、多くの人々にとって最初のハードルは、信頼とは実のところ何なのかを理解することとなる。なぜならば、「信頼に足る」と呼ばれるような生得《しょうとく》の性格はないからだ。

信頼は、ある者には備わっていて、ある者には欠いている。むしろ信頼は、ある人間関係のなかでの、ある個人の振る舞いから時間をかけて築き上げられるものだ。信頼は取引のようなものであり、ある人があなたを信頼する理由をもつことで、あなたがその人を信頼する理由をもつことになる。

しかしながら、信じて疑わないという性質もある。これは小さな子どもや飼い慣らされた動物、そしてもっとも不幸なことに、多くの平凡な「地の塩」(51)とも言うべき普通のアメリカ人の性質である。それは、金融の崩壊という潮流のなかでの生き残りには負の価値観となる。というのは、たとえばMFグローバルは私的流用の穴埋めのために人々の預けたお金を盗んだわけだが［七四ページ参照］、そのときにお金を失ってしまった人々に見られるような性質のことである。

このようなタイプの人々は、辛酸《しんさん》を嘗《な》めて不平を言っても、のちに再び利用されるために別の投資会社を探していたのだ。MFグローバルの会長が罰されなかったことを知っている別会社は、

(51)『新約聖書』「マタイによる福音書」第5章13にちなんで、神を信じる者は、腐敗を防ぐ塩のように、社会の道徳的模範であれとの意で「地の塩」と言われるが、ここでは金融界の奇術師たちを篤く盲信している人々を指している。

妄信しやすい人々に対して躊躇《ちゅうちょ》なく同じことをするだろう。

信じやすい人々を容易に食い物にするすぐれた力をもつアメリカの金融業界に、多分に備わった特徴もあるように思われる。彼らが身に着けるスーツや彼らが話す英語、あるいは彼らの表情は、金融に関する話に「真実味」を帯びさせ、私たちに「信用できる」と思わせている。心から信じて疑わない人々は、そういう素晴らしい人々に奪われることに特権的なものを感じているわけだ。この捕食被食関係はペンの先端にまで磨き込まれており、点線上の空欄に人生をわたすサインをするように言われると、ぼうーっとして信じやすいアメリカ人は静かに鵜呑みにしてサインをしてしまうのだ。

明らかに妄信と信頼の間に隔たりがあるときには、信じて疑わない集団が損をする。信頼は、一個人に属する性質ではなく諸個人の関係から生じる性質であり、信頼関係には釣合いが図られねばならない。大雑把に言えば、信頼には三つの型がある。

一番は、友情、共感、そして愛から生じた信頼だ。人々は大切にしている信頼を失いたくないので、そういう人々との約束を果たすためにできることをしようとするものだ。

二番は、評価に基づくものだ。それは堅固なものとは言えない。というのは、誰かの評価はあなたが知らないうちに悪くされ得るからだ。評価が下げられたことに気付いた人々は、かなり突然、信用することをやめる傾向がある。なぜならば、信頼ゲームで失うために残されたものは何もないと思うからだ。

それどころか、そういう人々は、習慣の力、最新情報の不足、不注意、あるいはまったくの惰性ゆえにまだ信じ切っている人を出し抜いて、昔の評判が支えるどんな価値の残っているものでも引き上げようとする。

最後の信頼は最悪なもので、強制によるものだ。誰かがあなたの信頼を壊すことを、あまりに高くつくか、ひどく不快なものにするという問題だ。あなたがまったく信頼していない誰かとのビジネスを強制されたならば、両者によい振る舞いをもたらすために、取引中に抵当を交換するか、何らかの他の取り決めを結ぶべきである。

もっとも信頼できる人は、たいてい自身の血縁関係にある者だろう。家族が緊密で、内々で信頼に足るという評判があればそれが評価となる。これが当てはまるのは、とりわけ家族の名誉に傷をつけることが大罪だと考えられている社会である。

次の階層にある信頼は、一般的に近隣の住人に向けられる。転入転出が少なく、緊密で、相互に助け合うような近所付き合いがあれば、そのようになる。もし、信頼関係を築けないならば、近隣の住人は最悪の見知らぬ人となる。何しろ、信頼していないがかかわりをもたずにはいられないのだから。

信頼の最下層は完全に知らない人である。この場合、信頼関係が築かれる前に、いくらかリスクを負って信頼が試されねばならない。ささやかながら思慮深い贈り物をわたして、互恵的に振る舞うかを試すわけだ。または、(故意に)一時的に自身が弱い立場になって、その知らない人が快く助けてくれるか、あるいは救いの手を差し出すことを拒否するか、それとも利用しようとするかといったことを試してみることだ。このプロセスが終わると、知らない人は知らない人でいることをやめるか、あるいは排除されることになる。

明らかに秘密の場合を除いて、あなたが信頼していないことを合図で示すことは賢明ではない。だが、信頼に基づく社会の関係性がうまくいくためには、社会全体が信頼できないと分かっている人を排除する方策をもっているにちがいない。人々が普通に協力して互いに信頼している健全なコミュニティーでは、誰かが信頼を損なった廉《かど》で追い出されたり、遠ざけられたりしたというエピソードがいくつかあるものだ。

近隣の住人が互いに仲違《なかたが》いをしており、信頼し合っていない病んだコミュニティーならば、あなたは引っ越しをして、そのコミュニティーから離れたほうがいい。私も見たことがあるのだが、病んだコミュニティーはすぐにおかしくなり、その不和が治まるまでに時間がかかる。

一定のネットワーク効果により、堕落する条件は健全なコミュニティーよりはるかに根深いものになる。親密で協力的なコミュニティーでは、信頼は各個人とコミュニティー全体の間に形成される。n人の個人がいれば、n通りの信頼関係があることになる。他方、壊れて信頼関係のな

いコミュニティーでは、各人は自分以外の個人を信頼していない。つまり、$n(n-1)$となる。(52)
一〇人の個人からなる健全なコミュニティーには、一〇通りの健全で信頼できる関係がある。一〇人の個人からなる病んだコミュニティーには、九〇通りの壊れた信頼できない関係がある。病んだコミュニティーを修復しようとするよりも、健全なコミュニティーを構築して維持しようとするほうが賢明な考えであるように思われる。

信頼に基づく正常な協力的人間関係という考えを、より大きな背景に照らして考えるといいかもしれない。つまり、人間は社会性を有する動物種であり、協力を通して繁栄してきたという事実だ。

敵対する人間集団はしばしば闘う。集団が大きくなるほど戦争も大きくなり、世界大戦へと突き進んでいったが、もしも統一された世界政府を達成したならば、恐らく自滅することになるだろう。だが、大きな衝突による自滅という陥穽《かんせい》を避けるために、小さな集団では協力関係が生まれた。

ロシアの偉大な科学者でアナーキスト革命家であるピョートル・クロポトキン(53)は、一九〇二年

(52)　n人から険悪な二人を選ぶ組み合わせの数は、${}_nC_2=\frac{n!}{(n-2)!2!}=\frac{n(n-1)}{2}$である。原著者は順列を示しており、たとえばAさんから見たBさんと、Bさんから見たAさんを別々の関係として数えていることになる。

の著書『相互扶助論』[54]のなかで、人間を含む進んだ種に繁栄をもたらした要因は競争ではなく協力だと論じている。

競争、人間を互いに敵対させること、経済的に人々をもがかせること、こういったことを重視することは、拡大や支配の機械としてコミュニティーを考えればコミュニティーに利益をもたらすかもしれないが、しょせん短期間のことであり、コミュニティーの構成員のほとんどにとっては有害である。ひとしきりの過当競争の避け難い遺物は、社会ダーウィニズムやホッブス[55]の言う「万人の万人に対する闘争」という気構えの流布である。

そして人々は、集団に属することなしでは明らかにうまくいかないはずなのに、さまざまな集団への暗黙かつ非公式な帰属よりも、個人的な達成感や優越感から自尊心を引き出すようになっている。このような気構えは病的で伝染性があり、それを治す時間はないかもしれない。時間が不足し、資源が希少になるとき、協力よりも競争を好む人へのより良い応対は、彼ら自身が薬としているものをさらに差し上げることだ。つまり、協力しないことだ。

○神々の黄昏《たそがれ》

個人として何者であるかという価値は、米ドルやユーロの貨幣単位で表される紙切れの上に書かれた数字によって「正味の価値」として定義され得る、と本気で考える人がいる。まるで、彼らにとっての唯一の現実がお金であるかのようだ。そのような人々には、金融の崩壊が苛烈な意味の喪失を招来することになるだろう。あたかも彼らが使う言語のすべての単語が、彼らの周りにある識別可能な何かをもはや表さなくなってしまったかのようになるだろう。金融の崩壊は、そのような人々のなかに「アノミー[56]（anomie）」と呼ばれる非現実的な危険な感覚を育む。

社会学の父エミール・デュルケームによって用いられた「アノミー」という言葉は、彼の一八九七年の著書『自殺論』〔宮島喬訳、中公文庫、一九八五年〕のなかで、社会的な規範と限度の喪失、個人をコミュニティーに結び付ける紐帯《ちゅうたい》の崩壊、および自身の行動の制御不可能を示唆する、と説明されている。

---

(53)（Пётр Алексе́евич Кропо́ткин, 1842～1921）ロシアの革命家・政治思想家・地理学者・社会学者・生物学者。著書に『麺麭の略取』などもある。本書の二六五～二七八ページも参照。

(54)「『絶えず互いに闘争するものと、互いに扶助するものとの、いずれが、最適者なりや』という問を自然に向かって発するならば、われわれはただちに、相互扶助の習慣を持っている動物が正しく最適者であることを知るのである」（大杉栄訳『増補修訂版 相互扶助論』同時代社、二〇一二年、一八ページ）

(55)（Thomas Hobbes, 1588～1679）イングランドの哲学者。政治哲学者として広く周知され、人工的国家論の提唱と社会契約説により近代的な政治哲学理論を基礎づけた人物。主著として『リヴァイアサン』がある。

(56)（Émile Durkheim, 1858～1917）フランスの社会学者。社会学、教育学、哲学などの分野でも活躍した。

厳格な金融と社会的制限の範囲に収まって、以前は比較的慎ましく暮らしていた人々が、本能的な欲望を失っており（新しい状況では、何をもって彼らの望むことが適切とするかが分からない）、強欲になっている（新しい状況では、高い地位または低い地位の人々に比べた適度な分け前がいくらであるかが分からない）。

これらの人々のなかには、生活条件と社会的な振る舞いをかつて規定してきた金融界の誘因と制約のシステムから切り離されるや、不正な金融業界の窃取《せっしゅ》騒ぎに気が動転してしまい、非現実的な感覚がフロイト［Sigmund Freud, 1856~1939］の言う自殺願望のようなマゾヒズム的衝動へと辿り着いてしまう者もいる。もし、二〇〇八年の金融危機が金融業界のエリートたちによる自殺未遂と見なされるならば、彼らはもう一度自殺を試みるように思われる。

現代の金融は、それを宗教的なカルトと見なすならば、中央銀行の位の高い司祭によって営まれる一連の儀式において、お金が自然発生する奇跡を中心として展開していることになる。人々は位の高い司祭の言うことを熱心に聞き入り、謎めいた言説の裏に隠された意味を判読しようと努めている。彼らは、国際金融問題の未知なる神の前に介入して、経済回復と繁栄を確信させる。さながら、祈祷師の雨乞いのダンスが降雨を保証し、マヤのピラミッドの頂上の生け贄がトウモロコシの豊作を約束したかのようだ。

そのような儀式はすべて、一つの鍵となる必要条件から有効性を引き出している。彼らが約束することはどんな場合でも起こり、定期的に問題をつくってから、ルールよりもむしろ例外を実施するのである。だが、連邦準備委員会、欧州中央銀行、ＩＭＦの取り組みにもかかわらず、年々大雨が降らなくなり、ナイル川は氾濫しなくなって土地を潤さなくなり、地面が乾いて作物が枯れるようになっている。経済はますます悪くなり、その結果、「神々の黄昏《たそがれ》」を迎えている。

これは、リヒャルト・ワーグナー〔Wilhelm Richard Wagner, 1813～1883〕の四部作からなるオペラ『ニーベルングの指環』の四作目のタイトルである。古代スカンジナヴィア人の神話によれば、神々の黄昏とは神々が死ぬまで互いに闘う時代であり、その間、世界は洪水となって（ほとんど）破壊される（恐らく、のちに再生される）。

多くの文化が同様の終末論的な神話をもっているものだ。話の筋はいつも同じだ。人々は彼らの神々に信頼を寄せるが、神々は彼らを見捨てて、誰もが消滅するというものだ。金融業界における神々の黄昏の奇妙なことは（おかしなことに、表紙に四騎士を描いた『金融黙示録』という本が実際にある[57]）、神々の闘いが実際に起こる場所が一か所にかぎられているということだ。それは各人の頭の中の出来事なのだ。見るためには拡大鏡を使わねばならない黙示録なのだ。つまり、紙切れの上に印刷された数字と、コンピュータのモニター上に映し出された数字の終幕なのだ。

---

(57)　Bert Dohmen, Financial Apocalypse Perfect Paperback, Dohmen Capital Holdings (2011)

そのアルマゲドンを遂行する際、金融業界の神々は、お互いに書類を切り裂き合うか手根管《しゅこんかん》症候群になる以上に悪いことはできないだろう。また、大洪水と言っても、紙屑、無意味なグラフ、その他のナンセンスがあふれるということだ。だが、私たちの苦境は金融業界の「黙示録」を無視できないでいる。というのは、そのすべてが愚かしいこととなって表に現れるからだ。

私たちは、抜き差しならない羽目に自らを追い込んでしまった。国際金融のいかがわしい商売が続かなくなれば、商業活動は軋《きし》む音を立てて止まってしまうだろう。けれども、国際金融業界あるいは国内の金融業界がなくても生活は可能である。逆に言えば、多くの点で望ましいくらいだ。

それは、以前にも起こって、また起こるのだろう。だが、私たちは技術をもっている！　コツを要するのは移行期を生き残ることなのだ。移行期には、金融の崩壊が商業の崩壊を導いて、次いで国政の崩壊に連なることになる。次に取り上げる話題は、コツを要する移行に関することとなる。

第1章の事例研究 アイスランド

二〇〇八年九月、アイスランド経済は見事に吹き飛んだ。海外業務を担っていたアイスランドの三大銀行に影響を及ぼした金融危機の結果、一国が破綻の淵に追いやられてしまったのだ。株式市場は九〇パーセントの暴落となったが、そのうちの六〇パーセントは、破産することになる大手三行の持ち株だった。失業率は九倍、インフレ率は一八パーセントにまで急上昇し、アイスランドの通貨は、ついには米ドルに対して五〇パーセントにまで下落した。

大手三行は破産を宣言し、国の金融監督機関の管理下に置かれた。それ以来、アイスランドは破綻した銀行の預金者に支払いを実施したほか、国際通貨基金への緊急救済融資の返済も前倒しした。

二〇一二年二月には、アイスランドの信用格付けは投資

適格にまで回復し、二〇一二年のGDP成長率はおよそ二・二パーセントとなることが期待され、(58)ユーロ圏のほとんどの国々よりもよくなっている。アイスランド経済の規模では、二〇〇八〜二〇〇九年の危機は一国を悩ませるほどの最悪の金融危機だった。何しろ、アイスランドの大手三行の債務は五〇〇億ユーロにも達しており、GDPの六倍もあったのだ。

金融危機は、私たちの現代社会の事情を物語る大きな特徴である。財政事情がもちこたえられなくなりそうな国は決して少なくなく、投機的なポジションとその実践が突如として内部崩壊を招いてしまうような銀行や金融会社も少なくない。だが、信頼を損なう特別な状況が信用の失墜を招き、一国の金融機構の壊滅的解体をも引き起こす出来事に展開するのがいつなのかを予測することは困難だ。絶望的な状況にある国のリストをつくれば、かなりの行数になるだろう。

恐らく、一番の大病を患っている病人は日本であり、アメリカ合衆国がそれに続く。だが、相対的に強いポジションから病みはじめているために、日米の両国は無為無策のまま問題を先送りして、これまでは何とか凌《しの》ぐことができた。

一方、ギリシャ、アイルランド、スペイン、ポルトガルのような比較的弱小の国々は、見る見るうちに絶望の淵に追い込まれてしまった。人口わずか三二万人の小国アイスランドは、中規模の都市くらいの国であり、金融業界という炭鉱のなかのカナリアだったわけだ。

これらの国々に「何が間違っていたのか?」とか、「それについて何がためされるのか?」と尋ねることは合理的な問いではあるが、アイスランドにはさらに「何が奏功したのか？」と問うこともできる。なぜならば、他のすべての金融的に病んだ国々とは異なり、明らかに快方に向かっていった何かがあるからだ。

金融に非ず

恐らく、アイスランドがライバル国に勝った最大の理由は、起こっていることが厳密には金融問題ではないこと、つまり金融的手段によっては絶対に解かれない問題であることをアイスランド人がすぐに理解したことである。四期目になるオラフル・ラグナル・グリムソン大統領[59]によれば、「銀行の崩壊は経済ないし金融の危機であるということに留まらず……とても深刻な政治的かつ社会的危機でもあり、司法にさえ及ぶ危機でもあったということを……私たちは幸運にも早々に認識した……[原註12]」とのことだ。

グリムソン大統領はとても人気のある民主政治のリーダーで、四期目のあとに彼は引退するつもりだったが、彼の再任を求めて有権者の一五パーセントにも及ぶ署名が集まり、彼の退路は断

(58)　IMF, World Economic Outlook, April 2015によれば、アイスランドの実質GDP成長率は二〇一四年が一・八パーセント、二〇一五年三・五パーセント（予想値）、二〇一六年三・二パーセント（予想値）となっている。

(59)　（Ólafur Ragnar Grímsson, 1943〜）一九九六年より第五代大統領。

たれている。[60] グリムソンは印象に残る人物で、私なんぞは足下にも及ばないほど彼はアイスランドについてとてもよく知っている。私は、喜んで彼の意見に従いたい。

あの危機が厳密には金融危機ではなかったということは、ゴードン・ブラウン[61]のイギリス政府がアイスランド最大の銀行であるカウプシングの資産を凍結して、操業を停止させるために反テロリズム法を発動することを採決したことによって納得させられた。再びグリムソンの言葉を引用すると以下の通りである。

「ゴードン・ブラウン政権はアイスランドをテロリズム法の対象に指定したが、それはアイスランド経済にとても大きなダメージを与えるもので、アイスランド国民を怒らせることになった」

「(アイスランドは) 世界でももっとも平和を愛する国々の一つであり、NATO創立時からの加盟国で、第二次世界大戦中はイギリスの強力な同盟国だったというのに、テロリスト組織の公式リストのうえではアルカイーダやタリバンと同じ扱いにさせられてしまった」

そして、この問題の金融的な部分がむしろ取り囲まれて表面化することになった。国外で海外業務を担っていたアイスランドの三銀行のうち、グリトニル銀行とカウプシング銀行は預金者に満額で払い戻したが、もしゴードン・ブラウン政権によるこの恥ずべき策略がなかったならば、ランズバンキ銀行も同じことをしたであろう。

二〇〇八年一〇月八日付でアイスランドに反テロリスト法を執行したことに対する人々の怒り

は、一一月二三日にレイキャビクを揺さぶった抗議活動を引き起こした原因の一つとなった。その三日後、アイスランドの首相だったゲイル・ホルデ(62)は政府を解散した。その後の政争の多くは、民間銀行が抱えた海外での損失のためにアイスランドの国民が財務上の責任を負わされることが公正なことなのかどうかに重点が置かれた。

二〇〇九年一二月三〇日、アイスランド議会（Alþingi《アルシング》）は、イギリスとオランダの預金者に三五億ポンドの支払いを投票で決めた。これに対してグリムソンは、憲法の定める権限を行使して法案を拒否した。そして、二〇一〇年三月六日、支払い問題は国民投票にかけられ、アイスランド人の九〇パーセントが支払いを拒否した。

翌年の二月一六日、アルシングはアイスセーブ(63)が保有する投資信託の支払いを認めることを決めたが、グリムソンはイギリスとオランダに同意する署名を拒否した。またしても国民投票が行われ、アイスランド人の五七・五パーセントが支払いに反対した。グリムソンの理論的な説明は次のようなものである。

---

(60)　二〇一二年八月より五期目に入っている。
(61)　(James Gordon Brown, 1951〜)　イギリスの庶民院議員。財務大臣、第七四代首相、労働党の第一九代党首。
(62)　(Geir Hilmar Haarde, 1951〜)　第二一代首相。財務大臣、外務大臣を歴任している。
(63)　(Icesave)　ランズバンキ銀行が事業展開したネット銀行。

イギリス人とオランダ人が主張していたことは、ヨーロッパの銀行の仕組みは民間銀行がヨーロッパのどこででも事業を行い、それがうまくいけば銀行家が莫大な収益を上げて、株主も大きな利益を得るというものだ。だが、事業が失敗したならば、請求書は一般人の家にただ送り付けられることになる。農民や漁民、看護師や教師、若者や老人に、だよ。

それで、そういうことはヨーロッパの銀行システムにとってとても不健全なやり方だと私は主張したわけさ。あなたがたが望んでいることはできるだけ無責任で向こう見ずになれるということだと銀行家に警告を発するとしたならば、幸運に恵まれればリッチになれるが、失敗すれば他の誰かが支払うことになる、というわけだね。

未来の健全なヨーロッパの金融システムを構築したいのであれば、それは進むべき賢い道だとは思わないね。

思うに、これは決してイギリス人とオランダ人に特有の問題ではない。同様のやり口は、銀行家に生計と政治生命の継続を握られている政治家によってどこでも進められていることだ。そして不幸にも、このことが実に多くの政治家を特徴づけている。そういう政治家たちとは違って、グリムソンは活動の自由をもっていた。彼は勇敢な男である。

ヨーロッパのすべての政府が私に反対したよ。すべての大きな金融機関が、ヨーロッパでも私の国でも私に反対していたよ。そのうえ、私の決定が完全にクレージーだと考える有力者たちがアイスランドにもヨーロッパにもいたよ。

もちろん、ある程度難しい問題ではあったよ。けれども、問題のすべての側面を分析してから、一方には金融市場の利益があって、もう一方には人々の民主的な意思があって、そういう根本的な選択だということに煮詰まった。歴史のなかではそういう岐路にはめったに立たされないものだが、そういうことが起こるんだね。

それで私の答えは、アイスランドの民主主義の構造だけでなく、ヨーロッパの世界への貢献という観点からはっきりしたものだった。

現代の国々と人々へと受け継がれた私たちのもっとも重要な遺産は何だろうか。ヨーロッパの民主主義は人々の権利だよね。資本主義の金融市場は、たとえ民主主義なしでも世界の多くの他の場所で存在し得るよね。

そういう訳で、私の意見では、ヨーロッパはもっと民主主義にこだわるべきだと思うんだ。この選択に基づいて考えれば、最終的に、私が民主主義を選ばねばならなくなることは明白だったね。

まさか、読者がこの理論にピンとこないということがあるだろうか。たとえ小さな田舎町ほどの国だとしても、一国の大統領なのだ。十数か国のリーダーたちに勇敢に立ち向かい、彼らの意見に首を縦に振ることなく、逆に彼らに民主主義の美徳と民意の重要性を説いたのだ。

グリムソンは怒鳴られた臆病者か？　まったくそんなことはないと思われる。彼は難局に対処したわけだが、国民の支持を得ていたのだ。議論されている問題の国民投票で九〇パーセントの支持を得ている。この数字は、いかなる国のどんな政治家であっても無視して差し支えないというものではあるまい。

アイスランドの金融問題の体験談における二つの側面を指摘しておくことは重要である。それは、代議制民主主義［アルシング］の失敗と直接民主主義［国民投票］の成功だ。

民間銀行が抱えた損害について、アイスランド人は財政的責任を有するとアルシングが票決したとき、代議制民主主義は失敗した。このことは、驚くようなことではない。一個人が多数の上に立って、その民主的に選ばれた代表になった途端に溝が深まり、選ばれた個人は、財界にとても容易に買収されて動かされることになるものだ。(64)

選ばれた公人たちは、やがて彼らが代表する階級から離れた階級を形成することになる。彼らを制約する唯一の力は、また彼らの機嫌をとるものは民意であって、むしろ直接民主主義、あるいはその失敗である公然たる反乱によって表現されるものだ。他の選択として、もしも民主主義が存在しないか完全に疑われている場合に唯一のものとなるのは、賢明な専制ないし慈悲深い独裁制となる。アルシングが完全に腐敗して人々の生命を脅かすまでになると、軍事政権を構える動乱さえも前向きの発展であるかのように考えられるものだ。

ともあれ、アイスランドは太古から成熟して安定した民主主義の慣行に恵まれている。それは、八四〇年から九三〇年の間にアイスランドに住み着いたノルウェー人の部族による直接民主主義にまで遡れるほどである。ちなみに、九三〇年はアルシングが創設された年である。

中断されることなく続いた民主主義のルールが一〇〇〇年もの歴史をもつとは、実に切りのよい数字であるように思われる。これに比べるならば、一世紀にも満たないどんなことも明らかに不十分なこととなる。金融問題の集中治療室に入っている他の患者に目を向けると、スペインやポルトガルは独裁政権という最近の歴史をもち、ギリシャはクーデターによる軍事政権の統治、またアイルランドは、イギリスによる植民地支配五〇〇年の犠牲者である。

植民地時代にアイルランドは、民主的な手続を経ていながら、非民主的な結果を確実に生じる

(64)「自由なのは、選挙をする間だけのことで、議員が選ばれるやいなや、イギリス人民はドレイとなり、無に帰してしまう…みずから自由だと信じている近代人が、なぜ代表者をもつにいたるか…人民は代表者をもつやいなや、もはや自由ではなくなる」(ルソー／桑原武夫・前川貞次郎訳『社会契約論』岩波文庫、一九五四年、一三三ページ、一三六ページ)

ことに長けた、偽善による統治というイギリス流システムへと文化的な変容を強いられた。その適例が次のものである。

二〇一一年一〇月二七日、アイルランドは国民投票を実施して、彼らの議会は銀行の詐欺行為を調査できるようにする憲法の修正案を否決した。驚くことではないが、アイルランド国民は外国の銀行業界の私的損失の支払いをまんまと背負わされたわけである。このことを、銀行の詐欺事件へのアイスランドの対応と比べてみることだ。

「司法の面では、私たちアイスランド人は、九巻にも上る報告書を発行した最高裁判所の判断によって特別委員会を設置しました。私たちは検察官の事務所を置き、司法および立法システムに関係するさまざまな法整備に取り組んできました（原註12）」

アイスランドはまた、直接民主主義を機能させることができるような人口規模に恵まれている。世界最古で、もっとも安定した民主主義はどれも小さな地方に根差している。アイスランドの住人は三〇万人ほどだ。

アイスランド以外にも、人口八万五〇〇〇人のマン島(65)には、同じくノルウェーを起源とする「ティンワルド（Tynwald）」と呼ばれる議会があり、やはり一〇〇〇年以上の歴史がある。また、スイスには八〇〇万人の居住者がいるが、スイスは二六のカントン(66)の同盟だ。最大のカントンはベルンで人口一〇〇万弱であり、どのカントンも残りのカントンを支配することができない。

ある大きさを超えると、代表者を介して活動しないことには何かをすることが不可能になり、そうなると腐敗が進むことになる。直接民主主義として機能するためには、各々の市民が主権の相当大きな配分をもたねばならない。五〇万分の一の配分はかなり有効だ。その一〇倍なら、確実に機能するようになるだろう。だが、ppb（一〇億分率）のレベルになると、国民に行きわたる諸個人の主権の度合いはほんのわずかなものになる。

そういう訳で、中国やインドのような主権の小さな国に比べればアイスランドは「主権の巨人」となる。大きな国は他の国々に対抗してはっきりと主張できるが、中規模の国は直接民主主義を実施するには大きすぎるし、他国に対抗するには小さすぎて、ついにはすべての面でもっとも弱い立場になる(67)。

このことから学ぶべき多くの教訓がある。そのうちの一つは、もしもあなたの国が大きすぎて民主主義が機能しないようであれば、同盟体を構成する小部分へと国を分割することが妙案となる

---

(65)（Mann）グレートブリテン島とアイルランド島に挟まれたアイリッシュ海の中央に位置する島。自治権をもったイギリス王室属領。面積は五七二平方キロメートルで、主都はダグラス。
(66)「州」および「準州」と訳される。各自治体の権限は強く、独自に地方行政をとることが可能となっている。
(67) まるで日本のことを言われているようである。

るかもしれない。この方向の動きの一例を挙げると、スペインのカタルーニャ州の分離独立に関する住民投票に向けた最近の動きである。(68)

より大きな規模では、EU（欧州連合）はまだ東西ドイツの統合を悔いている。もしも、ドイツのEUへの参加が、連邦共和国（Bundesrepublik《ブンデスレパブリーク》）としてではなく自治権のある国（Länder《レンダー》）としてであったならば、スイスのようなより民主的な同盟の均衡が達成されたことだろう。だが、そうなると、もっと高度に中央集権化されたフランスも同様に分解される必要が生じてくるだろう。

このような民主主義の欠点についての熟考はさておき、アイスランドの金融問題の体験から学んだ観察の一つで、一般原理の候補として試す価値がありそうなことは次のようなものとなる。社会の実行可能性について、ある閾値《しきいち》を超えるや、その住民の民主主義の有効性は人口に逆比例する。

ひとしきりの狂乱

北海の漁業に根差した経済の、小さくも古くから続く社会が、どうして国際金融のドロドロとした世界に踏み込んで、経済規模の七倍もの債務を抱えて世に知られるようになったのだろうか。アイスランドは、まずエネルギーとアルミニウム生産に多角化した。次いで、マーガレット・サッチャー[69]のイデオロギーに強い影響を受けたデビッド・オッドソン元首相[70]の新自由主義的市場改革により、アイスランドの金融部門の自由化が進められた。アイスランドの民間銀行は、海外からの借り入れと海外市場への事業展開によって急激な成長期を実現したわけである。アイスランドの金融システムがその資本金の何倍にも成長するにつれ、アイスランドはヘッジファンドに似はじめた。

アイスランドの金融崩壊の下地がつくられたのは一九九九年のことであり、その年、アルシングは国際的な貿易会社に関する法律を制定し、アイスランドに登記している外国企業について税率を設定したうえで規制を課すことにした。この法律に則り、アイスランドに登記する外国企業の収益には五パーセントというとても低い税率が課されるのみとなり、オフショア・タックス・ヘイブン［租税回避地］に匹敵するほどになった。

---

(68) 独立の是非を問う住民投票は二〇一四年一一月九日に非公式に実施され、投票者の八割が国家としての独立を望む結果であった。二〇一五年九月二七日、独立の是非を争点に行われた州議会選挙では、独立派の政党が過半数の議席を獲得し、カタルーニャ州のアルトゥール・マス州知事は独立派の勝利を宣言し、独立の動きが加速している。

(69) (Margaret Hilda Thatcher, Baroness Thatcher, 1925~2013) イギリス初の女性首相。「鉄の女」という異名をとった。

(70) (Davíð Oddsson, 1948~) 第一九代首相（在任期間：一九九一年~二〇〇四年）。外相、独立党党首も歴任。

これらの企業はまた、年間一四〇〇ドルというとても手頃な登録料を支払うだけで、固定資産税や関税の納付を免除された。このことがアイスランドをオフショア・タックス・ヘイブンかつビジネス・センターたらしめたのだ。

それでも、アイスランドに登記している外国企業は通常のアイスランドの国際業務の扱いを受けたほか、ヨーロッパの一つの国であり、ＮＡＴＯの加盟国としてのアイスランドの立場は、外国企業が中央銀行の監視を逃れることを許した。

さらに、アイスランドのカウプシング銀行は真のオフショアであるマン島に利権を得て、名目的なペーパーカンパニーの設立をも含むプライベート・バンキングや投資管理のようなさまざまなサービスを提供するために、マン島での事業を活用した。

アメリカでリーマン・ブラザースが破綻した結果、カウプシング銀行の財務状況が悪化したわけだが、その際、カウプシング銀行の援助で設立された国際的な貿易企業は資金繰りに窮することになった。そのような企業のうちのいくつかは、ウラジーミル・プーチン［Влади́мир Влади́мирович Пу́тин, 1952~］、ドミートリー[71]・メドヴェージェフ［Дми́трий Анато́льевич Медве́дев, 1965~］、ボリス・グルイズロフといった地位の高いロシア公人と関係があり、噂では、大きなお金を動かすためにロシアの国営石油会社「ロスネフチ（Rosneft）」がお得意様にしていたそうだ。

他にも、ロマン・アブラモヴィッチ[72]やオレグ・デリパスカ[73]を含むロシアの新興財閥と関係するものもあった。たとえば、アリシェル・ウスマノフ[74]は、ノリリスク・ニッケル[75]の株式を買い占めるためにカウプシング銀行のサービスを利用した。この過程において幾人かのアイスランド人は並外れて裕福になったが、カウプシング銀行が破綻したとき、ロシアの財界は二〇〇億ドルほどの損失を被ったと見積もられている。

二〇〇八年一〇月、アイスランドを救済するために五四億ドルを提供するというロシアからの申し出があったが、この取引は奏功せず、結局、ロシアは国際通貨基金による緊急融資の支援パッケージに参加することになった。当初、アイスランドの問題に割り込んでアイスランドを安定化させようというモスクワの奇妙な願いの裏にあった勢いは、疑いもなく、自分たちの損失を最小限に食い止めたいという思惑に由来したものだった。

---

(71)（Борис Вячеславович Грызлов, 1950〜）統一ロシアの党首、ロシア連邦議会下院国家会議議長、プーチン政権内務大臣などを歴任した政治家。

(72)（Рома́н Арка́дьевич Абрамо́вич, 1966〜）ユダヤ系ロシア人の実業家、石油王。イギリスサッカープレミアリーグのチェルシー・フットボール・クラブのオーナー。

(73)（Оле́г Влади́мирович Дерипа́ска, 1968〜）ロシア・アルミニウム（ルサル）社長。

(74)（Алише́р Бурха́нович Усма́нов, 1953〜）ロシアの大実業家、ガスプロム・コンツェルンの最重要人物。

(75)（ГМК «Норильский Никель»）ロシアの非鉄金属生産企業。ニッケル・パラジウムの生産において世界最大手。

正しい取り組み

アイスランドの取り組みは、金融業者を公的資金で助けるよりもむしろ破産させるというものだった。

「民間銀行や金融商品取引業者が、どういうわけか工業部門、ＩＴ部門、創造的な部門、あるいは工場部門よりも経済の安寧や未来のためにより神聖であるとする議論の理由について私は、決して本当には理解していなかった」とグリムソン大統領が言った通りに、アイスランド人は他のことを優先事項にした。

「私たちは、私たちの経済政策において、最低水準の所得部門や……基本的な社会サービスや衛生サービス……を守ろうとした……」

そもそも、ロシアの新興財閥やイギリスとオランダの投資家は保証されない所にお金を預けたわけだから、彼らがリスクを引き受けないような人であるはずはなかろう。もちろん、銀行家たちは市民が救済してくれることを望むのだが、国が十分に民主主義的であれば銀行家も主張できなくなるわけだ。

さらに、金融機関の破綻はよい結果を導き得る。なぜならば、不労所得階級や超富裕層のためだけではなく、社会全体のためになる生産活動に資源を投入することになるからだ。グリムソン大統領は次のようにも言っている。

「逆説的だけれど、過去二年間に私たちが見てきたものは、アイスランドのエネルギー部門、観光部門、ＩＴ部門、工場部門、漁業部門などの多くの部門において、銀行危機前よりも業績がよくなっている」

アイスランドが偶然発見したことは、大きな銀行および金融部門をもつことが経済界において頭脳流出をもたらしていたということだった。そういう偏りがなかったならば、一国全体の価値の創出現場に雇用されていたはずの才能が金融商品のリスク管理や操作に従事していたわけであり、結局、最終的な分析結果ではマイナス・サム・ゲーム(76)だったということになる。再びグリムソン大統領の言葉だ。

アイスランドの銀行は、ヨーロッパやアメリカをはじめ世界の大部分にある現代のすべての大銀行同様、もはや古い経営の銀行ではないんだ。それらはハイテク企業になっていて、高級なエンジニアや数学者、コンピュータ科学者、プログラマーといった類いの人材を雇っている。その手の教育と能力を備えた人材をいかにうまく雇い入れるかに、ビジネスの成功は多分に依存しているわけだね。必ずしも、ビジネス・スクールや金融部門で訓練を積んだ

(76)　(minus sum game) 投資に対する期待値がマイナスになるゲームのこと。宝くじや競馬などが挙げられる。

人物ではなく、工学、数学、コンピュータ科学などを修めた人材だね。

それで、アイスランドの銀行が破綻したときに私たちが目の当たりにしたことは、前々から大きな成長の可能性をもっていたけれど、成長を実現できずにいた創造的な部門、つまりIT、ハイテクといった部門の多くの企業が、突然、人材に恵まれるようになったということだ。

優秀なエンジニア、数学者、コンピュータ科学者を銀行が買い占めていたために優秀な人材を得ることができなかったわけだけれど、銀行から放出された優秀な人材は六か月以内に雇われた。それで、それ以後、アイスランドのIT部門、ハイテク部門、工場部門の大きな成長期をあなた方は目の当たりにしているわけだね。なぜって、そういう部門が突然、エンジニア、数学者、コンピュータ科学者を採用できるようになったからさ。

ここから引き出せる教訓は、次のようなものだ。

二一世紀にあなた方の経済を素晴らしいものにしたいのならば、ITすなわち情報に基づくハイテクにとっては、たとえうまくいっている銀行システムをもつ大きな銀行部門も、あなた方の経済には悪いニュースとなる。

この話を根拠として、あなた方は議論することができるでしょう。銀行部門が大きければ大きいほど、あなた方の経済にとってのニュースはより悪いものになる、と。なぜならば、エンジニアや技術力を供えた人々やコンピュータ科学者を磁石の如く銀行部門へと吸い寄せるのは高額のボーナスなのだけれど、より高い給料は創造性を必要とする成長部門で人材の潜在能力をフル活用することを妨げることになってしまうからだね。

……もしも、あなた方が二一世紀の経済をより良いものにしたいのならば、大きな銀行をつくるのではなく、創造的な部門、ＩＴ企業やハイテク企業に高い優先権を与えることがより重要となるだろうね。というのは、あなた方がお金を必要とするならば、いつでもグローバル化した金融システムのなかにある世界のどこかからお金を手にすることができるからね。けれども、あなた方が創造的な部門においてもっとも価値ある人的資源を失うことになれば、その損失を取り返すためにできることは何もないことになるね。

これこそ、一国を悩ませた最悪の金融危機から復活したアイスランドの成功から引き出すことができるもっとも重要な教訓である。それは、恐らく一言（と但し書き）に要約することができるだろう。

「銀行を片づけましょう！（ただし、遅くなっても預金者には支払いをすること）」

第2章

商業の崩壊

第2段階：商業の崩壊

「市場が供給してくれる」という信頼が失われる。通貨が減価するか希少なものとなる。あるいは、そのどちらもが起こる。商品価格が高騰し、輸入および小売りチェーンが支障をきたす。そして、生存するうえにおいての必需品が広範囲で不足する事態が常態化する。

世界の経済先進国に暮らしている人々と商業の関係は、哀れなほど依存しているものの一つとなっている。食料や衣服を調達し、住居を確保し、医療を受けるために、あるいは他の一切のものを得るために私たちは、農民、仕立屋、靴直し、建設屋あるいは医師と直接かかわることなく、何も生産せずに費用を付け加えるだけの中間業者とかかわることを強いられている。

この手の込んだ、商業化されて金融が介在するという構造を構築する過程において、「交易する（trade）」という意味の営みを見かけなくなった。つまり、サービスを提供するか、価値あるものをつくり出して、それらを他のサービス提供者や生産者と交換するという営みが損なわれてしまった。交易の原義は、お金をポケットからポケットに移動させるだけでお金を稼ぐ人々を除外していたのだ。

これは決して新しい考えではなく、ましてや幾分たりとも過激な考えでもない。極めて保守的かつ伝統的な考えである。経済は商品やサービスをお金と交換することであり、（何もつくり出さない人々が商取引によって分け前を抽出している）商業は経済への寄生虫であり、（手から手へとお金を移すことによって分け前を抽出し、寄生虫のごとく寄生している）金融業は商業への寄生虫であると最初に定義したのはアリストテレス［Aristotelēs, BC384～BC322］だった。

大統領をはじめとする典型的なアメリカ合衆国の政治家は、彼の選挙活動の一番の資金提供者にゴールドマン・サックス社(1)のような金融業者を勘定に入れているので、寄生虫に寄生する寄生虫に寄生している寄生虫として特徴づけられるだろう。言ってみれば、チスイコウモリ(2)から血を吸っているダニの内臓に寄生する寄生虫のようなものだ。

突然、交易を基盤とした定常状態の経済が商業および金融業という巨大で余分な上部構造を成長させるということは、むしろ異常な事態と言える。私たちが正常だと考える環境では、商品とサービスの流れは、自然が持続可能性を保持しながら供給できることと均衡を保つ。さらに、資源採掘と製造業の操業は非再生可能資源をゆっくりと減らしてゆくようなやり方になるかもしれないが、そのような営みは一般に労働集約的であるため、自ずと資源利用をかなり低いレベルに制限することになる。

このような定常状態にあれば、生態学的に負荷のない経済活動が営まれるはずである。だが、今日の経済は、生産には何ら寄与せずに巧妙に分け前を抜き取る寄生虫のような数多の商人や金融業者に悩まされており、バイオレンスによるにせよ、策略によるにせよ、経済はやがて停滞して崩壊に至るだろう。そして、その過程で寄生虫を餓死させることになるだろう。

(1)（The Goldman Sachs Group, Inc.）ニューヨーク州に本社を置く、世界最大級の投資銀行。ドイツ出身のユダヤ系のマーカス・ゴールドマンによって一八六九年に設立された。

(2)バンパイアともいう。体長約八センチ、前腕長五センチ内外。動物の生き血だけで生活しているため、臼歯や胃は退化している。

ある特定の社会が新規の考えを採用して、それを追求するあまりに無謀な暴走を引き起こすときには、このようなことがたまに起こってしまう。狂気というものは個人においては稀《まれ》なことだが、社会においてはかなり定期的に猛威を振るうものだ。

新規の考えとは、漆喰《しっくい》を塗って微光を発する白壁の聖堂建設（漆喰をつくる過程で田舎の森林伐採が伴う）、敵を殺害するために青銅や鉄から武器を製造すること（精錬用の木炭を得るためにやはり森林伐採を伴う）、あるいは征服のための航海に必要となる艦船の建造（これまた木材を入手するために森林伐採を伴う）などが挙げられる。このような場合、何を追求するかに関係なく、最終的には森林伐採、土壌の浸食、環境悪化による災害や環境破壊を伴うことになる。

だが、新たに濃密で容易に生産されるエネルギー源が発見されると、事態はカンフル剤を打ったかのようになる。オランダ人はピートモス(3)を燃料にして（その過程で農地の多くを湿地に変えてしまった）、次いで石炭に乗り換え、さらに石油と天然ガスも用いるようになった。イギリス人は木材利用から寄り道せずに石炭利用となり、テムズ川をコールタールの毒で汚して、ロンドンの霧で自分たちを窒息させる寸前にまでなった。どこでも、進歩の過程はほとんど同じようなものだ。

木材から石炭利用に代わり、次いで石油と天然ガスを用いたのち、場合によっては原子力までも使うようになる。海上でも陸上でも、移動輸送手段は風力や人間の筋力に頼っていた時代から、石炭火力の蒸気機関、次いで石油火力の蒸気機関、そしてディーゼル・エンジン（および原子力）へと進んだ。その結果、容易に採掘でき、安価で豊富な貯蔵量を誇った化石燃料を使い切ってしまい、残っているものは、採掘が困難なうえにリスクを伴うために費用が嵩むものしか残っていない。もちろん、埋蔵量も少ない。

このような訳で、次の崩壊が予定されることになる。これまでの崩壊とは違い、次の崩壊はまったく前例のない規模になり、地球全体に及ぶであろうということだ。

◯カスケード型[4]の機能不全

金融業という砂上の楼閣が壊れると、それが商業崩壊の引き金となり、次いで政治崩壊の引き金へとつながっていく。この過程は「カスケード型の機能不全」として特徴づけられており、現代の資金調達の基礎をなす前提が突然もちこたえられないものだと見なされるときに生じる最初

（3）（Peat moss）水苔、ヨシ、ヤナギなどの植物が堆積し、腐食化した泥炭を脱水し粉砕、選別したもの。農業や園芸用の土、もしくは土壌改良材として使われている。

（4）「カスケード型」とは、増幅しながら広がっていくという意味。なお、この節の議論は、原註９のコロウィッツ論文で指摘されたことが要約されている。

の機能停止が、商業向け信用の不足によって商業活動にドミノ効果を及ぼし、次いで急激な税収基盤の縮小を経て、政府財政にドミノ効果を及ぼすことになる。

現時点で、高度に発展した経済のすべての部門が、実質的にかなりの債務を負い、縮小しているか、あるいは成長していない。そのような状況が安定状態であるとは考えられない。法外な債務が存在するときには常に、過去の債務の利払いのために絶えず「信用」が膨張していかなければならない。また、経済活動のなかにおいて、入手可能な商品とサービスに適応したお金の価値を保持しながらお金が貸し出されるためには、経済成長が信用の膨張と足並みを揃えていく必要がある。もし、経済成長が回復しないならば、最終的に至る結末は、国家がデフォルト（債務不履行）になるということだ。

ギリシャがデフォルトの段階にある事実は、もはや論争の余地がないだろう。また、スペイン、イタリア、アイルランドが自国の経済問題を片づける、あるいは経済成長が再開するということもありそうにない。そもそも、天然資源の問題を抱えており、とりわけ石油資源に問題があるのだ。

石油は今やとても高額な資源となり、さらなる経済成長の火をつけることはできない。というのは、残存する石油資源は、以前であれば見込みのないものとして無視されていた深海油田のものや、タールサンド(5)、シェールオイル、北極海の原油、およびその他のカスみたいなもので、そ

れらの生産には費用が嵩むために石油は安くなりそうにないからだ。(6)

また、債務水準という問題もある。あまりにも大きくなった債務総額は、他に障害がなくても経済成長を止めるということが知られている。さらに今では、もはや経済成長を促すことができないような経済環境に私たちは達してしまっている。最近の数字が示しているのは、新規債務2.3単位がGDP成長1単位を生み出しているというものだ。(7)このデータに基づくならば、債務によって焚きつけられる経済成長は、見返りが減じるところに達しているということになる。

国家デフォルトは前進だ、という空想的な見解で人々を楽しませている者もいる。悪性の債務が一掃されて、新規の健全なお金が印刷されて流通し、経済が回復するというのだ。実際にこのようなことが、アルゼンチン、ロシア、その他のいくつかの国で観察されている。だが、世界経済の大部分について、前向きとなる同様の出来事が起こり得るのだろうか。たとえば、政府と中

---

(5)「油砂」または「オイルサンド」とも言う。アルバータ州（カナダ）やオリノコ地方（ベネズエラ）に大量に埋蔵されているが、一般の原油に比べて比重や粘性が極端に大きいために、通常の方法では取り出すことができない。

(6) 逆に原油価格が安くなると、費用の嵩む新規のエネルギー開発事業が頓挫する。

(7) 新規債務を経由した貨幣流通量の追加分がそのままGDP成長として加算されていない状況は、GDP統計に含まれない金融資産などの増加もしくは債務返済に回されていることをほのめかしている。

央銀行の力強い協調介入が銀行の支払い能力を突然回復させて、商業信用を再び調達可能にすることはできないのだろうか。

　これはとても速やかに、ほとんどあっという間に起こらなければならず、まったく前例のないほどの国際協調を要求することになる、というのが不可欠な考察だ。理論上は可能なのだが、実際問題として、二〇〇八年の金融危機の根本原因をまだ理解していない人々が、突然、複雑に絡み合ったグローバルシステムの主要な細部について把握できるようになり、それらを理解するだけでなく、新しい知見をさまざまな問題解決に速やかに利用できるようになるとは思えない。

　国家デフォルトは以前にも起こっており、国際金融が立て直してきたわけだが、今回はなぜそうはならないのだろうか。まず、規模の問題がある。国家デフォルトの意味は、世界経済の規模と比べた当該国の経済の規模に応じて変わる。アルゼンチンのデフォルトは、世界規模では取るに足りない出来事でしかなかった。またロシアのデフォルトは、金融システム全体を巻き込んで、結果としてロング・ターム・キャピタル・マネジメント（LTCM社）［五六ページ参照］が破綻したわけだが、アメリカ連邦準備制度理事会が介入して救済策を講じている。そして、アメリカ合衆国のサブプライム住宅ローン危機やリーマン・ブラザースの破綻は、国際金融が機能不全に陥る寸前にまで追い詰め、はるかに大きな救済策を必要とした。

　今、ギリシャ、スペイン、イタリアが破綻すると、救済策は狂乱状態になるだろうが、どの救済策も短期的な信頼の回復に留まるように思われる。こういった衝撃がすべて合わさって、ある時点で、ある一国のデフォルトが国際金融システムの変曲点超えをもたらし、グローバル化した商業活動の閉鎖を導くカスケード型の機能不全を招くことになるだろう。

それぞれの衝撃の影響が、システム全体を徐々に回復不可能なものに蝕んでいく。局地的に起こった国家デフォルト（アルゼンチン、ロシア、アイスランド）のあとの回復は、比較的健全な世界経済と金融システムに参加できるかどうかに依存したものだった。ある金融危機から次の金融危機へと進むので、その都度、金融危機は比例して大きくなる反応を生むものだと私たちは想定し続ける。だが、ある一国の金融危機の規模が線形領域を抜け出して地球規模のシステムを揺さぶると、回復の目途《めど》の立たないクラッシュを導いてしまう。なぜならば、このプロセスは不可逆だからだ。そして、複雑な世界規模の金融システムは、それを生み出した世界経済がもはや存在しなくなると再生することはないだろう。

金融システムは、経済が停止してしまうと単独で存在することができないため、金融業の破綻が即座に商業の崩壊を導くことになる。つまり、すべての貨物は掛け売りされねばならないからだ。貿易金融の起点は、信用状の発行業務を承諾して引き受けることをいとわない地球の裏側の銀行で行われており、その銀行は積み荷が降ろされてから支払われることになる融資を行っている。もしもそのような融資が受けられなくなれば、貨物が運ばれることもなくなるのである(8)。

数日以内に、市場はどうなってしまうのだろうか。出荷がなくなるということは、空になったスーパーマーケットの棚、部品不足による遊休状態の工場、建設現場や管理業務の操業停止、薬や必需品を欠く病院などが現れるということだ。一週間もすれば地方の燃料は底をつき、輸送が混乱することにもなる。

現代の製造から販売までのネットワークは、世界規模のサプライチェーンと同じく在庫をため込まないジャスト・イン・タイム方式に頼っている。よって、ハイテク製品の製造はすぐに崩壊するだろう。なぜならば、重要な部品は一つか二つの供給業者の独占状態となっており、代替がほとんど効かないからだ。

さまざまな混乱の経験（二〇一一年の日本における大津波や、二〇一〇年のエイヤフィヤトラヨークトル火山［アイスランド］の噴火）が示したことは、混乱のインパクトは時間経過とともに比例して大きくなるのではなく、加速しながら拡大し、回復に要する時間が異常に長くかかるということだ。およそ一か月以内に、必需品の不備とメンテナンスの欠如によって送電網は崩壊する。恐らく、その時点で回復は不可能になるだろう。

たとえそうなる前でも、影響が拡大しはじめていることだろう。見知らぬ者同士の信頼関係はゆっくりと築かれるが、壊れるときは急速である。それと同じように、グローバル経済のグローバルな側面も、恐らく消失するのがかなり速いと考えられる。

急速に縮小する経済では、「自分のことは自分でやる」ということが、別の大陸に暮らしている見知らぬ者との信頼関係を維持することよりも重要になるだろう。このことは、いったい何を予告するのだろうか。世界中の供給先から輸入されている部品は掛け買いされているわけで、その部品がないと維持できないインフラストラクチャーに社会は依存していることを忘れてはならない。

世界中に広がる公的債務の不履行は、春の雨が過ぎ去ったあとに再び太陽が燦々《さんさん》と輝くような出来事ではないだろう。今はまだゆっくりとした推移を示しているが、ある時点で、日常生活の突然の不可逆で壊滅的な混乱を導くことになるかもしれない。

（8）「地球の裏側の銀行」とは、輸入業者の取引銀行のことである。輸入業者は輸出入契約後、取引銀行に「信用状」の発行を依頼し、取引銀行は輸入業者の信用状態などの与信審査を行い、財務状態、信用状態、担保などの債権保全状況を勘案し、良好であれば信用状を発行することになる。これが貿易金融の起点であり、リスク回避などの理由で信用状が発行されなくなると貿易は滞ってしまうのである。なお、山田英二『新しいグローバルビジネスの教科書』（ＰＨＰ新書、二〇一五年、四〇ページ）には、信用状発行からはじまる貿易金融の仕組みについて「見ず知らずの赤の他人との交易ができる」、「不特定多数の知らないヒトのあいだで涼しげに取引ができるのは、考えてみれば驚くべき仕組みだ」とあるが、本書はその見ず知らずの赤の他人との交易はおぼつかないと主張している。

◯嘘つきの言葉――効率

商人や金貸しは、定常状態の経済が厳しく困難な環境だと気付いている。しかし、そのような環境から脱却するための手掛かりを見つけ出すこともできないでいる。それにもかかわらず、エネルギーや原材料となる新資源や儲け話が現れると、彼らが所持している大金はすぐに都合のよいほうに乗り換えをして、残存する木々や化石燃料を浪費してしまう。

もしも、未来が今よりも成長していて、実入りもよくなっていると想定するならば、それに賭けたい人々はその状態がより速く実現するように頑張ることだろう。要するに、彼らは未来から借り入れて、返済も未来が可能にすると思い込んでいるのだ。それが不可能ならば彼らはおしまいとなり、すべての人が彼らとともに万事休すといった状態になる。

逆はあり得ない。というのも、寄生虫が必ず生き残って、万人が彼らとともに勝利するということは考えられないからだ。寄生虫らは万人の労働を必要以上に過酷なものにして、自らの行動の生態学的な影響や社会的影響を無視する傾向がある。とはいえ、安価なエネルギーと豊かな天然資源に恵まれて、景気が上向きであり、不安定な就業状態の労働者があふれかえっている状況であれば彼らの魅力に逆らうことはできないだろう。彼らは指をパチンと弾くだけで資本金を現出させることができ、経済をより効率的にするためにその資本金を投入することができる。そして、豊富な資源がすべて尽きるまで燃やし続けるわけだ。

もし、あなたが彼らのサービスを断れば、競争力を失うという意味で効率を悪化させる結果を招くことになる。そして、あなたは遅れを取ってしまい、彼らに買収されるか、ビジネスから締め出されることになる。

効率とは、多義性をもった奇妙な言葉である。定常状態の経済は、太陽光からのエネルギーを捕捉・処理しながら自然が利用することによって、資源量の制約された営みとなる。それはまた、必然的に必要量に制約された営みになる。というのは、利用可能な量を超えた必要物はすぐに腐るからだ。こうして、定常状態の経済におけるすべての活動は必要量によって和らげられた営みとなる。

必要を満たすために、あなたはできるだけ少ないエネルギーで済まそうとすることだろう。必要を満たしたうえで、あなたはできるだけ省エネに努めようとするだろう。もしも一人の漁民が、家族を養い、自らが必要とするモノを物々交換で得るために一週間に三匹の魚を捕まえる必要があるとすれば、彼は釣りをしたい天気のよい日に三匹の魚を捕まえ、そのあとは昼寝をして余暇を楽しむことだろう。しかし、寒い日や雨の日、そして夜中には魚を捕まえようとはしないだろう。これが、彼にとってはとても効率のよい営みとなる。

ところが、彼の必要量が定常状態の経済には不相応に大きくなってしまい、トロール船や住宅や自動車の借り入れ返済をするために魚をよりたくさん捕まえざるを得なくなったら、天候を問わず漁に出ていくしか選択の余地はない。そうしなければトロール船を失い、彼が生きるために必要とした一週間に三匹の魚どころか、彼の釣稼《ちょうか》はゼロになってしまうのだ。お分かりのように、こうなってしまうのは彼が競争相手ほどには効率的でなかったからだ。

このような訳で、効率というのは嘘つきの言葉と言える。それは、異なるときに、異なる人に、異なることを意味している。たとえば、工業生産や組み立て作業を低賃金の国へと移すことは効率のよいことである。国際的な賃金の鞘取《さやと》り［一一一ページの注参照］は生産コストを引き下げることになり、消費者は低価格の製品を買うようになって消費が伸び、経済成長をもたらす。

地方の専門店を、安い輸入品を扱っている大型量販店に置き換えることも効率がよい。大型量販店の効率がよいのは、供給業者とより効果的な交渉が可能であるため、お客に節約をもたらすことができるからだ。

ジャスト・イン・タイム物流において、進んだロジスティクスや「可動式倉庫」は効率的なスケール・メリットという利点があるが、小さな店には不向きとなる。だが、大型量販店の顧客が空洞化によって文無しになれば、大型量販店は営業を続けるよりも損失を減らして店を畳むほうが効率的となる。

そして、ひとたび商業活動が活気を失ったならば、賑わいを取り戻そうと努力するよりも、立ち退いて、抵当物を流れ処分にして、街を取り壊すほうが効率はよいことになる。一例を挙げると、人々がまだお金を持っている中国に大型量販店を出店して、中国で行っていた生産部門をより賃金の安い国へと移転したほうが効率はよいということだ。

このサイクルは、世界のどこかに開発の余地が残された貧しい人々がいるかぎり、また、輸送コストを人々の労働コストに比べて無視できるほど十分に安く抑える石油があるかぎり繰り返される。そして世界は、貧しい人々をなくすどころか逆に増やしていることになる。しかし、すでに安価な石油を失っている現在、この開拓モデルの時代も終盤に入っている。

ありきたりの反論を挙げておこう。この問題は、ワクワクするような新しいテクノロジーによって輸送のエネルギー効率が改善されて、対処されるというものである。だが、いくらエネルギー効率と言ってみたところで、問題が完全になくなるというわけではない。

近年、海運会社は、彼らが「スロースティーミング」と呼ぶ減速航行に頼っており、巨大なディーゼルエンジンを部分的に取り去り、伝動装置を交換して大型船のスピードを減速させている。しかし海運会社は、今、スロースティーミングの限界にある。つまり、船をこれ以上遅く航行することはできないというわけだ。

高い原油価格に対する他の適応策は、スケール・メリットの実現を期して船を大型化することだったが、この手法も、今ではどうにもならない状態となっている。幸い、普通貨物料金はまだ安いが……。これは、かつての造船業への過剰投資の遅延効果、つまり製造の発注から引きわたしまでの時間が数年かかることによる。ともあれ、海運会社が船を引きわたされるときには、船を満たすだけの貨物はもはやなくなってしまっているので、海運会社は赤字経営となっている。やがて整理統合を強いられることになるだろうが、そのときには普通貨物料金も値上がりし、国際貿易の主要な制限要因となるだろう。

このような状況は、グローバル化した消費主義を非効率なものに変えるだろう。だが、その後、海外から製品を運び込むことや、その製品をつくる労働を国内の職場に再生するようになって、恐らく効率が再び改善することになるだろう。つまり、搾取工場に回していた労働を国内に戻すことで「空洞化の解消」を行うということだ。

私たちは、効率の名の下にいったいどこまで進みたいのだろうか。また、どんな原理を犠牲にしたいのだろうか。そのいずれもが、分からないままとなっている。効率に関するすべての議論のなかで見失っている大切な疑問がある。つまり、「Cui bono?《クイ ボーノ》」(9)ということである。効率の向上によって、誰が利益を得るというのか？　あなたと私なのか？　それとも、他の誰なのか？

効率は、往々にして自己陶酔気味の専門家たちが弄《ろう》する分かりにくい抽象的なゲームであり、彼らは技術的な長所の絶対的な尺度のようなものとして結論を掲げている。彼らの結論に打ち勝つためには、節約したものを持ち逃げする人がいることを立証すれば十分である。そして、私たち個人の見地から、持ち逃げを許しておくことが効率的なことになるのかどうかを判断すればよい。

効率という曖昧で恣意的な考えを追求する際にほとんど考慮されることがないのは、回復力というおよそ両立し得ない概念である。効率的なシステムは、特定の用途や条件でこそより良く最適化される傾向があるため、システム自体はますます脆弱で回復力に乏しいものになってしまうのだ。最適化過程の段階を踏むごとに、システムはますます特異的な環境に適合するようになるので、環境変化が起こるとシステムは効率的でなくなるどころか機能不全に陥ってしまう。

回復力のあるシステムは、その能力の上限付近で稼働していることはなく、投入されるものの質や量にも左右されず、高度に特化したつくりにもなっていない。よい例が飼いネコである。飼いネコは毎日一八時間ほど寝ていて、どんな動物でも食べることができる。もしも餌が少ないならば、睡眠を一時間減らして狩りをする時間を一時間増やせばよいのだ。頻繁に狩りをしなくてもネコは本当に狩りがうまい。これはネコの秘技であり、ネコが世界中に広まった理由でもある。

他方、最適化された効率的システムの好例はハチドリである。花の蜜や砂糖水を取り上げると、

（9）誰の利益になるのか、という意味のラテン語。

たった一日で餓死してしまう。効率的なシステムは、特定の入力情報を処理するために高度に特化されて微調整されたつくりとなっており、常に障害点の近傍《きんぼう》で稼働しているのである。

容赦のない効率追求によって、私たちは自らの世界をますます脆弱なものにしている。最適化され、進歩的で、特化したものを高く評価することによって、進化論的な袋小路へと資源を注ぎ込んでいるわけだ。たとえば私たちは、ロバ（藁や海草、新聞紙さえ食べる）よりも純粋種の馬（食事の選り好みが激しく、牧草や干し草や穀物を要する）を高く評価し、馬を養う余裕がなくなったときには、馬を売却して屠殺場に運ぶか捨てるかしている。このような例が私たちの周りでよく見かけられるのも、効率や専門性が地位をもたらす一方で、回復力、普遍性、質素、堅牢がダサいものと見なされて無視されているからである。

テクノロジーも同じ方向に発展している。たとえばコンピュータである。かつて、多くの取り替え可能な部品からなる不格好なデスクトップシステムで、大切に管理さえすれば何十年も使えるものだったが、スリムでファッション性を追求したモバイル機器へと進化したことで部品交換などができない代物になった。また、寿命も一～二年で、一つのことが不具合になるか、企業がソフトウェアの更新をしないと決定するや、まったく使い物にならなくなってしまう。

自動車の場合には、別売りの部品や中古車の部品を使って際限なく修理されていたモデルから、設計寿命を超えるや壊れるように設計されているモデルへと進化した。ちなみに、ユーザーが何かできる余地は、オイルプラグ一本の取り替えさえもボンネットの下にない。また、新型の自動車はコンピュータを駆使した電子制御燃料噴射装置を用いるようになったため、世界中の自動車生産の三分の一が廃業となっている。

このような状況をふまえると、単純かつ非効率で旧式のキャブレターを用いたエンジンは、簡単な工具を用いて分解修理が可能であり、ハイテクを駆使した効率のよいエンジンよりも回復力があることが判明する。旧式エンジンの燃料効率は確かに悪いかもしれないが、経済の混乱に巻き込まれたときには逆に効率がよくなるだろう。なぜならば、最先端のエンジンがハイテク部品の不足によってギューと音を立てて止まるときでも、旧式エンジンは動き続けるからだ。

ある環境は、効率と回復力という概念にとっての厳しい試練となる。小さな帆船に乗って単独で大洋を横断するレースのレーサーは、効率と回復力とを兼ね備えていなければならない。レースに勝つために、帆船は十分に速いという点で効率的でなければならないが、同時に回復力があるものでなければならない。理由は言うまでもないだろう。航海中に機械技師を呼んだり、大洋の真ん中で交換部品を注文したりすることが不可能だからだ。

理想的には、乗船可能なシステムは、故障の発生が最小限になるように頑丈であるか、船員が持ち込んだ道具と必需品を使って修理できるくらいに単純なものにしておく必要がある。まさに、その進化の過程を勝ち進んだシステムが自動操縦装置である。大洋横断レースに要する数週間、舵を取って立ち続けることは不可能である。また、単独航海のレースでは、交替してくれる乗組員は乗船していないのだ。

複雑な電子制御の水力学的システムの失敗実験を重ねて登場した標準的な自動操縦装置は、嘘のように単純なつくりだが、実に賢い風向計であり、単純な機械と連結して帆船の航路を見かけの風向きに対して一定に保つのである。そして、このシステムが必要としていることは、掃除をするくらいのことである。

効率と回復力は互いに矛盾する必要はないが、その言葉がどのように使われているかを心に留めておかなければならない。労働生産性のような経済効率の尺度は、この場合、ほとんど役に立たないのである。なぜならば、そのような尺度は、人間の労働に関してエネルギー投入で置き換えられた価値を考慮していないからだ。

チェーンソーを用いて木材を切り出す人は、斧を使って木材を取り出す人よりも生産的だと考えられているが、チェーンソーを駆動するために用いられているガソリン一ガロン当たりに含まれるエネルギーが、五〇〇時間ほどの人間労働に匹敵するという事実を無視している。もう一つ、エアコンの効いた操縦室の中で、コンピュータ画面を見ながらボタンを押して耕墾《こうこん》用具を装着した四輪トラクターを操縦している農民は、鋤《すき》をつないだ二頭の牛の後ろを歩く農民よりもはるかに労働効率はよいのだが、エネルギー面ではるかに非効率であり、回復力もない。

効率を評価するより良い方法は、個人の効率として扱うことだ。つまり、ある業務を完遂するために必要とされた外部からのエネルギーによって増幅されていない、個人のエネルギー量を測ることだ。手でもぎ取って口へ運んで食べるという行為は、文字通り、木になっているリンゴを取ってそれを食べることだが、これは食糧を調達するためにはもっとも効率のよい方法である。何しろ、種まき、収穫、洗浄、包装、輸送、販売という過程を伴わないのだから。

ある過程から段階を取り除くほど効率はよくなる。効率の共通尺度は、何かをしない効率を無視しているのだ。そこで、たとえば次のようなことを考えてみよう。

自動車通勤の一人の母親が子どもの養育費を払っている。料理をする時間もないので、高価だが身体に悪そうな加工食品を購入して食事をとっている。日々のストレスから健康問題を抱え、医療費が嵩んで自己破産してしまった。一方、家にいて下宿人を引き受け、洗濯やアイロン掛けも自ら行っている人がいる。一風変わった地域の非公式な経済活動に参加して、交通費、食費、養育費、医療費を節約したのだが、やはり自己破産してしまった。

さて、自己破産するためのより効率的な方法はどちらだろうか？

---

(10)　三・八リットルのガソリンは、熱エネルギーとして一一九メガジュール（MJ）に換算される。一方、食べ物から一日当たり二五〇〇キロカロリーを消費している人の五〇〇時間の生存は、二一七メガジュール（500 ÷ 24 × 2500 × 4.18 ÷ 1000）に相当する。

◯本末転倒の生活

紀元前六世紀よりも以前、地球の形は逆さまにしたボウルのような、蒼穹《そうきゅう》が被された平らな円盤型をしていたとほとんどの人々が信じていた。天文学的な観察結果によって地球が丸いという考えが初めて広まったとき、そんなことはあり得ないと考える人々も大勢いた。なぜならば、地球の反対側にいる人々が落ちてしまうように思われたからだ。また、地球の反対側（対蹠地《たいせきち》）に暮らす人々は、自分たちと同じ方向に頭を向けて、逆立ちをしているにちがいないと考える者もいた。振り返ってみると、ある不思議な方法で重力が作用することを人々が認識するまでには長い時間を要したということである。

このような古代の考え方を受け入れた人々は、今では途方もなく奇異に思われる古代部族の生活様式に固執した。というのは、お互いの人間関係が贈与によって著しく影響されたからである。次いで、貢ぎ物と物々交換が人間関係において重要であるとされ、ステータスと贅沢な品々のための交易は後回しとなっていた。つまり、人々の生活はもっとも近い人々、家族、クラン（氏族）、部族にかなり依存したものとなっており、遠方の見知らぬ人々に対しては最低限しか依存していなかった。実際に何かを生産することなく売り買いをするプロセス、つまり商業は彼らの世界には必要なかったのである。

地球が平らであるという考えは、コロンブスがインドへの近道を発見しようとして日没を追い掛けて出航した時代には、すでに世界の多くで神話の扱いとなっていた。コロンブスの航海によって、そして、他の船乗りたちの取り組み、発見、征服、および植民地化のおかげで、この惑星の多くがついに、もっともうまく組織化されて、もっとも強力に武装された代理人たちに集積されることになった。

彼らの権力は、いくつかの帝国の中枢に束ねられていた。時間が経つと、古代から続いた部族の経済は破壊されて、真反対に写る鏡像に取り替えられた。[11] それは今、経済的な相互作用を支配する商業にとっては適切な像であり、交易が貢ぎ物と物々交換よりも重視されるようになり、贈与に至っては儀式の痕跡へと追いやられてしまった。

今では、経済的には拡大家族にほとんど依存することはなく、「クラン（氏族）」や「部族」という言葉も廃れてしまっている。そして、哀れなほどに私たちのすべてが、生存するにおいて、物質的な必需品のほとんどを供してくれている地球の裏側に住む見知らぬ人［一六五ページ参照］に頼り切っているというありさまとなっている。しかし、この見知らぬ人たちと私たちは、

(11)　古代人は、①贈与、②貢ぎ物と物々交換、③交易、の順に経済行為を重視していたが、現代人はその逆の順の重みで経済的に依存するようになったという意味。

ブローカーのサービスを介在させることなく直接交易することはできない。

先進諸国のほとんどに広がった現在の経済パラダイムは、この惑星上で三〇〇万年余りを通して人類が行ってきたことに照らしてみると、倒錯と言えるのではないだろうか。全世界の人類の文化的基準が、きちんと逆立ちしているのだ。私たちこそが、今では正真正銘、例の対蹠地《たいせきち》の住人であり、直立した状態を保つために逆立ちをしなければならない人々になっている。

ローカルからグローバルへの進展は、初期段階においては奴隷労働によって駆動されたわけだが、次いで化石燃料由来のエネルギーによって加速された。国際貿易が帆船に頼っていたときには、輸送コストが貨物を制限していた。香辛料、砂糖、ラム酒、衣服、繊維、インジゴ染料、塩漬けにした肉や魚、工業製品など、高価で嵩張らず軽量な異国のもの、あるいはエネルギー密度の高い製品にかぎられていたのだ。

それが化石燃料を利用した蒸気船、さらにはディーゼルエンジンで稼働するタンカーやコンテナ船に取って代わられると、輸送コストは無視できるほどになり、国際貿易はプラスチック製のオレンジ色をしたハロウィーン用のカボチャやクリスマス用の灯りといった、安価で短寿命の使い捨てとされるさまざまな製品までも扱うようになった。こういう状況が続くのは、輸送コストが無視できるほど安いと考えられている間だけで、原油価格が一バレル一〇〇ドルあたりを上下しはじめると、こういう状況は続かないだろう。

先述したスロースティーミングのような減速航行によってエネルギー効率を改善する方法もあるが［一七一ページ参照］、多くの船舶がとてもゆっくりと航行するのも限界に達している。こういった困難が招くことは、世界的な貨物輸送量の長期にわたる減少である。

このような訳で、現代の対蹠地のエピソードとしては、この間ずっと正常だと思っていた経済活動のパターンが実は逆立ちしたものであり、むしろ短命で終わりそうだということになる。それは、根本的に欠点のある考えであり、非再生可能資源の利用が継続的に伸び続けることを条件として、短期間だけうまくいくものだった。もし、それがもはや叶わぬ状態になっても、終わりなき債務の拡大が可能であるならば、さらにわずかな時間だけ継続されるかもしれない。

とはいえ、それは当然短命となり、やはり崩壊に至る。実際には、プロセス全体が崩壊に向かう方策であるため、他に出口はない。今やこの方策は破綻しており、私たち自身にもう一度チャンスを与えるためには、経済活動のパターンを再び元の正しい向きに反転させる必要がある。

ところで、国際保健機関（ＷＨＯ）やアメリカ農務省を含む多くの国内および国際的な公共保健機関は、さまざまな食材に関するピラミッド型の解説表を公表して、健康によい食事を普及させようと努めている。

ピラミッドの土台にあるのは、パンやご飯やパスタのような穀物由来の炭水化物である。その真上の、薄くスライスされたピラミッドの部分には果物や野菜がある。その上のスライスされた部分には、日々の動物性タンパク質（肉、鶏肉、魚）と植物性タンパク質（豆と木の実）が含まれる。さらにその上にあるのが脂肪と油とスイーツであり、「控えめに」と表記されている。これらのうち、脂肪と油だけが健康を維持するうえにおいて本当に必要なものである。

このように食料に関しては熱心な活動を繰り広げている公共機関だが、人間関係におけるピラミッド型の解説表を作成して、社会の健全性を保つために必要な人間関係の分類や、相互作用の配分を教示する活動には取り組んでいない。これはとても不幸なことである。なぜならば、身体的に健康な個人によって構成された病んだ社会は、身体を病んだ個人によって構成された健全な社会よりもよいわけがないからだ。誰の目にも明らかな彼らの業務上の欠陥を埋め合わせるために、私はここで一つの提案をしたい。

健全な人間関係を育むために大切とされる栄養素を表すピラミッドの土台は、私が考えるに、家族、拡大家族、クラン（氏族）あるいは部族となる。これらの人々はあなたにもっとも近い関係にあり、あなたの人生を知っている人々である（逆に、若い人の人生ならば、あなたが知っていることになる）。

こういう人々はあなたの身内となる。あなたが取り消すことのできない義理を感じる人々で、完全に信用することができる人々であり、家族の名誉のために無条件に支えたり守ったりすることになる人々である。このことに関連して、養育、社会訓練、教育および学習のような、もっとも重要な社会的な相互作用が生じる。

次に、いくらか薄くスライスされた部分が友人と盟友となる。友情や固い約束で結ばれた人々であるが、あなたの身内ではない。次の細長い層は見知らぬ他人となる。この層に寄り集まっている人々は、血縁関係や忠誠の義務からではなく、偶然か、必要に迫られたか、あるいは一時的な状況ゆえに近くにいるだけである。この偶然と必要は避けることができる。それに、地方を巡業しているミュージシャンのライブに集まるような束の間の状況は、愉快かもしれないが、知り合いの用事よりも優先されることはない。

私がここで提唱していることは、ほとんどの環境において、健康、幸福、気苦労のない社会をつくり出すために必要とされる条件を表す人間関係のパターンである。

社会的な相互作用の大きさは、当該の相互作用に参加する人々の数に逆比例することを記しておこう。家族、拡大家族、クラン（氏族）および部族は小さいが、最大の心遣いを得ることができる。友人や盟友はより大きなグループをつくり出すが、あまり時間を割かない。また、見知らぬ人々の母集団は不特定多数でかなり無視される。

このパターンは、私たちの進化の特徴と関係があるにちがいない。私たちは、もっとも親密な十数人をもつことを目指して生理学的に進化した。この集団を超えて、一〇〇人ほどの友人、知人、盟友といった、いくらか信用できる人々がいるかもしれない。このことは、どのような人が

通常互いに関係し合っているのかを表している。(12)

私たちの相互作用のほとんどは、もっとも身近な人々との交わりである。この小さな個人の集まりのほかに、私たちがほとんど構うことのない人々の母集団がある。このことは、私たちがどのように言おうとも、人類進化三〇〇万年にわたってプログラムされてきたことである。それでも人々は、今日世界に暮らしている数十億の人々に向かって、表面的には気に掛けていると空世《からせ》辞《じ》を言う。それはまるで銀河にある無数の星々のようなものであり、それらの星は私たちから何光年も離れて輝いている。

私たちは多くの人々のうちのわずかな標本しか知り得ないのだから、やたらと周囲の人々を信じるとバカを見るだろう。また、人々が互いにもてなすということの本来の意味が分かるだろう。もし、互いにもてなさないという状況になったならば、人々の性格と社会において奇妙なことが起こりはじめるだろう。

これはまた、長きにわたる人類の歴史において、人々はどのようにして共に暮らし、共に働いてきたかということでもある。経済関係の序列におけるまさに土台となる部分には、生き残るために必要なすべてが含まれていて、それはほとんど贈与からなっている。とりわけ、若いときにはそうだろう。少なくとも私たちは、歩くことと話すことを学んだあと、ある時点で嫌な仕事をするように頼まれるまでは返礼をするということに関しては期待されていない。人生の初めの二

○年間に私たちは贈与をため込み、あとになって、与えられたすべてに報いることを期待されているのだ。

　貢ぎ物と物々交換は、贈与よりも上の層を形成しており、贈与で形成される人間関係とは異なる人々を巻き込む。物々交換においては、もっと近い関係になるように補い合うことを期待するため、この言葉は多分に「交渉すること」を含意している。だが、必ずしも「自由市場」と呼ぶほどの営みを含意しているわけではない。貢ぎ物と物々交換は、個人的な関係がない状況というよりは、むしろ個人的に知っている関係に基礎を置いたものである。

　そして、ピラミッドの頂上に位置するのが交易である。これは通常、日用的な必需品ではなく、さまざまな特別な品々

(12)　イギリスの人類学者で進化生物学者のロビン・イアン・マクドナルド・ダンバーは、人間にとって平均約一五〇人（一〇〇〜二三〇人）が安定した関係を維持できる個体数の認知的上限と結論づけている。この人数を「ダンバー数」と言う。

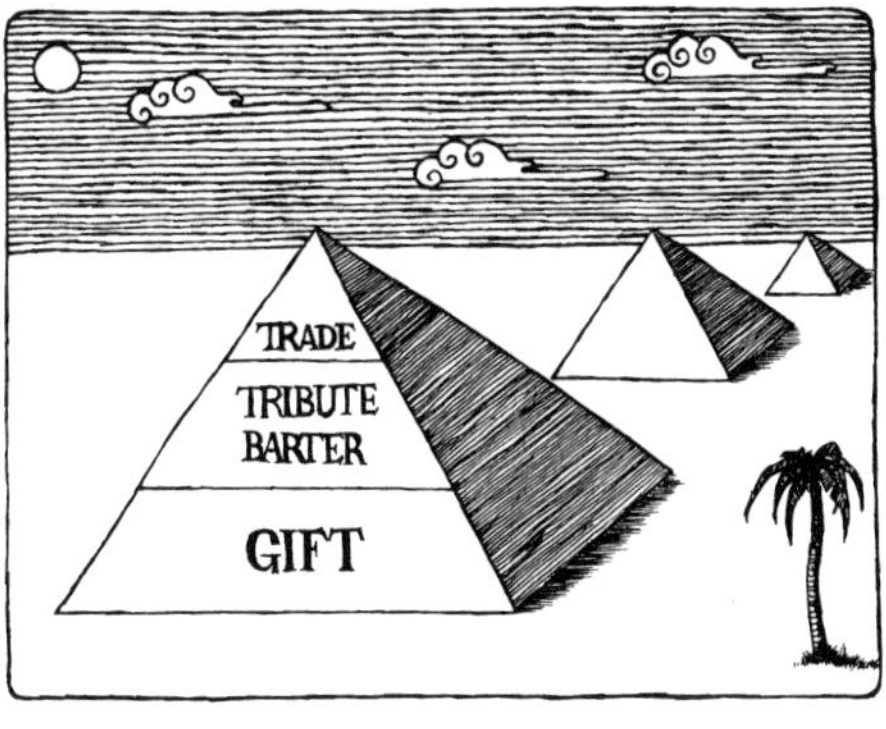

のために催されていた。贅沢品、武器、社会的地位を象徴するオブジェ、珍しい収集品、美術品などを扱っていた。これらの品物は、どれも日々の生存のために必要なものではない。もし、これらの品々の輸入が突然途絶えたとしても、即座に生命の危険に曝されるわけではないだろう。ひょっとしたら、貧しくなったように感じる人がいるかもしれないが……。

興味深いことに、このようなタイプの交換は人類にかぎったことではない。程度の差こそあれ、動物においても同様に交換の例が見られる。幼い動物を養うことから、獲物を群れで分け合うこと、グループの一員になる儀式として仲間に贈り物をすることまで、贈与は動物界の至る所で見られる。[13]

一方、貢ぎ物は捕食者と被食者や宿主と病原体の関係に見られ、そこでは捕食者ないし病原体は弱者を除くことで被食者の数を健全でバランスの取れた状態に保とうとする。貢ぎ物の例として挙げられるのは寄生である。寄生はしばしば負の印象を与えるが、宿主と寄生者の関係はときどき宿主に利益をもたらしている。その例として十二指腸虫が挙げられるが、十二指腸虫は宿主のアレルギーを治療しているのである。

マラリアの原因となる極悪な原生動物であるマラリア原虫さえも、時には名脇役を演じ、マラリアにかかりやすい侵略者をマラリア原虫が群生するボルネオの沿岸地域に寄せ付けない。このことは、田舎に住む者が貴族気取りの悪党に貢ぎ物を差し出して、余所者の悪党を追い払うことと何が違うのだろうか。

物々交換の原理は、高等な動物に見られる確固としたヒエラルキーによって映し出される。より多く提供する者は、またより多く受け取る権利を要求するのである。一方、交易は一般に窃盗のように表される。

私は以前、後ろを向いている間にカササギに石鹸と鏡を盗まれたことがある。その交易においてカササギが私にくれたものは、彼らの糞を頭に受けることなく彼らの縄張りに入れる権利であり、石鹸と鏡は地代のようなものだった。またアデリーペンギンは、巣づくりのために仲間同士の石を奪うという儀式を行っている。ペンギンたちが石を見てから、質問でもあるかのような顔であなたを見つめたとき、あなたが見つめ返さなかったとすると、石は彼らのものだと正当に考えられることになる。

交易と窃盗が連続的なものだと聞くと憤慨する人がいるかもしれないが、そこには間違いなく連続性があるのだ。そうでなかったならば、独占を防いで、消費者の詐欺を取り締まる政府部門はやることがなくなってしまうだろう。

(13)　兵站を欠いた戦場の悲惨を描いた大岡昇平の小説『野火』（新潮文庫、一九五四年、一〇七ページ）には、一人彷徨っていた兵隊が持っていた塩を別部隊の兵になめさせて、別部隊と行動をともにするようになる儀式的なシーンが描かれている。

実際、交易を定義するもっとも分かりやすい一般的な方法は、ある所有物が見知らぬ人々の間を行き交うプロセスと見なすことだ。両者が利するか、一方だけが利するか、はたまた両者とも損をするかは、カモにされることを知らない人々がどれくらいいるのかに依存する。

ひょっとすると、ある種のダーウィン的なプロセスがシステムからカモを取り除くことになると考える者がいるかもしれないが、そう考えるだけの理由はない。カモはそれを演じる目的で生まれてきたと言われるほどに、カモが世代を超えて騙されることを妨げるものは何もない。だが、もしもカモたちが生存を交易に依存していないとすれば、その役割でも栄え続けることができるだろう。言い換えるならば、彼らが暮らしを奪われないかぎり続くということである。

興味は尽きないが、動物界のアナロジーを去って人間世界の話題に集中しよう。ここでは、もっと特別な定義が適切となる。交易とは、商品およびサービスが抽象的な貨幣単位と交換される場である、と考えることにしよう。すべての参加者が交易したくなるシステムをつくることは、一般的に独占状態を形成することになる。これは、理論的な要求ではない。ハイエク［一一二ページ参照］のような理論家は（無益に）通貨の民営化を提案したが、実際問題として貨幣は、それが王国の硬貨だろうと法定紙幣だろうと、それが存在する所ではどこでも独占状態になる傾向をもち、あなた自身のお金をつくることは「偽金づくり」と呼ばれ、犯罪となる。そして、社会的地位は、この抽象的な貨幣単位のもの、つまり貨幣の所有量に基づく傾向がある。

交易はまた、社会の市場メカニズムの存在を前提としている。つまり、一つの共有状態として交易は完全に公の監視下に置かれ、そこでは、多数にわたる取引の観察と、取引にかかる平均時間によって市場価格が形成されている。また、市場参加者のうちの誰かが優位ということはなく、個人的な利益のために価格を歪める能力をもつ者はいないということを前提としている。市場は、多くの商談が秘密に取引されるような状況ではうまく機能しないのだ。

要約すれば、交易は価格形成についての公的なプロセスを備えていて、通貨の発行と規制に関する独占的システムに万人がつながっているときにもっともうまく機能するわけだ。そこでは、交易を通してどれほどのお金を蓄えることができるかによって社会的地位が決まることになる。

貢ぎ物は、忠誠、宗教、伝統、慈善などに基づくさまざまな寄贈や寄付を表す。社会的地位は、あなたがどれほど持っているかに基づくのではなく、あなたがある地域の組織や伝統を支援するためにどれほど差し出すことができるかに基づくことになる。

よく知られている貢ぎ物の一つの形式は、軍事衝突における勝者によって要求される賠償金である。それは平和を保つための契約であり、戦争を遂行する代わりに、一方が賠償金の支払いを選ぶのである。征服された側はしばしば、際限なく繰り返し征服されることを嫌い、より良い方策がないのならば、再び征服されることがないようにと征服者への支払いを喜んで行う(14)。このことは、多くの国々にとって上首尾な方策であることが分かっている。ひとたび伝統のなかに正式に記したならば、そのような支払いは何世紀にもわたって続くことになるからだ。

驚くほど長く続いた貢ぎ物の一例は、ロシア帝国がロシア革命に至るまでずっとクリミアの人に支払っていたものだ。その貢ぎ物は、モンゴル帝国の侵攻の直後、一二七四年に確立した。そして、その支払いは六四三年間にも及び、その間、タタール人は脅威を与えずにいたのだ。(15)

物々交換は、必要なモノの一致に基づいて、市場システムの内外で起こり得る交換を表す。Aさんは B さんが持っている何かを欲しいと思い、逆に B さんは A さんが持っている何かを欲しいと思う。かなりあいまいな部分があるが、物々交換では A さんがとくに B さんから何かを欲しがり、一方 B さんは、A さんがたまたま持っている価値ある品物（お金ではないもの）を喜んで受け取ることになる。この営みは、個人的な交易システムの先駆けになるかもしれない。

人々が、利用価値のある財（消費される）を交易用の財（価値の貯蔵物となり、私的な交換の媒介物として使うことを迫られたモノ）と物々交換するのである。すると、「第1章金融の崩壊」で詳述したように、貨幣が少なくなったり、その利用が危険になったり、不都合になったり、厄介になったりしたときに、物々交換は通貨の利用を回避した秘密のシステムへと発展し得る。通貨の不当な利用が迫害を誘発する抑圧的な環境や、通貨の利用が公の、または犯罪的な略奪を誘発する無法状態では物々交換は有益なのである。

社会的地位の高さは、物々交換をする相手にとっての有用性に基づくことになる。物々交換は、交易に至るまでの未発達で不便な前駆状態だと一般的には考えられているが、実際にはまったく別のシステムである。

物々交換においては、市場価格だけでなく、自分自身の必要としているものに加えて他の誰かが必要としているものを考慮する必要がある。もしもあなたが、余分にあるタマネギを隣人の余分なジャガイモと交換するとしたら、当該地域におけるタマネギとジャガイモの需要度を考慮することになるだろう。それは、あなたの地域コミュニティーの外にある市場よりも、あなたが物々交換する相手となる人々が必要としているものを考えるということである。

あなたと隣人はタマネギとジャガイモの市場価格を知っているかもしれないが、あなた方のどちらも不足しているモノのためにお金を払いたくないから物々交換をするのであり、決してどちらも、余分なモノを市場に持ち込んでお金に変えようかと悩んでいるわけではないということが肝心である。論点とならないことは、これらのタマネギとジャガイモがあなたと隣人にいくらの

(14)　二〇一五年九月一四日、参議院特別委員会において山本太郎議員は、「日米地位協定」を「主権を売り渡す条約」と表現した。

(15)　一三世紀、モンゴル帝国が襲来し、中世のロシア諸公国では「タタールのくびき」と呼ばれる間接支配が行われ、貢納が行われるようになった。一四八〇年にモスクワ大公国では「タタールのくびき」は終わりを告げたが、オスマン帝国の保護下に入ってロシアからの独立を保ったクリミア・ハン国ではその後も貢納が続いた。

価値があるかということだ。

さらに、タマネギを味わって食べるには限度があるが、ジャガイモは家人が好み、それを切らすと困るだろう(16)。そこで、物々交換の取り組みの理念は、「あなたが欲しいだけのタマネギを持っていきなさい。そして、あなたが提供できるだけのジャガイモをくださいな」というものになる。これは、ジャガイモおよびタマネギ市場の注文を盲目的に受け入れるという、あなたも隣人も望まないようなやり方よりもはるかに良好で、より公平な物々交換の取り組みをもたらすことだろう。

贈与の大いなる利点

物々交換は、友好的ではあっても対決姿勢や値切り交渉というものを伴い、親友間で実施されたときでさえも露骨な見返りを必要とすることがある。その一方、贈り物の交換の場合には、そのようなあからさまな境界線は現れない。実際、贈り物を用いて見返りを期待していることをほのめかすことはタブーであり、そうすることはもっとも由々しい侮辱となる。

物々交換では、交渉によって解決に近づきながらも利害衝突が表面化してくるわけだが、贈与はこの葛藤を各人で内面化(17)した営みとなる。人は、公然と何だかの見返りを期待して贈与をすることはない。だが、贈与は感謝の念という恩義（債務）を含意しており、互恵的営みによって義務を果たしていることになる。贈与という営みでは、人の社会的地位は気前のよさに基づいて形成されることになるが、あからさまに見返りを期待してしまうと地位が損なわれてしまうことになる。

感謝の念は、驚くほど高度に進化した人類が有する文化的普遍性である。感謝が意味することをすべての社会が理解しているのである。さらに、動物でさえ感謝を理解している。しっかりとネコの世話をすると、周期的にあなたの所にネズミという贈り物を運んでくるだろう。このような象徴的な贈り物は、人間の世界でも有用となる。だが、意義ある贈り物をするためには、まず自分自身と比べて他の誰かが個人的に必要としているものについてよく理解しなければならない。このプロセスにはバランス感覚が必要とされるわけだが、「丁度よい」という感覚を催すことは驚嘆すべきことでもある。というのも、それは人間の数少ない美徳の一つであり、その中心原理としてバランスという観念を必要とするからだ。正直、共感、公平は無制限に実践

(16)　ジャガイモでは空腹を満たすことができるが、満腹になるほどタマネギだけを食べ続けることはできない、ということ。

(17)　(internalization) 種々の習慣や考え、他人や社会の規準、価値などを取入れて自己のものとすること。「内在化」とも言う。

されるわけだが、感謝の気持ちを表すときには、過度に気前がよくてもいけないし、そのよさが不十分であってもよくない。

贈与経済の草分けとなった『贈与論』(一九二五年)の著者であるマルセル・モース[18]が行った社会学的調査によれば、贈与経済は、すべての文化のなかで、またすべての大陸で、たかだか数千年前に登場した市場経済よりも前に現れていたという。とても重要なことは、互恵的な贈与の実践が古代社会における公衆の生活基盤を形成し、社会の内側では、贈与が個人的な営みというよりはむしろ集団的な営みだったということにモースが気付いたことだ。

市場経済は人々の触れ合いが退化した形式であるという結論を導いたうえで、社会的な関係に道徳性を再導入する方法として社会主義を考察するならば、モースの発見は容易に政治学に応用することができる。しかし、彼の研究から引き出せる、論争の余地もなくより確固たる結論は、贈与経済は大昔から存続していてイデオロギーとは無関係であり、贈与によって道徳性を回復しようとするイデオロギーの要求を無効にすることになる。なぜならば、贈与はそれ自体が抑制的なものであり、倫理観の生得《しょうとく》の体系に基づいているからだ。

贈与の利点は数多ある。贈与中心の経済は、困難な時代を生き残るうえでとても適したものである。厳しい経済の低迷と崩壊は、これまで人々が契約書に署名して、自らを市場経済に結び付けてきた多くの約束を反故《ほご》にするだろう。しかし、贈与は自由意思に基づくものなので、破棄される契約もなければ法定で争うこともない。

贈与中心の経済は慣習とタブーによる自治的な営みであり、規制のための体制を必要としない。したがって、贈与中心の経済は、政府が腐敗している、あるいは略奪的に振る舞う、はたまた機能不全に陥っている環境で有効となる。そして贈与は、文化の多様性をも保持する。なぜならば、贈与はユニークであればあるほど高く評価されるからだ。手づくりの芸術的な贈り物は、大量生産でつくられたものよりもはるかにすぐれたものとなる。

贈与は、協力、連帯意識、社会の調和をつくり出したり、それらを回復する傾向もある。市場経済に参加しているとき、各個人は欲と恐怖によって動機づけられており、自己利益を追求して争うことになる。だが、贈与経済に参加しているときには、各個人は気前のよさによって動機づけられ、互いに必要としているモノにこたえる能力を競うことになる。

市場の相互作用が強制的なものになり得る一方で（入院保険や自動車保険に入ったり、私物化された公益事業会社への支払いなど）、自発的な営みによってもたらされる贈与経済は自由を擁護する。互いに知っている人々の間でやり取りされる贈与中心の経済は、グローバルというより

（18）（Marcel Mauss, 1872～1950）フランスの社会学者、文化人類学者。エミール・デュルケームの甥。デュルケームを踏襲し、「原始的な民族」とされる人々の宗教社会学、知識社会学の研究を行った。岡本太郎の師でもある。『贈与論』の邦訳には、吉田禎吾・江川純一訳（ちくま学芸文庫、二〇〇九年）がある。

きる。

もむしろローカルなものになり、世界中にいる見知らぬ人々との危険な取引を排除することができる。

贈与中心の経済は、生産活動を抑制することによって資源を節約する傾向もある。というのは、気前のよさと互いに必要なモノの認識は、自ずと認識上の限界をもっているからである。これに対して市場経済は、市場占有率の拡大、スケール・メリットおよび独占価格を通した支配を達成しようとして市場参加者が互いに競い合うために資源を浪費する傾向がある。言うまでもなく、その行為は、たとえ債務の拡大や損失の恐れが生じようとも生産活動を最大化していく。

また、贈与経済は富を分配することになるため、より平等主義的になり、結び付きが強くなって衝突の少ない社会になる。一方、市場経済は、富をますます少数となる者に集中させる傾向があり、不可避的に革命が起こり、およそギロチンや狙撃部隊を駆り出して富を取り上げることになる。そして、富が集中するプロセスがまた新たにはじまることになる。

市場経済は懐疑と不信によって動かされ、「caveat《カヴェアテ》 emptor《エンプトール》（買い手は注意せよ）」が常に標語とされる一方で、贈与経済は各個人および人々のグループに信頼関係をつくり出す。市場の人間関係に対する有害性は、見事に、友人や家族は互いに商取引するべきではないという一般的な見方に現れている。というのは、商取引をすれば人間関係や友情をリスクにさらすことになるからだ。

もっと言えば、恐怖と欲望に突き動かされた自由な利益追求とともに、自由市場は人間の精神を蝕んでいるということだ。できるならば避けるべきことなのだが、実用的であるために、私たちは自由市場が有用であると容認しているのだろう。だが、市場経済は物語を台無しにしない脇役にかぎるというのが最善となる。

贈与が退化して、本物の贈与でなくなった事例にも留意しておく必要がある。慈善的な寄贈、寄付金など、惜しげもなく金品を提供することは返礼でこたえられない贈り物であるため、断じて贈与ではない。それらは、恩恵を施す人を喜ばせているだけである。それらは謝意や見返りの要求を起こさないが、それらは恨み、依存心、権利付与の不当な感情を起こすことがある。

施しのあとに、だまし取り、果ては強奪に至ることは、下心から動機づけられた交換を達成するための一連の行為であり、ある人間関係のなかで誰が情報と権力を行使したかによって、自分の置かれた状況に気付かされることになる。というのは、返礼でこたえられない贈与は悪態や侮辱として理解されるが、そのような感情を表せないことが劣等感や負い目を生み出すことになるからだ。したがって施しは、本当のところ欺きの偽善行為、つまり金銭的に優位にある者による支配の営みであり、助けを必要とする人を生み出した張本人が、翻ってもっとも屈辱的な方法で救いの手を差し出しているだけとなる。

「主人の食卓から落ちるパン屑」(19)は、たとえ喜んで受け入れられたとしても敵意と疎外をつくり出すのである。自然な反応は、あなたが必要以上に騒ぎ立てて余剰分を売却することで慈善の目的を覆して、人間関係において形勢を立て直すことだ。

このような問題は一般的に回避可能である。なぜならば、贈与は文化的な普遍性を有しており、贈り物を贈ったかもらったときにあとでしなければならないルールをほとんどの人が知っているからだ。すでに述べたように、見返りに関するどんな間接的な言及も自動的に欠格事由《けっかくじゆう》になる。

金銭はすぐれて軽率な贈り物だが、ありきたりな贈り物も、万人が同じものを受け取るのであれば同じくらい軽率なものとなる。もらったものを別の人に贈ることは可能だが、その望ましさについては保証できない。たとえば、何度も続くクリスマスパーティで同じクリスマスプレゼントが人から人へとわたるときには困惑するだろう。

だが、世代を超えてもらったものを贈ることは喜んで受容すべきことであり、賞賛すべきことでさえある（わが家には、何世代にもわたって受け継がれたかなりの本があり、その都度、注意深く巻頭に献辞が書き込まれてきた）。一方、贈り物を売却することは秘密に行われるのが最善であり、受け取った贈り物について不平を言うことは、あなた自身を「恩知らずの人だ」と示すことになる。

贈ったものを自慢することは、極めて恩着せがましくて無作法だ。なぜならば、恩義は想定されたり強制されたりするものではないからだ。あまりにたくさんの贈り物をすることも思慮が足りないと言えるだろう。言うまでもなく、返礼の際に過度の重荷となるからだ。また、贈り物を秘密にするということは怪しいことをやりたがっているということになる。気前のよさは誰もが認める美徳であるので、匿名あるいは秘密にして贈り物をすることは災いを起こすだけである。そして、嫌いなものや使うことのないものを贈るという、つまらない贈り物は侮辱となる。そのような品物をもらっても、誰も贈り物とは思わない。

ともあれ、贈り物を贈ったり受け取ったりしている間、ほとんどの人々は単に実用的なだけの価値体系を離れて、繊細な礼儀に叶う役割を自動的に引き受けることになる。要するに、贈与という行為は私たちのなかにある最善を引き出すということである。

○貨幣による腐敗

贈与を中心とした経済は、貨幣の使用を巧妙に避ける。まずは、お金が浅ましく、心のない贈り物になってしまうのだ。お金という贈り物は、「あなたが必要としているものについて考えることは私には煩わしいので、自分で解決してね」というメッセージを送ることにもなる。それは、

(19)『新約聖書』「マタイによる福音書」第15章27。

妥当な贈り物でないばかりか、贈る責任を逃れるためにわたされる賄賂のように見えるはずだ。

贈り物の代わりにお金を進呈する人への合理的で丁寧な返答は、「ありがとう！　でも本当に、私はあなたのお金を必要としていません」というものだろう。それほど、お金は俗物的で下品な贈り物なのだ。

金貨と銀貨は、けばけばしく輝く金属だ。紙幣は、死者の肖像が描かれた下品で有用性に欠く紙切れで、焚き付けに使うか本の栞《しおり》くらいにしかならず、トイレットペーパーにすらならない代物である。最終的には、すべての紙幣は再生紙の重量に見合った価値になるのだろうが、（革命が起こるまで）貨幣の使用は、時間の経過とともに権力の集中を推し進めて、ますます社会の不平等を拡大していくことになる。

お金を使って善行を積むことは極めて困難である、ということがなかなか認識されないのである。逆に、搾取工場や児童労働を開拓するか、未亡人や孤児から強奪するか、環境破壊を加速させるか、あるいは預金を減価して高齢者から奪うかして未来が形づくられると考えられている。そして、幸せな人々は善行を積むための財団を設立して、財団の活動のために投資ファンドに気前よくお金を差し出して、身を贖《あがな》うことができると考えているのだ。

この取り組みの偽善さは明白だ。まるで、少女に花を贈ってレイプするかのようなものだ。お金を儲ける際に生じた損害は、お金を使うことによって解消されることはない。だが、このことが真の目的ではないのかもしれない。というのは、往々にして慈善行為の目的は、単に慈善家が虚栄心にふけることだからだ。

このことに加えて、施しは贈与の退化した形式であり、返礼できない贈り物であるがゆえに、受取人の品格を貶《おとし》めることになるという事実を読者には考慮していただきたい。

頻繁かつ定期的にお金を使うことによって、ある方向へと人の心は曲がっていくようだ。決して金銭的な価値では表せないはずのあらゆることを、貨幣基準をもとにして取り扱うようになる。このことは、卑しい下層階級の「He looks like a million bucks!（彼は一〇〇万ドルのように見える！）」という言い回しで表され、しばしば富裕層の言外の底意にもうかがえる。

哀れにも富裕層は、彼らの階級内にいる他者の上下する財産に照らして、しきりに自尊心を評価し直すことを強いられている。ジェーン・オースティン〔Jane Austen, 1775～1817〕の小説『高慢と偏見』で繰り広げられる、あれこれの人の財産の大きさについての終わりなく喜びもなき冷やかしが悲しいことでなかったとしたら、完全な喜劇になっていただろう。

逆に、普遍的な物差しとしての金銭単位の利用は凡人を活気づける。それがもつ万能感によってお金は、あらゆる階層を超えて、もっとも広範囲にわたって人の心を動かす力となる。だが、社会は凡人ばかりで、輝かしい才能の持ち主はごくわずかであり、その才能があったとしても、希代の鑑定士によって見極められるだけだ。

その適例として、永遠に名を残すほとんどの作家は、生前、世に知られることなく悩みながら暮らしていた。その一方で、どんな時代であれ流行を築いた作家は、せいぜい次の時代の文学史の研究者にだけ関心を残している。

質の尺度としての金銭単位の利用は、すぐれたものと並みの製品とを識別する目利きという活動を軽視し、アーティスト、作家、工芸家などの創造的な人々を共通項レベルに迎合させてしまう。要するに、貨幣は文化を腐敗させるということだ。

貨幣の利用は、その信頼を単一の権威、すなわち中央銀行に集中させる。そして、時間が経つと、中央銀行はいつも不正を働く傾向がある。最終的には、中央銀行の非常事態用の操作卓にある「印刷」ボタンが押され、世界を無価値の紙幣であふれさせることになる。

人々は、貨幣が価値の貯蔵機能を留めると信じているだろうが、やがてその信頼が脅かされるや、巨大なブラックホールが社会のど真ん中に現れて、人々の預金と希望を自尊心とともに飲み込むことになる。すべてのものや、すべての人を測る物差しとしてお金を見ている人々が、お金が意味をもたない世界で突然我に返ったら、あたかも視力を失ったかのような出来事となるだろう。形ある何かを見ても、それらを物体の像として認識することができないという状態だ。その結果は「アノミー」［一二三ページ参照］と呼ばれる非現実の感覚であり、深い憂鬱に襲われることになる。

貨幣には中毒性があり、人はそれを「薬物なき濫用」と呼ぶかもしれない。そして、お金でどんちゃん騒ぎをした社会は、順々に落ち込んで、財産をなくして、虚ろになって、深刻で長引く虚脱状態に陥ることになる。

◯贈与の機会

一見したところでは、消費者向けの経済が見かけ倒しで長持ちしない極めて安い商品を販売しているかぎり、贈与の機能を拡大することは困難であるように思われるかもしれない。だが、雇われている人々の数が減り、彼らの賃金が低迷し、ほぼすべての人々の購買力が徐々に悪化するにつれて、贈与経済を営もうとする力が着実に上がることになる。簡単に購入できる消費者向けの商品を手づくりの贈り物に置き換えることは骨が折れるだろうが、贈与がすでに大いなる利益をもたらしている多くの領域がある。

そのような領域の一つがコミュニティーでの労働だ。すでに失業中か、不完全雇用状態の職人（配管工、電気工、大工、屋根職人、石工、造園家、夜警、庭師）という素晴らしい選択肢をもつことになった地域の人々同士で非公式な仕事の交換が行われており、身を立てることを妨げるものは（社会的慣習や動機の欠如以外に）何もない。

買い物するために長距離の移動を要する地域では、近隣住人が協同して買い物をしはじめることを検討すべきである。近隣住人がそれぞれ買い物をする代わりに、大きな積載量のトラックを一台使って住人全体の一週間分の買い物をしてストックできれば、卸売価格で買えるという利点が生じることだろう。

このような機会はすでにたくさんあるが、もっとも効果的かつ伝統的とされる人を結び付ける方法は、建築作業（納屋の棟上げなどが典型例だが、その他の建築作業もまた大きなチームを組んでうまく行われる）[20]をはじめとして、種まきや収穫作業でも展開されている。

このような作業の一部には子どもも参加可能であり、とりわけ収穫作業では、仕事と遊びという一線をわざとぼかしながら、生産にかかわる社会的な役割を幼いころから子どもたちに割り当てることができる。そういう営みが仕事として扱われるとき、子どもたちは単調で退屈だと思い、しばしば不快感をあらわにするかもしれない。しかし、子どもたちを社会化しながら遊ぶ機会と捉え直して、冗談を交えたり、歌や笑いもあれば、子どもたちの取り組む姿勢も変わって仕事ははかどるであろう。

もちろん、創造的な思考がまるで役に立たないドブさらいのような仕事もあるが、近くに遊ぶ子どもたちがいて、ピクニック用のテーブルには冷たいレモネードがあって、休憩をとりながら談笑をする人々がおれば、ほとんどの仕事がかなり陽気に行われることだろう。

コミュニティーの労働は何であれ、お金を使わずになされることを遂行する方法として純粋に実用的な業務が並ぶわけだが、それを促進すべきだけのより大きく、より重要な理由がある。コミュニティーの労働は、仕事についての産業社会のモデルを重視することをやめて、恐らく、いずれそれに取って代わるための機会を供することになるはずだ。そのことを正確な言葉を用いて言えば、コミュニティーの労働は脱プロレタリアート社会への方途を供するということになる。

仕事に関する産業社会における定義は、時間とお金の交換である。勤務時間中、人々は適当に考えて自由に何かをするのではなく、命令に従うことが期待されている。勤務時間は、他の時間とは異なり、家族から人を切り離すという異なるルールによって制限されている。

労働についての産業社会のモデルは人々を商品化する試みであり、その商品価値は教育と訓練によって規定される。そのような営みは、安い化石燃料によって駆動されて終わることなく拡大する産業経済という文脈では、（効率についての矛盾した定義に従って）最適で効率がよいと考えられた［一六八ページ参照］。だが、産業界の労働需要が際限なく縮小しながら産業経済が徐々に浸食されているという文脈では、失業中か不完全雇用状態の労働者はシステムの重荷となり、

(20)　日本でも、白川郷などでの茅葺きは協力作業である。また、第５章の事例研究に記されているように、イク族のような社会でも家造りは協力作業となっている。

経済をさらに速く浸食することに加勢してしまう。

この文脈では、自由意思と自発性を有する人々が周囲の人々、つまり家族や近隣住人のために仕事に励むべく力を合わせれば合わせるほど、起業家的な態度がより効果的なものになる。この過程の最終状態はプロレタリアートにされることを拒否する社会であり、そこでは、賃金のための労働は性の意味を逸脱した売春の類いのように恥でタブーと考えられる。後述するように[21]、そのような社会は存在しており、それらはまったくもってうまくいっている。そのような社会の成員は、たいていの場合、家族総出か非公式の作業グループで仕事に従事しているが、そのような組織は仕事のためにつくられたものではない。

コミュニティーの労働は、時間をともにすることによって人々をひとまとめにするすぐれた方法である。コミュニティーの施設は、人々が空間を共有することによって、一つにまとまるための同じくすぐれた手段になる。これはできるだけ非公式に用意されたほうがよく、よく整備された大きな台所はコミュニティーの台所になる。

もっとも設備がよく、もっとも大きな工房はコミュニティーの工房になる。もし、個人あるいは一家族によって所有される工房をもつならば、誰かが管理することはもちろんのことだが、組織の諸経費はほとんどかからない。そして、コミュニティーの設備が生み出す便益はさまざまな広がりを見せる。人々が集まり、働き、互いから学ぶ場となる。活用されていない空間と設備は最小化されるだろうし、コミュニティーレベルのスケール・メリットを達成することで、コミュニティー内の自給自足を達成するために必要とされる労働の総量も減じることだろう。

◯しばしのソビエト・ロシア

本書に示される展望のいくつかは、私がソビエト社会主義共和国連邦で育ったことに由来するのだが、そこが市場経済の国でなかったことは言うまでもない。ソビエト・ロシアでは、商品は売られていたというよりも分配されていたのだ。いつも在庫に並んでいた食料品は、胃にはやさしいが飽き飽きするようなものだった。数種類の穀類、パスタ、パン、幾種類かの缶詰、ウォッカなどであった。

もっと欲しいものが売りに出ると（たとえばバナナ）、そのニュースは近隣住人を経由して瞬く間に広がり、人々は先を争って供されたものすべてを買おうとして列をつくったものだ。何かが売りに出されて入手できるようになると何かが「処分されている」と言われ、それを買うというよりも、むしろ拾うかのように人々が現れた。支払いのお金を持っているかどうかはまったく

(21)　第4章の事例研究で取り上げられるロマのファミリアを指す。

重要なことではなかった。なぜならば、もしも現金が足りなければ親戚か友人がくれたからだ。

往々にして一人が買える量の制限がされていたので、家族全員で列に並んだ。そうすると、必要とするバナナの三倍の量を手に入れることができたので、あとで三分の二のバナナをまったく同じ値段という条件で転売した。もしも値上げをして転売しようものならば、当局はその人を「不当利益」の廉《かど》で刑務所に送還した。つまり、不当利益は非合法だったのだ。

利益のために売り買いすることは「投機」と呼ばれ、不道徳と考えられていた。ソビエト経済は、お金をめぐる営みではなく入手にかかわる営みであり、社会的地位は所有ではなく入手に基づいていたのだ。

ある人々は、モノを見つける能力で尊敬されていた。彼らは「доставала《ドスタバラ》（調達屋）」と呼ばれた。このような状況は、不可避的に各個人の親切についての評判を生み出すことになる。したがって、誰も余分のバナナを売って儲けたりはしなかった。人々は、心からの善意でそうしていただけだった。そして、親切に対してお金を払うことは侮辱だと考えられたのだ。あらゆるものの入手が個人の親切に基づいていたので、入手することは往々にしてとてもコツのいることであった。

名目的には、贈与というべきことが物々交換の領域に踏み込んでいることも多々あった。特別な何かが返ってくることを期待して、人々は互いに贈り物をするわけである。たとえば、私の父は大学教授だったが、新しい大学院生のなかには、父が指導教員になることを希望して、目的達成のために惜しみなく贈り物をする者もいた。ブランデーは月並みだったが、ある大学院生は銀製のカトラリー［ナイフやフォークなど］一式を持ってきた。これは度を越していたので、父は彼に返している。というのも、それがはじまりの贈り物だとしたら、その埋め合わせは、恐らく大学院生の学位論文を丸々執筆することになっていたであろう。

家族が互いに援助し合うことは当然のことだと思われていた。裕福な家族が困っている親戚を助けることを拒否しようものならば、彼もしくは彼女は面目を潰すことになった。このような援助は必ずしも首尾よく進まず、援助できない娘婿や義兄は時として愚弄された。けれども、ともかく支え合いが行われていたのだ。結局、誰かを助けることは、助けないでいるよりも痛みを小さくしたからだ。

そんなシステムが崩壊してしまったわけだが、その後進性のなかには、より起源が古くて、より人道的な物事の対処法や社会の組織化に関する昔のやり方の要素について多くの痕跡が留められていた。ロシアには、ソビエト連邦時代が古き良き時代だったと考え、市場経済の導入によって突き付けられた無情な社会の現実をひどく嫌う老人たちがまだいるが、私はソビエト連邦時代のやり方に戻るべきだとは決して言わない。なぜならば、多くの点でとても恐ろしいことがあったからだ。

本書のなかで私は、ソビエト連邦時代のことを、郷愁にふける誘いとしてではなく学ぶ機会として言及している。ソビエト経済は、多くの欠陥があったにもかかわらず、建設的な文化的普遍性をより多く活かしていた。それを市場経済は隔絶して、忘却の彼方に葬ってしまい、市場経済の不可避的な崩壊に対する備えの乏しい状態に私たちを置いているのだ。

○新たな日常

崩壊したシステムの調査は、進んだ市場経済の現状の考察なしでは完全なものにならないだろう。現代の対蹠地《たいせきち》の「新しい日常」は、どのようにして人類が普通に暮らしてお互いに対して振る舞ってきたかという点においては、本末転倒のバージョンである。今のやり方だと、交易が対蹠地の人間関係を表すピラミッドの上方という主要な位置を占めていることになる。

私たちは、遠い国に住む見ず知らずの人にお金をわたして初めて、必要なもののほとんどを手に入れることができる。貢ぎ物も行われている。貢ぎ物の一番大きなものは税だが、その他にも年金や健康保険料のようなものもある（それらのほとんどは、早晩、支払い不能か破産に近い状態になる）。そして、物々交換はまったく社会の進歩から取り残されて、ささやかな好意の交換として存在し続けている（誰かを感動させることが典型的な例となっている）。

ほとんどの人々の付き合いが人間味のないものになり、市場システム内での売り買いに基づいている。法体系は明らかな詐欺行為に対する保護を謳《うた》っているが、多くの搾取は合法的な状態だ。あなたが損して他の誰かが儲かれば、それは完全に公正なことであって悪気のないことだと考えられている。署名をする際に、法律に関する長い文書を読むことを怠って結果的に大損したときには、あなたの非となる。なぜならば、信じる理由のない人と取引することをあなたが選んで失敗したからだ。

あなたは考え方を改めることができず、「あなた方は私に対して公正ではなかった」と言うことができない。なぜならば、ここでは「公正」が専門的に解釈される難解な規則を守ることだと解されており、「公正ではないこと」が自分自身のために他の誰かが必要とすることをないがしろにすることだという本来の意味を忘れているからだ。

ほとんどの人々にとって、貢ぎ物は税や他の交渉の余地がない賦課金に限定されているが、富裕層は慈善的な寄付行為や人間味のない売名活動という別様式の貢ぎ物を実践している。商取引から得た過剰な資本をもつ者は、その一部を、人間味のないやり方で自らの地位向上のために捧げている。そういうことができるのは、彼らには相互に依存している私的な人間関係をもつことが極めて稀であり、利益を得る人を信じることがまずないからだ。

そして贈与は、儀式にかかわる文化的な営みに痕跡を留めており、婚約指輪、結婚式や記念日のプレゼント、痕跡のなかでもとくに珍しい退職記念の時計（定年退職するまで仕事を続けることができた稀有《けう》で幸運な人に贈られる）が挙げられる。

貢ぎ物、物々交換、贈与といった営みが取るに足りぬほど退化している現状が問題の核心を強調する。すなわち、今や万人が完璧に、金融が幅をきかせて商業化が進んだ人間味のないシステムに依存するようになっているということだ。こういうシステムは再三頓挫してきたにもかかわらず、行き詰まってしまうと人々は依って立つ術《すべ》が何もない。

さらに悪いことに、本末転倒の生活様式は国家破綻へと一直線に向かっている。というのは、グローバル経済の潮流、今となっては永続的な気候変動と資源不足、そして不可能となった経済成長を勘案すれば、本末転倒の生活様式を続ける唯一の方法はさらなる借金を繰り返すことになっているからだ。

それによって、各個人、自治体、他の組織はすでに借金漬けとなっており、悪性の信用リスクを抱え、債務不履行の都度、その債務を国民政府が引き受けている。中央銀行は、ブラックホールの如く公的債務を吸い込みながら、ゼロ金利で信用をつくり出している。信用創造の手品が失敗して（やがてそうなるだろう）、プラスチックのゴミの山を築いて徐々にスモッグを漂わせながら、金融が幅をきかせて商業化が進んだ人間味のないグローバル経済が消滅する――そんな恐怖を抱きながら誰もが暮らしているのだ。

だが、頼みの綱がある。それは、正常な人間関係からなるピラミッドだ［一八五ページ参照］。それは個人と部族と家族の関係に基づいて、贈与と物々交換と貢ぎ物という営みがそびえている。それは、地域経済の確固たる基盤となり得る。そのような経済では、ほとんどすべてのものが近場において循環され、長距離の交易によって調達しなければならないものが仮にあっても、それらはピラミッドのまさに先端に位置づけられ、地域で手に入らない贅沢品や主要な必需品のために蓄えられる。

輸入は、自ずと範囲が限定されるようになる。なぜならば、地域経済は交易に供するための商品を過剰に生産することよりも、むしろ地域の必需品を供すべく適応するようになるからだ。ほとんどの人々が、親切心を呼び戻して、贈与を受けることで必要なものを入手できることに気付いて、他人を徴用するための観念的な富を蓄積しようとあくせくしたり、長時間働いたりするべき理由がないことが分かるようになる。そして、敵対することもある外の大きな世界に遠く離れて暮らす見ず知らずの人々の気まぐれに左右されることもなく、自給自足で、掛け替えのない自立した人生を平穏に楽しむことになるだろう。

○文化的転進

多くの人々が、地域通貨や地産地消の推進などといった急場凌ぎの手段が導入されることを歓迎しているようだが、実際には、そのような移行が効果を発揮することは困難かもしれない。なぜならば、グローバル経済が信用貸しでまだ機能しているかぎり、それと競争して打ち勝つことは、グローバル経済のやり口以外のいかなる手段をもってしても難しいからだ。

何しろ、際限なく資金を借り入れながらもっとも低コストの所へ生産拠点を移すというやり口なのだから、勝ち目のあるはずがない。また、グローバル経済が行き詰まれば、それに打ち勝とうとすることはまったく的外れなこととなり、その目論見に今現在費やしている努力は無駄骨になってしまう。

一方、あなたの貯金が消滅するか増やせなくなると、あなたは破産して、輸入品を手に入れられなくなり、あなたに残っているものは角錐《かくすい》の台に記された「贈与」という文字になる［一八五ページの図参照］。ひっくり返った本来のピラミッドの土台には、そう記されているのだ。そして、あなたは生き残るうえで必要なすべてのものを備えるために、突然、贈与に依存することになるはずだ。

　商業パラダイムに固執したまま、自給的な脱グローバル経済への移行を達成しようという考えは根本的にダメと言える。それは、およそ良性の症状を示す別の病気にかかって、ある病気を治療しようとすることに似ている。そうではなく、いわば文化的転進と言えるくらいの見通しの変更が必要なのだ。

　初めは徐々にだが、ますます急速に、すべての経済関係が脱プロレタリア化と人間味の復活を必要とするだろう。つまり、実際に知っている人と契約して、面と向かって取引することである。また、信用を構築すると同時に、遠ざけるべき信用できない人を知る方法として、口頭での同意を強調して貨幣や書類の利用を回避することである。そして、家族、親戚（たとえ遠くても）、次いで古くからの友人と近隣住人という人間関係の優先順位を重視して、他の人のこと、つまり多国籍企業の代表取締役だろうと、大金持ちの性悪な人々だろうと、王室家系の由緒ある優雅な話しぶりのあんぽんたんだろうと、切り捨てたほうがいいということだ。

　そして、このような方向に進みはじめる前に、偽りの神々を追い払う必要がある。人々の心に突き刺さって、人々の心を汚している誤った考えは次のようなものだ。

「自由市場」は効率的で最適なものであり、規制がなければ自ずと繁栄を導くという考えである。

実際、自由市場は、所有権にかかわる法律、契約の履行を強制できる法体系、そして経済犯罪を防ぐ法律を執行するという仕組みに完全に頼ったものである。一九九〇年代のソビエト連邦の経験が示唆することは、これらの不可欠な条件を欠くならば、自由市場はたちまち犯罪市場になり、一ドルにつき数ペニーばかりで債権者が殺されて債務が清算されるということだ。

だから結局のところ、自由市場というものも政府主導の事業計画だと分かるだろう。そして、政府が国家破綻で失敗するときには自由市場が台無しとなる。

市場経済の政府案よりも劣った代替案は、ソビエト型の計画経済という政府案である。政府が設ける市場システムは、中央で計画する政府システムよりも再生不可能な資源を消費するという点でわずかばかりすぐれている。だが、いずれのシステムも資源制約が現実のものとなって、さらなる成長が不可能になるや、その後すぐに崩壊することに変わりはない。

バイオ燃料、フラッキング(22)によるシェールオイル、さらにはタールサンド［一六二ページ参照］からの合成オイルに至るまで、天然資源を最後の一滴まで浪費し尽くす能力として定義した、おかしな意味の効率に関して言えばソビエト連邦は効率的ではなかった。ご存じのようにソビエト連邦は崩壊したわけだが、非効率な経済だったおかげでロシアに回復するだけの余地を残せたことになる。本当のことを言えば、非効率性が時に利益をもたらすのである。

現代の対蹠地《たいせきち》の有力者たちを信頼して尊敬するべきだと教え込まれてきたが、彼らによって生み出された霧の向こうを見ることはとても困難となっている。だが、経済について語られてきたことのほとんどは、特殊なケースすなわち成長経済を扱っていたのであり、その成長は今ではほぼ終わっている。それにもかかわらず、人々は存在していない的外れな経済システムにこだわり続けているのだ。というのは、それが人々の議論できるすべてだからだ。

経済学を専門的な職業とする人のなかでも、成長が止まるや、経済はいかに崩壊するかを調べたいとは誰も思わないだろう。これは、じっくりと考えることを厭わない人々に残された今日的なトピックなのだ。

対蹠地の社会は、てきぱきした機能的な輪郭に頼っている。対蹠地の社会で機能するには、まずあなたは自らの役割を分類しなければならない。あなたは顧客になることもある。これは、第一義としてお金を払えば（お金がなければ信用払い）済まされることだから、これまでは楽な役回りであった。もしも、あなたが顧客でないならば、経営者、従業員、請負人、あるいは自営業者になる。投資家、公務員、専門職というものもある。そして、こういった役《やく》ですらないならば、あなたに残されているのは、子役、貧乏人、隠遁者、身体障がい者、あるいは病人となる。

---

(22)　水圧破砕法。シェールオイルを含む頁岩《けつがん》に化学物質と水を高圧注入して破砕して、シェールオイルを取り出す方法。

だが、あなたが上述した役《やく》になかったら、どうしよう？　対蹠地《たいせきち》の社会では、あなたは義務不履行者、ブラブラ徘徊している人、厄介者でしかない。

とかくするうちに、もっとも著しく成長する人のカテゴリーは上記に例示したものではなくなる。成長著しい役は、雇用のあてのない最近の大卒者、失業給付のなくなった失業者、十分な退職金も貯蓄もないまま働くこともできない高齢の退職者、軍から解雇されて民間の雇用を見つけられない元軍人、将来見通しもなく労働市場に参入していない若者となる。

グローバル経済の秋である。リスたちは木々から下りてきて、辺りを見回している。ほとんどの人は、自らをドロップアウトした者として分類することに利点を見いださない。それはほとんど認知されず、利益をもたらさない分類区分とされる。

私たちは現代の対蹠地に別れを告げる準備を整えているので、利益にならないカテゴリーに分類されることは避けるように注意しなければならない。そのために、「あれでもなければこれでもない」という新たなカテゴリーを創出することができる。調査員、フリーター、趣味人、ボランティアのようなカテゴリーは好都合だ。それらはすべて自由が保証されており、束縛することが困難だ。たとえば、私は作家だ。あなたがその証明を望むのならば、私はあなたにペンを見せることができるのだ。

対蹠地の社会が私たちを分類するやり方を踏襲する一方で、私たちは創造的なことを学び、人目につかない自由を謳歌しつつ、さまざまな別の生き方においても創造的であることを学ばねばならない。残ったお金の使い方や、場合によっては継続的なお金の流れを除くための方法をあなたは探すことができる。汎用的な技能と特殊な技能を学ぶことができ、ほとんどの専門家を必要とせずに生活することもできるようになるだろう。

あなたは、ある状況で機能する、ローテクで安くてもっとも堅固で維持管理可能な解決策を学ぶことができ、消費者の軛《くびき》から抜け出すことができるだろう。あなたは、食糧生産、住居の維持管理、輸送、娯楽などのために閉じた循環システムを創出することができるだろう。

もっとも重要とされるのは、人間味のない人間関係や慣行への依存を減らすことに取り組むことだ。あなたは貨幣やその等価物に頼ることを避けるべく学ぶことができ、代わりに、贈与やそのさまざまな拡張と普及に頼ることを学ぶことができる。あなたは新しい習慣と儀礼をつくり出し、正しい向きの新たな文化の基盤を整えることができるだろう。

第2章の事例研究

ロシアンマフィア

現代社会が依存している政府は、所有権を擁護し、契約を守らせて商業を規制している。経済が拡大すると政府機能が大きくなり、官僚機構も拡大し、法律、規則、手続も増えていくわけだが、そのなかでも最速で拡大するものはコストである。この公的な営みのすべてが、時間の経過とともに加速度的に複雑性を増すことを示している。

新たな問題が解かれる必要が生じるたびに、何らかの部署がその構造に加えられることになるが、既存の部署は取り除かれないままとなっている。なぜならば、複雑な配置を単純化することは常に、さらに複雑にするよりも難しいことであり、より費用が嵩むからである。だが、社会経済における複雑性はコスト抜きでは成り立ち得ないわけであり、経済が頂上を過ぎて縮小しはじめるや、このコストが途方もなく高くつくものとなる。

エスカレートする危機の急増に苦闘する縮小経済においては、官僚機構を縮小して単純化するための改革という困難な仕事は人材不足によって優先事項とはならないわけだが、肥大化した官僚機構は大きくなるばかりの負のスケール・メリットを露呈することになる。(23) もっともうまくいった場合でも、多かれ少なかれ混沌とした移行期間を経て、新たに単純でスケールダウンした官僚構造が最終的に立ち上がることになる。

いずれにせよ政府は、機能不全に陥ってうわべだけの形になっても、即座に放棄されることはないだろう。だが、その主要な機能のいくつかは非公式団体によって牛耳られることになるかもしれない。そして、政府が物資不足から活動する能力を失ってからは、とくに困窮している地域だが、非公式な自治の仕組みが各地方で自発的に立ち上がるまでの一時期、無法地帯ともいうべき状態が広がるかもしれない。

政府は、主として課税によって存在しているということを忘れてはならない。経済が傾いて課税基盤が縮小していても、政府の社会的活動や危機の緩和のためのコストは拡大するばかりである。高くなるばかりの税率に人々は納税する余裕がなくなる。それにもかかわらず、ほとんどの

(23) 複雑性を増しながら見返りが減って崩壊に至るパターンは、(原註7) に挙げられた Joseph Tainter, *The Collapse of Complex Societies* の骨子である。

政府がさらに増税をして、結果的に闇の経済活動を駆動することになる。

貧困と失業が蔓延するなかで、人々は生きるためにますます非合法な商業活動、非公式な協定、物々交換、贈与および自給経済に頼るようになる。それにつれてこの悪循環が増幅して、政府は衰退するか、生き残りのために犯罪的な活動に向かうか、あるいはその両方に進むことになるだろう。

政府の崩壊過程が避けられないものになると、非公式な統治組織がすぐに取って代わることになる。自ずとホッブス的［一三二ページ参照］な万民闘争状態に転落すると想像することは正しくなく、参考にもならない。ホッブス的な状況は、私たちが知るところでは、愚かしいつくり話、奇想天外、無知蒙昧と見なすべきものだ。というのは、法律のない所には習慣やバイオレンスがないからだ。そして、公権力がない所では、非公式な権力が自発的に発生するのである。交易と商業は続くが、政府による関与や保護はなくなるのである。

さらに、過渡期の危機によって荒れ果てた環境では、費用面において非公式な統治組織がしばしば効率的だと判明するだろう。予測可能で、人間味がなく、規則に支配された、手続き重視の振る舞いを進化させた平時の政府は、安全で予測可能な環境でのみ効果的に機能し得る。だが、崩壊中の経済はそのような環境ではない。そこでは、すべての判断と行動が地域の実情に即応できる態勢でなければならず、すべての解決策が即席でつくられることになり、公式の手続や認可を待っていたのでは競争力を損なうことになるのだ。ビジネスをするうえでの非合法的なやり口が、容易に合法的な手法を凌駕《りょうが》するのである。

非合法活動に重点を置くことになるのは、ある意味では不可避だが、それが完全に助けになるというわけではない。なぜならば、それはあらゆる活動に白黒をつける傾向があるからだ。

あらゆる活動をグレーの濃淡で眺める、あるいは二次元マップの上に分布されたものとして眺めることは有用だろう。一つの隅に、警察、法廷、法の執行、検閲などを司る公的機関を配置し、それらが合法的に機能しているか、あるいはまったく機能していないとしよう。そして、反対側の隅には、非合法的に活動する民間機関である組織的な犯罪集団を置く。

まだ二つの隅が残っている。非合法的に活動する公的機関があるだろう。雇われたか、自らの利益を得るために、私的に振る舞う警察や治安部隊である。さらに、民間の警備保障会社のように、政府がもはや提供できなくなったサービスを合法的に提供する民間組織もあるだろう。多くのグレーの領域があり、特定の個人や団体に借金を払うために法をでたらめに執行したり、別の方法を探すことに同意する見返りとして、あとで賄賂を要求するための基盤を供したりする公務員もいる。

非合法活動の増加は、往々にして政府の直接の落ち度となる。多くの基本的な営みを非合法化して禁止令を発する能力を欠く政府は、一つのことでのみ成功する。それは、非合法的な企業の広範囲に及ぶ活動領域の創出である。これは次に、私的な警護の需要をつくり出すことになる。そして、非合法的な企業が私的な警護を提供することの主要な役割は、統治に関する新しい様式を萌芽させる基盤を供することにある。

この文脈では、犯罪組織は単に社会組織の一つとしてではなく、代替の統治機構の一つと見なされるべきとなる。その統治は、誠実な行為に対する個人および集団への評価や、暴力が正当化されるときのその行使と暴力が正当化されないときの抑制に基づいて、うまくいくこともあれば失敗することもある。

公務員がわずかに儀式的な義務を果たすくらいで、せいぜい首都の厳戒警備された公用地の構内への侵入を防いでいるだけの機能不全に陥った政府よりも、多くの点で、禁止令を発することができるかできないかという中途半端に弱体化した状況の政府のほうがはるかに質《たち》の悪いものとなる。法の執行能力をいくらか残している弱い政府は、非合法的企業へと私的な警護を提供している組織の働きを妨害してしまい、機能不全の政府よりもはるかに凄惨《せいさん》で治安の悪い状況を生み出してしまうからだ。

ひとたび政府が法の執行に見切りをつけて純粋に儀式的な存在に成り下がるや、私的な警護を提供する組織は、合法的企業と非合法的企業の両方はもちろんのこと、政府にもサービスを提供しはじめるようになる。そのような組織の結び付きが軌道に乗ると、勢力圏が分かれて、抗争の凄惨さを最小化することになる。

この意味でも、法を中途半端に執行する弱い政府の影響は経済をさらに悪化させることになる。なぜならば、政府の無能さゆえに、自衛サービスには需要があるにもかかわらず私的な警護を提供する組織が機能することを難しくするからだ。当然のごとく、そのような状況は政府をさらに衰えさせることになる。

逸脱した振る舞いや犯罪行為という概念は、「社会および法的な規範が流動的である移行期の社会ではあまり意味を持たなくなる」(原註13) とヴァディム・ヴォルコフ(24)は『狂暴な企業家たち──ロシア資本主義の成立時における力の行使』という著書のなかに書いている。ヴォルコフによれば、懸案となる移行は法のルールではじまり、他の何かで完了するとは考えるべきではなく、悪く組織化された犯罪集団がうまく組織化された犯罪集団へと移行すると見なすべきである、ということだ。

このような連続性のある変化の例は、歴史を振り返れば、世界中の至る所で見いだされる。一九二〇年代、シチリアのマフィアだったアル・カポネ(25)のシカゴにしても、一九九〇年代のロシア

(24)（Vadim Volkov, 1965～）サンクトペテルブルク・ヨーロピアン大学法の支配研究所ムロンチェフ教授、社会学博士（ケンブリッジ大学）。政府と暴力の問題を視野に入れて、経済現象を社会学的に分析する研究者。

にしても、そのような移行がどのように起こったかには多くの類似点がある。状況が当たり前のこととして認められると、それが政府に取って代わり、もはや合法性が不問となる自治と私的な警護のシステムを形成するのである。

これは、最近になって見られるようになった現象ではない。中世には、そして現代に至ってもなお、みかじめ料は商売における富の最大源泉であり、生産技術や産業組織よりも大きな利益を生んでいたのだ。そして、みかじめ料は、(資源制約を免れない)経済の回復を刺激する手段ともなっている。なぜかと言えば、用心棒を提供する組織は勢力圏で独占状態を確立し、コスト以上のみかじめ料の吊り上げを可能にして独占的な利益を生み出し、次いでその利益を生産的な財の部門に投資することを可能にするからである。

政府が不在のときの唯一の役者は、一時的な緊縮策を講じたのちに、資源を消費財から資本財へと再配置することによって、将来より大きな繁栄を生み出すことができる者なのだ。そして、さらに競争力のある制度的な枠組みへと進化できたならば、かつての犯罪集団が、以前には騙し取るようにして支払わせていたビジネスにおいて合法的な株主になれるというわけだ。

そのような事業計画は、どこでも自発的に生じるわけではない。というのも、警護サービスの需要は規模の問題だからだ。面と向かって、個人的に知っているような人とだけ商取引するような社会には用心棒の需要はない。口論が家族と氏族によって調停される所にもその需要はない。

それは、経済的な専門分化、人間味のない人と人との関係、遠く離れた所との交易といったことが生み出した副産物なのだ。

個人同士の信頼関係が強い社会では、誰も用心棒を必要としない。孤独な所で人々は力を合わせて、ギャング行為という共通の恐怖に打ち勝つようになるのだ。雑草が好機とばかりに荒れ地に繁茂するように、犯罪集団は乱れた社会に発生するものだ。

大きな社会のなかの小さな会社はもっとも影響を受けることになる。売店のオーナーや露天商は、ゆすりに遭う伝統的なターゲットである。その次は腐敗した公務員であり、彼らは自ら私的な警護の対象者となる。なぜならば、彼らは黒幕の賄賂の対象となる人々への口利きという市場のニッチを創出し、贈賄者が便益を受けられなくなることや収賄者が受領できなくなることを防いで賄賂を保証する役回りになるからだ。

警護という需要は、民間であれ政府であれ、不信感がはびこる所にはどこにでも存在する。「私的な警護というビジネスは、国の司法制度がないがしろにされている市場経済のなかで、信頼に取って代わる何かをつくり出すことなのである」(原註14)

(25)（Al Capone, 1899~1947）アメリカのギャング。禁酒法時代にシカゴで高級ホテルを住まい兼事務所にして、そこから組織を指揮し、密造酒製造・販売、売春業、賭博業で組織拡大を図り、犯罪組織を統合近代化していった。

それゆえ、この話題を検討しはじめるにつれて、「泥棒」「ゆすりたかり」「マフィア」「ギャング（暴力団員）」のような言葉に対する私たちの負の反応を保留して、彼らの提供するサービスへの需要をつくり出す環境に焦点を絞ることが不可欠となる。そして、「ゆすりたかり」や「ギャング」がどのようにして建設的な方向に展開していくことができるのかについて注目しよう。というのは、あまりにも不思議なことに、彼らはしばしばそれを成し遂げているからだ。

泥棒とその誇り

ほとんどの人々は、「泥棒（thief）」という言葉のなかに盗みに対する非難や罵《ののし》りを感じ取ることだろう。あなたがそういう人だとして、ロシア語の「вор《ヴォル》（泥棒）」という言葉は、少なくとも他の「воры《ヴォレ》（泥棒たち）」という言葉のなかでは尊称であるということを知ると驚くかもしれない。盗みを働いたといって、自動的に「ヴォル」になれるわけではない。単なる犯罪はヴォルというフェローの身分にはほど遠く、より地位の低い「блатно́й《ブラトノイ》（こそ泥）」の所業とされるのである。

「ブラトノイ」とは、忌まわしい政府が課す現実社会と、彼らが愛情を込めて「Мать рожде́ние《マツロズディニエ》（産みの母）」と呼ぶ犯罪地下組織の間のいずれともつかない領域に生息するならず者のことだ。ヴォルはすべてのならず者たちとは一線を画す誇り高い地位にあって、長く厳しい徒弟制度、後援会の確立、同業者仲間への公式の受け入れのあとで、ようやくヴォルの一角として認知される人物なのだ。

下っ端ヴォレの上に至上のヴォルがそびえており、その最高位は「вор в законный《ヴォルザコネ》（合法的泥棒）」と呼ばれている。言ってみればヴォルは、ヴォレのなかで十分な権利を確立し、すぐれた人格の持ち主でもある個人となる。そして「ヴォルザコネ」は、荘厳な儀式でタイトルを与えられるのだが、最近のモラルの低下によって、今では二五万ドル強でそのタイトルが売りわたされている。

犯罪仲間や同業組合は太古から存在し、帝政ロシアにもあったわけだが、強制収容所《グラーグ》を生き残る最中に犯罪地下社会で直面した大きな課題に反応して、完璧な進化と発現を遂げた。それらは一九二〇年頃に姿を現し、一九五〇年頃までには強制収容所の生活を支配した。その後、一九七〇年代に再び表に出てきた。

彼らの課題とは、収容所の長い刑期を務め上げたあとにも、仲間同士の掟《おきて》を守りながら、生き残り可能な「凌《しの》ぎ」の方法を確立することだった。彼らは、収容所の当局者とは別に新たに収容所内の統治構造と経済を構築し、他の被収容者たちに対する厳しい管理を維持して、その課題をやり遂げた。一九四八年から一九五三年までの監獄と強制収容所の当局者たちによる締め付けを乗り越え、「шлюха война《シューハ・バイナ》（娼婦戦争）」ではへまをやらかして仲間の多くを殺してしまったが、すぐに立ち直っている。そして、ヴォレは、ソビエト崩壊とその結果として続いた混沌な状況を奇貨として利することのできるポジションに就いた。だが、物事はそうそう計画通りには進まなかった。

ロシアのヴォレは、「феня《フェーニャ》」と呼ばれる彼ら独自の言葉を話した。ロシア語と同じ文法構造になっているが、独自の語彙をもっている。ヴォレは、単なる人種としてのロシア人ではなく民族を超えた存在であり、ソビエト連邦のほとんどの地域に存在していた。また、通過儀礼として、象徴的な生まれ変わりの再洗礼形式によって、それぞれのヴォルには「кличка《クリチカ》（愛称、あだ名）」が与えられている。

この生まれ変わった人物は、行動規範、習慣、禁忌の厳守を必要とする。ヴォルは正直で嘘をつかず、他のヴォルの助力となること（一般人に対してではない）を要求される。彼は働くことを禁止され、盗んだもので生活を切り盛りしていかなければならない（ただし、ギャンブルの賞金は偉業と考えられている）。つまりヴォルは、決して政府の役人とは協力してはならず、決して罪を認めてはならず、決して公式の法の存在を承認してはならないのである。

軍に入隊したり、法廷で証言したりすることも禁じられている。そして彼は、地区のヴォルザコネに管理されている「общак《オブシャク》（共同基金）」のために、ヴォルでない者から貢ぎ物を集めなければならない。また、投獄されたとき、ヴォルは自身の生活を守るために刑務所の反乱を脅しに使うはずだ。彼はブラトノイ（チンピラ）を動員できると思われているのだ。

承認されていない暴力行為に加わることもヴォルは禁じられており、正当防衛の場合や自身の名誉を守る場合、そして「сходка《スホードゥカ》（評議会）」で評決が下されて処刑を行う場合を除いて人殺しをしない。プロの人殺しは、決して仲間に受け入れられることはない。ひとかどのヴォルになるためにはすべての家族と絶縁しなければならず、結婚して家族をもつことは決してない。だが、ヴォルは娼婦をもってよいことになっている。彼女は「жена《ジュナ》（妻）」と呼ばれているが、その名の通りではない。

「ジュナ」は、ヴォルの刑期の間は一人の同僚とともに暮らすことになっている。そこにはたいてい一人の主《あるじ》もいるのだが、三角関係ではない。また、男役の同性愛者は許容されるが、女役の同性愛者は禁じられている。したがって、ヴォルはブラトノイにソドミー(26)を行っても、別のヴォルにソドミーを行うことはない。

ロシアの一つの都市ないし街は、一人のヴォルザコネによって統轄されており、彼は貢ぎ物をため込んでオブシャク（共同募金）を管理する責任を負っている。オブシャクの使途は、必需品を調達してそっと刑務所に運び込んで、獄中の構成員に快適な生活を提供するとともに釈放工作

(26)　肛門による性交のこと。その名称は、『旧約聖書』「創世記」第18〜19章に登場する堕落した都市ソドムにちなむ。

の成就を手助けすることである。この支援活動は「греть зону《グリッゾーノ》（区域を暖めること）」と呼ばれている。寒い気候は、暖をあらゆる善意を連想させるありがたいものにしているのだ。反対に、徹底的な凶悪犯は「отморозки《アトマローズキ》（凍傷にかかった人、冷酷）」と呼ばれている。

「зона《ゾナ》（区域）」という言葉は、収容所群島全体、つまり囚人が暮らす不動産すべてを指している。対照的に、残りのソビエト連邦は「Большой зона《ボルショイゾナ》（広域）」と呼ばれていた。これにより、その内側の生活と外側の生活の違いは投獄の程度の違いだということがはっきりした。

ヴォレの仲間たちの統治組織はスホードゥカであり、ヴォルザコネの意向が尊重されるものの、誰もが意見を言える集会となっている。大きな国家レベルでのスホードゥカが、一九四七年にモスクワ、一九五五年にカザン、一九五六年にクラスノダール、一九七九年にキスロヴォツクで開催され、どの集会にも数百人のヴォレが出席している。

スホードゥカは、広範囲に及ぶ方針決定に加え、構成員の加入あるいは除籍、および制裁の対象（ヴォレ以外の者を含む）を決めるために開かれている。制裁とは、自慢したことへの非難（手柄を鼻にかけていた泥棒には信じられないほど痛々しい）や、人前で顔を殴打したり、死に至ることもある鞭打ち五〇〇回といったことだ。

お決まりの儀式に則って死刑宣告が可決される。死刑を宣告された者は、シャツを引き裂いて「心臓をくれてやる！」と叫び、その後、何人かの男がナイフで刺し殺すという手順を踏む。ある監獄や強制収容所のスホードゥカで可決した死刑宣告は、時差にして一一時間離れた国の反対側にある別のスホードゥカで執行されることもある。逃げる術《すべ》はなく、どこかのスホードゥカで死刑宣告された者を保護することはほとんど不可能だと公務員も認めていた。

「広域」で暮らしているとき、ヴォレは環境に応じて規模が異なる共同体で生活した。規模により、「Шайка《シャイカ》（二～五名）」、「Малина《マリナ》（一〇～一五名）」、「кодла《コードゥラ》（二〇～三〇名）」と呼ばれ、その最大限の力を尽くして貢ぎ物を集めることに従事した。それぞれの共同体は、スリ、強盗、偽造者など、スキルをもった者を結び付けていた。時が経つと、強盗がオブシャクに運ばれる貢ぎ物の源のシェアとして大きくなるばかりだった。

制度的な腐敗に関するロシア人のひな型は、スターリン政権下ではじまった。ソルジェニーツィン［三五ページ参照］が著作の第3部に記したように［木村浩訳『収容所群島3』（新潮社、一九七六年）第九章「特権囚」］、捏造された生産報告が強制収容所からの生き残りを可能にした。のちになると、同じ計略は生き残りのためだけではなく私腹を肥やすために行われた。最初の大規模な非合法企業は一九七〇年代に誕生し、そこで大金を稼いだ人々は、大赦を与えられたヴォレによって食い物にされた。

その後、ゴルバチョフ［Михаил Сергеевич Горбачёв, 1931～］の禁酒キャンペーンの時代になり、それは一九八五年から一九九〇年まで続いた。最後のソビエト連邦共産党書記長となったミハイル・セルゲーエヴィチ・ゴルバチョフは立派な人物であり、ノーベル平和賞の受賞者でもある。だが、禁酒キャンペーンが彼にとって賢い活動だったとあなたは思うだろうか。ウォッカの配給の——しかもロシアで——いったい何が間違っていたのだろうか？　ウォッカの生産と流通が地下に潜るにつれて巨万の富が犯罪組織に築かれることになり、一九九〇年代に起こったことの舞台準備となったわけだ。

ロシアの地下経済の大富豪たちにとっては、官憲に対処するよりも強盗に対処するほうがはるかに好都合だった。なぜならば、地下経済の富裕層は非合法な方法で稼いでいたからだ。そして強盗たちは、富裕層である官憲から富と自由を運び去るだけとなった。

一九七九年のキスロヴォックでのスホードゥカにおいて、国単位のヴォルザコネが非合法企業の全収益の一〇パーセントは直接そのオブシャクに運ぶべきだと命じ、犯罪界における一〇分の一税を設けた。その後、ソビエト連邦は崩壊して市場の自由化が進んだ。

ロシアの改革プログラムは二つの陣営を喜ばせた。一方は旧ソビエトの機関員で、彼らはまだ権力をもっていたが破産しており、金を欲しがっていた。もう一方は闇市の企業家たちで、彼らはお金を持っていたが権力をもたず、ヴォレに付きまとわれていた。それぞれが欲しかったものをもう片方がもっていたわけだ。

そして、彼らが互いに欲しいものを得る道を開くものとして市場自由化が支持された。急激な市場自由化によって――市場経済の最近の経験を欠いている国で――市場経済の規制にかかわる枠組みを欠いているというのに――全国規模で展開し、戦闘にも慣れ、組織化した、プロの、誇り高く、資金もある泥棒連盟に悩まされているというのに――。またしても、いったい何が間違っていたのだろうか？

ゆすりたかりとしての市場自由化

ゴルバチョフがまだ書記長の在任中にさえ、市場自由化の最初の波が立っていた。新しいルールは、「кооператив《カーペラチフ》（協同組合）」と呼ばれ、小さな民間ビジネスをはじめることを許可していたが、ゆすりたかり屋といった仲間以外の誰と何を協力することが想定されていたのかはまったく明らかになっていなかった。ともあれ、その規則が制度化してから、ゆすりたかり屋は民間ビジネスを食い物にしはじめた。一九八九年と一九九二年の間に、ゆすりたかりと恐喝の蔓延は年率二〇～二五パーセントで増えるようなありさまとなり、その数字は民間企業の設立と足並みを揃えていた。

新しいロシアの企業家たちは、一つの階級としては社会の主流から排斥されていた。というのも、最近では彼らの活動は非合法的だったと考えられるようになり、公的な庇護がたとえあったとしても、ほとんど受けていなかったからだ。この新興の「частники《チェスニケ》（民間業者）」は自己利益を追求し、不正を働き、犯罪行為にまで手を染め、犯罪者たちと協同することで失うものはほとんどなかった。したがって、この新たな組織犯罪の波に立ち向かうようなことはほとんどなされなかった。

当初、わずかばかりのゆすり屋は刑務所送りになったが、最長でも三年の刑期だった。恐らく、若いゆすり屋がブラトノイを卒業してヴォルになるには十分な時間があった。そして、一九九四年に最長の刑は一五年に延びたが、それより二年早く民間の警備会社の合法的な地位が認可されたので、すでに矢は放たれていたことになる。

犯罪者たちの新たな集まりは、ソビエト連邦時代の組織犯罪とはまったく異なるものだった。初期のゆすりたかり屋のほとんどは、一八歳から二四歳くらいの、レスリング、ウェイトリフティング、ボクシングをしていた若い運動家たちで、スポーツ振興への国の助成金が取り止められたあと、彼らはゆすりたかりの事業に手を染めていったのだ。

当初、彼らは取引の仕方を西側のマフィア映画を鑑賞することで学んだ。ハンダ鏝《こて》を用いた拷問やラジエーターに手を押し付けたり、犠牲となる者に自身の墓穴を掘らせたりするなど、ひどい奇策を映画から学び取っていたのだ。その仕事の魅力は明らかだった。逞《たくま》しい肉体の若い男たちは、ゆすりたかりが実社会の労働よりも少ない作業量で済むことに気付いたのだ。

さらに、国の治安機構が衰えるにつれて彼らのサービスへの需要が高まった。空手道場は一九八一年から一九九五年まで公式に禁止されていたのだが、どうにか営まれ、地下社会の「御墨付き」を与えながら、ゆすりたかりの組織に訓練を受けた幹部たちを送り出した。そして、老舗のヴォレと新興の「спортсмены《スパルツミェーネ》（運動家）」の間には大きな軋轢《あつれき》が生じ、後者ははるかに乱暴で殺人に訴えることもいとわなかった。

トラックスーツに身を包んだ若い男たちの姿は至る所に見られた。彼らは、新たな経済の現実の象徴として、「組織化された力の象徴としてのジムと、自由経済における交易の原初的形態としての露店が建ち並ぶストリートマーケット（原註15）」に集まったのだ。多くのロシア人による犯罪組織は、元運動家から構成されたものにかぎらず、健康的な生活に努めて厳しい規範を奨励し、民間のジムに定期的に通って身体能力を維持している。ジムはまた、ミーティングを行う場所を提供しているのだ。

この健全な生活志向はヴォレをも捉えた。ヴォレは、伝統的にアルコールと薬物の使用に反対したことはなかったが、今では彼らのなかにも、ジュースバーで会合をしてオレンジジュースで乾杯する者がいるほどとなっている。

全体的に見れば、古参のヴォレがお相伴にあずかることはなかった。とても多くの彼らの伝統や語彙が新興の犯罪集団のなかに残ったが、新参ヴォレの多くはほとんど監獄で過ごすことはなかった。かつての獄中生活は、勲章のように考えられていたわけだ（刑期は、監獄にあったタマネギ型の屋根の教会の入れ墨として記録されていた)。

新しい犯罪者のなかには、ヴォルの称号を一五万ドル弱で手に入れる者もいた。このような者の加入のために、ヴォルになることに伴った権威と地位は侵食されることになり、やがてその称号は新たなロシアの地下社会において重視されなくなった。

それにもかかわらず、新旧二つの集団の間には多くの相互交流があった。ヴォルが自らを新たな犯罪組織の「авторитет《オフトリーチエット》(犯罪組織の権威者、マフィアの支部長)」と位置づけたり、オフトリーチエットがヴォルとして定められたりした。多くのヴォレが内部抗争に巻き込まれて殺されて、新しい犯罪組織による乗っ取りも起こった。

大きな違いは、新しい犯罪組織のほうがはるかに残忍だということだった。主な類似点は、新旧どちらの犯罪組織も権利意識における貴族的な精神を涵養して、どんな環境でも彼らは働かないことにこだわっていたということだ。それゆえ、ビジネスマンと多くの人々が彼らに「当然のこととして」貢ぎ物をしなければならなかった。

彼らは自分たちのことを有閑階級だと見なしていた。彼らの天職は、何かをすることではなく、単に存在することだった。彼らが共通としている考えは、完璧な怠惰を保って大金を稼ぐことだった。

もう一つの大きな違いは、ヴォレが軍(および政府とかかわりのある会社)に入ることを拒んだのに対して、運動家上がり以外の新しい犯罪者の多くが軍を出自としていたことである。一九八九年のアフガン戦争の終結が、潜在的なゆすりたかりの巨大なため池をつくり出したと言える。

帰還した軍のベテランは、新しい経済の現実のなかでは担うべき合法的な役割がなくなったことにすぐに気付いた。彼らは戦争の無意味な犠牲に対する恨みを抱いており、このことが彼らを閉鎖的なサークルに引きこもらせ、彼らは同志とだけの関係を築いた。心的外傷後ストレス障がいを発現させた退役軍人たちは、凄惨《せいさん》な場面に直面したり残虐行為を働いたりするとき、明らかな利点をもち合わせることになった。すなわち、危機感の低下、死の受容、忠誠を誓い続けた戦友との一体感である。

一九九四年から一九九六年の第一次チェチェン紛争もやはり無意味で血なまぐさい戦闘であったが、紛争が終わるや、戦闘に加わった兵士の実に七五パーセントが戦争に戻ることを望んだのだ。彼らが軍隊で感じ取っていた連帯感と組織があったわけではないが、恐らく彼らにとっては、あのころのロシア社会は戦争と同じくらいに無意味で血なまぐさいものであったのだろう。ともあれ、彼らの多くはチェチェンにいたのではなく、帰還して戦闘を続けた。

「戦争体験は、凄惨な抗争が日常茶飯事となるビジネスにおいて、人に不可欠な肉体的かつ精神的利点をもたらす」(原註16)

そのような訓練と射撃能力をもった競争相手を前にして、古いタイプのヴォレに勝ち目はなかった。ゆすりたかりの人数を増加させたもう一つの集団がある。それはチェチェン人のマフィアだった。犯罪組織の形成におけるチェチェン人の成功は、たぶん彼らの部族構造と慣行に関係する。チェチェンでは、土地は決まって父から最年長の息子に譲られ、他の息子たちは家を出て侵入者になることを余儀なくされていた。

彼らは家にいる間、部族の年長者に絶対的服従を捧げねばならなかった。だが、家から離れている間、彼らの行動の自由は無制限だった。彼らは、戦利品を持ち帰ったときには英雄として受け入れられ、もっとも有名な（あるいは不名誉な）者たちは歌や伝説のなかで祝福された。

こうしてチェチェン人の社会では、隣人たちに対する略奪行為が高い地位を示す職業となった。しかも、どんなレベルであっても道徳的に非難されるべきことだとは考えられなかった。なぜならば、シャリーア（イスラム法）によれば、周囲の畑を犠牲にして豊かになることは立派な行為であったからだ。

チェチェン人が彼らの隣人を愛するとは決して思われていなかったのだが、アレクサンドルII世(27)の治世においてチェチェン人の領土はロシアに併合された。この事実は、チェチェンの歴史において、これまででもっとも屈辱的な出来事となった。それがゆえに、ロシア人に対して永遠に和解し難い憎悪を生むことになったが、その感情はさらに深められていった。スターリンが第二次世界大戦後、ヒトラーと戯れた咎《とが》で四〇万人のチェチェン人をカザフスタンへと追放したからだ。これらの要因のすべてがチェチェン人の犯罪組織を出現させ、恨みを勇敢にも晴らすことに駆り立てることになったのだ。

チェチェン人のマフィアはペレストロイカ実施期間中にカーペラチフを食い物にしはじめて、やがてモスクワで最大かつもっともまとまった犯罪組織となった。彼らは地方にあるスラブ系の犯罪集団との度重なる凄惨《せいさん》な抗争を生き残ったわけだが、もともとの構成員のほとんどは死んだか入獄中かである。それにもかかわらず、一九九〇年代にかけて、彼らはモスクワ最大の商売を営んだだけでなく、非合法的な地下銀行をも営み、貴金属、石油、武器の貿易を行った。

やがてチェチェン人のマフィアは、ゆすりたかりから足を洗って、ホテル業、銀行業、ペーパーカンパニーおよびマネーロンダリングへと多角化していった。そして今では、石油、材木、金、レアアース鉱物のような商品を扱う多様な貿易会社の多くを操業するまでになっている。資料のうえでは、これらの企業はロシア人を重役として登場させ、見分けをつきにくくしている。彼らが蓄積した大金は、チェチェンの分離独立を求める反乱の間、ジョハル・ドゥダエフ[28]が率いるチェチェン独立派の資金源にもなった。

---

(27)（Александр II, 1818~1881）ロマノフ王朝の第一二代皇帝。ニコライ一世の第一皇子。

(28)（Джохар Мусаевич Дудаев, 1944~1996）チェチェン共和国並びに国際的には未承認の独立派のチェチェン・イチケリア共和国の初代大統領。

理想的な無法者

「бандиты《ヴァンディティ》（無法者）」と人々が呼びたがったロシアの新しい犯罪者階級は、暴力を用いる積極性と能力によって権力を得た。これは、犯罪集団か他の集団なのかを問わず、あらゆる組織とは一線を画して権力を手中にしたということである。というのは、暴力は単なる一つの方法ではなく、一つの専門的な能力だったからである。合法的だろうと非合法的だろうと、暴力を扱うビジネスは他の業種のビジネスとは異なるものなのだ。

まず私たちは、制度的なサービスをあらゆる他の商品やサービスから区別しなければならない。次に、暴力を伴う制度的なサービスをその他の制度的なサービスから区別して考えなければならない。無法者は、暴力を伴う制度的なサービスを提供する専門性に特化しているというわけだ。

だが、暴力の行使をある種の仕事として考えることは誤りである。というのは、無法者たちの作法は仕事を禁じているからだ。彼らは、貢ぎ物で生計を立てねばならない。ビジネスマン同士は互いに搾取し合って、言葉さえ信じられない状態となっている。そんな道義を欠いたビジネスマンに対して用いるべき道徳的な義務として、彼らは暴力の行使を了解しているのだ。

無法者にとっては、口にした約束は証書も同然であり、まさかのときのために命を賭して裏書きすることをいとわないものだ。のちに分かるように、無法者たちは有用な、時として不可欠な役割を担うことができ、またそれを実行するわけだが、それを彼らの「仕事」と考えるならば、あるベールに穴を開けてしまって彼らの仕事を果たせぬことにしてしまうだろう。このことは、贈与経済における私心のない交換というフィクションに似ている。つまり、贈与が単なる債務として扱われるようになった瞬間、贈与経済は霧散してしまうのだ。

　無法者たちは、金を稼ぐためにではなく、彼らの名誉を守るために厳格に振る舞うのだ。なぜならば、貨幣は「当然のこととして」彼らのものだからだ。なお、ほとんどの無法者たちは惰眠《だみん》を貪る日々から程遠い日常を過ごしており、ヴォルコフ教授［二二五ページ参照］によれば、彼らはとりわけ「脅迫したり、護衛したり、情報を収集したり、紛争にけりをつけたり、保証を与えたり、契約を守らせたり、課税したり（原註17）」しているのだ。

　一九九〇年代にロシアで進化したものは、契約して、殺して、死ぬ用意のできた理想的な無法者のカルト集団だった。無法者は暴力を行使する準備ができていたであろうが、その主たる道具は言葉だった。彼らの営みは口述文化であり、文章化されたものには最小限しか信頼を寄せなかった。

　彼らのもっとも重要な言辞は遂行文であり、思考の伝達ではなく、世界の状況を直接変えて転換するための表現である。話すという行為は保証を与え、契約などを交わして、それらを守るために用いられるのである。彼らの世界では、脅迫にせよ、約束にせよ、話し言葉は「конкретный《コンクレートニー》（具体的）」でなければならず、なおかつそれを実践する絶対的な意志で裏打ちされていなければならなかった。無意味なことを話したり、虚しい脅しや自慢をしたりすることは論外であった。盗賊は「ответственности за слова《オトベチャッザスローバ》」、すなわち自らの言葉に責任をもたねばならないのである。ベラベラしゃべって秘密を漏らそうものならば、厳しく処罰されて、指詰めとなる。

無法者の作法はまた、正当化されない暴力や不必要な暴力の行使、すなわち「беспредел《ビスプリデル》（無法）」に対する制裁を要求する。誰かが理由もなしに暴力に訴えれば、「отморозки《アトマローズキ》（凍傷にかかった人、冷酷）」と呼ばれる。それは不名誉な呼称であり、恐ろしい呪いでもある。なぜならば、そのレッテルを貼られた者は誰でも徹底的にやっつけられるからだ。

興味深いことに、一九九九年の三月にロシアの国防相だったイーゴリ・セルゲーエフ[29]は、セルビアへのＮＡＴＯの爆撃について話すとき、その行為を「ビスプリデル」と見なした。ウラジーミル・プーチンも同様にその言葉を用いている。だが、両者ともＮＡＴＯに「アトマローズキ」のレッテルを貼ることはしていない。ともあれ、このように無法者たちの専門用語が、今では公式の政治家の語彙に含まれているのである。

当初、無法者たちは犯罪的な警備会社として創業したわけだが、一九九二年にどうにか合法化されたことで、彼らから「犯罪的」という文字がぬぐい落とされた。いずれにせよ、この類いの警備会社のすべてが油断することなく評判を守るわけだが、その評判は彼らが行うビジネスと暴力行使の決断に対する信頼にかかっている。重要なことは、彼らの評判は発注者の考えに基づくものではないということだ。それは、いくらか見当違いというものだ。そうではなくて、彼らの評判は他の同業者と比べて維持されねばならないのである。

信頼される警護は、説得力のある脅迫と紛争を解決する能力から導かれる。それゆえ無法者の語彙集は、「решат вопросы《リーシャットバプロッセ》（問題を解決するために）」と、彼らが提供する複雑なサービス向けにはむしろ穏やかな言い回しからなっている。また、暴力の行使によって築き上げられた犯罪面での評判は、のちにできるだけ穏便にビジネスを行ううえでの資産のようなものとして用いられることになる。

他の犯罪集団と協同して「問題解決」するために、彼らはしばしば相互に保証人を与えなければならなくなる。ビジネスマンを騙すことは完全に正当なことと考えられているが、無法者同士が互いに騙し合おうとは決してしない。なぜならば、それはとても血なまぐさい報復合戦を招来するからだ。

犯罪集団は通称をもち（ペールムスキー、カザンスキー、チェチェンスキー、カフカズスキー）、そのほとんどが地名か民族の名称にちなんでいる。犯罪組織の権威者たち（авторитеты《オフトリーチェットィ》）は自

（29）（Игорь Дмитриевич Сергеев, 1938～2006）ロシア連邦の第三代国防相であり、一九九七年からはロシア連邦の元帥。

分たちを中世の貴族様式で名乗り、彼らの苗字に出自の地名をつけた。こういった名称は、一団が忠誠を誓って身を捧げる旗印として機能する。また、犯罪組織に合流するときに用いられた言い回しは「встать под флаг《スタットポッドフラグ》（旗の下に陣取ること）」というもので、この集まりを明確なものにしている。このような色分けはまた、勢力圏に所有権を主張する際や犯罪集団間の交渉の際に重要な役割を担う。

それらは統治権の目印なのだ。ひとたび名前とそれに関係する評判が十分に確立するならば、その名称は創設者（死んだり入獄したり、ロンドンで裁判をしているかもしれない）から切り離されて用いられ、フランチャイズ化によって広められるトレードマークになる。

悪徳商売を創業する基本的なコツは、依頼人を勧誘することである。これには三段階のプロセスがある。

第一段階では、ゆすり屋は依頼人のために問題をつくり出す。第二段階では、ゆすり屋はこの問題に対する解決をいくらで引き受けるかと提示する。そして第三段階では、ゆすり屋は依頼人に対して、この問題は支払いが継続されるかぎりにおいて再発することはない、と請け合うのだ。ゆすりは心の隙間の自然で自発的な結果であり、自然かつ自発的にみかじめ料へと進化するわけだ。

「みかじめ料の取り立てという制度は、暴力の独占の不在から突然現れるのだ(原註18)」

ゆすりのはじまりとなる行為は、しばしば厄介なものとなる。「洗練されたつくり話の詐欺事件と違って、現実の出来事では、犠牲者を誘拐したあとで棺に入れて、共同墓地への『最後の旅』になるという交換条件をほのめかして棺を置いていった（原注19）」ともあれ、ゆすりとみかじめ料の違いは程度の問題でしかない。盗賊たちが「彼の勢力圏の住人に永続的な貢ぎ物を求める関係を確立しようと奮闘して、貢ぎ物に対する彼の要求を正当化するサービスを提供するにつれて（原注20）」、ゆすりの珍しいケースが保護料という安定したビジネスの関係へと変異するわけだ(30)。

勧誘のプロセスは大雑把になる他なかったが、不可欠な機能を供した。一般のビジネスにおける風潮では、「крыша《クリシャ》（屋根、上限、頂《いただき》の意）」と呼ばれた私的な警護サービスが不可欠なものになった。というのは、もしも債権者が警護をもたず、債務総額が請負殺人の料金よりも大きいならば、債務を返済するよりも債権者を殺すほうが安上がりになるからだ。

もし、あなたがクリシャをもたず、あなたの商売敵がそれをもっているならば、あなたの商売敵の実行部隊があなたのビジネスを停止に追い込むことを止めるものは何であろうか？　納入業

(30)　佐藤雅彦・竹中平蔵『経済ってそういうことだったのか会議』（日経ビジネス人文庫、二〇〇二年、八六ページ）には、「ヤクザの『みかじめ料』と国の税金」と小見出しを付して同様の話が記されている。

者があなたのお金を受け取っていながら納品しないとき、クリシャをもたないあなたはどうやって自分のお金を取り戻すだろうか？　などの問題がある。したがって、みかじめ料の取り立てが広がるのは、主として現実に基づいた需要に対する応答だった。

ビジネスマンたちは信頼していない人々ともビジネスをしたがったが、契約を履行させる効果的な法的手段がなかったので、急場凌ぎに別のシステムをつくらねばならなかったのだ。

そのような訳で、新しいビジネスは一つか二つの集団にみかじめ料を支払わねばならないことになった。その料金は、月額二〇〇から三〇〇ドルではじまって、やがて利益の二〇〜三〇パーセントというのが相場になった。それにもかかわらず、ビジネスのオーナーたちはゆすりは些細な問題だと考えて、警察や徴税人や法廷よりもゆすり屋のほうが実行能力もあって手頃だと認めて、彼らとの取引を好んだのだ。さらに、「一九九〇年代中頃のロシアでは、統一された全体としての『国家』および公的部門のまさに存在自体が疑わしいものになった（原註21）」。

かくして、「クリシャ」はロシアのビジネス用語に入ったもう一つの言葉となった。

「現在のロシアのビジネス用語では、クリシャという言葉は、供給業者および依頼者の法的な立場とは無関係に、経済活動の主体に慣習的なサービスを提供する代理業務を言い表すために用いられている（原註22）」

このような慣習的なサービスは、公式の司法と混同すべきではない。今なおかなりの面でそうなのだが、公式の司法に依頼することは避けられたのだ。なぜならば、それは権限を人間味のない力へと譲りわたすことであり、価値のある個人的な人間関係を壊すことになるからだ。つまり、同意に至らず問題になっている懸案よりも人間関係のほうが一般にはより価値のあることとされているのである。

ロシアのビジネスマンは、彼らの個人的な人間関係に頼る傾向がある。全体的なビジネスの風潮を考えると、誰かの活動が非合法への一線を越えているのかどうかを語ることは往々にして難しい。もしも非合法だとして、厄介な場合にある人が当局者を介入させたことが知れわたれば、その個人の信頼は簡単に損なわれることになるのだ。ほとんどのロシアのビジネスマンは、訴訟を組織犯罪よりも大きな脅威と見なしており、合法的なプロセス自体を刑罰の一形態だと考えている。

もっとも、ロシアのビジネスにおける乏しい合法性は、状況に照らして考察する必要がある。一九九〇年までロシアには税コードがなく、命令によって税が徴収されていた。その命令はしばしば相互に矛盾していて、その効力は過去にまで遡るものであり、従わなければ没収という罰則があった。だが、もしもまともにすべてを支払っていたならば、ほとんどの経済活動が息の根を止められていたことだろう。

多くの税の罰金は違法であり、お金を調達するために課されたものだった。事務書類の整理保存だけでなく、税や手数料や罰金の支払いをも避けるためにビジネス界は国家との契約を避けた。したがって、一九九〇年代中頃のロシアの闇経済がＧＤＰの四五パーセントを占めたことは驚くに値しない。

もっとも信頼されていないロシアの組織は、今でもある程度そうなのだが、市当局と警察だった。これはとりわけ小さな田舎町で顕著であり、そこでは腐敗した地方の役人がのさばっているきらいがある。

そのような訳で、危害を加えられた人々は警察に行くのではなく、「友人を雇う」ことを好んだのだ。ロシアの人々は、国家に対して訴訟を起こすためにもっぱら法廷を用いる傾向がある。なぜならば、そのような場合、単純に他に頼むところがないからだ。

ゆすりたかりの合法化

民間のみかじめ料の取り立ては、一九八七年に急激に増えはじめた。私有化の波が起こった一九九二年までにゆすりたかりは合法化され、合法的な民間の警備会社の営業が可能になった。

ゆすりたかりは、経済自由化と国家所有物の急激な私有化の直接的な結果だった。それは、愚かさからなのか悪意からなのか、政府の限定的な役割と市場における神の「見えざる手」の無制限の役割を好んだ西側のエコノミストによって吹き込まれたプロセスだった。要するに、西側のエコノミストは、「明確に定義された所有権のシステム、迅速で効果的な司法システム、犯罪の抑止に資する信頼ある警察といった市場経済を機能させる仕組み」(原註23)がなくても、市場経済は機能し得るという意見のもち主だったのだ。

　このことに加えて、危険きわまる速さでロシア経済は民営化されて、制度的に扱い得る以上の誘惑を生み出してしまい、その結果、合法的な経済活動を競争力のないものにしてしまった。挙げ句の果て、犯罪組織は資産取引を支配することに踏み込んでいった。その結果は、国中で横行した暴力の連鎖であり、ビジネスと犯罪の境界線をぼやけさせてしまった。

　一九九五年に暴力の連鎖は頂点に達した。犯罪集団による抹殺コンテストが最高潮に達して、より規模の大きな少数の犯罪集団へと統合が進んでいった。一九九四年には、犯罪組織の権威者である「オフトリーチエットィ」の暗殺事件は二〇件にも達し、それ以後、減少していった。

　一九九七年までに統合プロセスは完了し、興味深い変化が起こった。犯罪集団はゆすりや保護料から自発的に進化し、株式所有、企業支配、資産剥奪、資金の国外移転といった業務に移っていった。また、多くのオフトリーチエットィは西側諸国に移り住むことを選んだ。ロシア経済に投資した少数の者は持ち株会社をつくり、威圧することから合法的な資本蓄積へと転換を図った。そして、犯罪組織においてもえり抜きの人々は中流階級になった。

　こういったことが起こるにつれて、配下の犯罪組織は真上から崩壊していった。リーダーシップが公の秩序に統合されたものになり、ごく一部のエリートの殺し屋は特別な極秘ミッションを担ったものの、中堅や下っ端の犯罪者たちは時代遅れという存在になった。その結果はさまざまだった。

犯罪界のエリートにとっては、この出来事は急速に社会的地位を上り詰める通り道となったが、凡庸な悪党にとっては組織化されていない犯罪の世界に戻る片道切符となり、予想できなくもなかったことだが、二〇〇〇年代の初頭には不法侵入や路上犯罪の発生が急増した。刑務所に行く悪党もいれば、麻薬の密輸、売春、銃砲弾薬の密売買、詐欺などの「伝統的」な犯罪の世界に落ち着く者もいた。

中堅の犯罪者たちは、ビジネス界に進んだり政府機関で働きはじめたりした。ウラジーミル・ジリノフスキー(31)のLDPR(ロシア自由民主党)は、波乱に富んだ過去をもつ陰のある人物にも門戸を開き、誠実で信用できる者には警察に入る機会を与えた(ただし、ロシアの政治が犯罪者であふれているとまでは言えない。だが、グルジアでは、ジャバ・イオセリアーニ[Jaba Ioseliani, 1926~2003]という名前のヴォルザコネが西側の支持を得たエドゥアルド・シェワルナゼ政権の大臣に及ぶところまで暗躍した)。また、ロシア正教会への気前のよい贈与者となって、信仰心のあつさを公然と表して上流社会に取り込まれていった犯罪者もいる。彼らは、多くの教会に対して修復作業の資金を提供した(その結果、教区は時折、教区民からの集金に犯罪者集団を向かわせている)。

やがて、旧ソビエト連邦の行政執行機関を、旧ソビエト連邦時代の公務員を配置した民間の警備会社に転換するという急進的な変革によってロシア国家は盛り返した。ソビエト連邦の崩壊後、新しいロシア政府は、いわゆる「**силовики**《シロヴィキ》」ないし「力を誇示する省庁」、つまり国防省、内務省、外務省、KGBを信頼していなかった。なぜならば、それらの組織は、一九九一年の八月にゴルバチョフに反対する反乱に参加したからだ。

一九九〇年代の初め、これらの省庁では予算削減と組織再編が実施され、多くの職員が民間部門へと逃げていった。多くの者がクリシャを提供して犯罪的な手法に訴えた。それは「**стрелки**《ストレルキ》(問題解決のためのオフトリーチエットとの面談)」、「**проверки**《プロビアキ》(必要ならば手段を選ばずに事実関係を調査するミッション)」および「**разбо́рки**《ラズボルキ》(銃撃戦、報復)」を伴うものであり、借金の回収や紛争の解決のために脅迫や暴力を用いた。

やがて、彼らが学習プロセスを終えて新しい環境に同化するや、彼らは犯罪者の手助けを駆逐することができるようになった。利益の一〇~二〇パーセントを請求する代わりに、彼らはもっ

---

(31)(Влади́мир Во́льфович Жирино́вский, 1946~)ロシア自由民主党の創設者および同党の党首、ロシア下院国家会議副議長、欧州評議会議員会議の委員でもある。

と穏当な保険手数料を集めて、さまざまな特約を選べる警護サービスを提供し、同業者と共通の基盤を探って問題を減らしていった。

同業者も、そのようなサービスを提供するかつての同僚だった。そして、多くの大企業は自前の警備部門をもつことを選んだ。たとえば、ロシア最大の天然ガス生産会社で世界でももっとも大きな会社の一つである「ガズプロム社（Gazprom）」は、元KGB職員によって率いられた二万人ほどの強力な民間兵力を保持している。民間の警備保障という世界が突然文明化したとは言わないが、少なくとも職業にはなったわけである。

二〇〇〇年は、法の支配が政府の最優先課題となった転換点の年として記録されている。エリツィン(32)がこの転換に着手したが、「法の独裁」という言葉を用いてそれを実践したのはウラジーミル・プーチンだった。

二〇〇七年までに、マネーロンダリングの増加は注目すべき例外であったものの、犯罪はほとんどの種別で二桁減少した。もしもあなたが彼らに質問するならば、ロシア警察は犯罪の抑止に努め、若者とともに働き、出所した受刑者に仕事を割り当てるなど、よい仕事をしているからだ、とあなたに答えるであろう。同時に彼らは、記録的な失業率の低さと健全な国民経済が治安面で奏功していることも認めるだろう。

これに私が付言しておきたいことは、ロシアの巨大な警察力（人口の一パーセント近くであり、旧ソビエト連邦時代よりもはるかに多い）と法外な囚人数（アメリカ合衆国に次ぐ）も寄与しているということだ。それがどうであれ、今や政府がかのクリシャを提供し、二度とビスプリデルはないだろう。なぜならば、ロシアの中心にいるオフトリーチエットであるプーチンが、国民に向けたテレビ番組でそう語ったからだ。

（32）（Борис Николаевич Ельцин, 1931～2007）ロシア連邦の初代大統領。ロシア連邦閣僚会議議長（首相）も歴任した。

第３章

政治の崩壊

第３段階：政治の崩壊。

「政府があなたの面倒をみてくれる」という信頼が失われる。市販されている生活必需品が入手困難となり、それを緩和する公的措置が奏功しなくなるにつれて、政界の支配層は正当性と存在意義を失うことになる。

金融および商業の崩壊は、潜在的には致命的なこととなっている。人々は途方に暮れて、目的意識を失ってしまっている。困窮している人々を利用しようとする人もいれば、急激な環境変化に適応することができずに落後するだけという人もいる。そして、政治の崩壊が起きると、人々はひどい目に遭うことになる。

金融および商業の崩壊は、準備を怠った者に重くのしかかるという傾向がある。準備とは、通貨がハイパーインフレになって銀行が封鎖されるときでも価値を保持するものを保有しておくことや、古いやり方が機能しないまま新しいやり方が生まれてこない不確かな移行期間という困難を乗り切るために、必需品を備蓄しておくということだ。したがって、潜在的には致命的であるかと思われるこれら二つの災いは回避することが可能なのだ。

まず、適切なコミュニティーを選ぶことによって、そして食糧などを買いためておくか、食糧や水およびエネルギーの自立した調達先を確保することによって可能だし、さらに時代がよくなるまで、時節を待ちながら世界全体を漫然と無視する方法を探し出すことによって回避することが可能となる。

ところが、政治の崩壊はそうはいかない。なぜなら、それは世界全体を無視するわけにはいかないからだ。無秩序になってしまう可能性もあるが、損害を与えることになる組織的な取り組みの可能性もある。というのは、支配階級と支配階級に仕える階級（警察、軍隊、官僚）はたいていの場合往生際が悪く、人々が自治の構造を採用して、新たな環境に適応した新集団として自分たちで組織化して、試行錯誤を重ねて結集していくことを拒む傾向があるからだ。

むしろ支配階級らは、自発的に向こう見ずな新しい計画を企てたがるものだ。それは国民の一体感を取り戻すという構想であり、「以前の状態（status quo ante）[1]」（少なくとも、彼ら自身の権力と特権を失っていない状態）という思惑がうごめいており、他者の犠牲を強いることになる。

誰もがうまくいくこととうまくいかないことを見分けるために試行錯誤すべき状況において、政治家と公務員は新たに厳しく犯罪を取り締まる対策や、夜間外出禁止令および監禁を採用するきらいがあり、不服従の徴候を情け容赦なく押さえつけながら、彼らにとって利益となる活動だけを許可する。

失策への非難を逸らすために支配階級のエリートは、月並みながら、内部あるいは外部に敵を見つけ出すことに懸命になる。貧乏人、マイノリティー、移民などといった社会底辺の弱者や、もっとも政治的結び付きが弱い者は万人を堕落させているとして非難し、無情な冷遇を課すため

（1）興味深いことに、二〇一五年六月一五日に開かれた日本外国特派員協会と日本記者クラブの記者会見で、衆議院憲法審査会にて安全保障関連法案を「違憲」だと表明した小林節慶応大名誉教授は、その法案を「合憲」として戦時体制の確立を正当化しようとする任意団体「日本会議」について、「明治憲法下でエスタブリッシュメントだった人たちの子孫が多い」と指摘していた。

に選び出される。これが恐怖支配の風潮を醸し出すことになり、言論の自由を弾圧することへと導いていく。

だがこれは、外部からの脅威に比べれば、それほど国民を一丸とさせるものではない。そこで、国民の一体感を保つために、崩壊中の国民国家はしばしば攻撃するための外敵を探すことになる。願わくは、弱くて防衛力のない外敵である。なぜなら、報復されるリスクがないからだ。

国家を戦時体制に置くならば、政府はさまざまな物資を徴発して、それらを支配階級の利益にあてることを可能にする。さらに、さまざまな運動や活動を制限することもできれば、面倒な若者を駆り集めて戦闘に送り出すことで不平分子を監禁することも可能となる。

金融および商業の崩壊は、もっともひどい専制政治に傾倒する人々にとっては好機なのだ。ひとたび専制が確立すると、気付けば混乱に陥って分別を失った弱い人々は、専制に反対して立ち上がることがほとんどできなくなる。そして、新しい専制は権利を侵害しながら恒久的なものになり、延々と続くことになる。

その間、その国はボロボロになって、共倒れとなる抗争や継承にまつわる争いを通して、あるいは外国の支配に屈服してますます弱体化することを通して、崩壊に向かうことになる。金融および商業の崩壊に対する応答として派生していくことには、専制政治から無秩序までと幅がある。全面的な武力衝突の他にも多くの小競り合いや行き詰まり状態も想定されるが、ヒエラルキーのない自治的な社会的協力というスイートスポット(2)もある。

○アナーキー(3)の魅力

政治の崩壊に直面した際にまったくもって合理的に予期されることは、ほとんどの国の善良な人々が家の中で縮こまって、さながら家畜のように身を寄せ合うようになるということだ。なぜならば、人々がもっとも怖れることは、専制政治ではなくアナーキーだからだ。

アナーキー！　あなたはアナーキーを怖れるのか？　それとも、それ以上にヒエラルキーを怖れるのか？

私は変人だが、命令の連鎖に服従させられることのほうがアナーキー（ヒエラルキーを欠いた状況）よりも怖い。いいか、よく聞きたまえ。これは不合理な恐怖心ではなく、人生経験に基づく意見なのだ。

私は秩序立ったものだけではなく、自然や人間を研究してきた。そして、ヒエラルキーの構造

(2)　原義は、バットやクラブなどでそこにボールが当たるともっともよく飛ぶ箇所のこと。
(3)　「anarchy」はしばしば「無政府状態」と訳されるが、原著者による定義が後述されることを踏まえて本書では「アナーキー」と記す。

をもつ組織とアナーキカル（無規則的）に組織化された職場の両方で働いた経験があるが、規則なしで組織化された職場のほうがうまくいくのだ。私とて（ある業務において）上司という特定の一時的な権威ある立場に就くように説得されるかもしれないが、私は、上司の上司やさらなる上司の権威を盲目的に受け入れることには問題があると思っている。

具体的かつ一時的な威圧をかけるときや、大きな組織編成のチームの成果を要求する野心的な仕事を遂行するときには、ヒエラルキーも一時的に正当化されるかもしれない。だが、それが終わったらアナーキーに戻すべきだ。一兵卒から身を起こしたろくでなしだろうと、特権階級の甘やかされた子どもだろうと、私たちはいちいち指図することを楽しむような性質のもち主の配下にはいたくないものだ。だとしたら、代わりになるものがあることを認識して、私たちにはアナーキーへの怖れを克服する必要が出てくる。

鳥、蜂、イルカ、ヌーではアナーキーがうまくいっているのだから、あなた方でもうまくいくだろう。この世界には怖れるに値する多くのことがあるが、愉快で気性にも合って、効率的によく働ける状態としてヒエラルキーを欠くことは断じて怖れるべきではない。

「アナーキー」という言葉は、組織化されていないように思われるものに対する非難として一般に用いられる。なぜならば、ほとんどの人々は、（間違って）それが組織化を欠くことを意味するものだと信じているからだ。アナーキストもまた共産主義者の革命家と混同されており、典型的なアナーキストは、既存秩序の暴力的な転覆を願う反社会的で残忍なテロリストであるかのように想像されている。

またアナーキーは、間違ってアナーキズムの首尾一貫したイデオロギーの具体化を表しているように思われていて、アナーキーに反対する議論を、ほのめかされてはいるもののまだ明らかに存在していないシステムと、まさに現実の重苦しい巨大なヒエラルキーとして組織化された機構との誤った二者択一という、つまらないものにしている。

こういう状況のなかでの唯一の真実は、政治的イデオロギーあるいは運動としてのアナーキズムが、今となっては数世紀にもわたって見当違いなものであったということだ。

アナーキズムの兆しは、自治、地方分権、および中央政府からの独立を模索する運動のなかで、宗教改革と同じくらい前に遡って確認される。だが、やがて、実質的にそれらのすべてが、工業生産の果実をより平等に労働者階級で分配する社会契約を再交渉しようとした社会主義者と共産主義者の革命運動の洪水によって立ち退かされてしまった。

すべての先進国で、労働者階級はついに、団結権、争議権、団体交渉権といった権益を確保することができた。そして、中央集権化した工業国の階層制管理システムに服従することと引き換えに、公教育、規制された週間労働時間、政府が保証する年金や障がい補償の事業、そして政府が提供する保健衛生サービスなどを手に入れることができた。

一方、アナーキストの思想は、公式のヒエラルキーに服従することの報酬が強制力となるような政治的風潮のなかでは、何ら手掛かりを得ることができなかった。

だが、今や産業化実験はその終焉に近づいている。労働組合への加入率は低下している。企業は、最低賃金の国に労働を輸出して、いつものように賃労働からの鞘取り［一一〇ページ参照］を行っている。年金事業は至る所で破綻している。公教育は教育することに失敗し、大学の学位でさえ、もはや高給の職を得ることを保証するものではなくなっている。そして医療費は、（とりわけアメリカ合衆国では）制御不能だ。

工業化の時代が終わりに近づくにつれて、底辺に引き下ろされないように産業化の取り組みから抜け出すことを望む人々のなかでアナーキズムは、今日性と受容を獲得して、復活する機運が熟していると期待できるだろう。繁栄の未来が見込み薄となった産業部門の雇用状況は、ヨボヨボで機能不全のシステムに直面している。そんななか、労働力に参入することを探し求めている若者の観点に立つならば、産業化された機構から抜け出してアナーキーの方法を取り組むほうが合理的な選択となる。

- 今やっている仕事と経歴のすべてがたちどころに消散し得るというのに、ごくかぎられた繰り返し業務に従事してあくせく働くのはなぜなのか？
- 友人や隣人との集まりに加わって、食糧となる植物を栽培したり、さまざまなものをつくったり修繕したり、身近なコミュニティー内の人々を助けたりするようなことに時間を割り当てて、あなたの自由な時間を芸術、音楽、読書、あるいは他の文化的で知的な探求に費やさないのはなぜなのか？

- あなたと対等な人々が自発的に協力することによってよりうまくやっていけるときに、提供できるものをほとんどもっていない利己的な赤の他人の意向に従うのはなぜなのか？
- 十分に結束した平等主義のコミュニティーが自治を行えるときに、移り気な外部の権力者に服従するのはなぜなのか？

これらの問いのすべてが、正確かつ合理的な解答を要求している。もし私たちが、若者が産業社会の計画に追随することを期待する以外に解答を見いだせないとしたならば、私たち自身が社会の慣性に盲目的に服従することを彼らに強制していることになる。そして、それ以上のことは何もしていないということになる。

アナーキズムの主題に接近する一番の方法は、自然を学ぶ学生の視座をもつことだ。自然のなかでは、アナーキーは動物たちの協同現象として一般的であり、ヒエラルキーは比較的稀な現象で、範囲と持続時間がかぎられるということを観察することになる。

ピョートル・クロポトキン公爵［一三一ページ参照］は、一九世紀ロシアの学者でアナーキーの理論家であり、この主題について説得力のある書物を著している。クロポトキンは科学者でもあり、難解なデータに挑む科学者の目が一連の主要な観察を可能にした。

まず彼は、栄えているとても多くの動物種が、ほとんどすべてと言っていいほど社会的動物であることを観察した。生涯のほとんどを群居しない個体として過ごす動物もいるが、それらは規則というより、むしろ例外である。

ここで言う「規則」とは、協力的な集団のなかで生きるということである。ある種の繁栄のもっとも重要な決定因子は、協力の程度と成就なのだ。群居性の協力的な動物が栄える一方で、一匹で存在したがる動物は後退する。

人類の著しい繁栄は、伝達、協力しながら自然に組織化して、関心事に創造的に取り組む卓越した能力を駆使したところに負う。逆に、人類の紛れもなく恐ろしくひどい失敗は、権威に服従し、階級差別を許容し、盲目的に命令と規則の厳格なシステムに従うという、ありがたくない能力を行使することに負う。最悪の人で、実に不快に振る舞う人々が口にする言い訳は、「私は、私の仕事をしていただけです」や「私は命令に従っただけです」(4)というものである。

こういうことが、クロポトキンの二つ目の観察に私たちを導く。それは、動物たちの社会はとても高度かつ複雑に組織化され得るのだが、その組織化には規則がなく、極端な階層性を欠いているというものだ。つまり、この惑星で進化した生物種には、兵士、伍長、軍曹、中尉、大佐、曹長、司令官といったものはなく、銃を持って容赦なく強圧的で野卑で無様な人間は例外だということだ（ジャックブーツ[5]を履いてライフルを持った動物を見たときには、いつでも走って逃げよ！）。

動物たちが組織化するときは、一つの目的のためだけに群生する。鳥たちは隊形をつくって北か南に飛んでいき、ヒナを育てるために自然に群生する。草食動物は、川の浅瀬を渡るときに集合する。プレーリードッグ[6]は衛兵を配置し、捕食者を見つけたときにはピーピー鳴いて巣全体に警告を発している。また、異なる種の鳥たちでさえ捕食者を追い払ったり攻撃したりするために協力しており、大きな鳥が先導して、小さな鳥が手伝いに回っている。

ニワトリにおけるつつきの順位や、ライオンの群れにおける食事の順番のように、動物集団のなかには順位づけで明白に問題解決を図る種もいるが、これらは徹底的な特権階級や特権的地位をつくり出すことがない順位づけとなっている。

（4）ドイツの親衛隊の隊員だったアドルフ・アイヒマン（Adolf Otto Eichmann, 1906～1962）の言葉。彼は、「良心」よりも上意下達の命令に服してホロコーストに関与した。

（5）ロシア軍やドイツ軍などが使っていた丈の長いブーツのこと。

（6）齧歯目リス科。体長二五～四〇センチ、尾長七～一一センチ。ずんぐりした四肢の短い動物で、鳴き声が犬に似ているのでその名がある。地下にトンネルを掘って棲み、多いときには数千頭が集まって地下街を形成して生息する。

したがって、動物社会は平等主義なのだ。女王蜂やシロアリの女王さえ命令する地位には座っていない。彼女は単純にコロニーの再生産機関であり、命令もしないし、他の誰かに従っているわけでもない。

動物社会は平等主義なので、明示的な正義の規範や平和維持のための裁判手続を必要としない。というのも、対等のものの間では、「人にしてもらいたいと思うことは何でも、あなた方も人にしなさい」(7)という単純な黄金律が天賦の本能的な公平感に対応しており、ほとんどの状況において十分な指針となるからだ。

二つ目の本能は自分自身の前に集団の利益を優先するというもので、集団の結束を確かにして、計り知れない力の源泉になっている。私たち人類は、この本能を有り余るほど、恐らく欠点となるほどもっている。他の動物種は、当然のこととしてその本能に従うが、それに従う者に勲章を授けたり、叙勲者を尊敬したりはしていない。

この協力、平和および公正に関する分かりやすい理解は、自然界全体に見いだされる平等主義でアナーキーの社会本能から湧き出たものであり、成文法に好意的ではない光を投げ掛ける。成文法のシステムは、どのみち万人が従う不文法をあえて成文化するという、余計で自惚れた営みとしていつもはじまるが、その後、成文化を行いながら力を増している支配階級の利益となるように、一つ二つの要素が新たにコソコソと入り込むということをクロポトキンは観察している。

彼は「モーセの十戒」から、「隣人の家を欲してはならない。隣人の妻、男女の奴隷、牛、ろばなど隣人のものを一切欲してはならない」(8)を取り上げている。不文法で口承される法体系を有した文字使用以前の社会は千差万別で、すべての人が妻は牛のような存在ではないと認識していたはずであり、それらを法の前で同等に扱おうとした者のことを破壊活動分子か痴愚者《ちぐしゃ》として認識したことだろう。

妻と牛が違うと認識すれば、牛が共同体内の牧草地を自由に行き来し、牛を必要とする人が使うことを許すという社会もあるかもしれない。他方、誰かの妻を寝取るということは、泥棒にも妻にとっても人生を終わらせてしまうような出来事となり、周りの人々は恥ずかしくて目を逸らすようになるだろう。

また、牛を許可なく借りることを重窃盗と見なし、誰かの妻を借りることを、その妻が同意するかぎりにおいて正当な性愛のスポーツと見なすかもしれないが、その二人を殺す嫉妬深い夫は第二級謀殺の訴因で告発されるという社会もあるかもしれない。このような社会のあり方の違いを「十戒」は認めず、妻も牛もただ個人の所有物として扱っている。

(7)『新約聖書』「マタイによる福音書」第7章12。
(8)『旧約聖書』「出エジプト記」第20章17。

さらに「十戒」は、他人の財産に無関心でいられないことを罪とし、主たる倫理感の原理として、観念的な無制限の私有財産の所有権を神聖なものとして大事にする。これは、規則がなくても自治が可能になる平等主義の社会を維持することとは正反対となり、不公平と階級闘争に特徴づけられた社会に、平和を維持するための警察や法廷や監獄を導入することを不可欠とする。

モーセは、金の雄牛を崇拝するイスラエルの人々を見るや、石の板を投げつけて砕いた。個人所有の偶像を崇めた廉《かど》で二度、石の板を投げつけて砕いたはずだ。(9)

三つ目となるクロポトキンの観察、恐らくもっとも重要な観察は、ダーウィンの進化論の一般的な誤解に関するものだ。お分かりだと思うが、ほとんどの人々が「ダーウィン主義者」と言うとき、実際には「ホッブス主義者」を意味している。

「適者生存」という言葉は、絶滅に至る最短経路となるにもかかわらず、動物が同一種の他の動物と争うことだと誤って解釈されてきた、とクロポトキンは指摘した。この自然から直接観察することができる事実の誤った解釈は、欠陥のあるホッブス主義者に、何やら自然に進化したことであるかのように、また、それゆえに不可避的なことであるかのように経済活動における本能的欲望の正当化を導いて、市場についてのいい加減な法律を生じさせた。

その結果、感情を欠いた排他的で容赦のない個人主義者を優遇するようになっている。そして、精神疾患の類い、つまり本能に基づいて病的なほど退化した自己愛を、究極的な進化的適応と経済原則の基礎として重視するような事態を招いている。こうして、経済理論の構成物すべてが、自然界に現れるパターンの間違った理解を運ぶ欺瞞的な基礎の上に組み立てられているわけである。

クロポトキンは、何が動物社会の生き残りと繁栄に資するのかについて多くの例を挙げている。それは、ほとんどいつでも同種内の協力であり［一三一ページ参照］、時として他種との協力の場合もあるのだが、断じて明白な競争ではない。彼は言う。

「野生のシベリア馬は、通常小さな群れで草を食んでいるのだが、ブリザードのときには、離れ離れでいることを克服して多数が集まって、体の温もりを分け合うために峡谷に密集する」こうしないと、しばしば凍死してしまうからだ。動物たちは生き残りのために闘うが、彼らの闘いは、洪水、旱魃、寒冷続きおよび熱波を引き起こす厳しい天気や気候変動、あるいは個体数を減少させる病気や捕食動物といった自然の力に抗《あらが》おうとすることではない。

動物たちは、一つのことを除いて同種内の仲間で争うことはない。それは、幸運な遺伝子の突

(9)「あなたはいかなる像も造ってはならない」(「出エジプト記」第20章4g)、「あなたはそれらに向かってひれ伏したり、それらに仕えたりしてはならない」(「出エジプト記」第20章5h)、「二枚の掟の板が彼の手にあり」(「出エジプト記」第32章15)、「モーセは激しく怒って、手に持っていた板をなげつけ、山のふもとで砕いた」(「出エジプト記」第32章19)

然変異を発生するか、受け継ぐかによって、遺伝子宝くじに当選する者がより多く生き残って再生産するということである。それゆえ、ゲノムは競争することになるわけだが、「競争」という用語の使用は純粋に比喩的なものであり、全体として種の繁栄にかかわる主要な行動様式ないし一番の決定因子は、文字通り協力という行動様式となる。

ところで、クロポトキンの生涯は何かと悲劇的なものだった。彼は、貴族で軍人の家庭に生まれた。三歳のときに母が亡くなり、父は彼や彼の兄に関心を示さない女性と再婚した。そしてクロポトキンは、父の私有地に隷属する農民たちによって育てられることになった（彼は、ロシアが農奴制を廃止する二〇年前に生まれている）。

農民たちだけが彼に関心をもち、好意を示した。そして、彼は農民たちと家族のように結び付き、彼自身の階級の幸福よりも身分の低いロシア人の幸福により関心をもって成長した。彼は宮廷での経歴を準備することになった近習《きんじゅ》学校を卒業したのだが、自然科学への関心は、遠く離れたロシアの極東地域の野外へとすぐに向かった。

クロポトキンは、やがて氷河の歴史についての理解を前進させた有名な科学者となり、革命運動に関する歴史家ともなり、世界でもっとも有名なアナーキズムの理論家になり、そして生涯にわたって平民の苦境を助けようとする願望を燃やし続けて、自らひとかどの革命家になった。彼の死後九〇年が過ぎた今も、人々の記憶から彼は消えていない。

他方、彼は、国家共産主義やプロレタリア独裁について賛成するようなことは決して口にしていなかったにもかかわらず、ボルシェビキ[10]と結び付けられて苦しめられた。また、アナーキズムを侮辱して、それをテロリズムと同一視させるために、西側の資本主義体制によって大きな活動が画策された[11]。

そこで私は、クロポトキンとアナーキーの両方を復権したいと思う。クロポトキンの分かりやすくて気取りのない著作物を読むことさえしない人々は、彼が何よりもまず自然科学者であることをすぐに認識するだろう。同じ科学的な手法を用いて、彼は自然と人間の特質の両方の研究を行い、その解明に取り組んだのだ。

彼はまた偉大なヒューマニストであったが、アナーキーの道を選んだ。なぜならば、彼が自然界で観察した協力のうまくいくパターン[12]に基づくならば、アナーキーこそ社会を改善する一番の方法だと科学者として了解したからだ。彼は、ヘーゲル［Georg Wilhelm Friedrich Hegel, 1770～1831］、カント［Immanuel Kant, 1724～1804］あるいはマルクス［Karl Heinrich Marx, 1818

（10）（большевики）「多数派」という意味。ロシア社会民主労働党が分裂して形成された、ウラジーミル・レーニンが率いた左派の一派。
（11）日本でも、クロポトキンの邦訳を手がけた幸徳秋水と大杉栄は消された。
（12）ピョートル・クロポトキンのアナーキー。http://royallib.ru/book/kropotkin_petr/anarhiya_sbornik.html

〜1883〕の曖昧な形而上学をまったく必要とせず、共産主義者だろうと資本主義者だろうと、帝国という考えをまったく認めなかった。

クロポトキンは、あくまでも共同体レベルでの共産主義の擁護者であり、生産と消費の両面を組織する際に例証されたすぐれた有効性のうえに彼の主張を基礎づけた。共産主義者の生産活動について彼が挙げた例は、当時のアメリカ合衆国で大流行となったさまざまな共産主義者のコミュニティーだった。共産主義者のコミュニティーは、個々のホームステッド(13)による入植者や家族経営の農園よりも、より少ない作業かつより少ない労働時間でより良い成果を生むことを数字が示していた。

また、共産主義者の消費として彼が挙げた例は、さまざまなクラブ、すべてのサービスが含まれた保養地やホテル、その他いろいろな公式および非公式の団体であり、そこでは、一度入場料や会費を払った者はすべてのものが利用可能で、値引きして提供されることになる。このような共産主義者的な消費パターンは、資本主義者的にその都度現金払いするやり方よりもはるかに少ない費用総額で、はるかによい成果を与えることを数字が示していた。

クロポトキンは、彼のスタイルであるデータに基づく手法によって確かに草の根共産主義の味方だったが、共産主義者による統治に賛成した旨の意見表明を私は見つけることができないでいる。彼は革命的な変化、すなわち過去との関係を断ち切ることを必要とするような変化について、次のように話していた。

「革命的変化は、それが社会を改善するために不可欠なものであっても、上から押し付けられたプロセスではなく、地域レベルでの人々の創造的なエネルギーを解放する自発的なプロセスであるべきだ」

「社会の再構築（перестройка《ペレストロイカ》）は、耕作地、住居、稼動している工場、鉄道、船など、特殊な営みに就く大勢の人々の集合的な知恵を必要とする」と、彼は書いている。これ以上に記憶に残る彼の言葉は、「未来が法律によってつくり出されることはない。なされ得るすべては、もっとも重要な運動に参加すること、そして、人々に道程を明らかにすることだ」というものだ（なお、ここをはじめとして別のところに記したクロポトキンの趣のある革命前のロシア語の訳は私自身による）。

　クロポトキンの革命に取り組む方法は、科学者らしく、地震学者が微動に基づいて地震を予測するやり方に似ている。

「数百件の反乱が革命に先立って起こる……どんな忍耐にも限界があるのだ」

　彼は長期にわたる亡命生活の間に西ヨーロッパの多くの革命運動に参加して、前駆微動のよう

---

(13)　一九世紀にリンカーン大統領が定めた法律で、居住と開墾を条件に無償で土地を与えた。

な出来事の増加をモニターした（スイス政府が国外退去を求める前、彼はスイスに長期滞在していたが、その間にスイスの時計職人の多くを急進化させて、彼らをとても正確にアナーキーを実践するアナーキストに変貌させたと思われる）。観察に基づいて、彼は革命が起こりそうだと思うに至ったのだ。

さらに彼は、革命がアナーキー的な現象であることを望んだ。

「私たちは……革命を民衆運動として理解しており、それは広がりを見せることになり、その間、反逆心のある地域内の都市や村ごとに、多くの人々が自ずと社会を再構築（перестройка《ペレストロイカ》）する仕事に従事することになる」

だが彼は、革命政府にはまったく信頼を置いていない。

「力尽くだろうと、選挙によってだろうと、権力を掌握した政府には、私たちは絶対に希望をもてない。そんな政府は何もできないと言い得る。それは、私たちの主情によるものではない。革命の波に押されて政府に入った人々が適任だと判明した例がまったくなかった、ということを私たちのすべての歴史が示しているからだ」

この見解に基づくならば、正確にはクロポトキンは革命家ではなく、むしろ革命に関する科学的な観測者で、予言者だったと結論することが穏当となる。彼は革命がますます増えると考え（この点では、彼は間違っていなかった）、できるかぎり最善の成り行きを望み続けた。

申し出のあったすべての指導者の役割を彼は断っており、ロシアのボルシェビキ革命に彼の関与がなかったということもまた注目に値する。一九一七年二月の革命後、彼は早々に亡命生活からロシアに戻ったが、すぐにモスクワの北に位置する生まれ故郷のドミトロフに移って、その地にて一九二一年、七八歳の生涯を閉じた。クロポトキンはボルシェビキの指導者層にはまったく人気がなかったが、指導者層も彼には手を出すことができなかった。なぜならば、クロポトキンは一般大衆の人気を博していたからだ。

　クロポトキンは本物の共産主義者だったという意見を考慮しないとして、彼が本物のアナーキストではなかったということを示すことが私たちに残されていることとなる。アナーキーに関する私個人の実用上の定義は、私にはとてもしっくりと来るものなのだが、「ヒエラルキーがないこと」というものだ。アナーキー（anarchy）の語源は「ἀν（not, without、ない）＋ἀρχός（ruler、支配者）」である。一方、クロポトキン自身の定義は次の通りである。

「アナーキーとは、自然科学における科学的な手法を用いて得られた成果を人間の制度の評価に応用する試みを表す」

　お分かりのように、この文言は共産党員の破壊活動分子や爆弾を投げつけるタイプのアナーキスト「ユナボマー」のものではなく、科学に従事して、とても興味深い研究成果を人間の社会制度に関する科学的研究に応用することを試みようとする、まさに科学者の言葉である。

クロポトキンは一九世紀の自然科学の枠組みのなかで活動したが、彼の研究成果は当時と同様、今日でも的を射たものとなっている。さらに、彼の洞察力の正しさは、複雑系科学の理論に関する最新の研究によって支持されている。

現役の素粒子物理学者として四〇年間のキャリアをもち、現在サンタ・フェ研究所の名物教授であるジェフリー・ウェスト(14)は、複雑系の理論および生物系のスケーリングの数学的解釈において、いくつかの素晴らしい大発見を成し遂げている。小さなトガリネズミから大型のシロナガスクジラまで大小の動物を調べて、彼と共同研究者たちは、これらの動物がある冪乗則《べきじょうそく》(15)に従っているということを導き出した。

動物の代謝コストは体重とともに大きくなるが、そのスケーリング因子は1未満であり、大きな動物ほど資源の利用に関してより効率がよく、本質的により効率的な動物であるということを意味する。ただし、動物ごとにある最適な大きさがある。必然的に、すべての動物について、成長曲線は有界のS字状曲線によって特徴づけられることになる。すなわち成長は、当初、加速度的に伸びたあと、動物が成熟するにつれてペースを落として定常状態に到達するというものだ(16)。

ウェスト教授が発見できたことは、ニュートン力学の法則と同じくらい単純で一般的な代数方程式により定式化された、ひとまとまりの一般法則である。それらの法則は、木々、動物、バクテリアの群生、生き物のすべての様式に関するデータを用いて証明されたものであり、驚くほど正確な予測を与える。生物の大きさ（体重＝m）が増すにつれて、単位体重当たりの代謝コストや心拍数などは$m^{-\frac{1}{4}}$に比例して小さくなるが、寿命は$m^{\frac{1}{4}}$に比例して伸びる。「1/4」という指数の「4」は、三次元に四番目のフラクタル次元を合算することに由来する。これは、神経系から循環器系、はたまたシロアリの巣におけるトンネルシステムまで、すべての生命系がフラクタルであって、すべてがネットワークであることにより、フラクタルの特性を示すことによる。そこでは、小さなスケールを拡大して見るならば、同じように組織化されたサブシステムが見つけられることになる。(17) つまり、フラクタルなネットワーク内では、上下、左右、

---

(14)（Geoffrey West, 1940〜）サンタフェ研究所の元研究所長でディスティングイッシュトプロフェッサー。物理学博士。スタンフォード大学とロスアラモス国立研究所では素粒子物理学の研究者だったが、サンタフェ研究所に移って生物から都市までのスケーリングに関する研究を行う。二〇〇六年のタイム誌「世界で最も影響力のある一〇〇人」に選ばれた。都市と企業に関する研究は、ハーバードビジネスレビュー誌の二〇〇七年のブレークスルー・アイデアに選ばれた。

(15) 統計モデルの一つ。x、y二つの量が$y=ax^b$のような指数を用いた数式によって関係づけられるということ。ここで、a、bは定数。

(16) ジェフリー・ウェスト教授の発見については、「ジェフリー・ウェスト：都市および組織の意外な数学的法則」http://www.ted.com/talks/geoffrey_west_the_surprising_math_of_cities_and_corporations?language=ja を参照されたい。また、生物についての冪乗則については、本川達雄『ゾウの時間 ネズミの時間』（中公新書、一九九二年）が参考になる。

前後に、とても重要なこととして「ズームイン・ズームアウト」を加えた四つの自由度があるというわけだ。

その後、ウェスト教授は自身の関心を都市に向けて、都市が同様の冪乗則《べきじょうそく》によって特徴づけられることを発見した。都市もまた、経済面でのスケールメリットによってあるところまでは規模の拡大から利益を生むのだが、二つのとても重要な違いがあった。

一点目は、生命系の場合、サイズが大きくなるほど代謝がより遅くなり、規模の拡大は内部時計を遅らせることになるが、都市の場合には規模拡大の効果が逆になる。すなわち、都市が大きくなるほど、都市の規模についての単位当たりの代謝コストとエネルギー消費がより大きくなり、生活ペースはより消耗性を増すことになる。つまり、成長中の社会経済システムの新陳代謝の要求にペースを合わせて維持するためには、社会経済的な時間は絶えず加速することになる。

二点目は、すべての生命系が最適なサイズまでの有限の成長を示す一方で、都市のような社会経済システムは無限の超指数関数的な成長を示すことになる。

これら二つの相違点を勘案するならば、都市がその恒常的な平衡状態を維持するためには、無限に速く活動しなければならない点に至ることが示唆される。だが、その特異点に達する前に都市は自然界の限界に達して、崩壊することになる。要するに、社会経済システムは持続可能ではないということだ。定常状態までの有限の成長を示す自然界の生物に見られるアナーキーなシステムと、ほとんど特異点に至るまで超指数関数的な成長を示そうとする人工的なヒエラルキーの社会経済システムとは、一線を画するというわけだ。

ウェスト教授は、この違いを一つのパラメータ「β」を用いて定式化することに成功した。生物においては「β<1」であり、有限の成長を招来する。社会経済においては「β>1」となり、ほとんど特異点に至るまで爆発的な成長を招き、その後に崩壊する。

生物のシステムは細胞の集まりであり、細胞は互いに協力している。それは機能に応じて組織化した細胞の集まりだが、主人となる細胞や奴隷となる細胞があるわけではなく、言うまでもなく階級もない。

癌細胞を例外として、細胞同士が互いに競争することもない。単細胞から、細胞の群生、多細胞生物、多細胞生物の群生まで連続的な進歩があり、環境によって決められる限界まで、すべてが機能に応じてヒエラルキーなしに組織化されており、すべてが協力範囲の増大から恩恵を生んでいる。

意識さえも、特別な命令系統をもっているわけではない。意識や自由意思のようなものがあると私たちに考えさせる複雑な振る舞いは、脳細胞の協力による創発的な行動である。どの脳細胞

---

(17)　部分と全体が相似であることを「自己相似」と言う。

も、実際に意識を担っているわけではないのだ。

私がここに座ってこの仕事に集中していると、私の右手はお茶の入ったコップをつかんで口元へと持ち上げるが、私の他の部分は何ら注意を払う必要がない。また、私の別の部分は、休憩して雨が降りはじめる前に店に行くべきだと考える。私がそうするとき、その決定は協同現象となって行きわたる。というのは、命令する者も命令される者もいないからだ。

生き物と都市の違いは、生き物がアナーキーに組織化されているのに対して、都市は階層的に組織化されているということだ。生き物は、協力的な細胞からなる持続可能で平等主義のコミュニティーであり、大きなサイズになるほどゆっくりと動いて、長生きするスケールメリットを採用している。

他方、都市は、他の者よりも特権的な者を温存させるさまざまな階級で組織化され、成文法とあからさまな命令の連鎖に基づく公式の統治システムによって制御されている。都市は大きくなるほど、警察、法廷、規制、官僚、その他の公然たる管理システムの相対的重荷が大きくなる。これらのずっと大きくなるばかりの内部維持の要求に直面して、都市はますます速く活動することによってのみスケールメリットを達成することができるわけだが、最終的には崩壊することになる。

ここから導き出せる多くの結論があるのだが、恐らくもっとも重要なことは、崩壊が偶然の出来事ではないということだ。それは、そうなるように誘導された所産なのだ。崩壊は、権限、調整、制度の同一化、および統合がより高い水準にあることが、いつでもどんな規模でも正味の利益になると考える人々によって誘導されているのである。

崩壊のエンジニアには政治学者が含まれる。彼らは、限定戦争(18)の代わりに、際限なく増え続ける軍事支出と支配による世界平和を目指している。また、崩壊のエンジニアには経済学者も含まれている。彼らは、自然の揺らぎを許容する代わりに、多大なる費用をかけて安定性と成長を追求しており、最適水準にある成長の自然な横ばい状態を目指している。

さらに、崩壊のエンジニアには金融家も含まれている。彼らは、国際金融の統一と透明性、および資本の世界規模での動きやすさを求めている。彼らは、常に取り組んでいるネズミ講を崩壊させないように政府保証と救済策を要求するが、個人的な信頼に基づくコミュニティーや人間関係といった本来あるべきところに生産的な資本は投入しない。

最後に述べるが、決して軽んじられないことは、崩壊が神学者によって誘導されているということだ。彼らは、書き下ろされた文章に基づいて道徳の絶対的な見解を固定して、人間の本性を

---

(18)（limited war）地域、手段、兵力および達成目標に、何らかの制限を加えて実施される戦争。投入する軍事手段の制限により、自ずと可能なかぎり少ない費用で遂行されることになる。制限戦争とも言われる。

歪める、あるいは無視しようとしている。

これらの人々はみな、観念的な原理のうえに社会を基礎づけようとする、救いようのない夢想家たちである。そのような夢想家たちの社会が失敗するのは避け難いことだが、人間の弱さを認識して、それを補うことのできる人々は長期間にわたって存続できる。私たちが人間性のなかにもつ最大の弱さとは、ヒエラルキーを形成し、規則と法の形式的なシステムに従い、夢想家に耳を傾けることだ、と言える。

アナーキー（つまり、階層なしで自己組織化している）のシステムは、進化や自然界において標準であっただけでなく、人類史のほとんどの期間にわたって標準であった。さまざまな中央集権的な管理によって厳正に組織化され、明確に成文化されたヒエラルキーのシステムは、錯綜した命令系統に基づいて最近の数世紀にわたる人間社会を支配するようになったが、そのシステムが呈する数々の失敗によって特色づけられた景観を解釈しようとするほどに、アナーキーのシステムが私たちに多くのことを教えてくれる。

だが、この素晴らしい情報に触れて、私たちがすべきことは何なのだろうか。私たちは階層構造化された社会に住んでいて、その社会は、いつでもトップダウンの権限を具現化しており、時には圧制的なほどで、私たちは逃れることができないでいる。私たちはアナーキーこそ自然のあり方なのだと受け入れることができるかもしれないが、私たちはまた、アナーキーはもはや（少なくとも当分の間）人間の本性に合致したあり方ではない、もしくはあなた好みの言い方では、「権力者」のやり方ではない、と受け止めるにちがいない。権力者とは、私たちが彼の助けにならなければわずかばかりの何かを支払ってくれるが、私たちが助けにならないならば、殴りつけたり刑務所にぶち込んだりするように命じる人のことだ。

また、アナーキーについての政治的主張は、せいぜいインターネット上での愉快な現実離れした意見とされる（その意見の主は、自由な時間とインターネット接続の経済的な余裕を得るために、何かしている、あるいはより実務的にヒエラルキーを喜ばせているにちがいない）。最悪の場合には、政治改革の構想としてアナーキズムを主張する抑え難い欲望は精神疾患の徴候とされてしまう。

このことは、アナーキズムを支持する理論が実際的応用を欠いている、と言っていることにはならない。単にそのような応用が、政治に取り組む術《すべ》を何らもっていないということだ。ちょうどアナーキストの思想の源泉が自然の科学的観察にあるように、その現代社会への応用は、アナーキーが現代社会で担うことになる建設的な役割を観察することからはじまるにちがいなく、それから応用を広げる方法を探すことになるだろう。

その例はあるのだろうか？　もちろん、実際にある！

実在する階層的に組織化したシステムがひどく、因習にとらわれて機能不全に陥ると、間に合わせにつくったアナーキーの、恐らく当初はあまりうまくいかない代替システムが現れる。その代替システムが明らかに魅力的なものになるときにはいつでも、その代替システムがどこからともなくウィルスのように広まって支配的なシステムとなり、その後、階層的になって形骸化するという発展パターンがある。いくつかの分かりやすい例を挙げよう。

宗教改革がその明らかな例となる。見事なまでの階層制組織であるカトリック教会は、アナーキーの初期キリスト教団の残骸の上に築かれたわけだが、十分に腐敗して不快なものになり、天国などの門の前に料金所を設けるや自主的なリーダー（ルター）が反乱を導いて成功し、むしろ原初的な代替の宗教になった。その後、世界の多くの場所に広まって、やはりそれ自体が階層制構造の芽を出した。

ロシア革命はもう一つの例になる。帝政という時代遅れの体制の衰退は、第一次世界大戦に参戦したことによる失敗によって一層ひどい状況になり、パンを求める暴動を鎮められないまでになった。新たな自主的なリーダー（レーニン）は、急場を助けるために代わりの体制を築いた。その体制は、不愉快ながらも、当面前進する方法を供したわけだが、それも七〇年後、形式張って病的なヒエラルキーへと進展してしまい、ゴミ箱に投げ込まれるまでのことであった。

より最近の例では、貿易自由化の最初の取り組みはスケールメリットの利点を供したが、労働力と司法の鞘取り［一一〇ページ参照］も自由化されてしまい、それに国内企業が太刀打ちできなくなってしまった。その趨勢は留まることを知らず、今やどの国の管理をも超越した国境をまたぐ単一のビジネス環境になってしまっている。

もしも、歴史が何らかの指南を与えるとすれば、（時にそうなるように）避け難い結果は、グローバル化が放ったカオスを制御する取り組みのなかで、危険なまでに中央集権化した国際金融の官僚機構がその自重でボロボロに崩れるまでのシーンを独り占めして、しばらく画策することになるということだ。

同じくらい意義深い（そして、当たり障りのない）活動中のアナーキーの例は、コンピュータ技術の分野に見いだされる。異なる製造業者によってつくられたコンピュータは、互換性のないオペレーティングシステムを使っていた。言うまでもなく、利用者には不便な思いをさせたが、製造業者にとっては好ましい状況だった。というのは、ある製造業者のハードウェアからの乗り換えは、費用と時間を要するソフトウェアの書き換えを伴うためにユーザーの固定化をもたらしたからだ。

その後、ベル研究所の二人の知性がとても単純で基本となるオペレーティングシステムを思いついた。「Unix」である（その名称は、当初冗談だった）。それは彼らが開発した「C」と呼ばれた言語で書かれ、多くの異なるコンピュータ上で動いた。そして、事実上、世界中に広まった。だのちに Unix は市販品になり、すぐにアナーキーなものからヒエラルキーなものに変わった。だが、Unixを卑しい企業の手から引き離して、さまざまな取り組みを通してそれを再び書き直すとき、アナーキーは再び勝利したのである。

ここでもやはり、自主的なリーダーが重要な役割を担った。リチャード・ストールマン[19]のGNUプロジェクト(GNUという頭字語は「GNU is Not Unix」を表している)は、GCCという無料の「C」コンパイラをつくり出し、実に多くのUnixユーティリティを書き直した。

また、フィンランドの大学院生だったリーナス・トーバルズ[20]は、彼の大学が提供したPCが使っていたマイクロソフト社のウィンドウズ・システムを好きになれなかったので(彼はそれをガラクタだと思った)、Linuxオペレーティングシステムというユニックスバリアントを書いた。それは当初PCで動いていたが、今では、Androidスマートフォンから Wi-Fi ホットスポットやルーター、グーグルの検索エンジン、はたまた事実上すべてのスーパーコンピュータまで実に多くの機器の中で動いている。ついにはアップル社でさえ認め、OS XはUnixバリアントに基づいたものになっている。Unixは、今やユビキタス[21]と言える。

最後の非Unix集団はマイクロソフト社で、今や明らかに恐竜と化して沈みつつある。一方、Linuxを採用したグーグル社とUnixを採用したアップル社は、マイクロソフト社のビジネスを食べている。それはオタクと言われている人の冗談ではじまって、ウィルスのように広がって席巻したわけだ。アナーキーに座布団一枚!

このような例は多くの分野でもたくさん見られるが、パターンはすでに明らかだ。教会、政府、企業のいずれだろうと、階層構造の組織が構造的瑕疵《かし》をつくり出して、その解決策は、それがにわか仕立てであっても構造的瑕疵を隠蔽するようなものが見つけ出される。すると、一人のリーダーが代わりのやり方をつくり出すために名乗り出てくる。その取り組みがうまくいき、取って代わった取り組みが根付いて広がりを見せると、それ自体が自ずと階層的な組織を生じさせることになる。そして、新たに生じた領域の管理の拡大と統合の営みにおいて、組織は構造的瑕疵を新たに生み出すような考え方を採用する。だが、時を経て、ヒエラルキーの致命的なやり口は損失をもたらして崩壊が起こる。

このサイクルを繰り返すわけだ。このサイクルを壊すためにできることはあまりないように思われるが、公共の領域で創案を行ったり（ソフトウェアの場合、GPL：General Public License などでこれが行われている）、発明を公開されたスタンダードなものにしたりすることによって

(19)（Richard Matthew Stallman,1953～）アメリカのプログラマー、フリーソフトウェア活動家。コピーレフトの強力な推進者として知られ、現在に至るまでフリーソフトウェア運動において中心的な役割を果たしている。

(20)（Linus Benedict Torvalds, 1969～）ヘルシンキ出身のプログラマー。Linux カーネルを開発し、一九九一年に一般公開したことで有名。

(21)（ubiquitous）ユビキタスの語源はラテン語で、至る所に存在する（遍在）という意味。

サイクルを長引かせる方法はある。これは、一企業の過度の影響を無効にする、あるいは少なくとも緩和する効果を有し、いつでも有益な営みとなる。なぜならば、企業は短命な存在となる傾向があるほか、企業は他者の利益を不利にするなどして、手段を選ぶことなく利益を追求しているからだ。

だが、重要な発明も時間が経つと、企業コンソーシアム、標準化団体、政府の監督機関およびその他の階層的な組織の管理下に置かれ、それらの組織がやがて発明を台無しにしてしまう。こういった組織は、勤勉さあるいは怠慢から発明を台無しにするかもしれないが、実際にはそういう組織そのものが発明を台無しにしているのだ。なぜならば、何かが永続して自由に発展するためにはアナーキーに組織化されなければならないのだが、それを不可能にする階層構造の組織をつくっているからだ。

私が望むことは、このような話を通して、アナーキズムの実践がどんなふうに見えるかを明らかにすることだ。まず初めに、誰かが先鞭をつける。それは、リーダーの地位を求めるのではなく、主導権を握ったり管理しようとしたりすることもなく、単に先に正道を歩み、誰かの許しを請うことなく為される必要のあることをする、ということだ。その目的は、他の者が自由に役立たせることができる現実的な代案をつくり出すことである。

だが、これを成功させるためには、リーダーは目標を的確に選ばなければならない。それは大きな構造的障害であるにちがいないが、かぎられた取り組みで抜け道が見つけ出される。そして、規模を拡大して広めるために、的を射たコンセプトを具現化する急拵《きゅうごしら》えの解決策をつくることで偉業となる。

これまでがそうであるように、ほとんどの人々にはこのような偉業を成し遂げることはできない。偉業は、（必要ならば秘密にして）まったくの単独で、あるいは数名の非公式な協力者を伴って、個人の営みで起こるという傾向がある。一番の目標は、個人または小集団の取り組みによって最低限の初期コストで代案がウィルスのように広まり、抜け道が見つけ出されることだ。

◯国民国家の翳《かげ》り

私たちの不運は、多くの人たちが政治的な取り決めのなかで生活するようになっていることにある。それは、長々と続いている工業文明時代の副産物、すなわち一九世紀の工業化した国民国家である。以下に記すことは、国民国家にまとまった経緯の、とても短い要約である。

一二世紀頃、教会と貴族は、古代ローマの帝政時代を懐古して、一連の小さなローマとして再生する準備を行い、中世を支配していた自由都市のアナーキー的に組織化された政治体をつくり替えた。のちになって急速に工業化する西側の帝国は、この惑星を支配しようと策略を展開するにつれて、大きいことは（経済のスケールメリットゆえに）よいことだ、画一性は（帝国の中心から十把一絡げの策を命令することを可能にするので）多様性よりも素晴らしい、そして厳格な政治的管理を維持したいならば、高度な中央集権は自治よりもよい、ということを発見した。

どの帝国も、まずは国境内の人々を一定の手順で扱った。財産を没収して、コミュニティーを破壊して、中央集権化された国に代表者を出すように迫ったのだ。そして、標準語以外のすべての言語と方言を撲滅して、愛国的な国民以外のアイデンティティの源となるものを侮辱すべく奮闘した。

工業化の実験に労働力を供給するために農家は土地から追い払われ、ついには福祉国家と不十分な賃労働に就く大勢の都市貧困層が生じた。通常、そのような方策は崩壊を招くが（かつての帝国はすべて崩壊した）、今回は異なった。なぜならば、まずは石炭、次いで石油、天然ガス、そして原子力と、自由エネルギーとして取り出せるものを調達することができたからだ。しかもそれらは、そのエネルギーを利用して得られる利益に比べてはるかに小さなコストだったので、コストを無視することができた。

一人一か月分の肉体労働に相当する一リットルのガソリン[22]が依然として一リットルの牛乳よりも安い状況に偏った世界に限定されたが、一時的に帝国は、効率がよくて競争力もあるような姿を現すことができた。

だが、二一世紀早々、化石燃料資源の減耗は工業化した国民国家を非効率で競争力のないものにしている。国民国家は息も絶え絶えとなり、死活問題と格闘している。不幸にも、その断末魔の苦しみが、多くの罪のない傍観者をひどく苦しめているのだと気付くかもしれない。

現在の政治的な取り決めは、時代遅れなものになっているにもかかわらず、ハンブルク、フィレンツェ、ノヴゴロドといった中世に繁栄した都市国家のような、腕のよい職人のアナーキーな集まりからなる地方に根差した政治体へと移行しようともしていない。まさに、国民国家が、数世紀前にそれらの都市国家に取って代わってしまったからだ。

せめて、正しい方向に進む優しい「一突き」が必要だろう。真に美しい成り行きでは、国民のリーダーは、指導しようとする姿勢を穏やかに思い留まらされて安全な場所に隠遁し、周期的に大衆に向けて手を振る姿を見せたのち、ついには剥製にされて崩壊の歴史博物館に展示されるというものだ。だが、最悪の場合、国民国家は自らの延命のために、無駄な取り組みに最大限の破壊的な力を注ぐことを選ぶかもしれない。

傲慢な国民国家は、定めたやり方に従いたくない人々にはうんざりするものだが、そんな国民国家はほとんど常に軽率で滑稽でもある。そのナショナリストのレトリックは、ほとんど地質学

---

(22)　単位エネルギー当たりの価格として比較するならば、パン価格は原油価格の数十倍になる。

的な永久不変の言葉で言い表されるが、その実体は二、三世代ほどで輝きを失う不可避的に短命で夢のような組織であり、その道程は、初めの成功、その後の衰退、そして、支配階級の不可避的な老衰というお決まりのものとなっている。

また、その具体的な表現は、たいていの場合、内容の乏しい象徴によって構成されている。今だから分かることだが、旧ソビエト連邦の国歌はその典型的なもので、茶番めいて聞こえる歌詞ではじまっている。

「自由な共和国からなる、壊れることのない連邦は、何世代にもわたって、偉大なるロシアによって結び付けられた」

このような象徴的な言辞の効力は、ある人々の弱さを当て込んだものである。若者たちには本能的に民族的アイデンティティを探そうとする特別の発達段階があり、そのアイデンティティは通常、イニシエーションの儀式（加入式）や通過儀礼を行うことで築かれる。そこで、若者たちが偽物さえも容易に刷り込んでいく段階において、うわべだけの象徴となる独断的な寄せ集めが、公立学校やその他の国が管理する機関によって巧みに代用されていくことになる。

アメリカ合衆国において、生徒が胸に手をあてて（もともとのベラミー式敬礼は、ナチス式敬礼として知られるようになって今では嫌われている）朗読させられる忠誠の誓いは単に形だけのことではなく、特定の旗を振るリーダーに喜んで従う若者集団をつくり出すために変貌させようとする営みなのだ。さながら、コンラート・ローレンツ(23)のゴム長靴を母親だと刷り込んで、長靴に付いて歩くアヒルの子どもの集団のようなものである。

ブーツを着用した人々に付いて行きたがる人々もいる。工業化した国民国家の本質をうまく伝える一つの象徴があるとしたならば、それはジャックブーツだ［二六七ページ参照］。

発射準備のできたライフルを携えたヒヒたちの編成部隊は、ジャックブーツをこれみよがしに着用している。大統領のパレードのような国力の象徴的な示威行動を見るならば、不可欠となる装飾的要素はジャックブーツを着用したオートバイ部隊の行列だと分かる。ジャックブーツを着用したヒヒたちは、実際にはナショナリズムという愛国心まがいの心理劇によって騙されて「ご機嫌取り」を買って出ているわけだが、他の多くの者はただの商売人である。お金が鍵なのだ。なぜならば、国民国家の窮極の目的は、工業と軍国主義と商業の完全なる融合を達成できる政治システムを維持することだからだ。

工業は大量の兵器を提供することで軍国主義を支え、軍国主義は莫大となる新たな資源と市場を制圧することで商業を支え、商業は次期の軍費を融通することで軍国主義を支える。人々は外

---

(23)（Konrad Zacharias Lorenz, 1903～1989）オーストリアの動物行動学者。刷り込みの研究者で、近代動物行動学を確立した人物の一人。

部の脅威に備えて統合しようとするだけだが、国民の統合は産業界によって要望された経済のスケールメリットを実現するための要求に他ならないので、ナショナリストの政治家たちは信仰や文化や民族の優越性の神話を展開することに一生懸命働いた。

こうしてアイデンティティのなかに排他的な感覚がつくり出された。それは、自国内に醸し出された原始的な感覚や劣等感のすべてを、原始的で劣っているとされる他者に向けて投影させることになり、単一の集団として振る舞うべく人々は強制されていった。

より政治的に品行方正な時代では、帝国における人種的偏見の大袈裟な言葉は、「すべての野蛮なものを絶滅せよ!」から「自由と民主主義!」へと、敵意を抑えてより無意味なものに置き換えられている。だからといって、目指すところが違うわけではない。

もちろん、すべての若者が簡単にナショナリストの道化芝居に感動するわけではない。ナショナリストの訴える力に対する有効な対策は、洗練された同族意識である。(イスラエル人ではない)ユダヤ人、華僑、アルメニア人、ロマのような強い民族的アイデンティティをもった離散民は、ナショナリズムに対して比較的免疫をもっている。

本当のことを認識する方法を知れば、若者であっても間違いを見抜くことが容易となる。その結果、そういう集団は、愛国心を養おうとする心理劇に容易に揺すぶられることはなく、息子を軍隊に送り出すことにもめったに同意しない(実際、ロマは断固拒否している)。一方、ロシアのコサックやイギリスおよび北米のスコットランド系アイルランド人のような集団は、ナショナリストの罠にはまっただけでなく、まるで地獄に落ちたかのようにそこから抜け出せないでいるため、帝国のキャノンフォッダー［他人の成功のために利用される人］の確実かつ継続的な供給先になっている。

部族による対策はまた、国民国家が崩壊しはじめるとともに直面することになる、闇経済の発生、マフィア政治、軍事的指導者による専制、暴力的な非国家主体の介入のような事態に対処するうえでも有効である。アフリカやその他の多くの破綻国家で観察されていることは、故郷のコミュニティーから締め出された若い男たちが残虐な活動をする組織に簡単に取り込まれ、故郷に対してであっても、彼らのパトロンのためならば暴力を行使するという傾向となっている。

そのコミュニティーは成り行きを予見できなかったのだろう。したがって、そのような環境では、コミュニティーが建設的で責任のある役割を若者に見つけてやり、若者たちが評価されつつ帰属意識と自尊心を感じるようにすることが緊急の課題となる。だが、さまざまな所に位置するすべてのコミュニティーで必ずしもこういうことができるわけではない。崩壊前のソーシャル・キャピタル［互恵的な人間関係］の規模が、崩壊後に達成可能な統合と協力の水準を決定することになる。

○国語

ナショナリズムの象徴や主張はまったく無意味で、征服を企てている集団の旗、規範、神話にすぎないのだが、彼らの主張は、言語の同一性を付け足すことによって著しく増幅され得る。イディシュ語の研究者であるマックス・ヴァインライヒが聞いて広めたように、「言語とは、陸軍と海軍をもつ国の方言のことである」。(24)(25)

傲慢《ごうまん》な国民国家の典型的な策略は帝国言語を設計して押し付けることであり、政府が運営する学校や公的機関が教える人工的な言語は、地方の言語や方言をかき消すというあからさまな行為である。国民国家の発生は言語の多様性には悪く作用しており、数千年の歴史を有してきた世界に現存する六〇〇〇種ほどの言語の半分が今世紀末まで残っていることはないだろう。

これまでのところ、国民を形成するためのもっとも野心的プロジェクトで国境をも越えた言語は中国語の書記体系であり、音の表記と切り離された書記体系をかなり遍在させ、長命を保っている。

どんな言語の音も時とともに変化するが、中国語の文字はたいてい不変のままであり続ける。中国語の文字を用いて書かれた言語の話者はその言語を話し続けることになるわけだが、同時に中国語の文字を用いて思考することを強いられる。かつて、少なくとも記録用に中国の書記体系に頼った領域には、ベトナム（誰も読めなくなって、古い中国語の文字で書かれた文献は失われた）、韓国（ハングルという国家的書記体系を設計して、一五世紀に中国語の書記体系から逃れはじめて二〇世紀にようやく完遂した）、そして限定的で特殊ではあるものの、二〇〇〇字ほどの中国起源の漢字［常用漢字］を用いる日本が含まれている。

西暦一二四一年の短い期間には、中国語の書記体系は地球上の四分の一以上の陸地で用いられた。その年とは、モンゴル帝国軍による征服の波がウィーンの門のはるか東で引き返すことになったときである。なお、モンゴル人は文字のない文化だったが、巨大な帝国を治めるために、一二一五年の上海征服によって奴隷になった数百名に及ぶ中国人書記や会計士のサービスに頼ることになった。言うまでもなく、彼らは中国語を書いた。

もう一つの国民かつ国境を越えた言語の成功例は英語であり、国際的なコミュニケーションのための主要言語としての地位を固め、ますます世界中に浸透しつつある。ここでも、書記体系の一般性と長命は、音と書き記されたものとの相当な乖離《かいり》によって達成されている。英語の綴り方を英語の話され方に合致するように表記すべきだという要求は、あったとしてもごく稀《まれ》であり、

(24)　(Yiddish)　ドイツ語にスラヴ語・ヘブライ語を交えてヘブライ文字で書く言語。

(25)　(Max Weinreich, 1894～1969)　ロシア・クールラント出身のユダヤ教徒の言語学者。一九二五年、ヴィルナのイディッシュ科学研究所設立の参加者の一人。一九四〇年、ナチスによる蛮行を受けてニューヨークに移住。

相変わらず万人の時間が無計画なまま途方もなくおかしな浪費となっていることが堂々と放置されている。

綴りと発音の不規則性が、基本的な識字能力を獲得するうえで大きな障害になっていることは看過できないことである。数千に及ぶ一般的な言葉について、綴りと音を別々に記憶しなければならないということは、私たちの誰もが、コミュニケーションの媒介として生きた化石を用いることに支払わねばならない代償なのだ。その結果というと、英語圏の国々における機能的非識字率[(26)]が他の先進国に比べて何倍も高く、五〇パーセントにも達するということに現れている。英語圏の巨大な囚人人口も非識字の直接的な結果とさえ言えるほどで、読み書きが十分にできないために、被収容者たちのかなりの割合が社会に融和できないでいる。

だが、英語を音声通りに書くことはまったくもって可能である。そして、英語の綴りすべてを当然葬ることになるという問題は完全に政治問題となるが、この解決法は、英語を第二第三第四外国語として学ばなければならない数百万人の人々にとっては、とりわけ称賛されることになるだろう。

英語の綴りが主権を握り続ける間ずっと、数百万の人々には機械的な記憶を強いることになり、特殊な英語の思考方法にうっかり文化的な変容を遂げてしまうという副作用を生じさせることになる。つまり、英語を習得するには長い時間を要するために、英語を学ぶ生徒は言語だけでなく、その文化に属する決まり文句も学ぶことになるわけだが、その多くは英語が帝国言語だった時代からほとんど変化していない。

恐らく、新しい英語の書記体系を考案すべき時期なのだ。中国語の書に倣って、語彙ごとに明確な音素（主要な方言では三二の音素があることが分かっている）を表すような、正確に一つの記号をもたせるべきなのだ。

詰まるところ英語は、大きな辞書をたまたま持つことになった単純な言語でしかない。それが世界の共通語として採用された二つの理由は、他の国際的に競合する言語と比べると、文法、音韻論および語形論における極端な単純さ、そして英語が有する国際的な語彙によるものと思われる。その語彙の八〇パーセントがとくにフランス語由来で、残りわずかが国際的な語彙である。英語はまさに「簡単になったフランス語」なのだ。

それは、赤ちゃん言葉、あるいはスキャット（ジップ・ア・ディー・ドゥー・ダァー！）のようなものであり、誰も綴り方や発音方法を知らず、正しく使うことを気に留めることもなく、夥しい数の外国の言葉を収めた大きな辞書になっているわけである。

---

(26)　(functional illiteracy)　読み書きがまったくできない完全な非識字のことではなく、電化製品のマニュアルや契約書類が理解できないなど、日常生活や業務上必要とされる読み書き能力が十分ではない状態を言う。

まさに、英語には奇妙な反転音の接近音「r」があり（IPA［国際音声学協会］の記号は「ɻ」で、そのおかしな形状が奇妙さを立証している）、それはほとんど無声だが、それはまたかわいらしい小さな子どもの話し振りであるたどたどしさとも解される。そう、「strength」[27]という言葉が一語であるように、世界でもっとも恐ろしい子音字の音結合群が英語にはいくつかある。それは、赤ん坊が嘔吐するときの音のようでもある。

これ以外にも、英語につきまとう欠点のほとんどが、その帝国になったあとの不遜さと、実に困った綴り方を手放すことを拒否していることに起因する。言語学者が休みの日にでもつくる原案を採用するならば、近くのコミュニティーセンターの大人向け講座に参加するだけで英語が完全に習得され得るように改善されるだろう[28]。

この代案となる英語の正しい綴り方としては、アルファベットの原理をないがしろにしないで、正確に一つの記号（文字）が曖昧にではなく、正確に言語の一つの音（音素）を表すように取り組むことが推奨される。というのは、現在の英語の綴り方は七〇もの異なる「綴り方の規則」に従ったものであり、あまりにも例外が多く、ほとんどの場合、機械的な丸暗記が奏功するような言語となっているからだ。

したがって、この言語体系はシステムとして単純に教えることができない。このことを物語るのは、およそ一世紀もの間、文字が音を表すことを学生は教えられるか否かについての討論がアメリカ合衆国で盛んだったということだ。これが悲劇でないならば何だというのか。英語圏の外の地域では「フォニクス」(29)がすぐれた方法として受け入れられているが、そういう所でさえも、大人の機能的非識字率は先進国において恥ずかしい水準となっているというのにだ。

せっかくなので、ラテン語のアルファベットに見切りをつけよう。二一世紀なのだ、ラテン語はすでに死んでいる。後代のためにラテン語を残して、それを英語に適用しようとした中世の修道士は明らかに自分たちが何をやっているのか分かっていなかった。ラテン語のアルファベットは、英語が必要とする一〇文字（母音字二つと子音字八つ）を欠いているのだ。他の西側諸国の言語は更新したアルファベットを有しているわけだが、英語はまだラテン語1.0ベータ版とともにまごついている。(30)加えて、かの修道士たちは失読症の罠をかけていた。

私が意味することに気付くには、この本を上下逆さま［左右から］にして「bdbpdpqbqdpdpqbdbq」を読んでみるといい。たとえ軽度の読字障がいでさえも、英語の綴りによって悪化させられてし

(27)　力、強さ、体力 知力、精神力 強み、長所を意味する名詞。

(28)　英語は同じ綴りでも読みが違ったりして不規則性が多く、丸暗記するしかない。要するに、アルファベットが表音文字として機能していない。それを改善すれば、英語の習得は楽になってよいではないかというのが原著者の提案。

(29)　初心者を対象に、綴り字と発音の関係を教える語学教授法。

まうことだろう。

英語の綴りでは、一つの文字が複数の音素を表したり、複数の文字が一つの音素を表したりする。同音の言葉が違った表記になることもある。ewe［雌ヒツジ］、yew［常緑針葉樹のイチイ］、you、いずれも発音は「juː」である。

また、異なる音の言葉が同じ表記で書かれる場合もある。moped［mopeの過去形、ふさぎ込んだ］の発音は「móUpt」で、moped［モーペッド、ペダルでも走らせられるオートバイ］の発音は「móUped」である。tear［涙］の発音は「tíər」で、tear［破る］の発音は「téər」であり、車輪や液体が関係するかに依存して音が変わるのだ。

enough「Inʌf」［十分な］、plough「pláU」［耕す］、though「ðóU」［……だけれども］、through「θrúː」［を通って］のように、同じ文字の組み合わせが多くの異なる音を表すこともある。

現在ではすべての文章が電子化され、画面や印刷ページ上で文章をつくる方法に関する問題はソフトウェアの問題になっているわけだから、誰かがこの問題について本気で取り組むべきである。いわば「綴りの解体」であり、おかしな古い綴りの体系を遠ざけることに取り組むべきときなのだ。[31]

分かりにくい古い本の一節を解読する必要がある人々には、やがてスマートフォンのアプリケーションが提供されるようになるだろう。昔のちんぷんかんぷんの文章に満たされたページを撮影すると、読みやすいバージョンが画面に表れるというアプリケーションだ。実用的で、音韻論的に正確な英語の正しい綴り方を欠いている現状のままでは、ソフトウェアの扱いにおいて未来がないと言えるかもしれない。

○自衛の策

あなたのアイデンティティや思考プロセスを帝国言語へと無条件に明けわたすことは、いつでも、どこでも、必ず要求されるわけではない。バイリンガルやトリリンガルの多くの民族集団では、母語となる家庭内言語がとても用心深く守られている。広範に三か国語を話す例は中世のチ

(30) ドイツ語のアルファベットは、ラテンアルファベット二六文字に「ウムラウト」の付いた三文字（Ä、Ö、Ü）およびエスツェット（ß）を加えた三〇文字である。フランス語のアルファベットは、ラテンアルファベット二六文字であるが、三種のアクセント符号（「´」＝アクサンテギュ、「`」＝アクサングラーヴ、「^」＝アクサンシルコンフレクス）、トレマ（¨）、セディーユ（ç）、合字（Œ）を用いる。英語のアルファベットには、このようなバージョンアップがなされていない。

(31) 本書の著者ドミートリー・オルロフは、ここに記された英語の問題点を克服する画期的な英語教材「Unspeller」を開発している。その日本語版「アンスペル英語（Unspeller, Japanese Edition）」も作成されている。http://unspell.blogspot.jp/p/home.html

ェチェンであり、そこは、かつてスーフィ（神秘主義）を学ぶ中心地だった。そこでは、誰もが彼らの母語（北コーカサスの方言で、ついにはチェチェンの言葉と合体した）を話し、市場や商業の営みではトルコ語を用い、仕上げとして、多くの人々がアラビア語での読み書きができた。

トルコの影響は徐々に弱くなってロシア語に取って代わられたが、今日でも、中東全域に暮らすチェチェン人同士はチェチェン語だけで話し、子どもたちが家で他の言語を話そうものならば叱りつけるのである。

同じようなことは至る所で見られる。マイノリティーや離散民の集団は用心深く自分たちの言語を守り、言語の喪失がしばしばアイデンティティの喪失をもたらすことを熟知している。こうしたことがしばしばかなりのリスクとなる（単一言語の国民国家で異なる言語を話すことは、いつも政治的な行動になる）にもかかわらず継続されているのは、国民というアイデンティティが人工的で過渡的なものであるのに対して、アイデンティティの本物の拠り所をもち続けることのメリットが掛け替えのない大切なものだからである。

そのメリットは大きい。メリットのなかには、家庭内言語を母語とする話者を無意識的に含んでいる信頼の輪のなかで活動するといった能力が挙げられる（何しろ、周辺社会の意図することよりもはるかに容易にお互いの気持ちを読んで、お互いの意図を感じることができるからだ）。また、知らない人の前で暗号化された会話をして、特別な打ち合わせなしでも私的な意思疎通を図ることも可能となる。

もっとも重要なことは、自分たちの言語をもつ集団は、それを使うことで合意された事実についての意見をつくり出すことができ、主流派の意見から距離を置くなり、反対するなりできるということだ。

だが、すべての集団が必ずしも分離した言語的アイデンティティを順調に保つための決意の強さと集団の結束力をもっているわけではない。子どもたちに独立した教育を与えて、家庭内言語の使用についてのコミュニティーの高い規範意識を維持するためには大変な労力を要する。そのため、経済的に苦しい生活をしている集団ではそういった課題にあてるだけの余分なエネルギーをもっていないかもしれない。主流派の文化に取り込まれて同化してしまう圧力に抵抗するには、相当の決意を要する。

結果として、多くの場合、家庭内言語は時とともに廃れて、多くの借用語や外来の表現に汚染されてしまう。ひとたび地方の方言がその滑りやすい下り坂にあると分かったならば、その退廃過程を食い止めることは困難となる。というのは、母語の表現をつくり出すことよりも借用語を用いるほうが容易であるため、当該言語におけるすべての創造性が実際として停止してしまうからだ。

そして、時を経ると、家庭内言語は外国の機能語の寄せ集めになって、その借用語をつなぎ合わせて文章化するのに用いられる文法という糊をもった、なまりのある英語と同じようなものになってしまう。

ハーフリンガルと言われるような人々もいる。彼らは主流派の言語を適切に話すことができないのだが、そうかといって、国語からのさまざまな借用語に頼ることなしでは家庭内言語においてコミュニケーションを図ることもできない。彼らが出身国に戻ったとき、彼らの口から出てくる言葉は訳の分からないおしゃべりのように思われてしまう。

この傾向における格好の例は、アメリカ在住の多くのラテンアメリカ人によって話されるスパグニッシュ［Spanish + English］であり、あまりにも普及しているので、最近スペイン王立アカデミーがそれを独立した言語として認めたくらいである。幸運にも、スペインは無傷の生きた言語の宝庫で、カスティリヤ語、カタルーニャ語、バスク語があるのだが、その他の出身国における言語の状況はよくないかもしれない。

グローバル化は世界に多くの変化を強要し、英語とインターネットの利用によってもたらされる文化と言語の均一化を招いている。ひとたびある言語が借用語によって汚染されてしまい、創造性を失うと、その言語は世界に関する思考と独立した表現の代替手段として機能することも停止してしまう。(32) 言語が、その話者の心とともに効果的に植民地化された状態になってしまうのだ。そうなると、その言語が集団のアイデンティティの強力な基礎となることをやがて終えてしまうことになる。一世代か二世代で、その言語の使用はかぎられた成句にまで減少し、その後すぐにその言語は死んでしまうのだ。

国教

国語は、共通点がなく、当初多様だった人々に単一の統一された集団思考を植え付けるうえにおいて強力な道具である。とりわけ、人々から地域の言葉や方言が奪われたならば、（うまくいけば）階層的に管理された一つの組織のように振る舞うだけの道具にもなるのだが、国教の力に比べればそれは微々たるものでしかない。

支配者はいつでもこのことを認識している。西ローマ帝国（ローマ・カトリック）や東ローマ帝国（東方正教会）において、アナーキストの運動としてはじまったキリスト教がすぐさまローマ皇帝の手中に吸い寄せられて手段と化した理由もここにある。それはまた、農民の民衆運動からはじまった再洗礼派教徒のプロテスタントの考えが、アーミッシュ[33]、メノ派、および他のいく

---

(32) 対照的に、中世中期に栄えたイスラム圏では古代ギリシャの知的遺産のアラビア語訳が進められ、一七世紀イギリスのフランシス・ベーコンはラテン語ではなく英語による思索を公表して科学革命を牽引し、明治日本の文明開化では西洋の科学・哲学・政治思想などの日本語訳が進められた。

つかの追放者の宗派を政治的に独立した信者のコミュニティーとして残したものの、ルターや他のプロテスタント指導者が貴族と結び付くや、すぐに体制に取り込まれることになった理由でもある[34]。

他方、イスラム教は政治運動としてはじまった。預言者ムハンマドは商人で、政治家で、軍人で、宗教指導者であり、人々を彼の意志に従わせる手腕に長《た》けていたわけだが、そんな彼が政治的な切り札として用いたのが宗教だった。これこそ、預言者は切れ者の商売人で、信者は彼の言葉に従っているいいカモだ（もちろん、この問題に関する私個人の意見ではない）、と誰かが冗談でほのめかすときにイスラム教徒が常に激怒する理由である。

だが、彼の政治・宗教における非凡な才能は、今日でさえ、つまり一四世紀のあと、地球上にある二つのもっとも有毒な体制がイスラム神権政治であることに示されている。サウジアラビア王国とイラン・イスラム共和国である。

この二つの国はスンニ派とシーア派の両極を表しており、世界中に不和の種をまいた。彼らが種をまいたいざこざは時を経て、アメリカ合衆国のなかにカモを見つけた。つまり、テロリストの攻撃は、万能の軍事帝国に真のダメージを与えることができないにしても、アメリカ人の子どもっぽい全能感を傷つけてしまい、アメリカ人のやはり子どもっぽい怒りを生み出しているのである。

これは、テロリストの攻撃に対するロシア人の反応とはまったく異なるものだ。ロシア人の典型的な反応は、「奴らは我々を殺すことはできないだろう」というものだ。それに対して、アメリカ人の反応はイスラム教徒を無差別に殺すということであるため事態を悪化させるだけとなっている。

ナショナリストの教化が、偽造されたアイデンティティを本当のアイデンティティに置き換えることで子どもにいたずらをすることだとすれば、子どもたちに対する国教の教化は現実の犯罪に相当し、洗脳とマインドコントロールによる児童虐待のようなものとなる。

少なくとも、子どもたちはまずサーカスに連れていかれるはずで、まねごとという概念をしっかりとつかむ。次いでマジックショーに連れていかれて、手品の意味を学ぶ機会を得る。そして、劇場への旅において子どもたちは、不信仰者の吊し上げを実践する。卒業式は通過儀礼でしかな

(33)　キリスト教再洗礼派。移民当時の生活様式を保持し、自給自足生活をしていることで知られる。

(34)　「はっきり言っておく。金持ちが王の国に入るのは難しい」(「マタイによる福音書」第19章23)といった聖書の記述をものともせず、体制に取り込まれたプロテスタンティズムは富を神の恩寵として考え、貧困を怠惰や悪行に関連づける。この考えが近代資本主義の精神として強く作用したことを、マックス・ヴェーバーは『プロテスタンティズムの倫理と資本主義』に論じた。その一方で、原著者は再洗礼派のフッター派コミュニティーを永続性のあるコミュニティーとして注目している。

い。信仰というサービスは、まねごと、手品、通過儀礼のようなものでしかなく、不信仰者の吊し上げを必要とするのだと、子どもたちには解釈されることになる。

子どもたちの知性が発達すると、三段論法が理解できるようになる。すべての宗教は一つの真の信仰を要求するがゆえに、その一つの信仰だけに絞られて、それが正しいということになって、他のすべての信仰における正しさは認められなくなる（というのも、これが真理を定義するプロセスだからだ）。

だが、現実には多くの信仰がある。それゆえ、いかなる信仰の正しさも曖昧と言わざるを得ない。それは道具一式というよりも、むしろ異質な組み合わせなのである。だから、子どもたちには事実を話すことが必要となる。

初期のキリスト教徒がコロッセウムでライオンを飼っていて、休日には「本を持たない人々」として知られていた時代を振り返ると、ちょうどユダヤ人がパレスチナという歴史上の祖国を（再び）失う出来事が起こっている。その結果、ユダヤ人の聖典のすべてが売りに出され、キリスト教徒はそれを買い占めた。

やがて、キリスト教徒は彼ら自身の話を加えた。その福音書は事実に基づくつくり話であり、プロのゴーストライター（聖マタイのために書いたゴーストライター[35]は優秀だったが、あとは二流）によって書かれたものだ。コンスタンティヌス大帝は誰にでも、角《つの》の間に月光で輝く十字架のある鹿の絵を買わせた（もちろん、私は話を誇張している）[36]。

次に、神への冒涜という概念を説明してみることだ。神が万能の神だとして、あなたが神を侮辱したとするならば、すぐに神はあなたを懲らしめるはずである。ならば、あなたが神を侮辱しても、あなたの身に何も起こらなかったとしたらどうなるのか。この場合、いくつかの論理的な可能性が考えられる。

❶あなたが侮辱した神は実在しない。
❷神は無能な神で、あなたを懲らしめることができない。
❸神は寛大で、あなたのように取るに足らぬ者が神を侮辱してもまったく気にしない。
❹神は心が狭く、何年も恨みを抱いて死者に八つ当たりするほど執念深い。

❹の神を信じる人は、恐らく当人の心が狭くて執念深いと思われるので、そのような人やそのような人が信じる意地悪な神を避けることに最善を尽くすべきだということを付記しておこう。

---

(35)　(Gaius Flavius Valerius Constantinus, 272〜337) ローマ帝国の皇帝。帝国を再統一し、専制君主制を発展させたことから「大帝」と称されている。

(36)　キリスト教を公認したコンスタンティヌスは天空に十字架を見てお告げを受けたとされ、鹿の角の間に十字架を見て回心したのはエウスタキウスである。

親であれば、スンニ派だろうとシーア派だろうとロシア正教だろうと他のどんな信仰だろうと、国益に仕える国教から子どもたちを守ることに最善を尽くすべきだ（また、ペドフィリア(37)の容認できないほどの高い発生率ゆえに、カトリックの聖職者に子どもたちを近づけるべきではない）。宗教組織もあらゆる人間の組織と同様に欠点があって誤ることが免れないわけだが、宗教界の人々は、多分にモラル面における架空の卓越性を有するという想定上の地位から仕事をはじめている点において、余分なモラルハザードに苦しんでいる。

ともあれ、厄介な政治に降参しているならば、あなたは若者の心身を堕落させる諸条件を整えることになる。とりわけ、子どものときに性的虐待を受けた検察官が嘘で塗り固めた自らの人生に立ち向かうことを強いられなかったならば、検察官は子どもに性的いたずらをした廉《かど》でモンセニョール(38)を起訴するよりも、彼の指輪にキスをするだろう。

私が言っていることが誤解されないことを願う。私は、宗教それ自体には何ら反対していない。あくまでも国教、政治に取り込まれた信仰および神権政治に反対しているのである。社会の崩壊について考察する次章では、小規模な社会の組織化原理として、信仰のプラスの面について多くのことを述べている。だが、そういうプラスの面は、国民国家を見かぎったあとになってようやく現れてくるものである。

◯国民国家後の生活

現代の国民国家は、一九世紀のヨーロッパに現れた比較的新しい現象である。そして、二〇世紀には国民国家が世界中に広まった。だが最近、国民国家は翳《かげ》りを見せはじめている。多くの国がグローバル化の影響によって損なわれた主権に気付いており、多くの国が脆弱になって、破綻国家と言われるほど瀬戸際に立たされている所もある。

世界銀行は、事実上主権を欠いている国のリストを公表しているが、一九九六年には一一か国が登録されていたものが、二〇〇六年には二六か国にもなった。つまり、一つの国が脆弱国家あるいは破綻国家へと変わるのに一年もかかっていないということだ。二〇一二年にはリビア、二〇一三年にはシリアが登録された。ギリシャがどれくらい遅れを取っているというのか。またスペインは、財政破綻してもなおカタルーニャ州、ガリシア州、バスク自治州を保持し続けることができるのだろうか。そしてスコットランドは、二〇一四年の独立に関する住民投票のあともイギリスの一地方に留まるのだろうか(39)。

---

(37) 大人が子どもを性愛対象とする性的倒錯。
(38) 高位聖職者に対する敬称。

うまくいっていない国民国家の増加具合が線形的なのか指数関数的なのか［二一六ページ参照］を語るには時期尚早だが、単純な見積もりでは、同じ増加率でこの傾向が加速し続けるならば、二〇三〇年頃までに機能している国民国家はゼロになるだろう。私の望みは、主要な国民国家が脆弱国家の段階を飛び越して、直接、破綻国家に至ることだ。なぜならば、お分かりのように、脆弱国家は破綻国家よりも多くの点でより悪い状態になるからだ［二二四ページ参照］。

脆弱国家が国民のために成し遂げることがあまりないまま地方自治の道を塞いでしまうのに対して、破綻国家は（イギリス連邦のように）博物館やパレードや大河ドラマの題材を供する愉快で無害な記念物となる。もしくは、（ソビエト連邦崩壊後に残った殻のような独立国家共同体のように）関心の薄さから徐々に忘却の彼方へと葬られるという違いがある。

国民国家が出現する前には、都市国家、連邦、そしてもっとも儚《はかな》い帝国があった。都市国家は、これまでの人類の歴史においてもっともうまくいった政治体だった。都市国家がローマによってほとんど消滅させられる前に、数えるほどのギリシャの比較的小さな町が西洋の知的遺産を構成する多くのものを生じさせた。同様に、中世ヨーロッパの自由都市は小さな文明を築いて、西洋の文化的遺産の多くを生み出し、産業革命の舞台を整えた。だが、英語を話す国の人々は中世について歪んだ見方［「暗黒の」という形容］をもっている。なぜならば、彼らは不幸にも、中世のフィレンツェ、ハンブルク、プスコフ、あるいはサマルカンドといった輝く宝石のような都市よりも遅れていたイングランドを連想しながら中世の自由都市を考えるからだ。

一世紀にわたる化石燃料を燃やす壮麗なショーによって残された煤煙の雲のなか、産業主義が衰えるとともに奇妙なほど大きくて過度の野心をあふれさせて、人類の生き残りと地上の生命にとっては計り知れないほど危険なすべてをもたらした一九世紀の国民国家が消えることが予想される。その代わりに現れるのは、多くの小さな政治組織体である。隣人とつまらぬことで口論し合う者もいれば、互いに協力して生きていく者もいるのだろうが、どの政治組織体も航空輸送はできなくなり、世界戦争をはじめることもできなくなっているだろう。

だが人々は、美しい大聖堂やオペラハウスを建造したり、芸術や哲学学校に惜しみなく資源を割いたり、現代の大量生産されたプラスチック製のガラクタを恥じるようになって、日用品の生産に腕のいい職人工の手法を採用することができるかもしれない。(40) このようになり得る理由は、小さな地方政府の支配者は隣国と軍事的に競争するための資源を欠いており、その代わりとして、すぐれた文化を発展させることを競い合うようになるからだ。

---

(39)　九月一八日に実施された住民投票の結果は、残留支持が五五・三、独立支持が四四・七パーセントだった。

(40)　(原註1) に挙げられているリチャード・ハインバーグ著『すべてがピーク：減退の世紀に目覚めること』の第3章は「ポスト炭化水素時代の美意識 (post-)Hydrocarbon Aesthetics)」と題されたもので、これからのモノづくりに一九世紀のアーツ&クラフツ運動や二〇世紀日本の民藝運動の精神が活かされることを論じている。

○大きすぎるという問題

独立独行の経済学者レオポルド・コール(41)は、彼の素晴らしい著書『壊れた国家』(原註24)のなかで、熟考のうえで素晴らしく常識的な観察を展開した。彼が指摘したのは以下の三つである。

❶小国は、大国よりもはるかに文化的に生産的である傾向があったということ。

❷すべての国が戦争をするが、大国は不釣り合いに大きな戦争をして、何倍もの人を死なせてしまうこと。

❸これまでのところ、政治組織のなかでもっとも安定していて有利な形態は、小国ゆえにどの一国も他国を支配できないような国家の緩やかな同盟であるということ。

コールは、同根の問題の異なる現れとして現代性の問題の多くを分析して、相同関係（すなわち、アナロジー）による推論のプロセスを経て結論に辿り着いた。それはつまり、大きすぎるという問題であった。

ほとんどの人々が直感的に、本能的なレベルで、最適な大きさという感覚をイメージできる。何かが異常に大きかったり、異常に小さかったりすると思うように、私たちは異常を嫌う傾向がある。小さい人だろうと大きい人だろうと、例外となるものはすべて異常だと考えるのだ。

生き物の場合、成長が次第に緩やかになり、有機体がその最適な大きさに達したときに成長が止まる。最大となる、可能な大きさを追求することは空想的なことであり、できるだけ大きなカブを育てようとする農民のようだ。また、「ジャンボ・シュリンプ」という言葉は子どもたちをクスクスと笑わせることになる[42]。

かつて、あらゆることに最適を見いだすことに専念し、とても成功して影響力があった宗教カルトが存在した。ギリシャ人のアポロ崇拝であり、そのモットーは「μηδὲν ἄγαν《ミヅニ・アガン》（過ぎたるは及ばざるがごとし、ほどほどに）[43]」だった。過ぎたるものはコストなしではあり得ず、大きすぎるものも例外ではなく、ある点を超えれば過剰な大きさのコストが法外なものになるのだ。この視点がほとんどの人から失われており、そういう人にかぎって政治家になっている。

彼らには、国民国家がどれほどまで大きくなり得るかについての限界が分からない。彼らが

（41）（Leopold Kohr, 1909～1994）オーストリア生まれの経済学者、法学者。組織に対する「巨大礼賛（cult of bigness）」や経済成長至上主義を批判して、小共同体レベルの組織がいかに人間的で効率的であるかを説き、スモール・イズ・ビューティフル運動（the small is beautiful movement）を起こした。シューマッハーの師匠でもある。

（42）「shrimp」は、そもそも小エビを意味している。

（43）いわゆるデルフィの神託の一つ。

「より大きく」と考えるとき、彼らは自動的に「より良く」とか「より力がある」と思い込んでいるわけだが、その反対となる多くの証拠があることは言うまでもないだろう。

　まずは、見返りが減じはじめて、次いで負のスケールメリットが生じるという考えを理解できないがために、増加した軍事支出がより軍事的失敗を招くことになる理由や、教育関連の歳出増が無知を広げて試験の点数を下げる理由、はたまた保健衛生への歳出拡大が罹患率および死亡率を高める理由について彼らは理解できないでいる。彼らは「成長」を向こう見ずに追い求めて、大きすぎるという問題の袋小路へと自ら入り込んで、崩壊以外には逃げ道のない苦境に立っている。

　コールは、生産性逓減の法則を用いて、大きすぎることの悪影響を見極めている。つまり、人が生産の要素における可変単位を別の固定量に追加していくと、ある時点で、可変単位を追加する効果は生産性を増大させるよりも、むしろ生産性を減少させるように作用するのである。目下、この法則が働いている格好の例として挙げられるのは、可変単位である人口と固定単位である地球を考えることだ。示されることは、変曲点を私たちは少し前に過ぎてしまい、生産性が確実に減じてはいるものの、それはまだゼロ以上であるために人口が成長し続けているということだ。

　コールの考えはＥ・Ｆ・シューマッハーらの仕事のなかに生き続けているが、彼らは巨大化傾向を反転させるために十分な魅力を発揮することに失敗しているため、崩壊が容赦なく追い掛けてくることになるだろう。

皮肉にも、まさに現代の知的活動があまりにも大きく広がりすぎたがゆえに、コールの活動は実らなかった。学問と諸芸術における偉大な発展のほとんどは小さなコミュニティーで起こったとコールは指摘した。古代ギリシャや中世ヨーロッパなど、そこでは誰もが誰ものことを知っていて、人々の行いの全貌が一目で分かった。また人は、かつて「ルネサンス的な教養人」と呼ばれていたようなジェネラリストたり得たのだ。

だが、現代社会の動きの巨大なスケールは、正確にあるいは洞察力をもって社会の全貌を考察することを不可能にしており、誰もが一つか二つのことに専門的に従事することを強いている。そして、社会の規模が大きくなればなるほど十分に専門的知識の分かる分野がかぎられてしまい、何が起こっているのかを理解したうえで、次に起こることが予測できなくなってしまうのだ。

ほとんどすべてを知っているようでいてほとんど何も分かっていない専門家の激増は、知識の追求が過剰な規模で遂行されている明らかな証拠となるわけだが、そのような専門家の存在が、完全なる的外れになる瀬戸際から知識を徐々に取り戻すことを不可能にしている。(44) なぜならば、そういうことはジェネラリストによってのみ成され得ることだからだ。

ところが、ジェネラリストはスペシャリストのなかでは認められない。コールが指摘するように、スペシャリストにとってジェネラリストは、（スペシャリストの狭い専門領域の知識を前進させることができない）部外者または（スペシャリストの狭い専門領域の知識を前進させることに興味さえもっていない）口だけの人とされている。

このような現状がどのように機能するか（あるいは、場合によって機能しないか）を例示するために、乳がんを例に挙げて考えてみよう（乳がんは、この議論の目的には十分に専門的であるように思われる）。

遺伝学における乳がんのスペシャリストがいる。彼らは最近、すでに費用が嵩むようになった研究プログラムを実施するための支援を取り付けようとしてテレビに出演している。彼らは乳がんの遺伝標識を発見しており、さらなる研究によって、より効果的な治療法につながり得るというのだ。すると、分別に乏しい女性が番組に電話をして、「予防法についてはどうお考えですか？」と尋ねる（お分かりのように、乳がんの話ではなかった）。それに対して一人のスペシャリストが乳がんの予防療法に関する研究の難しさについてペチャクチャと話しはじめるのだが、あとになってその専門家は腫瘍の遺伝学者であって、疫学者ではなかったと思い出す始末となる。

コメントに無理があると思い、誰かがその番組に乳がんの疫学の歴史を知る専門家の出演をどうにか手配することにした（一つの番組に、異なる専門的知識を用意することは難しい。そのような状況を設定すれば、異分野の専門家同士が上品に互いを無視する傾向があるので面白い）。その疫学者は恐らく、「私たちが今日用いている診断技術が昔は利用できなかったために、過去数世紀における乳がんの低い発生についての証拠は不明瞭ながら、さまざまながんの発生率は、医師が腫瘍を確認できるようになった二〇世紀初頭と比べて二倍ないし三倍になっていることは確かだ」と答えるだろう。

それはなぜなのか？　疫学者は自ら話しはじめる。

「がんの発生率の急上昇は、自然界でつくられる物質ではない多くの合成有機化合物が環境のなかに広まったことと一致している」

すると、もう一人の分別に乏しい女性が電話をかけてきて尋ねる。

「母乳に見つかった発がん性の農薬についてはどう思いますか？」

次に呼び出すべき専門家はどんな人物だろうか。新生児向けの栄養学者ならば、恐らく母乳育ちの幼児のがん増加リスクについて話してくれるだろう（すみません。それはもう乳がんの話とは関係がない！）。あるいは、農芸化学者かもしれない。彼ならば、「たとえがんになるにしても、

（44）同様の危惧を森毅京大名誉教授も抱いていた。「きっちりした情報をたくさんやったらきりがないです。きっちりした情報がどんどん要求されるのは、実はまずいですよ。これはぼく、科学、現代の学問のひょっとしたら最大の危機かもしれんぐらいに思っている。（中略）量的増大を追求していったらむりだと思う。だいたいどうよ、という感じをつかむということです。（中略）個別的な知識よりは、大まかな景色を見る能力の方が、本当は二一世紀には要求されると思うんです。」（森毅『東大が倒産する日』ちくま文庫、二〇〇一年、一九一ページ）

増え続ける人口を養うために豊かな収穫をもたらす農薬が必要だ」と話すことだろう。ひょっとすると、政治家に尋ねるべきなのかもしれない。政治家は疑いもなく、「あらゆる研究を支援するから、選挙の投票日には私に投票することを忘れないでくれ」と言うだろう。

そんなことよりも、少し心の休日を取りましょう（なぜならば、今では恐らく、私たちも休日をとることができるからだ）。そして、王子に尋ねることにしよう。宮廷科学者が王子のところに参上して、「王子様、私たちの女性が恐るべき発生率で胸に腫瘍をつくっているのですが、私は理由を発見したのであります」と言ったとしよう（彼は無比の宮廷科学者だが、とてもよい科学者だ。彼は、他の誰かよりももっと多く知ることを専門にしている）。

「このガラス瓶の中には、母乳の抽出物が入っています」と言って彼は続ける。

「殿下の化学者が昆虫を殺すために農民にわたしているものと同じ毒物を含んでいます。私がこの毒をラットに投与しましたところ、ラットも腫瘍を形成しました。この毒物は使用を禁止しなければなりません」

すると王子は、ニッコロ・マキャヴェッリ[45]の革装の書物の上に手をそっと置いて、心の中に思う。

「化学者たちは私の友人だと言っているが、本当なのだろうか？　これは、私にとってそれを確かめるチャンスではないか。もしも私がこの恐ろしい毒物を使用禁止にしたならば、彼らは喜んで従うかもしれない。しかし、彼らが少しでも抵抗しようものならば、女性と子どもを害する者として有罪の判決を下して、すぐに鉄格子の中に放り込むべきなのだろうか。それともマイブームの気まぐれに応じて私の王国から追放しようか。いずれにせよ、彼らが私の友人であるかどうかで、もう思い悩む必要はなくなるにちがいない」

そして、王子は声に出して、「この毒物は実に不快なものだ」と言い、宮殿の護衛に向かって「化学者たちを召集せよ」と命じる。何分かして、顔を紅潮させて息を切らしながら化学者たちが到着すると、王子は苛立ちをあらわにしながら、宮廷科学者に例のことをはじめるように身振りで要求する。

宮廷科学者も命令を繰り返す。すると主任化学者は、「王子の望み通りに致しますが、増え続ける人口を養うために、殺虫作用のあるこの毒物を農民たちは必要としないでしょうか？」と返答する。王子は、うんざりした表情になって科学者のほうに向かって言う。

「我々にとってより良いことは何なのか、より少なくても健康な民なのか、より多くても病んだ民なのか……何でもない、自問したまでだ。ともかく、毒物はこれより禁止とする。さて、食事にするるか」

（45）（Niccolò Machiavelli, 1469～1527）イタリア、ルネサンス期の政治思想家。『君主論』を著している。

発がん性の殺虫剤を使用禁止にすれば済む仕事のように、比較的はっきりした問題でさえも相互に理解不能な領域に細分化されて、行きすぎた専門分化という暗礁に乗り上げてしまうのだから、より一般的な問題については、あらゆるレベルの規模を管理するうえで一体どうなってしまうのか分かったものではない。

単に多数の専門家と影響を与える領域の専門分野を登録するだけで、具体的に十分対処できるわけではない。政治科学、経済学、社会学、心理学、精神医学、歴史学、および哲学（それぞれの領域で少しの例を取り上げている）の間に広がっている巨大で荒れ果てた人気のないフィールドがあるが、そこが私たちの不運な英雄レオポルド・コールのさまよい歩いた荒野だったのだ。そして彼の本は、憂鬱なメッセージながらも読む喜びを与えてくれるのだが、彼の運命そのものは悲しいものだった。

彼は、がんが転移してこの惑星全体を巻き込んでしまう前に、がんが制御不可能な増殖をしないように努めていたのだ。この惑星全体が病んだ患者となっているが、コールの活動のおかげで、必ずしもすべての人にがんが転移しているわけではないことが認識できる。

コールは、諸個人を対象としているのではなく、世界の統一を達成しようとする闇雲な野心によって突き動かされているこの惑星に生きる政界の怪物たちを指し示している。そして、私たちにとっての明らかな務めは、この怪物たちが運転する乗り物から足を骨折することなく飛び降りるということだ。

世界中の怪物たちを前に進めるものは、抑え難い権力への欲望である。その権力に飢えたドライバーたちには特別な盲点がある。彼らの権力がある規模を超えてさらに拡大すると、強化するよりもむしろ衰えているということが彼らは認識できていない。一九五八年の著作のなかでハンナ・アーレントは、権力を、単に行動に移すのではなく、調和をもって行動に移す人間の能力として定義した。(46)

権力は実践の規模を拡大することによって増幅されるので、権力の増強に熱心などこにでもいる政治家は、政治組織のさらなる拡大に励むことによって権力の増強を図る（ただし、地球連合を除く。というのは、敵がいなければならないからだ。未知の他人を想定して、その人に私たちの望ましくない性質を投影できることが政治的には必要なのだ）。

過大な規模の問題は認識されており、少なくとも原則として商業の独占は防止されている一方で、統一政府の政治独占はどこでも完全な良性と見なされている。だが、本当にそうだろうか？　商業の独占が物資の生産を制限するように、政治的な独占は知的生産を制限し、ちょうど商業の

(46)　(Hannah Arendt, 1906～1975)　ドイツ出身のユダヤ人で、アメリカに亡命した哲学者、思想家。政治哲学の分野で活躍した。「権力は、人びとが共同で活動するとき人びとの間に生まれ、人びとが四散する瞬間に消えるものである」（志水速雄訳『人間の条件』ちくま学芸文庫、一九九四年、三二二ページ）

独占が画一的で標準化された粗雑な商品を提供する傾向があるように、政治的な独占は画一的で標準化された粗雑な政策と法律を世に出す傾向がある。

さらに悪いことに、大規模な政治同盟は本来的に危険である。小さな国は経済的に小さな軍隊しかもてないし、小規模の戦争しかしない。大きな帝国だけが世界戦争をはじめる能力をもっていて、世界の超大国だけが惑星もろとも吹き飛ばすだけの能力を有している。

過去におけるほとんどの戦争は、政治的統一を達成するか維持するための戦闘だった。そして、政治的な同盟が大きければ大きいほど、軍事衝突はより大きなものになった。二つの大戦を可能にしたものは、当時のヨーロッパにおける軍隊の過剰な規模だった。人類史を一望すれば、戦争は不可避であり、とても規則正しく繰り返されているということが見えてくる。そうだとしたら、小さな戦争は大きな戦争よりもましとなる。戦争が小規模に留まる一番の保証は、小国で比較的弱い敵国を相手にしているならば、ということになる。

また、人類史を眺めるならば、すべての政治的な統一体がとても規則正しく崩壊するということも見えてくる。そうだとしたら、多くの小規模の崩壊は一つの巨大な崩壊よりもましとなる。コールは、制御不可能な政治的統一という構想を「自発的崩壊という解決策」と言及したくらいである。

コールは団結の有用性を認めているが、それは一時的なものであって、自然災害や外部の脅威に直面したときのような特殊な目的のためだけに限定している。共通の理由のために大勢が死をもいとわぬと言ってもいいほどの政治的な統一は、生活が脅かされるような状態に直面したときにだけ起こるものだ。だが、そういうことが強制されるときがあり、国家の権威者が圧制的な傾向をもつ場合には、同盟国の組織がそのような傾向を助長するようになるものだ。

大きくて力のある国々はそもそも好戦的であり、権力を強化するために、あらゆる機会を使って国内外に権力を誇示する。こういった施策の結果、それが軍国主義だろうと共産主義だろうとコーポラティズムだろうと、民衆の生活に非人間的なシステムをつくり出すことになる。また、巨大権力を正確に行使する能力は民衆をとことん非人間的なものにする。コールは次のように書いている。

「野蛮のなかでもっとも悪魔のような構想は、教育のない者によってではなく、もっとも教育を受けた脳によって考えられたことだ」

明白な極悪非道なこと以外でも、端的に言って、大きな国はあまりよいものではない。小さな国々のほうがはるかに、無教養、虚偽、不平等、偽善といった社会の悪徳を追い払うことができる。というのは、こういった悪徳は社会単位の規模に比例して増加する傾向があるからだ。

コールによれば、こういう利点こそ小国はもっと推奨しなければならない。とりわけ、小国が他の小国と緩やかながらも比較的友好的な連邦を築いて存在していて、どの一国も他の小国を支配できないほどの大きさであるならば尚さらとなる（欧州連合における、ドイツの大きすぎる影響力を思い出させるだろう）。

コールは、支配層のグループが小さければ小さいほど、各個人における主権の配分がより大きくなると指摘している。すると、国家の主権におけるアイスランド人の配分は中国人のそれの四〇〇〇倍を超えることになる。つまり、主権大国と主権小国の比較である［一四七ページ参照］。主権小国とは、単なる統計的で没個性的な平均的な人間から成り、集団主義の神の権化のような国で、そのような非人間的な集団主義はコールにとっては下劣なものとなる。彼にとっての高潔さ（彼が意味するのは精神の高潔さ）とは、決して理論を振りかざしてうわべを取り繕うやり方で「自分の仕事をする」ことではなく、諸個人とともに従事することである。そして、統治者と国民の直接的な話し合いがもはや不可能な所には民主主義はあり得ないというのである。

あなたが民主主義のなかに暮らしているのかどうかを試すには、大統領の所に行って尋ねてみることだろう。もしも、あなたが秘密警察に職務質問されて監視下に置かれるようになったならば、あるいは逮捕されて収監されたならば、はたまた精神病院に入れられたならば、あなたは民主主義のなかに暮らしていない可能性が高くなる。

コールの著書は、あらゆるレベルで大きすぎるということの恐ろしい結末の警告として読むことができるが、それはまた、未来に対する希望のメッセージのようにも考えられる。工業時代の衰退は、巨大な政治組織の維持に伴う要求を不採算なものにしており、それらが崩壊して、より小さくより地域に根差した政治組織に委譲することになるにつれて、やがて世界は個人主権の合理的な配分を成員に認めるほど十分に、小さな国家を再生するようになるかもしれない。

それらの小国のうちのいくつかは、真の直接民主主義を熱望して、自国を刷新する方法を見つけることができるかもしれないが、その一方、大きな国家ほどまごつくばかりとなり、ただ無為に過ごすことになるだろう。

コールはこの希望に満ちたビジョンに到達して、アンドレ・ジッド(47)の魅力的な引用を用いた。

"Je crois à la vertu du petit nombre; le monde sera sauvé par quelques-uns."（私は小さな数の美徳を信じる。世界は少数の個人によって救われることだろう(48)）

破綻国家の激増

国民国家の勝利は、とりわけ兵器産業の分野で、腕のよい職人による生産よりも工業生産が勝

(47)（André Paul Guillaume Gide, 1869～1951）フランスの小説家。代表作に『パリュード』や『背徳者』がある。

(48) アンドレ・ジッドが臨終の床で語った言葉。レオポルド・コールは、一九七〇年一〇月六日に行われたコンウェイホールでの講演「The Breakdown of Great Britain」にて、この言葉を紹介した。

ったことで達成された。工業化は、莫大な量の軍需品を生産する手段を大きな国々に与え、次いで統一された軍隊を編成できるように単一言語と教育システムを課すことによって、人々を均一化および標準化することを勢いづけた。この変化は重大だった。フランス革命の時代には、フランス人口の一〇〜一二パーセントだけがフランス語を話すと言われていた。またイタリアでは、イタリア語を話すと言われていた人々の数はもっと少なかった。

二度の世界大戦という継続的な痙攣《けいれん》に苦しむ前には、ひと握りのヨーロッパ人の国民国家がこの惑星全体を征服することを可能にしていた。そして、ヨーロッパ人の国民国家が退却するときに、彼らは望んで、彼らの権限で国民国家として現れることになる部分に地球を切り分けることに全力を尽くした。雑多な民族という原材料から国家をつくり出すというこの実験の多くは、よく知られた失敗である。

ツチ族とフツ族のルワンダ、スンニ派とシーア派とクルド人のイラク、イスラム教徒の北とキリスト教徒の南からなるスーダン、コンゴという永遠に災いが続く領域、これら以外にもあまり知られていない数多くの例がある。だが、どんなに弱い政治体が生じようとも、陸地の各部分がどこかの国民国家に属するということが必要条件となっている。

アブハーズ共和国(49)の事例を取り上げよう。この黒海に面する小国は、ソビエト社会主義共和国連邦の崩壊後、新たに誕生した急進的ナショナリズムの国民国家である（旧ソビエト連邦の）グルジアからの独立戦争を戦って勝利した。

当時、アブハーズは政治的な地獄の辺土に一〇年以上を過ごすことになった。というのは、世界全体が分離独立派の野望を好ましくないことだと考えたからだ。やがてアブハーズの居住者たちは、住民投票を行って独立に投票し、同時にロシアのパスポートを獲得した。彼らはどんなことでもグルジアにはかかわりたくなかったが、完全なる独立は夢にすぎないと認識したのだ。

二〇〇八年八月、グルジア人は冷静さを失い、南オセチア（ロシア人が多数を占めるもう一つの地獄の辺土）を攻撃した。このために彼らはロシアから厳しく責められ、事実上、ロシアが両方の領土を併合した。それ以来、グルジアの一部であることをアブハーズが拒否することをめぐっての国際的な動乱は忘れられている。明らかに、アブハーズの独立を認めることを世界が拒否する問題はグルジアには何ら関係のないことだったが、独立にかかわるすべてをはらんでいた。

今やアブハーズは、国民国家によって承認された格好で万事上手くいっており、問題は解決済みだと見なされている。そして、私たちが「世界」と言うとき、私たちは国際連合やＯＥＣＤなどの構成国を国民国家とするさまざまな国際機関を意味していることを明らかにしておこう。加

(49)　旧ソ連邦の下ではアブハジア自治ソビエト社会主義共和国であった。面積八六〇〇平方キロメートル、人口約五三万七〇〇〇人。首都はスフミ。大カフカス山脈の西端に位置するため、大半が黒海に向かって斜面をなす山岳地帯で、わずかに黒海沿岸に平野がある。

盟することがその特権となり、その特権の一つは非加盟国の頭を踏みつけることなのだ。

こういう考え方は圧力である。たとえ脆弱国家だろうと破綻国家だろうと、政治地図に単に書き込んだだけのものだとしても、この惑星のすべての土地という土地がどこかの国民国家に属するはずだという圧力なのだ。

国民国家というモザイクにおいて、隣のタイルの一つと合体していない土地は、原理的にそれ自身が分離した国民国家になるわけだが、その地は、国際的に認知され、他のタイルと国家としての合法的関係を結ぶために国民政府を組織しなければならない。だが、今となって明白すぎるほどのことは、かつて帝国に属していたすべての領土が成功している国民国家を形成していないということだ。

この惑星には、内紛に圧倒された破綻国家や破綻寸前の国家が散らばっている。以前の帝国の征服と条約によって定められた勝手なパターンに従って人々を分割するという考えは、実りのあるものではないわけだ。

このような失敗した国民国家の問題を統治の問題として考えることは、しばしば興味を引くこととなる。もちろん、民主的に万人の満足に向けて政治的な取り決めが実施され得るならば結構だ。だが、このやり方が言い紛らしていることは、世界は大昔から極めて接近して暮らしながらも互いを避けることに最善を尽くしている部族に満ちており、恐らく、たとえば市《いち》が立つ日の交易のように、特異な方法でのみ交流してきたにすぎないということだ。ちょうど、野生動物が水飲み場に近づくときに一時的な休戦を宣言するようなものである。

そのような部族は、隣の部族を侮《あなど》りながら（言うまでもなく、面と向かって侮辱することはない）彼らの文化的、言語的および社会的独立を維持することができるならば幸福なのだ。逆に、それができないならば、彼らの独立を回復するまで隣の部族との戦いに出向くことになる。したがって、隣り合った部族を単一政府に服従させようとすることは、彼らに戦闘を強制するのと同じになる。問題は、統治が不十分であるということではなく、中央政府や政治体を必要だとするマインドセットなのだ。

さて、そこで大惨事の処方は次のようなものとなる。

- 独立したアイデンティティと生活様式を維持するために、誇り高く隣の部族を嫌って自身の能力を大事にする部族を集合させる。
- 彼らを帝国の征服以前のパターンに基づいた別々の領土に配置して、苦労を不必要に増やすべく、できるだけ多くの季節移動や交易経路にまたがる新しい国境を注意深く確定する。
- 国旗と国歌をはじめとして、国民の象徴となるものを提案するように低予算のデザイン会社を雇う。
- インターネットから憲法の雛形をダウンロードして、それをカスタマイズして昼下がりを過ごす。

だが、その後あなたは選択に向き合うことになる。民主主義の振りをする国民政府を組織して憲法に従うか、それともガラスでできた陳列棚に憲法をしまって独裁者を精選するか、である。いずれも悪い選択だが、それなりの違いがある。

独裁は、悪い状況ではよい統治形態なのだ。共和政ローマの時代には、とても深刻な危機に面すると、元老院議員が独裁者を選んだ。より良い実践は二名のコンスル（最高行政官）を選ぶことだったが、それは、独裁的な権力が二人の競争者の間で分けられたという意味である。

最近、形づくられている状況は、強い国民国家がひしめく政治地図に立ち向かう弱い国民国家においては、独裁政権を選ぶことが賢明な選択であるかもしれないほど大きな危機だと考えられる。しかしながら、それを実践した国は、危機が治まったあとに独裁者を選ばないという機会を逸してしまうものだ。恐らく、独裁者を頂くことの最大の問題は、独裁者が最後には西側の傀儡《かいらい》になるか、あるいは西側によって転覆されられるのではないかということだ。

うまくいっていなかった国民国家が、一丸となって独裁政権を築き上げたという成功例を挙げよう。

権威主義者のヨシップ・ブロズ・チトー[50]はユーゴスラビアを一つにまとめて、ユーゴスラビアを心地よい土地にした。彼の統一的な影響力を欠いて、あとに残されたユーゴスラビアは民族浄化、ジェノサイド、内戦状態に陥った。またサダム・フセイン[51]は、オスマン帝国の共通点のない断片から繁栄したイラクをつくることに成功し、層の厚い豊かで教育のある中流を育んだ。だが、彼が転覆させられるや、かの国は（まだ国と呼べるとして）内戦状態に突入し、今では赤貧と永遠の不穏によって特徴づけられる痩せた幽霊のようになっている。

ムアンマル・カダフィ(52)も同様に、リビアにきら星のような成果を上げて、一時はアフリカ中の正直なまとめ役で調停者と見なされた。彼は、フランス・テレコム社のアフリカ大陸への束縛を解放しようとして通信衛星も打ち上げている。だが、彼は転覆させられ、今やリビアは戦争地帯となり、ワシントンの大使にとっても危険な場所となった。また、ハーフィズ・アル＝アサド(53)は三〇数年間にわたってシリアを一つにまとめたが、今現在シリアは内戦状態に陥っている。

そう、独裁政権はいくらいいように見ても問題がある。だが、民主主義を試すことを決めた初期の国民国家が、同様に多くの問題に直面することも確実だ。まず、民主主義は呪文を唱えれば

(50)（Josip Broz Tito, 1892～1980）もっともユーゴスラビアに影響を与えた政治家。大統領、ユーゴスラビア共産主義者同盟の指導者。「ティトー元帥」という呼び名でも知られている。

(51)（Saddam Hussein, 1937～2006）イラク共和国の政治家。スンナ派のアラブ人。

(52)（Muammar Muhammad Abu Minyar al-Gaddafi, 1942～2011）リビアの軍人、革命家、政治家。「カダフィ大佐」の呼び名で知られている。

(53)（Hāfiz al-Asad, 1930～2000）シリアの軍人、政治家、大統領。現在の独裁者バッシャールの父、一〇〇〇シリア・ポンド紙幣に肖像が描かれている。

即座にできあがるというものではなく、ましてや工業機器の部品のように導入して取り付ければ済むというようなものではない。民主主義は、正しい順序で進展しなければならないのだ。

最善の、もっとも古くてもっとも安定な民主主義は部族に起源するもので、地域レベルの直接民主主義に頼っていた。議会制民主主義は、事業全体を台無しにするほど悪化する恐れのある、多くの腐敗と濫用を可能にする退化した民主主義である。議会制民主主義においては、選挙の過程が国政政党を形成することを伴い、与党はもっとも有力な階級に金融面で依存するようになるため、地域の利益を求めることだけを願う人々の公民権を剥奪するのも同然になってしまう。

他方、選出された代議士が特殊な選挙区を代表するときには、投票をめぐる凄惨《せいさん》な衝突も起こり得る。非国家主体によって支配されているすでに弱体化した国で小粒の政治代表を任命する試みは、政治的な動乱の計画になる。さらに、多様な人々がいるなかで比例代表が力をもち、多数派となる部族に少数派の部族に対する支配を許しているという事実を加味する必要がある。少数派の部族は、このような協定に快く同意するわけがなく、水を差す機会をうかがっているのだ。

二つ目に、民主主義、分けても若い民主主義は、金銭とりわけ外国からの金銭によって容易に腐敗させられてしまう。アメリカ、ＥＵ、日本、最近では中国からの対外支援の多くは弱い政府を支えるために費やされており、被支配者には有害なほどとなっている。リムジンであちこち移動して、きれいな服とキラキラ光る宝石を身に着けて、海外で訓練を受けて外国製の武器を装備した軍隊に命令するような公務員を育んでいるのだ。

そんな腐敗した公務員に率いられた政府に威張り散らかされた末、貧乏になって公民権を奪われてしまった人々の国を列挙した長いリストがある。そこには多年にわたるパターンがあり、腐敗した公務員は西側の貸付金を受け入れて、即座にそのお金のほとんどを個人的なオフショア銀行口座に預金して、債務の返済という不可能な仕事を国に残した。

つまり、企業の乗っ取り屋が公開会社のレバレッジドバイアウト［借入金による企業買収］を行い、借金で窒息して企業が置き去りにされる間に乗っ取り屋は大金を持ち逃げして私利を得るということだが、これと同様のパターンが国においても実践され、とりわけ民主的な国が狙われる。

だが、私有財産が政治的権力に変換され得る過程を民主主義が可能にするというのは、いささか誇張だと言える。もしも、個人や企業が彼らの私有財産を用いて政治権力を攻撃していることに権威主義者の体制が気付けば、当の財産は没収される（国有化される）からだ。ミハイル・ホドルコフスキー(54)という名前のとてもよい男は、大きなロシアの石油企業を経営していたが、今、ロシアの犯罪者コロニーのなかで長い間待たされている。(55)彼がそこにいる理由は、権威主義の特

(54)（Михаил Борисович Ходорковский, 1963〜）ロシアの実業家。石油会社ユコス社の元社長。新興財閥の一人。

別な側面をありがたく思わなかったことにある。彼は無邪気にも、彼の会社の富が自動的に政治権力を彼に与えると考えたのだ。

権威主義的な政府、もしくは独裁政権によって営まれているうまくいっていない国民国家は、偽装民主主義以上に他の国民国家による半植民地的な略奪を退けたほうがよいのだが、どの国もまったく十分ではない。内発的に勃興する傾向がある解決策は、国と法の関係というアリーナから完全に外れて、各々の小領域でなされる地方自治である。

ある領域が非公式な自治のシステムをもち、代議制という選択を拒否し、条約の締結を拒み、説得力のある力の誇示を伴う外からの管理ないし所有の要求を拒絶するならば、そのときこそ、その領域は効果的に、国際法の理論家が言うところの統治下にない空間になる。そのような空間は必ずしも無法地帯というわけではなく、危険もないのだが、自己利益の増進を望んで地域の人々に害をもたらそうとする外側の力にとっては危険な空間となるだろう。

かつての国民国家が弱体化して、ますます亡国リストに掲載されるとともに、崩壊のあとは地方自治へと進んで国境を穴だらけにすることも可能である。もっとも、それらの国々は崩壊して、永続的な無秩序や終わりなき内戦状態に陥っているが……。そして人々は、定住して文明化された存在が陥っている植物状態から抜け出して、もともとの遊牧民の状態に戻ることができる。

地球の植物と動物の間には、さほど微妙な違いはない。植物は移動しないが、動物は移動する

（ちなみに、動物が移動するとき、国境を越えるためにパスポートやビザを必要とするただ一つの動物種がいる）。私たちは定住して、この惑星のほとんどをコロニーにしてこなかった。私たちが、資源が激減して崩壊に向かって急速に変化することになる自然環境、物理的環境および社会的環境での生活に適応することを望むならば、同じ所に留まることはできなくなるだろう。

政府サービスの消失

生まれて、オムツをつけて、乳離れして、退職して、死んで、火葬または埋葬されるまでの間に、さまざまなことが私たちに起こっている。病院に搬送され、診療所で予防接種を受ける。教育を受ける。国内外の敵から守られる（気にさせられる）。仕事をして、消費生活をして、娯楽を楽しむ。こういったことは国民国家における生活の顕著な特徴であるが、逆に、国民国家がこの惑星での生活を特徴づけているとも言える。

もし、私たちが旅行に行くならば、ある国民国家の領土から別の国民国家の領土に抜けるため

(55)　二〇〇三年一〇月にホドルコフスキーは脱税などの罪で逮捕・起訴され、ユコス社の社長を辞任した。刑務所に収監されていたが、二〇一三年一二月二〇日に釈放された。

に、政府が発行するパスポートやビザを必要とする。もし、冒険心に富んでいるならば、私たちはアメリカ国務省が発表する渡航情報のなかの危険情報に挙げられた国民国家を旅するかもしれない。

私が本書を執筆している間にも、九つの新たな国が先月リストに加わった。その前の月には五か国だった。スーダン、リビア、アフガニスタン、シリア、コンゴ、マリ……それらはまだ国民国家とされているが、念のために言うと、その領土や夜間を掌握している政府が存在する国はないのだ。

それでもまだ国民国家なのであり、誰だろうと私たちが担《かつ》ぎたい人を武装するために、数百万ドルという海外からの支援が相変わらずカチカチと動いているということなのだ。心配無用だ。二〇一二年に避けるべき国のリストに挙がったのは、一九三の国連加盟国のうち三三か国にすぎない。全体の一七パーセントにすぎないのだから、あまり心配しないでおこう。

もしもあなたが冒険好きで、こういった場所の一つに行くならば、空港から政府庁舎やホテルまでは比較的安全で快適に行き来できることに気付くだろう。だが、都市の外側は危険であり、とくに夜間、ボディガードなしで寂れた地区を歩こうものならば、何が起こるか分かったものではない。政府の力が弱くなるにつれて、中央を管理する芯は残しても、周辺に行くほど徐々に管理が行き届かなくなり、あなたは境界がどこにあるのかと見つけたくなるかもしれないし、遠く離れて道に迷うことを避けたくなるかもしれない。

もう一つの尋ねるべきよい質問は、誰が夜間の管理にあたっているのか、というものだ。太陽が沈んで政府の治安にかかわる人々が妻もしくは恋人と寝るために帰ったあと、まったく異なる派遣団が暗闇から現れて引き継ぐことになるという事実を観察することがごく当たり前の出来事となる。

政府の治安にかかわる人々はこのことを知っており、日没とともに隠れに行くのだ。なぜならば、こういう闇の力と闘うことは彼らの稼ぎに見合わないからだ。加えて、しばしば政府の人々は闇の力と個人的な協定を結んでいる。彼らは合理的であり、社会の調和という祭壇の上にある国民の統合という虚構を少しずつ犠牲にすることをいとわない。

レオポルド・コール［三一八ページ参照］は、統合と調和の分裂を表現する詩のような方法を見つけ出し、一つの旗、一つの国歌、そして、「一つの苦悶の叫び、抑圧されて排除されて無視されるすべての者のための」として国民的統合を定義した。

抑圧されて、排除されて、無視されているすべての者に周辺部と夜間を支配することを任せておきながら、建前では政権の座に就いている人々が、相当おかしくなってもまだ印象的な政治的外見を維持しようと努めるとき、この矛盾が戦争を招かないかぎりは（ほとんどの戦争は国民的統合を確立するか守るために戦われてきた）、当面の間、昼間は中央に守られた国民的統合の虚構とともに調和があるかもしれない。

だが、遠く離れた所にまで権力を及ぼそうとするコストが帝国を滅びに導いてきたことを忘れてはいけない。滅びは周辺部からはじまるのだ。そして、いよいよ状況が革命として認識されるのは、政府軍が首都へと退却するだけでなく、昼間に隠れながら護衛されてウロウロしはじめるようになったときだ。

うまくいっている安定した国民国家は、安全と富に関して隣接する全領域に及ぶ。だが、国民国家が衰えるにつれて、経済と政治において除外された島ができて、それは時間とともに拡大していく。アメリカ合衆国には、ミシガン州フリント、ニュージャージー州カムデン、あるいはマサチューセッツ州フォールリバーのような所があり、高い失業率でほとんど政府サービスのない、破綻したか破綻寸前の多くの都市や町がある。

発展中の世界では、国民政府が領土にわたって権力を強化して拡大するにつれて、時間とともに拡大する安全と富の島をつくり出すが、そのパターン自体は発展を終えている世界でも同様なのだ。早々と発展し終えた所では、残された場所がわずかばかりの安全と富の島になるまで、排除された島々が広がって結び付いていく。そして、かつて発展が著しかった所では、ついには島が政府の構内を残すだけの所にまで縮まり、そこではかつての支配階級が、爆発に耐える壁の裏ですくみながらヘリコプターで脱出することを待ちわびている。

先進国の人々は、こういう問題はどこかよその国のことだと考えたがるきらいがあるが、もはやそうも言ってはおられない。問題は、戸口の上がり框《かまち》に立っているのではない。問題は居間に上がって、ソファーに座ってビールを楽しんでいるのだ。かつての先進国の国民が、経済の停滞、高齢化、その他多くの問題を抱えて退廃している間、往々にして地方の住民はどの程度勢力を失っているのかを認識できないでいる。

より良い時代が戻ってくるのだと待ち焦がれている間に、移民や出稼ぎ労働者がかつての途上国から大挙して押し掛けてくる。その途上国は過剰人口を抱えており、急激な気候変動による土壌流出と経済混乱といった自国の多くの問題に悩んでおり、事務所のトイレ掃除だろうと皿洗いだろうと、どんな仕事でも引き受けるというわけだ。

それが不愉快な行き詰まりを招くことになる。やがて、ホスト国の国民は輸入した労働力なしではもはや機能し得なくなる。つまり、外国人によって提供される社会的便益に頼ることなく生活することができなくなっていることに気付くのだ。とりわけ、移民たちが住み着いた地域で生まれた子どもたちによって提供される社会的便益に頼らざるを得なくなっている所では深刻なものとなる。そして、新参者を国民国家に融和させるという気乗りしない取り組みをはじめることになる。

ところで、難民や移民は移住をわきまえており、仕事はいつでも動き回るものであり、仕事とともに移住しなければならなくなるということを十分に理解している。つまり、彼らは自己排除という内面のレトリックを構築したが、この一つの価値体系は、地域社会と国家の両方を徐々に衰えさせるのである。

どう見ても、うまくいかない状況なのだ。何しろ、一方では可能性を広げるために気乗りしない恨みさえあらわにした取り組みを行いながら、もう一方では、間に合わせの一時的な存在だと分かっている者に向かって冷淡に挨拶が交わされている状況なのだから。

万事休す、というところまでには至っていないが、その趨勢はすでに疑いようがないこととなっている。西側の自由帝国主義は、まず領土の国家としての地位および主権という概念をこの惑星に押し付け、政治地図の上で色の付いたタイルに地球全体を分割した。それぞれのタイルは、それぞれの国旗、国歌、憲法をもつほか、国民統合の異常な執念と排除されたすべての者の苦痛の叫びを宿しており、ひたすら進歩を遂げてあらゆるものを台無しにした。

当初、主権国家に与えられたすべての権限のなかで、国旗に敬意を表すことと国歌を歌うことが最後まで残る権限となるように思われる。通常、国民政府の権限は次のようなものを含むと考えられる。

- 貨幣の印刷と鋳造および経済の制御。
- 法と秩序の維持、および戦争遂行。

・市民への福利の提供、および発展方針の選択。

国民国家がこれらの権限を実現する能力を失うや、失敗国の方向へと急に傾きはじめる。失敗国とは、以下の三つの「できない」によって規定される。

・暴力行使の独占ができない。
・法律を管理することができない。
・公共サービスを施すことができない。

多くの国民国家はまだそこには至っていないが、そこへと至るまでどれほど離れているのかを見るために、各国の宝のように大切な権限の実態をそれぞれ調べて、各国の国民が今日の世界でどれほど良好な暮らしをしているかを見てみよう。

通貨主権の脱国家化

シニョレッジ、すなわち貨幣を印刷したり鋳造したりすることからたなぼた的に利益を得る政府の特権は、金融市場によってかなり侵食されてしまい、安定な通貨を維持する責任がもはや政府内にまったく与えられていないところにまで至っている。欧州中央銀行とアメリカ連邦準備制度理事会は、今、必要なだけ紙幣を印刷して、逆に彼らが依存している多国籍銀行を救済しているというありさまだ。

米ドルはまだ世界の金融システムの中心にあるが、致命的なほど傷んでおり、止まることを知らないアメリカ合衆国の国家債務という出血がやがてドルを殺すことになるだろう。アメリカ政府の財政赤字（これは数多くある資金不足の一つにすぎない）は、現在、年間一兆ドルほど流れ出しており、その数は債務膨張を封じ込むという希望を削ぐものとなっている。歳入不足は、所得税率を一〇〇パーセントに引き上げても、あるいは社会保障とメディケア以外の政府の出費すべてを削減しても克服できないのである。

当座の穴埋めとされるメカニズムは、実質インフレ率以下の利回りでアメリカ連邦準備制度銀行と世界中の中央銀行によってアメリカ国債を購入してもらうことだ。そして、アメリカ政府がお金を使うわけだが、世界中の不幸なアメリカ国債の保持者は、インフレーションが資産価値を損なっている間にもアメリカ国債を会計簿に載せたままにして、あまり価値のない資産の価値をさらに減らしていく以外に選択肢がない。というのも、それを保有する以外に何かしたところで、インフレーションを焚き付けるだけだからだ。

このゲームがどれだけ続くかは、アメリカ政府がいつまで世界にアメリカ国債を買って保有するように脅し続けることができるかにかかっており、これは誰にも分からない。だが、重要なことは、どの市場参加者も、アメリカ政府も、外国の政府も、自らこのゲームを降りる気になれないということだ。なぜならば、それは世界の金融システム全体を大破させてしまう危険を冒すことになるからだ。

以前は破綻させないことが単純な業務だったうえに、資本主義者の市場経済でも社会主義者の計画経済のいずれにしても、政府が大きな経済に影響を及ぼす循環的な危機を修正する責任を果たせるものだとかつては考えられていた。というのは、旧ソビエト連邦がちょうど資本主義者の経済における景気循環のような循環的な経済混乱を経験していたからだ。

循環的な危機は規模が大きすぎることとの結果であるように思われ、イデオロギーとは無関係だろう。イデオロギーの境界線のどちら側でも、危機は同一の「経済巨人症」とも言うべき変形症にかかっていたのだ。アンバランスな状態は金融政策と財政政策にわずかな調整を施すことで是正されると以前は考えられていたが（ただし、そのような取り組みが本当に効果的なのかどうかは完全に分かってはいなかった）、今や明白となりつつあることは、そのような施策が逆効果になるということだ。つまり、紙幣を印刷して経済を押し上げる新たな試みのたびに、経済の拡大よりも速く債務が拡大しているのである。

アメリカ政府は、金融的および政治的にアメリカ合衆国に縛られているすべての政府とともに、今、一つの選択以外に為すべきことがない。また、各国の政府には、支払うことが不可能な国家債務の泥沼に沈むかどうかという選択肢はない。しかしそれでも、速く沈むかゆっくり沈むかを決定することができる。

だが、財政および金融マシーンのつまみをいじり回して、それを速く動かそうとする以外にも、国民政府は経済成長をもっと推進できると以前は考えられていた。それはどんな取り組みだったのだろうか。

往時には、政府は特別な発展方針を推進するためにナショナル・チャンピオン(56)を支援したり、国内産業を育成するための法人税政策を実施したりして政府の権限を行使した。だが最近では、そのような取り組みはすべて、貿易自由化へと向かう大きな趨勢によって効力を失っている。世界全体を単一の市場に仕立てようとする西側政府の取り組みが招いた「意図せざる結果」は、政府を犠牲にして市場に強大な力を育んだ。そして今では、貿易は国際金融と世界の需要と供給によって駆動されるようになり、政府の介入はごくわずかなものになっている。

今、西側の政府はソートリーダーシップを放棄して、スーザン・ジョージ［五八ページ参照］が「ダボス階級」(57)と呼んでいる人々に委ねてしまっているように思われる。

なお、ダボス階級とは、彼らのことを「自由市場を指向する共産主義者」と見なす人々によって、時折皮肉混じりに導入されている概念だ。それは資本主義社会の人気者のことであり、ビル・ゲイツ［William Henry “Bill” Gates III,1955〜］やジョージ・ソロス［一二一ページの注参照］、グーグル社、インテル社、eBay社［ネットショップ］などのCEOを含み、彼らの御用哲学者トーマス・フリードマン［Thomas Loren Friedman, 1953〜］も傍らにいる。

そして彼らは、社会的責任と生態学的関心という反資本主義者の動機をも是認して、個人的な施しでその責任と関心を攻撃目標とすることによって、アダム・スミスが「すべては自分たちのためのもの、他人には何もやらない(58)」とあざけた、彼らのもともとのエートスへの改良を試みてきた。

ゲイツとソロスは、もう何年にもわたって「何かを他人に運動」のチャンピオンである。あふれんばかりの施しを大衆に撒き散らす以外にゲイツは、「摩擦ゼロの資本主義」という理論、すなわち国家を超えたポスト工業時代における情報によって駆動される社会のあり方を信奉し、「労働の終焉」を目撃しているのだと信じている。だが、この摩擦のない超国家的資本主義という考えは、主要な経済参加者としての各国政府の終焉を意味するのではないだろうか。

グローバル市場に仕えることで、多国籍企業が政治的実体になって国民政府を出し抜いている

(56)　国益に叶う戦略的部門の企業のこと。
(57)　(thought leader) ある専門分野において指針・方向性となる考えを与えるリーダーとなる人や組織のこと。
(58)　アダム・スミス／水田洋監訳、杉山忠平訳『国富論（二）』岩波文庫、二〇〇〇年、二四一ページ。

わけである。弁護士と会計士からなる軍隊を配して間違うことのないダボス階級の人気者の前では、政府は起こることを摩擦ゼロで許可する以外にほとんど選択肢がない。だが、その他多数の私たちはどうなってしまうのだろうか。

ここでの問題は、特権階級の少数者を除けば、非国家主体による統治は、領域の空間だろうとサイバースペースだろうと金融システムだろうと、暗黙のうちに国家安全保障上のリスクに等しくなっているということだ。世界中で安全保障は政府にとってますます大きな関心事になっており、一般的に、そこに暮らす人々の安全よりも、むしろ国家体制の安全のほうに重点が置かれている。

このように、政府はますますやることを少なくしていながら、彼らの威信を無視するか欺こうとする人々を収監することによって、彼らの特権を油断なく防衛し続けている。そして、私たちは囚人人口の増加を知ることになるわけだが、囚人たちは国内の好ましくない者やマイノリティーや外国人が多数を占めることになり、収監を通して権力は政府の手中に収まっている。これが「摩擦ゼロの資本主義」の裏側である。

刑務所は、犯罪の帝国とカルテルにとって司令塔になり（刑務所内のほうがより安全である）、テロリストにとっては人員募集の場となり、種族間およびギャング間の提携のためには政治的な過激化の中心となり支援センターともなる。そして、多くの場合、政府はもはや囚人を管理しなくなる。事実、最近の報告によると、メキシコにある四三〇軒の刑務所のうち六〇パーセントは犯罪組織および薬物カルテルによって支配されている。

国境を越えたアメリカ合衆国で、状況が大きく異なるわけがない。アメリカでは市民一〇万人当たり七六〇人が投獄されており、その多くはアフリカ系アメリカ人かヒスパニックである。スターリンがソビエト連邦時代の恐怖政治の最高潮のときに強制収容所に送り込んだ数、一〇万人当たり五六〇人を超えているのだ。

その結果、名ばかりの統治であることに気付く政府職員は、より几帳面な同僚と比べてかなり有利な点を有していることを直ちに認識し、公私の一線を曖昧にして、国家の完全犯罪にドアを開け放つことになろうとも、不法な刑務所中心経済を金づるとして開拓する。

世界中のますます多くの国でこのプロセスが進行するにつれて、私たちは「野生化した都市」を目撃することになる。そこは、政府サービスの完全なまでの欠如、病気の蔓延と環境の劣化、そして最重要項目として、不法ながらも黙認される経済活動によって特徴づけられる。したがって、国連ハビタット（国連人間居住計画）の報告書が「二一世紀における新興の人間居住地域」として都市のスラム街を選び抜いていることも驚くに当たらない。

このような新しい居住地域を主宰することは、政治的経済的起業家の新興階級になることとなり、国家権力の強制が効かないところで武装集団を形成してコミュニティーの犠牲を払いながら、暴力を伴う略奪に従事しようとする多くの動機をもつことになる。そして、この新興の暴力を振るう起業家は国際的なつながりを確立し、現代のインターネットと通信技術を駆使して闇社会のネットワークを形成する。

潜伏、詐欺、汚職、計略を通して、彼らを取り締まろうとする国際的な取り組みを困らせて、このプロセスが世界を席巻する。やがて、彼らのうちからも一年に一回のダボス会議に姿を現して、彼ら自身の指針を説明する者が出てくるかもしれない。一方、国民国家の擁護者たちは、まだ残っていたとしたならばの話だが、仰天しながら理解できないまま傍観していることになるだろう。

政府が得意とするところ

本章において、取り上げるのを忘れていたことがある。それは、本当のところ国民政府が得意とすることはいったい何かということだ。

国民政府は、人であれ、お金であれ、商品であれ、国境を横切ってくるものならば何でも、なにがしかの手段を講じることが得意であり、そうすることで国民全体に利益をもたらしてきた。(59)

もちろん、いくつかの例外はあるのだが、一般にホットマネーの自由かつ即座な動きに関する権能、あるいは賃労働と司法権の鞘取り［一一〇ページ参照］に関する権能は含まれていない（グローバル化の時流に投じたとき、政府はこれらを管理する能力を正式に放棄したわけだが、今、グローバル化の流れから離反することはあまりにも痛みを伴うだろう）。

国民政府はまた、国民が利用するインフラストラクチャーを建造して維持することも得意としている。道路、橋、鉄道、送電網、速くて信頼できる郵便サービス、高速インターネットの接続などが挙げられる。

ある国民政府は他の国民政府よりもすぐれているわけだが、アメリカ合衆国は惨めな状態だ。ドイツと韓国はそれほど悪くなく、初等教育、基本的な健康管理、基礎研究、芸術・文化、歴史遺産の保存に長けている。これらのことはすべて自由市場では完全に失敗することであり、自由市場の多数派にはそれらの意義を把握することさえもはや不可能となっている。

これらのことは、原則的に政府がうまく対処できることであり、他のどんな政府の活動を合算したものよりも国民の成功に大きな貢献を果たし得る。そして、これらのことが今、世界の至る所で緊縮財政の名の下に犠牲となっている。

(59)　国際金融市場間を転々とする不安定な短期資金。

◯戦争は自滅に

昔は、継続的に侵略を防ぎつつ、新しい陸地を征服して領土を拡大するために、戦争を遂行する能力が国民国家にとっては重要な能力だと考えられた。しかしながら今では、国家は領土ではなく市場のシェアと（それほどではないが）支配を競っており、そのためには軍事介入も時折辞さないわけだが、より頻繁に行われていることは軍事力の脅威を散らつかせるといった行為である。

領土は守られるにちがいないと思えるほど、現代の脅威のほとんどは他の国民国家からではなく、テロリストや犯罪集団のような非国家組織からのものになっている。なかでもテロリストは、最小の深刻な脅威を課して、しばしば不相応に大きな反応を誘発している。なぜならば、彼らの攻撃は、国民国家がどんなことをしてでも守りたい虚構を破壊するからだ。つまり、国民国家は軍隊という形式の暴力を完全に独占できているので、国民国家は難なく権力を行使できるという虚構である。

小さなテロリスト集団が万能の軍事帝国と戦って純粋に象徴的な勝利を収めるというデマの拡大は、テロリストにとっては大きなプロパガンダの勝利を帰結し、さながら「ダビデとゴリアテの戦い」(60)のリメイク版のようにゴリアテに国民ヒステリーの大騒動を起こさせ、時折、イラクとアフガニスタンにおける最近の大失敗のような軍事行動を引き起こしている。そして、ゲリラ兵によるさまざまな武器の調達は、ゲリラ戦略と非対称戦(61)における継続的な戦力向上とともに、征服した領土を支配するための第一級の軍隊の取り組みを頓挫させる新たな必勝方法をたくさん生み出している。

軍事衝突において徹底的な優勢を目指すよりも、むしろ敵を挫折させようとするこの新たな非対称な戦法は、時々「オープン・ソース戦法(62)」と呼ばれ、極めてコスト面ですぐれていることが分かっている。この類いのうまくいっている軍事行動は、とても低予算で無期限に継続され得るわけだが、これと闘うためには未来を費やすことになる。その未来が、大きな債務を抱える西側諸国の政府にはもはやないのである。

軍事行動の自由がまだ財政的に制約されていない所では、技術的かつ商業的にそれが制約されることになる。すべてではないにしろ、今では国民国家の大部分は安全保障を他国に依存するようになっており、兵器の製造販売および防衛技術の認可において協力を必要としている。グローバル化と市場自由化が進むという傾向は、テロリスト集団や非国家主体にも戦争用物資とノウハ

(60)『旧約聖書』「サムエル記 上」第17章の、弱小な者（ダビデ）が強大な者（ゴリアテ）を打ち負かす話。
(61) 戦力に大きな差のある戦いのこと。
(62) 多くの小さな自治集団が、公式の戦闘配置なしで共同して戦う方法。

ウの調達を可能にしており、組織と兵器についての政府管理を蝕んでいる。

予算削減の最中にこういった集団と軍事的に張り合おうとする取り組みとして、世界中の政府がドローン技術に相当額の投資を行っている。そして、これまでに六六か国が、さまざまな種類の無人飛行機による攻撃の舞台となった。そのほとんどは、アメリカ合衆国とイスラエルによる攻撃である。

ドローン技術では、次の二点が突出している。

第一に、戦争の主たる目的は敵方に武器を置くようにと説得することだが（それを強制すると費用が嵩む）、ドローンを用いて実行される暗殺は、その報復として敵方に武器を持つように説得するようなものだ。私たちはドローンが誰を殺すのかについては知らないが、往々にして、こういった殺害の報復に誰が殺されることになるかは分かる。このことは、ドローンが軍事衝突の終結にはほとんど無益であるということを証明し、軍事衝突の拡大（なぜならば、標的の選定において誤射は避けられない）と永続を促すことになる。

第二は、ドローン技術が一般公開され、他陣営が利用できるようになるのは時間の問題であり、そうなった時点で、非対称戦におけるテロリストにとっては素晴らしい武器となる。それを用いれば、ほとんど完全に匿名で、罰を受けることなく国民国家を悩ませることが可能となる。

このような状況にあることに加えて、核兵器や航空母艦のような費用が嵩むばかりで、今ではほとんど完璧に的外れとなっている代物について考えてみよう。

誰も、核爆発はもちろん原発事故を引き起こす危険さえ冒したくないので、地中にある錆びだらけになった放射性の穴が、サイロに格納されたＩＣＢＭ（Intercontinental Ballistic Missile、大陸間弾道ミサイル）の発射で得られるのと同様の効果的な核抑止力となっている。また、簡単な攻撃目標である航空母艦は、現在ある二つの方法（中国の対艦弾道ミサイルとロシアの超音速魚雷）で破壊が可能である。

機械化部隊の有効性は、継続的に燃料補給のコストが嵩み続けることによって損なわれている。さらに、インターネットを経由したサイバースペースにおける戦争の拡大と増加を考慮するならば、その分野の性質ゆえに、暗躍する非国家主体のほうが各国政府よりもずっと上手《うわて》であり続ける。

これらの傾向が示していることは、国民国家が首尾よく戦争を遂行する継続能力において有望なものはないということだ。やがて、国民国家あるいはその遺物が非国家主体の意のままに存在する時代が来るかもしれず、非国家主体が、教育、衛生管理、文化および歴史保存などに意義を見つけるかもしれない。国民国家が世界中で無事に活動を展開し、国内の軍事的暴力の独占を続けることができたことも過去のものになるかもしれない。

◯法と秩序の終わり

国民国家がもっとも切望して大切にしてきた優先事項の一つは、ある人が「法と秩序」と呼びたがることを守ることによって、被支配者間の距離を最大限に遠ざけておくことである。なぜならば、被支配者の結束は国家権威に盾突くが、引き離された被支配者は御しやすく従順となるからだ。

旧来の非公式コミュニティーに委ねられた調停方法とは異なり、国民国家の体制は、ある人々（政府にへつらう人々）の権利を守りながら、その他の人々を不当に扱ってお構いなしに搾取するために公然たる暴力による脅威を用いる。さらに、不当に扱われて搾取されていることに気付く人々が立ち上がって自らの利益を守ろうとすることを妨げるために、暴力による脅威を用いる。このようなことのひどい例として挙げられるのは、六〇〇〇ほどの貴族ファミリーがイギリス国内に広大な土地を所有するに至った過程である。それは「囲い込み法」の遺物であり、その法によって、共有地が元の住人から盗み取られて貴族にわたっている。(63)

同様の過程は一二世紀からヨーロッパ中で続いており、かつての自由な都市国家の権利（古代ギリシャの都市国家だけが、比肩する文化的・社会的・経済的発展のめざましい開花だった）は損なわれて、ついには新興の国民国家によって台無しとなってしまった。

国民国家は、本質的には貴族とカトリック教会の尽力によるローマ帝国の復活だった。(64) やがて、慣習法と伝統を基盤とする地域の結束によってまとまっていた古い地方の社会が破壊されて、万人の間で生じるすべての相互作用を仲介することを目指した「法と秩序」という、中央集権化した行政の仕組みに置き換えられたのだ。(65)

国民国家は、民衆を作業場や工場に監禁するか、新たに征服した植民地へと追い出すかして民衆の財産を奪うことを目指すと同時に、お気に入りの者を選んでは交易と商業における独占を確立し、恵まれた少数の者に、今日まで存在する鼻持ちならないほどの過大な富を築かせた。

---

(63)（The Inclosure Acts）イギリスでは、一七世紀より議会の立法〔囲い込み法〕に基づいて土地の合法的所有権の確定が進められていったが、一七七三年の囲い込み法では、共有地だった農地の所有権が認められた地主が確定されるとともに共有地を利用していた者を排除できるようにした。集約化による農業生産力の向上と産業革命を支える工場労働者の供給を帰結したが、ルソーが『人間不平等起源論』に記した次の言葉を想起させずにはおかない。「ある土地に囲《かこ》いをして『これはおれのものだ』と宣言することを思いつき、それをそのまま信ずるほどおめでたい人々を見つけた最初の者が、政治社会〔国家〕の真の創立者であった」（本田喜代治・平岡昇訳、岩波文庫、一九七二年、八五ページ）

(64)「神聖」の意味が曖昧で「ローマ」を含まない神聖ローマ帝国を指す。

(65) 神聖ローマ帝国を舞台とした三十年戦争はウェストファリア条約の締結（一六四八年）で終結し、帝国を構成する三〇〇に及ぶ領邦国家が誕生した。ドイツの領邦国家は上からの統合を原理とするローマ法を利用して農民・都市の法慣習・自治法を破って国家体制を整えていった。

たった一つの例外となる国民国家はスイスである。[66]スイスは、連邦制と直接民主主義を守ることに成功している。その理由は、スイスのどのカントンも他のカントンを支配できるほど大きくなかったからだ。もう一つ、政治的な分裂の原因が都市と田舎の間にもち込まれなかったこともある。

だが、他の場所について言えば、国民主権の出現は反革命［旧支配層の復活運動］のようなものだった。力のない農奴に囲まれた力のある貴族は城の本丸に隠れて、やはり力のない修道士に囲まれて要塞のような修道院の中にいる司教とともに結託して、ますます文明化して自分たちの出番が小さくなっていた世界に復讐を果たしたのだ。

現在、ほとんどの人々が文明と見なしていることが、世襲の田舎貴族と彼らの宗教界のおべっか使いによって上演されたローマ帝国の復活劇だという事実のなかに最高の皮肉がある。これに出演している役者たちの出自は、市民生活の真ん中ではなく、荒れ果てた中世の城塞であり、彼らは虐げられた農奴に養ってもらっていたのだ。およそ文明の典型とは言い難いことではないか。

当初、そして今日でさえも、国民国家の成立が比較的最近の出来事である所では、宗教界からのお墨付きと暴力に訴える能力が、権力行使を確認するうえでの二つの主要な根拠となった。

より最近では、共通のアイデンティティをもつことがますます重要な役割を担うようになっているが、それはサービスを提供できる状況においてのみ有効である。共通のアイデンティティが生み出す帰属意識は、食料、住居、医療、安全、教育、年金など、全住民に共通して必要となるものの入手および利用方法を介して補強されねばならない。その効力を発揮するためには、アイデンティティは「便益を伴うアイデンティティ」でなければならない。便益を供することに失敗するならば、共通のアイデンティティは単に責任ある立場の人々に対する軽蔑や侮辱を生み出すことになる。

また、共通のアイデンティティの無理強いには主体的な社会参加を制限するという副作用があり、誰がリーダーになるべきかという共通理解を自ずと生じさせることにはならず、権力の行使を強化するよりもむしろ自由な動きを妨げることになる。

だが、ひとたび共通のアイデンティティが確立しようものならば、中央権力は取り除くことが困難になる。また、ひとたび地方のコミュニティーがかき乱されて壊されてしまったならば、そして人々がもはや互いを信じ合うことがなくなり、それでいて信頼していない見ず知らずの人とかかわることを強いられるならば、人々は互いに防衛手段を講じるようになる。すると中央権力は、警察や規制および司法にかかわる官僚として、もっとも効果的な保証金をゆすり取ることができるようになる。

---

(66)　スイスの地方行政区画。一四六ページ参照。

中央権力が競争相手を抑えられるほどの力を保っているかぎり、また組織化されて合法的に認められた暴力体制を永続させるだけの費用を払えば、中央権力はランダムに発生する日和見主義の暴力を食い止めることができる。このことを是認しながら、中央権力によって継続的に損なわれている富を所有している人々が権力を支えるようになっているのだ。というのも、彼らはさらに悪い別の状態を予見するようになるからだ。

そして、実際のところ、組織犯罪をうまく抑え込めないほど弱体化した国家はその人民に最悪の結果をもたらす傾向があり、数多くの実例がそれを証明している。そのような弱体化した国家は、暴力の独占を維持する力のある国家よりも悪く、また国家がまったく存在さえしていない状態よりも悪い事態となっている。

成熟するにつれて国民国家は、抑圧、没収、追放といった暴力的な手法から離れて、規制と課税という巧妙な方法をとるようになる。そして、この新しい方法によっても、労働者階級が富を蓄積することや地方における権力を取り戻したりすることを妨げる点において、暴力的な手法と同じ成果が得られるということを学ぶ傾向がある。

こういったことは、そのやり口に対する人々の関心を逸らしておきながら、豊かな時代のうちに為政者自らの目的を達成するためにゆっくりと到達する巧妙なやり方であるが、経済が成長しなくなってよろめきはじめるにつれて、ますます大勢の人々を金銭的な困窮状態に陥らせることになる。そして、貧困化した階級は、応戦するために規制と課税を避けるべく行動するようになる。その結果、非公式経済が形成され、許可を受けることなく、規制もなく、非公認なものが無数に生じることになる。

すると国家は、不可避的にそれを禁止するように力を行使するのだが、そうなると非公式経済を不法な経済に変えてしまうことになる。禁止を守らせる手段なしに国家が非公式経済を禁止するならば、非公式経済は不法な経済になってしまう（たいていの場合そうなる）。

この過程が常態化するにつれて、残忍な非国家主体を排除する力のある適切な民主主義体制だという期待が多分に根拠のないものになってしまう。多くの人々が生き残るための合法的な方法がないことに気付いてしまうような経済下での機能的な欠陥は、生き残り戦略として犯罪活動に市民が手を染めてしまう圧力と動機をつくり出すことになる。そして、犯罪集団が生まれ、武器を蓄えて警察の協力を確保し、政治的な影響力を獲得するようになり、その後、地域の秩序を維持したり、社会サービスを提供したり、事業を拡大することになる。

コロンビアのメデジン(67)、ブラジルのリオ・デ・ジャネイロ、麻薬戦争に悩まされているメキシコの多くの地域、そして数え切れないほどの他の地域でも、ゲリラ兵と麻薬商人は国家公務員や

---

(67)（Medellín）首都ボゴタに続く第二の都市。コロンビア西部にあるアンティオキア県の県都。

警察官と協力しており、国に治められていない都市空間では武装した不法な主体による統治が例外というよりはルールになっている。

不法な経済は、合法的に設置された形式としての国家を脅かしはするが、不法な経済の内側にいるさまざまな犯罪者はめったに国家の崩壊を望まない。むしろ、彼らは和解を渇望するだろう。それゆえ、非国家的な地方の統治は、国家の永続にかかわる鍵を握る社会集団が無傷であり続けるかぎり、必ずしも存在に関する脅威を国家に向けることはない。ただ、ゲート付きの住宅や民間の警備保障サービスが国家のサービスに置き換わって、支配階級のエリートのために用いられることになるだけだ。

そのような環境では、エリートの建設的な行動のための展望がむしろ制限されるようになるが、彼らは損害を与えることによって私腹を肥やし続けることは可能である。たとえば、彼らは過酷な経済政策を策定して、彼らの政治的同盟に謝金を払う法律違反者を選択して護衛しながら、暗黒街の掟を押しつける悪漢を雇うことができる。そのような戦略は既存の不正取引を抑えるというさらなる利点を有しており、過激に遂行すれば、ある不正取引を秘密政府の独占支配にすることも可能となる。

だが、このような展開は経済全体には何らよいことではない。経済状況は悪化し続け、ついには中央権力が崩壊するときになって分裂と内部抗争という最大のリスクを抱えることになるのは、もっとも強固に確立した不正なネットワークを備えたコミュニティーである。これは、後戻りすることのできない状態だ。なぜならば、密輸ネットワーク、公務員の腐敗、犯罪シンジケート、保証金をゆすり取ることなどといった高いレベルの既得権益ができあがってしまい、ある地域における非合法性の技術発展は撲滅することがほとんど不可能となるからだ。

無数の宝物が外国の支援によって浪費されていく。もちろん、その支援は人々に届くことなく政府にわたってしまう。支援を受けた政府は規則を守ることになっており、中央権力を強化して不法な経済を抑圧することに努めるが、その努力の跡を示すものがほとんどないというのが実情である。

ひとたび中央権力が崩壊すると、公正な取引も不正な取引も崩壊し、地域は大混乱に陥って暫定的な軍事政権が生じるかもしれない。ついには、新しい統治が誕生しはじめるのだ。ソマリアのイスラム法廷連合のような統治勢力は、不正な取引に安全と安定を与え、マフィアと一般人の両方から人気を博した。

そのような統治勢力は、他の便益も同様に供する。コミュニティーはしばしば暴れん坊の個人や麻薬に対処する術《すべ》を欠き、効力のない腐敗した警察の介入を求めるか、宗教的な権威や地域の市民兵のような非国家主体に縋《すが》るかの選択を迫られ、後者を選ぶことになる。そして、市民兵はたいていの場合すぐに、自らの構成員を管理して内部のヒエラルキーを守るために内輪の警察機構と軍事裁判の仕組みを構築する。

ちょうど国家が残虐な非国家主体を排除する力を備えた順調な民主主義制度であるかのような間違ったほうへと導かれてしまうように、不法な経済が秩序を欠くのかと言えば決してそうではない。不法な経済は、異なる統治形態であるというだけのことだ。シチリア・マフィアについてはよく調査されており、その調査結果が示すところによると、マフィアが実際に秩序を与えており、何よりも契約の保護と執行をもたらしているということだ。それが唯一の例ではない。歴史や文化を問わず、信頼の欠如と統治の欠如という二つの鍵となる要素は、自ずとマフィアのサービスへの信頼を生み出すのである。

だが、それ以外にも公式の統治が効力をもたないさまざまな状況がある。規則や所有関係が非公式なもので間に合わせにつくられている所では、闘争、和解、調停という問題解決を可能とした組織が不可欠となり、そのような組織だけが暴力に訴える手段をもっているならば、その組織が効力を発揮することになる。

そんな伝統的なマフィアのサービス以外にも、非公式な入植地および野営地、貧民街、非公認の難民キャンプおよび野蛮になった都市区域など、国から奪った地域を治める民兵や他の非国家的集団は、インフラストラクチャーの維持管理、治安維持、福祉、および精神衛生を含む広範な役割を引き受けることが期待されている。

彼らが効力を発揮して安全に滞在するためには、街の秩序を守らせる悪党が、周囲の人々から正直者で公平な立場にあると思われなければならない。競合者が縄張りに侵入して乗っ取りを働く怖れを払拭《ふっしょく》しないことには、悪党は周囲の人々の支持を得られるかどうかの境界線を安全に越えることはできない。

たとえば、国民国家を再構成して中央権力を再び押し付けようとする外側からの企てのような混乱がなくても、非国家的な統治領域は「恒久的混乱」と呼ばれる定常常態で持続することが可能となる。そこの最善となるシナリオでは、脆弱で、半ば破綻したような国家での生活よりも良好な状況となる。

いずれにせよ、外側からの企てが無駄だというのは、自治の基調をなす考えが自己強化と非階層制にあるからだ。そのような統治されてない空間、あるいは内側から見れば自治が行き届いた空間は、繰り返し主権を押し付けようとする政府の襲撃にも耐え、負かし難い要塞都市になり得る。

福祉国家の終わり

産業革命の遺物は資本家と労働者の間にある政治的分裂であり、それは今なお先進国、発展途上国および低開発国に広く行きわたっている。資本家側に束ねられた政治力は、常に労働者を商品として扱いたがり、コストを抑えようとして、最低賃金の国へと生産拠点を移動させる自由を要求する。資本家たちは労働者が組合をつくることを妨げようとし、もし労働組合ができたならば組合を潰す機会をうかがっている。彼らはまた、政府が労働時間や雇用条件を規制すること、最低賃金を課すること、あるいは家族休暇を要求することも妨げようとしてきた。

他方、労働者は組合を組織して、多くの流血を伴う闘争をも顧みず、より良い賃金と雇用条件を団体交渉にて決めるために何年にもわたって闘ってきた。その結果、児童労働を禁ずる法律や、一週間の法定労働時間を定めた法律、より安全な労働環境など、社会生活における多くの大事なことを勝ち取ってきた。

そんな時代の全盛は一九五〇年代だった。デトロイトの自動車工場の組み立てラインの労働者がマイホームとマイカーを所有し、家族を養い、さらには快適な老後生活を送ることができるほど稼ぐことができたのだ。しかし、そんな時代は今では終わっている。新しい時代は、永久に高い失業率、伸びるどころか下がるばかりの賃金、損なわれ続ける労働者の権利、経済的な不安定といったことに特徴づけられる時代となっている。

現在、仕事は、ある低賃金の国から別の低賃金の国へと急ぎ足で移動している。消費者がインドのコールセンターからの低質な顧客サービスに慣れたころには、そのコールセンターはフィリピンに移ってしまい、サービスの質はさらに一段か二段ほど下がってしまった。だが、消費者には選択権がない。というのは、彼ら自身のコミュニティーからインド、次いでフィリピンへと仕事が移り去って以来、消費者にはより良いサービスのために支払うだけの経済的な余裕がなくなっているからだ。

当面、勝者は資本の所有者であり、彼らは破壊の波でサーフィンをすることができるのだ。今日のアメリカ合衆国とヨーロッパ、明日は中国、インド、ブラジルという具合に、ある国から別の国へと、資本家は次々に波のリップ［先端］に乗り続けている。悲しいかな、唯一の、真の資本はソーシャル・キャピタル［互恵的な人間関係］であるというごく基本的な洞察は失われている。

今なおアメリカ合衆国で闘争中の労働運動の最後の闘いは、この惑星外へは外注することのできない組合業務にかかわることであろう。つまり、地方自治体や政府の公務員、教員や公共事業や輸送部門による労働者の組合だ。公共部門と国家管理の下で希少な資源を争っている採取産業を例外として、国と国との間で、生産活動を移転する力が労働者の政治力を無効にしている。そのような政治力を奪われた部門の多くの労働者は、どうやら不可避的に彼らの年金を失っている過程にあると言える。

アメリカ合衆国における年金債務は、優に一兆ドルを超える財源不足となっている。だが、このことは余興のようなものでしかない。というのは、この国のほとんどの仕事が今では労働組合未加入の仕事であり、世の趨勢は、パート、契約社員、臨時作業員、フリーランサーといった社会保障や年金給付のない労働に向かっており、わずかに残っている正規社員の地位も、目が覚めている時間と「ワーケイション[68]」の間ずっと「オンライン」でいるようなレベルの努力が強いられ、社員の燃え尽き症候群や長期療養といった犠牲をもたらしているからだ。

長期にわたる労使間の紛糾は資本の力で徹底的に殴られているような労働者を生み出しており、グローバル化が供する棍棒で労働者は打ちのめされてしまっている。社会の爆発ないし公然たる反抗に至る道に今置かれているのは、見せかけのセーフティーネットのようなものを維持する政府による取り組みである。自身の稼ぎだけで自活できない人々は、働きに出るために追加的に支払ってもらわねばならない。その給付ができる唯一の主体は政府である。

驚くことではないが、このような政府による社会保障費用は最速で拡大している。しかも、今ではそれが限界に達しており、国家債務を抱える国々は、次から次へと資金繰りのために社会保障関係費の削減による緊縮政策を必要とするようになっている。要するに、凋落《ちょうらく》の一途を辿っているのだ。

これまでに提案されてきたこの状況への取り組みのすべてがうまくいかないのは、とにもかくにも現状は素晴らしく、価値があって維持されるに値するという仮定を潜在意識に植え付けようとしてきた政策に起因することは明白である。ささやかな勝利を勝ち取るのに長い時間がかかったのだから、たとえ泥沼に足が沈んでいるとしても私たちはしっかりと立ち続けて、勝ち取ったものを死守するべきだということになってしまうのだろう。だが、ある時点で、国家が労使関係の管理能力を失っているのだ、と認めざるを得なくなるだろう。

ＥＵ（欧州連合）の創設を定めた公文書であるマーストリヒト条約は、人間の福祉を明確な目的として社会条項に正式に記していたが、それは一九九二年に条約が調印される前に時代遅れになってしまい、批准ないし履行されていない。理念を記すだけの書類の上でさえＥＵが住民の利益に資するものでなくなっているとしたら、あの社会条項はいったい誰の利益になるものなのか。ある時点で、相当古くから分かっている真実が再浮上することだろう。つまり、金銭は権力と等しくないということだ。なぜならば、権力は暴力に訴えることを辞さない気概に由来するものであり、とりわけ闘うべき正当な理由が与えられたときは、単なるお金のために喜んで生命を差し出す人々はほとんどいないからだ。

これらすべてを勘案すると、国家は必ずや最大の敗者になるだろう。先進国に分類されている世界最大の経済大国の経済関連ニュースの多くは、「国家は崩壊に向かっている」というように

（68）（workation）ヴァケーションの最中だろうと、いつでもどこでも仕事ができる状態のこと。

要約することができる。

この過程を駆動するいくつかの要因がある。グローバル化によって国々を横断した経済の平準化による賃金の下落がまず挙げられる。さらに、仕事が離れていくことも要因となる。団体交渉力を欠くことで、職業上の保障や環境規制のない低賃金の国からの輸入を阻止して、自国の労働者の仕事を守ることを妨げている。さらに、先進国の人々は急速に高齢化しており、ますます少なくなる給与所得者が増えるばかりの働くことのできない人々を支える構造になっている。

これに加えて、国家が多国籍企業に課税する能力がないことを勘案していただきたい。グーグルにアップル、アマゾン、スターバックス、こういった企業は税金対策に会計士と弁護士からなる「軍隊」を用意しており、課税を免れる方法として、彼らの富はオフショア・タックス・ヘイブン（租税回避地）に預けられている。そのうえ、国家は金融を規制する方法をまったくもち合わせていない。というのは、大きくなるばかりの歳入不足の資金繰りを継続する能力と引き換えに、規制する方法を賭け事で取り上げられたような状態となっているからだ。

各国政府は課税の履行能力を厳重に守り続けているが、税率を上げる能力は時とともに小さくなっていく。その結果、各国政府は超国家的なタックス・ヘイヴンを管理する国際的犯罪シンジケートとの権力分担協定を暗黙に強いられることになる。なぜならば、資本移動および世界共通の税制の不備は、各国が多国籍企業に課税することをほとんど不可能にしているからだ。

仮に、少なくとも書類上、政府がまだ国内において税率を上げる能力をもっていたとしても、税率を上げようとしている政党は選挙によって政権を失う傾向があるため、めったにそれも起こらない。また、地方と国は個人の支出において競合を強いられているため、消費税、付加価値税、固定資産税を上げる能力を制限することになる。

税率構造がそのままならば（多国籍企業を引き付けるための一般に認められている税制上の優遇措置を除く）、税負担は市民と地方の小ビジネスに重くのしかかることになる。その対処策は、非公式経済に参入してできるだけ帳簿の外での取引を保つこととなり、ますます税基盤を損なうことになる。

貯蓄または仕事がないならば、福祉国家が国家と人々を結び付けるために残された唯一の手段となる。そして、その福祉国家が縮小するにつれて、顧客第一主義と腐敗した警察の影響力といったものが、排除されて公民権を剥奪された人々と国家との間にある唯一のつながりとして残る。その結果、人々の大部分が法体系の外側で生活するようになり、人々は援助と保護を受けるために地方の有力者に頼るようになる。

逆に、これら地方の非国家主体は、地方自治における独占と領域の支配ができないならば、二、三区画どころか、一つの中庭あるいは一つの路地を越えた程度の社会サービスさえ提供することができない。したがって、地方の権力者になることを志望する者には二つの選択肢だけが存在することになる。コミュニティーに代わって国家との仲裁に入るか、丸々国家に取って代わるか、だ。

いずれにせよ国家は、地方自治を認めるという多分に儀式的な機能を散らつかせながら、慇懃《いんぎん》な無視という賢明な政策を通して、いくらか延命を図ることができるかもしれない。

◯仮想化された政治

ますます多くの国民国家が世界中でぐらつき出して、機能不全に陥った精神病院であるかのように没落するにつれて、多くの騒動が人為的に生み出されている。建設的な政治の変化を可能にする手段としてインターネットやモバイルコミュニケーション技術が活用されるようになり、多くの暴動が、ツイッターやフェイスブックによる革命として評価されているほどである（なお、イランでの暴動では、暴動の最中に問題とされた「つぶやき」のほとんどがペルシャ語ではなく英語で書かれたものであった。要するに、外国人によって書き込まれたものだった。しかも、ツイッターのアカウントをもっているイラン人の数は、ほとんど存在しないと言ってもいいぐらい少ないことが判明している）。

ちなみに、エジプトのムバラーク体制(69)の崩壊のときには、グーグルの重役でインターネット活動家のワエル・ゴニム［Wael Ghonim, 1980～］がカイロの現場にいて、大きな議論を呼び起こす事件のようなものになった(70)。

私たちは、新技術がエジプトのような所で建設的な政治変化をもたらすことを信じるように誘導されている。だが、国民国家は無傷であり（エジプトは軍によってかなり管理されており、その軍はまだアメリカ合衆国に支えられている）、インターネット・アクティビズム(71)のすべてはほとんど無駄に等しい。

他方、ひとたび国民国家が破綻国家のリストに移されたならば（たとえばシリアでは、体制変化を引き起こそうとした西側の取り組みがシリアを全面的な内戦状態に移行させてしまった）、インターネット・アクティビズムはやはり無駄に終わる。仮に、国民国家と破綻国家の二つのシナリオの間にスイートスポット［二六一ページ参照］があるとしても、それはまだ未発見の状態なのだ。

---

(69)（Muhammad Husnī Mubārak, 1928～）共和政エジプト第四代大統領（第二代エジプト・アラブ共和国大統領）として約三〇年にもわたる長期政権を維持したが、二〇一一年の革命によって失脚。
(70)　山本達也『革命と騒乱のエジプト　ソーシャルメディアとピーク・オイルの政治学』（慶応大学出版会、二〇一四年）を参照されたい。
(71)　インターネットを活用した現状改革主義。

あなたが、不当な戦争を防ぐなり、止めるなりの何らかの意義ある政治的成果を上げたいとしよう。また、スローガンを叫んで、反戦の旗を振りながら数十万人の人々が通りを行進するという大きなデモをあなたが組織したとしよう。そして、開戦理由を糾弾する怒りの論説を新聞やブログに書くことができたとしよう。手紙、電話、電子メールを利用してあなたが代議士に戦争を止めるように頼めば、彼らはもちろん「反戦に努めます。それはさておき、選挙活動にご協力いただけませんか」と答えるだろう。

またあなたが、へどが出そうなほどの国の取り組みや取り組みそうなことに対して腸《はらわた》が煮えくり返って、寝食を忘れることができたとしよう。果たして、それで停戦になるだろうか？　否であろう。イラク戦争には何人の人たちが抗議しただろうか？　それで、いったい何が達成されたのだろうか？　はっきり言えば、何も達成されなかったのだ。

いいだろうか、「権力者に向かって真実を語れ（speak truth to power）」というスローガンは確かな限界を示しているのだ。このスローガンが含意する困難は、権力者は耳を傾けないだろうという事実と、人々はすでにその真実を知っていて、そのことをジョークにさえしているという事実を見落としていることだ。

政権与党の人々は、納得しているか、思い留まっているように見えるかもしれないが、それは、そうすることが彼らの利益になるかぎりのことでしかない。事実、彼らは時々、民衆運動を取り込んですぐに転覆させることもする。その他の点で民衆運動に反対している人々の観点で民衆運動を合法化して、骨抜きにしてしまうのだ。

ともあれ、通常、政権与党の人々は、彼らの属する階級の外にいる人々の単なるレトリックによって、彼らの利益に結び付く方針を撤回するようなことはしない。もしも、国際的に認知された影響力のある職位に就いている人物が非難の声を上げたとしよう。脆弱な政治体制ほどこのような事態に対して敏感に反応するかもしれないが、その同じ非難がより強い政治体制に向けられたときには裏目に出ることになる。というのは、強い政治体制においては非難の声を上げる人を嘲笑《ちょうしょう》して、社会的に葬ってしまう傾向が強いからだ。

レトリックを用いて政権与党の人々を彼らの立場から動かそうとすることは、チェスの勝負において、対戦相手に駒を犠牲にするように説得するようなものだ。そもそも、対戦相手がしていることとも合理的で公明正大なことだということを忘れてはいけない。

チェスのように、対戦相手を制限するようなやり方で駒を動かすことによって勝利は達成されるかもしれないが、対戦相手があなたの戦法に早く気付いてしまえば、勝利に向けた戦法は無効になってしまう。このように、あなたの手の内をさらして対戦相手との対話にもち込もうとする試みは、単にあなたの立場を弱くするだけの方法になってしまう。

権力者に立ち向かい、政権与党の人々を変節させるゲームは、公然と行われるチェスとは違って隠れて実施されており、守秘義務はより厳格である。刷新となる出来事は、準備されたというよりも内発的な事故ないし事件として生じ、責任転嫁が難しい状況だと好都合になる。とはいえ、常に犠牲者が見つけ出されることになるので、関係づけられるような特定の組織が存在しないことが望ましい。

組織的活動を必要とする場合、一時的かつ流動的な階層的でない組織にすればよい。ありきたりの追跡調査の効力を削ぐことになるだろう。そして、CIA語法にて、いつでもまことしやかな関係否認の権利を堅持するべきだ。

こういうやり口は、インターネットと切り離されていたならば想像できたかもしれない。昔の、あまりネットワーク化していない時代では、秘密警察の仕事は骨が折れるもので、労働集約的なものだった。それを、インターネットがすべて変えてしまった。現在では、インターネット上であなたが語ることはすべて（個人的な電子メールであれ、出版されていない文章であれ、ブログへの投稿はもちろん）、あなたあるいは他の誰かに関する証拠書類として用いられる。

旧ソビエト連邦時代には、あなた方の会話を盗聴するために、KGBはあなたが住むアパートに盗聴器を仕込みに行かなければならなかった。それ自体が大仕事だった。あなたの家族の各人を追跡するために人数分の係員が割り当てられ、家に誰もいない時間帯までが特定された。別の係員が見張りに立ち、その間に別の二人がピッキングで鍵を開けて家具を動かし、壁紙に小さな切れ目を入れてドリルで穴を開け、盗聴器を仕込んでいく。もちろん、荒らされたように見えなくするために壁紙を張り直して、家具は元の位置に戻して退却する。そして、この盗聴器で盗み聞きされた会話は録音されることになる。そのため、誰かが大きなオープンリール式の磁気テープを取り替えるべく待機をしなければならなかった。

最後に、誰かが録音したテープをすべて聞き、会話のなかにある扇動に関係する断片を見つけ出した。この徹底した盗み聞きの任務は、回しすぎたダイヤル式の鍵や、灰皿に残された怪しい銘柄のタバコの吸い殻といったつまらない手落ちのためにしばしば失敗した。なぜならば、つまらないミスによって調査対象者が急に用心深くなり、重要なことを話すときにはラジオやテレビの音を大きくしたからだ。

たとえ曖昧ながらも扇動的なことが認められたとしても、聴取担当者が調査対象者の話から情にほだされるということもたびたび起こった。いわゆる、逆ストックホルム症候群(72)のような状態に陥ってしまったのだ。なぜかと言えば、盗聴対象だった反体制の人は、盗聴係たちの嫌悪すべき上司とは違って、率直で尊敬に値する好感のもてる人物だと分かったからだった。しかし、た

(72)　誘拐事件や監禁事件などの犯罪被害者が、犯人と長時間過ごすことで犯人に対して過度の同情や好意などを抱くことを「ストックホルム症候群」と言うが、その逆の状況のこと。「リマ症候群」とも言う。

とえそのことが分かったとしても、扇動的な内容に関しては骨を折って書き綴らなければならなかった。

調査対象者の社会的な人間関係を詳細に調べる必要が生じたときのことも言っておこう。その過程は、これまた骨の折れるものだった。電話の会話と盗聴テープの筆記録に挙がった声の主は、アパートの内外を歩いている人々や調査対象者と話しているように見えた人々の写真から割り出されなければならなかった。

時々、手紙は蒸気をあてて開かれ、主要な人間関係を特定するために読解されねばならなかった。もし、タイプライターを使って書かれた扇動的な内容の文書が見つかったならば、タイプライターの所有者から差出人が特定されることになる。それが可能なのは、印字の並びのなかの活字のごく小さな欠陥や偏りをファイルに収められた印字見本と比べて照合することができるからだ。例外となるのは五層からなるカーボン紙を通して印字された文章であり、活字が汚れすぎて同定することができなかった。

これを、今日のアメリカ合衆国における事情と比べてみよう。この地では、CIA、FBI、NSA［国家安全保障局］、DHS［国土安全保障省］が一つの巨大な治安維持装置となって、風変わりで面白かった旧式のKGBを、干渉と調査範囲の両面において小さく見せている。だが、たとえ現代のテクノロジーが彼らの仕事の多くを自動化するまでに仕事をつまらなくしていても、恐らく効率性の点ではよくなっていないだろう。

アメリカ合衆国の法律には明文化されたプライバシー保護があったが、それらは新しい法制化の結果として消失する過程にある。法に含まれるプライバシーにかかわる権利が全廃か否かはさておき、あなたのオンライン上におけるプライバシーはすでになくなっている。今や政府は、告発、裁判、判決なしでもあなたを無期限に勾留することができ、あなたのデジタルデータに完全なアクセス権をもっているので、細かい法律の話はおよそ重要なことではない。

あなたがアメリカの市民か否かも、もはや問題ではない。９・11以来、（外国人を調査するだけになった）ＣＩＡとＦＢＩのファイアウォール［ネット上の防護壁］はなくなっている。これはいくつかの議会条例に違反しているのだが、誰かがそれについて何か取り組むであろうと待っているとしたら、あなたはバ、カ、を、見ることになる。

人々は今、携帯電話の音声通話、テキストメッセージ、電子メール、フェイスブックへの投稿やツイッターを使って通信し合っているが、それらはすべてデジタルデータであり、そのすべてが保存されている。それぞれの人間関係は、フェイスブックのプロフィール、電子メールの送受信履歴、および携帯電話の通話履歴を調べれば特定される。もしもあなたの携帯電話のＧＰＳ機能が利用可能であれば、あなたのいる場所はとても精度よく探知される。そうでなくても、あなたの携帯電話がいくつかの異なる中継塔へつながれば、あなたのいる場所はかなり精度よく探知されるのだ。

こういう情報のすべてが人間の介入なしに継続的に監視分析されており、何らかの怪しいパターンが現れはじめると赤旗が揚がることになっている。私たちはまだそこには至っていないが、ある時点では、T9のオートコンプリート[73]による間違った文章予測が命取りになるキーワードに引っ掛かり、それが引き金となって誰かがドローンの攻撃で誤爆されるかもしれない。

今や多くの商業活動がオンラインで行われており、販売システムにおけるほとんどの小売り業務はコンピュータで処理され、ほとんどの人々が現金よりもクレジットカードやデビットカードを用い、現金で支払うときでさえ「ポイントカード」を使うようになっている。こうして、あなたが買うものすべてからあなたが突き止められ、あなたの購買パターンは、あなたが妊娠しているかどうかといったようなことを判定するための分析に供されることになる。

最近のスキャンダルとしては、ディスカウントショップをチェーン展開する「ターゲット社」が、無香料フェイスクリーム、大きめサイズのブラジャー、さまざまな柔らかいフラシ天［布］のアイテムなどを購入した記録から判断して、妊娠しているかどうかまだ分からない女性に対して赤ちゃん用の商品の割引クーポンを贈るという非礼を働いたことが挙げられる。

これまでは違反者を特定して法律を適用させてきたわけだが、あまりにも大きくなったコンピュータの能力のおかげで、システムの重点は、理解不能な挙動不信の常軌を逸した人に印を付けることへと移っている。つまり、特定の法律違反を探しているのではなく、異常なパターンを探しているということだ。あなたと誰かがしばらく電気的に途絶することが、そのような異常な行動パターンの一つに挙げられるかもしれない。

たとえば、あなたが公園まで歩いていくとして、そこに着く前に携帯電話の電源を切るとしよう。幾人かの人も同じ時間帯に同じ公園に歩いていくのだが、やはりそこに着く前に携帯電話の電源を切るとしよう。事前にあなた方の誰もが互いに電話や手紙のやり取りをした記録がなかったとすると、陰謀の疑いで赤旗が揚がるかもしれない。

その公園に設置された監視カメラからの映像がダウンロードされ、顔認識ソフトを通して情報が送られ、電源が切られた携帯電話を持っている者の顔が特定される。今やあなたはあらゆるものと連結しており、監視を巧みに逃げようとすれば印が付けられることになる。

もしも、このような常軌を逸した振る舞いが未来の国家非常事態（平素から永続している「対テロ戦争」に対比されるような事態）の間に観測されようものならば、ドローンがあなたを攻撃するために急派《きゅうは》されることだろう。しかも、こういうことのすべてが、安全保障上の脅威を無効

(73)　過去に入力した文字を記憶して、文字列の最初の文字を入力するだけで自動的に合致する候補を列挙してくれる機能のこと。

化するために自動化されたシステムの管理下で、人間が関与することなく起こるかもしれない。それはまさに「キャッチ＝22[74]」の世界であり、にっちもさっちもいかない状態である。

　インターネットから離れるならば、あなたはきっと社会的に孤立して何かを手配することもできなくなるだろう。しかし、インターネットにつながれば、あなたはたちまち曝されたも同然となる。そこで、切ったりつないだりを少しずつやれば、突然あなたはとても怪しい人と思われ、さらなる監視を誘い込むことになる。

　少し知恵があれば、あなたはインターネットを匿名で使う方法を考え出すかもしれない。現金でラップトップを買い、それを登録しなければ、MACアドレスからあなたが突き止められることはない。あるいは、オープンなインターネットアクセス、またはどこかにある Wi-Fi 接続ができるインターネットカフェを利用したり、SSL[75]（HTTPSプロトコル）経由でアメリカの司法権が及ぶ外にある Web サイトに接続するか、Skype《スカイプ》のような暗号化されたサービスを利用する。はたまた、あなたの Tor《トーア》[76]を用いてアクセスの匿名化を試みる。そして、あなたは自分は安全だと考えるだろう。

　だが、待ってほしい！　あなたは Windows または Mac OS X のようなオペレーティングシステムを使っているのではないだろうか。そうだとしたならば、それには秘密があるのだ。それは、アメリカ政府からの極秘要請で製造業者によって付け加えられたものである。

その秘密とは、誰かに（必ずしも政府ではなく、そのことを知っている誰か）あなたのキー打ちのすべてを捉えさせて、定期的にその情報を分析のためにあるサーバーにアップロードするためのキーロガー(77)を装備させているというものだ。今や、第三者があなたの全通信内容とユーザー名とパスワードの組み合わせを知っているというわけだ。

あなたは市販のオペレーティングシステムの秘密について知っており、そこであなたは、オペレーティングシステム（Linux または BSD Unix みたいな）をソースコードからコンパイルするとしよう。それをウルトラセキュアモードで動かして、そこにあってはならないものがないか、すべてのネットワークに関する接続を神経質に監視する。

さらにあなたは、ハードディスクドライブにも暗号をかける。もちろん、連絡先やパスワード、

---

(74)（Catch 22）ジョーゼフ・ヘラーが一九六一年に著した戦記風小説のタイトルだったが、身動きの取れない困った状況を表す慣用句として用いられる。

(75)（Secure Sockets Layer）データを暗号化して送受信するプロトコル（通信手順）の一つ。一対の機器間で通信を暗号化し、中継装置などネットワーク上の他の機器による成りすましやデータの改ざんなどを防ぐ。

(76)（The Onion Router）ＩＰアドレスを相手に知られることなくインターネットに接続したり、メールを送信したりできる匿名の通信システムのこと。

(77)（key logger）キーボードからの入力を監視して記録するソフトのこと。元々はデバッグなどに利用するツールだったが、近年ではこっそり仕掛けて、パスワードを盗むといったように悪用されるといった事例が増えている。

さらに言えばラップトップ上には何も保存しない。「プライベート」モードでブラウザを使い、閲覧履歴を残さないようにする。ここまですれば、あなたはヘルメットを被って、かなり魅力的に見えるようになるだろう。国際的ハッカー集団「アノニマス（Anonymous）」のメンバーではないが、あなたこそがアノニマス（匿名）なのだ！

だが、こういうことをすることがあなたをいかに怪しくさせるかということを認識しているだろうか。すべてのURLアドレスとパスワードを記憶しなければならないことによる焦燥した表情、キョロキョロとした目つき……その怪しさだけで誰かがあなたを尋問のために呼び出すことになるだろう。その時点で、あなたは監視チームに難題を突き付けていることになる。難しい標的、それは彼らの技術を磨くことになる存在となる。だが、どう考えても、加わるべきよい立場ではない。

インターネットの匿名性を追求しても、ほとんど前途がないのだ。すでに中国ではないも同然だ。

北京に到着した途端、あなたは携帯電話が必要になったとする。携帯電話のためにSIM《シム》カード(78)を購入するには、あなたのパスポートを見せる必要がある。すると、あなたのSIMカードはあなたのパスポート番号と結び付くことになる。あなたはインターネットカフェに行ってインターネットにアクセスする。アクセスそのものは無料だが、接続するにはSMS（ショートメッセージサービス）経由であなたの携帯電話に送られてくるパスワードを必要とする。すると今度は、あなたのパスポート番号がインターネット接続中に行うすべてのことと結び付くのだ。このような状況であなたは匿名のままでいられるだろうか。そんなことはまずない、と私は思う。

ところで、あなたが匿名のままでいられるとして、危険だが効果的な地下活動を通して現状に立ち向かうほどの反逆心があるだろうか。私の推測では、あなたはこれまでとても従順で、インターネットを非常に重宝している。しかし、あなたは、インターネットへのアクセスを危うくするかもしれない何かをしたくはないという。これまでのように、お気に入りの音楽や本をクラウドに保存したり、オンラインゲームをしたり、フェイスブックには友人がいるという生活ができなくなるという状態を想像したことがあるだろうか。

多くの人々にとって、インターネットはまた、ポルノでのぞき行為をしたり、性行為の相手を探すといった性欲を満たす手段にもなっている。私は過去に、普段は反抗的であるが、性交できるかもしれないと考えるととても従順になる男を観察したことがある（いずれにせよ、女性はもっと従順な傾向がある）。

（78）（Subscriber Identity Module Card）GSM や W-CDMA などの方式の携帯電話で使われている、加入者を特定するためのＩＤ番号が記録されたＩＣカードのこと。

全体的に見れば、インターネットのアクセスに関連づけられる懐柔効果のあることが分かる。多くの人々は激怒しているかもしれないが、彼らはその怒りを卑劣なコメントにして、ブログに書き込んだり、ニュースグループのフレームウォー（炎上合戦）に参加したりすることで表現しているのである。

このようなことがインターネット・アクティビズム［三七七ページ参照］だと考えられているのだが、「スラックティビズム」[79]というより良い用語があることをご存じだろうか。この言葉は、エフゲニー・モロゾフ[80]が彼の著書『The Net Delusion（ネット妄想）』で使ったものだ。

彼はベラルーシ生まれの活動家で、私などはぞっとしてしまうジョージ・ソロス［一二一ページ参照］のオープンソサエティ財団から資金提供を受けて仕事をしている。加えて彼は、外国に民主主義を普及する方法に関するアメリカ政府への政策提言に多くの時間を割いている。私の見解では、おかしな臭いがする主題であり、自分のことを棚に上げて人を責めていると思われる。

彼は多くの面白いSNUFU[81]をリストにしている。たとえば、財務省によって貿易を禁じられているソフトウェアを使うために、国務省はイラン人ブロガーの訓練にお金を使っている、といったようなことだ。それでも、彼がインターネット・アクティビズムについて指摘したことは重要である。安易すぎる、リスクが小さすぎる（あなたがイラン、シリア、あるいはベラルーシに偶然住んでいないならば）、たいてい無駄、という指摘だ。インターネット・アクティビズムが現状に脅威を与えるところまで上昇したとしても、それは権威主義の政府、西側諸国の企業群、あるいはその両者の連合によって容易に無効にされてしまうのだ。

世界最大のセンサーは、中国やロシアではなく、モロゾフが言うようにアップル社やフェイスブックである。結局、インターネット・アクティビズムは大いなる時間の浪費なのだが、それは抑圧的な権威主義体制にとっては賜物となり、外国のインターネットへの新規参入者にはタール坑[82]となり、西側諸国の政治家や活動家には妄想となるのだ。

何らかの意義ある政治的成果の達成という考えがまだ興味深いことのように思われるだろうか。仏陀《ブッダ》のように、顔に至福の笑みをたたえて結跏趺坐《けっかふざ》をしながら、少しばかり辛抱するだけで同じ成果を達成できる、と私が言ったらどう思うだろうか。つまり、インターネット・アクティビズムという考えは、それほど魅力的なものではないのだ。

なるほど、インターネットはとても回復力のあるシステムであり、障害を避けて情報パケット

---

(79) (Slacktivism)「slacker（怠け者）」と「activism（社会運動）」とを掛け合わせた合成語。

(80) (Evgeny Morozov, 1984〜) 科学技術の政治および社会への影響を研究し、著作活動を精力的に行っている。二〇一二年にハーバード大学よりPh.D（歴史科学）取得。

(81) "Situation Normal: All Fucked Up" の略で、「混乱状態」を意味する。

(82) 天然のアスファルトが集まっている穴で、動物がはまりやすい状態。

を流すようにデザインされている。ある程度、自己規制が働き、自己回復機能ももっている。だが、インターネットは別のシステムに依存しているのである。それは、まったく回復力のないものだ。

つまり、送電網である。アメリカ合衆国では、送電網は老朽化が進んだシステムであり、今や停電の発生率は指数関数的な増加を呈している。小さな欠陥がシステム全体へと拡大しており、カスケード型の失敗［一六一ページ参照］にも影響を受けやすい。もし送電網が停止すれば、インターネットへのアクセスは失われるだろう。携帯電話のアクセスはもう少しだけ保持されるだろうが、送電網なしでは、ほとんどの人々はモバイル機器に充電する能力を失ってしまうことになる。

情報技術は光り輝いて新しく見えるかもしれないが、インターネットがおよそ四〇パーセントの石炭火力発電と二〇パーセントの原子力発電によって電力供給されているという事実は疑えない(83)。

送電網にかかわる技術的な問題のほかに、送電網に電力を供給するために必要とされるエネルギーにまつわる問題もある。アメリカ合衆国の電力の多くは、ますます質が悪くなっている石炭に依存している。石炭の量は上下しつつもほぼ一定に留まっているのだが、石炭のエネルギー密度は時とともに減じているのだ。ちなみに、蒸気機関の時代を担った無煙炭はほとんどなくなってしまっている。

無煙炭の代用となった亜炭《あたん》や褐炭《かったん》は、およそ石炭よりもぼたに近い。(84)それらを採掘して発電所まで輸送することは、ある時点で、逆にエネルギーの浪費になってしまうだろう。すでに石炭の質の悪化は、発電所の炉の中にたまるクリンカー(85)の巨大ボールの原因になっており、かなりの休止時間と多額の損害をもたらしている。

他の電力源はどうだろうか。多くの老朽化した原子力発電所施設はすでに安全ではなく、シェールガスのフラッキング［二一六ページ参照］や他の同程度に非効率な劣悪な手段によって達成されるらしいエネルギー自給化という妄想が、私たちを救うことはないだろう。未来を見通せば、どこでも送電網が利用可能な時間は少なくなり、それとともにインターネットのアクセスも減ることになる。

送電網が故障するにつれて、多くの経済活動における混乱も発生するだろう。そして、監視システムに関しては二つの効果がほぼ約束されている。一つは、人々は再び昔のＫＧＢの頃のよう

---

(83)　これは、アメリカの発電電力量の電源構成の話である。なお、近年の日本の発電電力量の電源構成では一割弱が石油、三割弱が石炭、四割弱がガスである。
(84)　石炭採掘の際に発生する資源として使えない捨石のこと。
(85)　ガラス化した副産物。

に、追跡して監視するにはとても費用がかかる存在になる。二つ目は、人々は従順であることをやめるだろう。

人々を従順にしているものは、テレビやインターネットといった魔法のように輝く世界へのアクセスなのだ。人々の暮らしは単調で、寂しく、希望もなく、骨折り仕事ばかりかもしれないが、周期的に最新ファッションをこれ見よがしに身に着けた、均整のとれた筋肉質で滑らかな肌のセレブが暮らす天国の目映《まばゆ》い輝きを見たり、大好きなノイズを聴いたり、フットボールの試合を観戦したり、ビデオゲームやブログや Reddit の /r/aww(86) のかわいらしい動物画像で気張らしできるかぎりは、人々はまだ夢を見ることができる。しかし、ひとたびこの夢から目覚めれば、周囲を見わたすことになるだろう。そして、何度も周りを見わたして、人々は真剣に怒り出すことになる。

これこそ、時々エネルギー不足になる多くの国々や地域（旧ソビエト連邦のグルジア、ブルガリア、極東ロシアなど）において、少なくとも毎日二～三時間の電力供給を行った理由なのだ。その電力供給は、たいていの夜の「プライムタイム」(87) であり、大衆はその時間に日々のつくり話を服用することができたわけだ。なぜならば、夜間外出禁止令を発令して軍による二四時間体制のパトロールを続けたり、検問所を設けて怒り狂った大衆を封じ込めるよりも安上がりだったからだ。

さて、そこであなたが本当の政治的な成果を成し遂げたいならば、私の提案として言えることは、仏陀《ブッダ》のように結跏趺坐《けっかふざ》をして、深い呼吸法［安那般那念《あんなばんなねん》］を実践することだ。そして、電子器機に影響されることのない、人と人との間に入る技術を高めることにあなたは注力すべきだ。時が来たれば、恐らくその技術を実践することになる多くの機会に恵まれて、真剣に怒っている人々に何か有益なことをして差し上げることができるかもしれない。

そのときまでに、誰もあなたを監視しなくなっているはずだ。というのは、監視員たちは何も映し出されないモニター画面をいつまでも凝視していることに飽きてしまい、家に帰ってしまうからだ。そして、監視員たちも真剣に怒り出すことだろう。その怒りの矛先が、あなたに向かうことはまずない。

(86)　Reddit はバージニア大学のスティーブ・ハフマンとアレクシス・オハニアンニによって創設されたソーシャルネットワーキングサービスであり、さまざまなコンテンツがシェアされている。/r/aww は、そのうちの画像共有部門のサブカテゴリ名である。

(87)　午後七時から午後一〇時まで。なお、「ゴールデンタイム」は和製英語である。

第3章の事例研究

パシュトゥーン人

世界の多くの統治されていない空間のなかで、パシュトゥーン人の居住地ほど、長期間にわたって帝国の情け容赦のない猛攻撃に対して抵抗が可能となっている領域はない。パシュトゥーン人の居住地は飛び飛びで広く、アフガニスタンとパキスタンの想像上の国境地帯にまたがっており、パキスタンの部族直轄地域であるワズィーリスターンを含んでいる。侵略者にとってこの地は、目には見えないながらも難攻不落の要塞都市であり、これまで中央集権化された政府当局の意向に従わせようとするすべての試みに抵抗してきた。

「統治されていない」という言葉は、いつも通り、ここでは間違って使われている。パシュトゥーン人は別様の統治システムをもっているということであって、そのルールはいかなる中央集権的な権限の確立をも排除するというものとなっている。人

口は四〇〇〇万人強に上り、彼らはこの惑星で最大の民族集団の一つとなっている。イギリス人、パキスタン人、旧ソビエト人、そして今はアメリカ人とＮＡＴＯに抵抗する彼らの能力は、私たちの惑星でもっとも偉大な反帝国主義者の成功物語の一つをつくり上げている。

いったい何が、このような手に負えない人々をつくり出したのだろうか？　これは興味深い問いであり、私があらゆる民族のなかで、もっとも頑強な民族としてパシュトゥーン人についての論評を取り入れることを決めた理由となる。

同じくらい興味深く、尋ねるべき問いは次のようなものである。

危険で、ひどく離れて、近づきにくく、ほとんど価値のない一区画の土地を征服する任務に命と富を投入して、パシュトゥーン人を屈服させようとする無益な試みを帝国が繰り返し続けている理由は何なのか？

パシュトゥーン人には構わず、熟した果実をもった知力の劣った人に向けてライフルを使い続けるほうがはるかに容易なのではなかろうか。征服して、隷属させたいという抑え難い欲望は決して新しいものではなく、有史以前から絶え間なく他の部族を征服して服従させてきた。

だが、世界規模の帝国が登場してからというもの、新たな要素が導入されたように思われる。つまり、完全な独立への完全な不寛容である。どんなに小さくても地球上のすべての地域を、条約および法の関係性を通して義務を負う国際的に認知された国家に割り当てなければならないのだ。グローバル化した政治秩序は、もはや政治地図上に一点の空白さえも許容できなくなっている。

世界秩序の規則は、すべての人間集団に少なくとも交渉のテーブルに着かせて、法的な拘束力がある公文書に調印することを強いている。言うまでもなく、そこではもっとも力がある国（あるいは、国々がそれを認める国）が有利になる。それゆえ、どんな空白領域の存在もシステム全体にとっては存在に関する脅威となる。空白を取り除く取り組みが、しばしばその価値や脅威に見合わないのはこのためである。

そのような訳で、さながらエイリアンのように偉大なる大帝国が襲来して、「私をあなた方のリーダーの所に連れていきたまえ」と言うのである。ところが、そこにリーダーはいない。なおかつ、この特別な部族がこれまでにたまたま発展させてきた唯一の外交政策は「私たちだけを残して出ていけ！」という言葉に尽きるとしたならば、誤解が不可避的に生じ、双方にとって悪い結末が導かれることになる。なぜならば、国民国家のように振る舞うことを前提とした法的拘束力のある公文書に調印することを、未統治の領域を代表する一地域の傀儡《かいらい》に指令してもうまくはいかないからである。

もしも、国家の基礎となる地方の統治システムが、階層的ではない独立行政の脱中央集権的なもので、徒党を組んで一致団結する唯一の目的を対外的な脅威に対する場合とする強固な伝統をもち、すべての理不尽な死（たとえば、アメリカ合衆国の無人航空機プレデターによって家族が殺された場合）に対して敵討ちをするという強固な伝統をもっているならば、国家はきっとその影響力を領域に及ぼすことができないだろう。これが、たまたまパシュトゥーン人の言い分となっている。

彼らの太古から不滅の行動規範は、パシュトゥーンワリー、つまり「パシュトゥーンの掟」である。パシュトゥーンワリーを守る理由は、よいパシュトゥーン人になるためだ。逆に、よいパシュトゥーン人が行うことはパシュトゥーンワリーを守ることとなる。パシュトゥーンワリーを守らないパシュトゥーン人は他のパシュトゥーン人からの協力を得られないため、この営為は自己強化されていく。そして、パシュトゥーンワリーを守らないパシュトゥーン人の寿命はとても短くなる。なぜならば、追放は死の宣告に等しいからだ。

パシュトゥーン人には生存権のようなものはない。そのとき、そこで、すぐに、誰かを殺さない理由だけがある。このことについて不必要に無情だと思うならば、あなたはいったい何を期待していたのだろうか。そこは夢の国ではないのだ。

言うまでもなく、パシュトゥーン人は社会発展や経済成長の申し出にそそのかされることはない。なぜならば、そういうことがパシュトゥーンワリーの目的ではないからだ。パシュトゥーンワリーの目的はそれを永続させることであり、この点において、それは明らかにとてもうまくいっている。

パシュトゥーン人の社会は、首長のいない（リーダー不在）環節型社会に分類される。[88] 影響力のある主たる人物は長老（マリクス）で、地域の部族の長（ハーン）を務めるのだが、リーダーシップ上の地位はいつでも部族の利益を最優先することを条件としている。すべての意思決定は合意に基づいており、団体行動の機会を厳しく制限している。しかしながら、外部の脅威に曝されたときには執政官を任命し、脅威が消え去るまで、その執政官に絶対服従で仕えることとなっている。

パシュトゥーンワリーは、次に示すような鍵となる概念を規定している。

・**名誉（ナング）**――パシュトゥーンワリーが冒涜されたときにはいつでも、結果とは無関係に行動することを要求する。人の名誉を守るためには、嘘をつくことや殺すことも許容される。

・**復讐（バダル）**――負傷の場合には「目には目を」を要求するが、流血を避けるために損害賠償の支払いを困難ながらも認めている。

なお、投獄はどんな環境でも受け入れられず、不当なことと考えられている。投獄することは正義を勝手にもてあそぶことだと思われているのだ。というのは、厳しい復讐を難しくし、損害賠償の支払いを妨げることになるからだ。

アフガニスタンが見世物のように囚人が逃走する光景であることの理由は、ここにある。そこでは、数百人の収容者が、さながら軍事攻撃のような一撃で解放される。だが、攻撃する者の目的は囚人を自由にすることではなく、あとで彼らを殺すか、あるいは彼らから損害賠償を集金するためである。

・庇護（ナナワティ）——この法は、パシュトゥーン人は来訪者を歓迎して、安らぎの場所を提供しなければならないことを求めている。名誉（ナング）にかかわる問題として、客人が客人である間はあらゆる害悪から完璧に守ってもらえる。だが、玄関を出て客人ではなくなるや否や、さっきまでの客人は都合次第で狙撃されることもある。つまり、公式の調査を妨害し、逃亡者を匿《かくま》い、共犯者となっていても、それを罰するような法には意味がないのだ。自動的に彼らに守らせることになる取り組みは復讐（バダル）を招くということなのだ。

地方のパシュトゥーン人が治めている組織体は「ジルガ」と呼ばれ、特別な場合にだけ召集されている。それはアテネの民主主義を起源とするものだが、ジルガのほうが古いと主張する学者もいる。

---

(88) ミミズやゴカイのような環虫類（環形動物）は一般に細長い円筒形で前後に連なるほぼ同じ構造をもった多数の体節（環節）からできているが、同質的で互いに類似する基本集合体（氏族）の反復によってでき上がっている社会を環節型社会と言う。その特徴は、機械的連帯に由来する。

参加者は輪になり、誰もが発言権をもっている。パシュトゥーンワリーの見地で秀でている者は誰もいないという原理に従い、議長役を務める者はいない。議決は、多数者となった合意による。このジルガの決定に公然と反抗する者は、放火されたり殺害されたりしても構わないと公言することと同じとなる。

ジルガは代理を認めていない。それは、間接民主主義ではなく直接民主主義なのだ。そして、ジルガが以前に締結した同意事項を放棄する権利を保持していることはとても重要である。つまり、パシュトゥーン人との間に、条約に基づいた国家と法の関係を求めることは無理だというわけだ。パシュトゥーンワリーがパシュトゥーン人の支配を欲するいかなる帝国にも手に負えない問題を突き付けることになる理由に読者は気付いたことだろう。

以下で、帝国の野望が長きにわたって紛糾《ふんきゅう》した歴史の記録を手短に見てみよう。

帝国も歯が立たない

パシュトゥーン人ともつれた最初の近代帝国は大英帝国であり、インドの刑法典を楽観的にも彼らに課そうとしたのだ。パシュトゥーン人がその法典を正当なものとして認めることを拒否したとき、その結果は夥しい数の大虐殺となった。そして、大英帝国は司法体系を課する試みを諦め、その代わりに行政手段に訴えることにした。

イギリス人は国境封鎖策によって平地の部族と丘の部族を隔離することを試みたが、この政策は大虐殺を止めることに失敗し、三〇年後に放棄されている。ついに大英帝国は、パシュトゥーン人の法を認めて和解することを強いられた。その後、彼らは多くの血を流して見苦しく急死し、パシュトゥーン人をパキスタンに残し、パキスタン人とも同様に和解を行った。

ターリバーン運動[89]は主としてパシュトゥーン人によって指導されたもので、パキスタンにおいて認められた。二〇〇一年九月一一日まで、パキスタンはパシュトゥーン人の自治を喜んで許していた。しかし、その日以来、パキスタン人はパシュトゥーン人に影響力を及ぼせるというショーを演じることを強いられた。それはアメリカ合衆国との同盟に協力的であることを示すためだったが、その協力は今日ではほとんど残っていない。

旧ソビエト連邦は、ブレジネフ・ドクトリン[90]に応じて、退行的な反革命傾向に対して社会主義を守ろうとする見当違いの取り組みのなかでアフガニスタンにうっかり入り込んでしまった。彼

(89)　パキスタンの連邦直轄部族地域の南に位置するワズィーリスターンを拠点にしてアフガニスタン国境地帯で活動するイスラーム主義武装組織のこと。本来の意味は「パキスタン学生運動」であるが、傘下に多くの武装集団を抱えている。日本のマスコミでは「タリバン」と呼ばれている。

(90)　一九六八年にソ連のチェコスロヴァキアへの軍事介入を正当化するために示された論理で、社会主義陣営全体の利益のためには一国の主権を制限しても構わないという考え方。制限主権論とも言われる。

らは、抑圧することで民族および宗教におけるアイデンティティを根絶しようという無駄な企てを行った。しばらくの間は都市区域の管理強化を継続したが、その一方で、主にパシュトゥーン人のレジスタンスが首都カブール周辺の丘陵地帯に足場を築くことになった。

旧ソビエト連邦の人々は容赦なくアフガニスタンとパキスタンの国境地帯を爆撃して、人のいない土地にしてしまった。だが、そうこうしているうちに彼らは大きな失敗をおかしてしまっていた。つまり、恐ろしく大規模な難民という危機的事態をつくり出してしまい、旧ソビエト連邦の敵が多くの国際的支援を得ることを保証してしまったのだ。

そして、ＣＩＡ（ウサーマ・ビン・ラーディン〔Osama bin Laden, 1957～2011〕に接近して活動していた）の取り組みのおかげでパシュトゥーン人がスティンガー地対空ミサイルを手に入れると、旧ソビエト連邦は徐々に空爆を続けるだけの能力を失ってしまった。

同様に、パシュトゥーン人の心をつかむための旧ソビエト連邦の取り組みは大きな失敗となった。パシュトゥーンワリーは、もっとも態度が曖昧なパシュトゥーン人にさえも旧ソビエト人の軍事行動に対する復讐を求めたのだ。旧ソビエト人が脅しや贈賄によって説き伏せることができたごくわずかな年配者は、すぐに支持者の支援を失った。一九八八年になって旧ソビエト連邦は撤退したが、前進したことは何もなく、継承すべき政治的意思を失っていた。利益となったものは何もなく、ただ犠牲だけが大きいという紛争だった。

現在、アメリカ人（およびＮＡＴＯ軍）は旧ソビエト連邦の実験を再現しており、とてもよく似た結果が出ている。例示したいことは以下のことだ。

二〇一二年三月一八日、アメリカ合衆国が押し付けたアフガニスタン大統領でパシュトゥーン人（パシュトゥーンワリーの明白な背教者）であるハーミド・カルザイ[91]が、アメリカ人は「悪魔的行為」に従事する「悪魔」だと公然と批判したのだ。アメリカ人はすぐに反応したが、無言で無策だった。そして、話上手でメディア向けのロボットのような評論家を質問の矢面に立たせて、アフガニスタンはまだ潜在的には「順調な戦争」だと語らせた。

かくして、アメリカ合衆国のアフガニスタン侵攻の結果は予測可能である。アメリカ人はそれが起こらなかったかのようなふりをするだろう。もし、それについて話し合うことが強いられたときには欺き続けるだろう。だが、それはほとんどニュースにはならない。しかし、そこで起こっていることをアメリカ人は知ることもないし、気にかけることもないだろう。

アメリカ合衆国は当初、ウサーマ・ビン・ラーディンがそこにいるという妄想を抱いて、アフガニスタンにうっかり入り込んでしまった（だが、ニュースを信じるならばウサーマはパキスタ

(91)（Hāmid Karzai, 1957～）二〇一四年九月二九日をもって大統領の任期を終えている。アフガニスタン暫定行政機構議長やアフガニスタン・イスラム移行政権大統領も歴任。

ンにいて、軍の大学の隣で静かに暮らしていたらしい)。もしもジェット旅客機が再び高層ビルに突っ込みはじめたならば、他の部族が「石器時代に戻るために破壊活動をはじめる」公算が強いということになる。

うまくいくやり方

パシュトゥーン人を建設的に引き入れることは困難だが、決して不可能ではない。よい時代には、パキスタン人がそうすることにおいて最接近できていた。パキスタン人は、パシュトゥーン人が喜んで受け取って、価値を認めるだけの大切な贈り物を自由に提供していたのだ。

パキスタン人はパシュトゥーン人に聴衆と発言権を与えて、パシュトゥーン人に参画意識を高めさせた。またパキスタン人は、パシュトゥーン人を永遠の隣人として取り入れるために無限の時間をかけて、伝統的な結び付きと長期にわたる関係性を構築した。その取り組みは、正当な権威者を欠いたままでは、秩序を押し付ける試みが必ず失敗する運命にあるという理解から導かれた。加えて、パシュトゥーン人は、権威者が必要に応じて内部から現れたとしても、自治と脱中央集権を続けるにちがいないという認識が勘案されていたのだ。

このような調停を成功させた要因は、パキスタンがかぎられた資源を保有する弱い国だという事実にある。だが、この惑星を闊歩する万能の軍事帝国があるかぎり(長くは続かないと思われる)、周期的にある帝国が現れて、以前にやって来た帝国と同じように、パシュトゥーンワリーで酷い目に遭うと予期すべきである。

帝国は過ちから学ぶだろう、とあなたは考えるかもしれない。だが、あなたが思い出すべき単純なルールがある。階層的に組織された人間集団の知性は、その規模に逆比例し、万能の軍事帝国はとても大きいがゆえにとても頭が悪く、大きな帝国は決してずっと何ら学ぶことができないということである。

第4章 社会の崩壊

第４段階：社会の崩壊

権力の空白を埋めるために現れるのが、慈善団体だろうと他の集団だろうと、地方の社会制度は資源を使い尽くすか内部抗争の果てに機能しなくなり、「周りの人々があなたを気遣ってくれる」という信頼が失われる。

金融、政府、そしてグローバル化した商取引に加えて、社会制度が私たちの役に立たなくなっている。先進国では、ますます多くの人々が帰属する社会の生産活動から締め出されて、さまざまな給付金や臨時仕事でやっと生計を立てるといった状態に追い込まれており、幸運に恵まれた者だけが拡大を続けている非公式経済のなかで何とか稼ぐことができている。

さほど高度に発展していない国々では、国際的なコングロマリットによって土地が買い上げられており、それが輸出向けの農産物を生産する工業型農業に転用されている。このような国際的な投資パターンは、生き残るうえにおいて必要となる資源を地方の人々からさらに切り離すことになった。

その結果である農業生産高の一時的な増加は、地方の人々と農地との伝統的なあり方を崩壊するという犠牲を払って成し遂げられたものであり、この間、土壌の劣化と侵食によって土地の肥沃度は落ちている。

そして、世界の至る所で、社会は階級を画する線に沿って分断されている。時間の経過とともに多くの資本がますます少数の者の手中に集中しているが、それと同時に、そのような富の集中を可能にする所有権の保証人である政府がますます弱体化しているのだ。ひとたび政治的な混乱によって所有権を守ることがあまりにも高くつくことになるならば、金融資産に集中した所有権の価値が大きく減じることになるだろう。

私の考えでは、社会の崩壊は、エリートが解決できる政治、経済、あるいは技術の問題ではなく文化的な問題である。世界には一日当たり一ドル未満で暮らす数十億の人々がいるが、その多くは、先進国に暮らす人々よりも幸せで、もっと楽しく気苦労の少ない満ち足りた人生を過ごしている。それなのに、先進国には彼らを助けようと奮闘する国際的な支援機関やNGOで働く人々がいる。

豊かな国でも、人々を疲弊させせて、睡眠を奪って、孤独な貧しい生活を送ることが強いられているといった状況なのに、それよりもはるかに悪い条件の貧しい国に住む貧しい人々が、ゆったりとして社会的で豊かな暮らしをすることが可能だと考えること自体、おかしな価値観や期待を抱いていることの証明となる。むしろ逆に、誰もが次第に貧しくなっていく豊かな国の人々は、他の世界から多くのことを学ぶべきである。

社会の失敗に対処するためにあるすべての巧妙なメカニズムは、その失敗を標準というよりも、むしろ例外として扱うように制度設計されている。したがって、社会全体が衰退するときに、社会全体を受け止めるために設計されたセーフティーネットはない。国際的な支援活動、慈善活動、災害対策、平和維持活動といった取り組みや軍事介入は、局所的で限定された危機に対処するために計画されているものであり、加速しながら絶え間なく続く崩壊という国際情勢のなかにおいては有用であるとは言えないだろう。

政治的な混乱から、グローバル化によって引き起こされた経済秩序の崩壊、はたまた急激な気候変動による居住区域の破壊まで、さまざまな外力によって駆り出された多数の国際的流民を逃れさせるだけの土地はほとんど残っていないのだ。

流民の避けられぬ運命について考える者は、自身を隔離させる試み、つまり遠く離れた所にしっかりと備蓄した「ドゥームステッド」(1)を構えることによって対処しようとする。この案は、かぎられた少数の人々にとっては妙案かもしれない。しかし、残りの人々にとっては、安全な場所を見つけるという考えを捨てて、他の人々と一緒に安全な生き方を発見することに注力したほうがよいだろう。

コミュニティー計画の限界

見識があって善良な人々の集団が、社会の崩壊を乗り越えるための安全な場所をどのようにして構築するかを想像してみよう。

準備となる組織化を行い、それに基づく計画を立てたあと、彼らは大いなる試みに着手する。コミュニティー内に菜園と直販所を設立し、改善された公共交通機関と自転車レーンと歩道を求めて陳情し、カーシェアリング制度を推進し、既存住宅の断熱効果を高めるほか、新築住宅にはより厳しい建築基準を適用させる。また、風力発電所を建設し、公共建築物の上には太陽光発電パネルを設置し、堆肥をつくるトイレや効率のよい照明などの利用を推進する。

この組織的な活動に取り組んでいる最中に、隣人同士は初めて顔を合わせる機会に恵まれ、互いの関心事に共通点を見つけたことが理由で知人になり、友人にまで発展する。隣人たちが知り合うにつれてお互いのことを気に掛けるようになり、治安がよくなって犯罪が減る。また、コミュニティーの結び付きが強くなるにつれて雰囲気や景観が変わり、よりファッショナブルで素敵な環境になり、教育のある人や裕福な人を魅了するまでになる。

このような改善のニュースが遠くまで伝わり、コミュニティーにはたくさんの観光客が訪れるようになり、食の祭典などを催したり、おしゃれなブティック、高価な骨董品を扱ったショップやレストランまでが完備されるようになる。

ところが、不相応で望ましくない人は、隣人からの評価によってあまり良好ではない近場に立ち退きをさせられることになる。この点は、ほとんどの人があまり気に留めないことかもしれないが、虐待や育児放棄の名残り、貧困、赤貧、教育機会の欠如、アルコールや薬物の濫用、暴力

（1）（doomstead）辞書にはない新しい言葉。「doom（破滅）」＋「stead（代わり）」で「災難を切り抜けることのできる住まい」の意味で使われている。

や鬱病といったことを抱えながら生きている多くの人がいるということだ。このような問題を考慮するならば、いかに素晴らしい生活を送れるかということにも限界があるということになろう。一流のモデルやタレントに倣って華やかな生活のふりをしても、単にさらなるストレスを招くだけだ。

一方、底辺とされる生活は、不思議なことに慰めとなるだけでなく快適なものとなる。もちろん、一日中、酒で紛らわして日常を忘れるということもあるが、そのような生活は裕福で忙しい金持ちには決してできない。

そんな平均以下の除け者たちの生息地にも、もちろんトラブルはある。貧乏人は高い犯罪率に苦しむ以外に選択肢はなく、およそ警察に助けを求めることも怖くてできないほどだ。というのは、警察は彼らの助けになるというよりも、彼らを困らせたがり、ちょっとした抵抗でも彼らを逮捕して刑務所送りにしたり、不法滞在者の場合には、一斉検挙して国外退去させるということを経験から学んでいるからだ。

彼らはまた、地域のギャングや麻薬の売人にも気を付けることを学んでいる。近場に公にできる仕事が少ないので彼らは非公式な現金取引の雇用を求め、闇経済に貢献する。大勢で安全を求めるようになり、人種や民族ごとに自己組織化する。また、一つ以上の非合法な、あるいは法的に不明瞭な活動を支配するためにマフィアを形成して共通の利益向上を促進する。このような暴力が蔓延する危険な環境で成長するため、彼らの子どもたちは若くして逞《たくま》しくなり、危険な状況を避けたり、暴力が奏功する時機を察したりという、すぐれた状況判断能力を培うことになる。

　さて、崩壊のシナリオが人々の周りで現実のものになるにつれて、模範的なコミュニティーにも除け者たちのコミュニティーにも危害が及ぶわけだが、その程度および様相は異なる。

　いずれのコミュニティーも英語を話す国にあるとしよう。だとしたら、たとえ石油のような重要な物資の調達にかかわる問題であろうと、自由市場がすべての問題を解決するという不合理な信念にとらわれていそうだ。だが、ある時点で燃料供給における混乱が彼らにも感じ取られるようになるだろう。

　いずれのコミュニティーにも燃料が二度と運ばれなくなるならば（燃料は闇市場ではまだ調達できるが、ほとんどの人々には手が出ない価格になる）、物事が停止しはじめる。あらゆるレベルにおける供給不足と維持管理の欠如が、電気を止め、水を汲み上げるポンプの稼動を止め、下水を逆流させる（トイレは使用不可になる）ほか、もはやゴミ回収車が回れないためにゴミがたまってネズミやハエやゴキブリを繁殖させることになる。

　衛生状態が悪化するにつれて、コレラ、赤痢、チフスのような病気が再発して蔓延する。病院や診療所が操業するためには、救急車の燃料、水道水、電気、石油化学製品である医薬品や使い捨ての医療器具を必要とする。これらがもはや利用できなくなると入院患者は取り残され、せいぜいお互いで介護し合うか、亡くなったときには自分たちで死者を埋葬するしかない。

その他の自治体や政府のサービスも同様であり、警察部門は機能しなくなる。とくに重要な軍事基地は兵士や民間の警備会社に守られるが、人々は放置されて自活することになる。

二つのコミュニティーにもたらされたこの操業停止の影響は著しく異なる。最初の上品なコミュニティーは緊急事態のためにしっかりと備えていた。このコミュニティーの人々は、非常用の食料、水、燃料を買いためて、主要な施設には予備の発電機や太陽光発電パネルを設置し、緊急時に従うべき手順のリストをまとめていた。だが、裕福であったために、不潔、貧困、無秩序への突然の移行がとても大きなショックとなる。

彼らの相対的な豊かさや過剰な必需品は、近隣のあまり幸せではないコミュニティーからの救援要請の標的となり、それに応じなければ略奪者にとっての上等な標的になってしまう。安全な暮らしと心優しく協力的な警察部門の御加護を享受することに慣れているため、暴力には暴力で立ち向かうという考えに住民は順応できない。彼らの反応は、物資を確保することと暴力のエスカレートを避けることの間にある現実的な落としどころを探ることよりも、よい結果を生みそうもない政策論議に終始することになるだろう。

脱法行為や犯罪的な闇社会と関係をもつことに不慣れなため、彼らは闇市に進出することにも遅れる。闇市は、食料、調理用オイル、医薬品といった多くの必需品を手に入れることができる唯一の手段になっており、そこには、彼らが以前備蓄していたものが並んでいるかもしれない。さらに悪いことに、またしても彼らは互いを遠ざけ合うことになる。というのは、彼らの知人や友情は、社会の振る舞いが平和で文明化されていて、法に従っている様式で形成されたものだからだ。

彼らが、廃品回収、公然の盗み、略奪、売春、闇市での取引、犯罪者との交際といったことに向き合わされるとき、お互いのなかで以前から知っていた人々を認識することができず、苦労してつくったコミュニティーも再び多くの個人と核家族へと解消される。隣人たちがまともに働き続けているところでは、結び付きというものは弱くなりがちなのだ。

その結び付きは、礼儀正しさ、相互の利益、個人的な共感といった利他的な概念に基づいたものであって、貧乏な地区を説き伏せている血縁、大家族、あるいはギャングの忠誠心といった明らかに命がけの規範からは甚だしい隔たりがある。

二つ目のコミュニティーはすでに苦難に慣れており、それ以上さほど落ちることもなく、大混乱、赤貧、不潔への移行という状況も難なく乗り越えることができる。崩壊に先立って優先させた非合法活動は、闇市場経済への移行を円滑なものにする。すでに警察の警護に頼ろうとする考え方には抵抗があったわけだが、いよいよ警察が街から姿を消すことになり、以前は秘密裏に行われねばならなかった非公式かつ非合法活動の多くが忽然《こつぜん》と表舞台に出てきくるとき、これらの住民は救われるのである。

警察はもはや逮捕や没収で挑発することができなくなり、地域の犯罪集団が今ではより安定した環境で稼動していることに気付くと、近場の勢力圏を衆目の下に分割できるようになり、これによって不必要な暴力沙汰を避けることになる。子どもたちは通りをぶらついて見知らぬ人を襲うことを習慣にしているのだが、それは組織的な侵入に対する初期の警報システムとして役立つようになっている（恐ろしい評判が立てば、多くの人々は、信用できる地元の人と一緒でなければそのような地域には行きたくないだろう）。

最後に、非合法な麻薬売買の浸透は、闇市で売り買いする人々の熟達した組織をすでにコミュニティーがもち合わせていることを意味しており、公式の商業活動が崩壊するや、あらゆる種類の商業活動に手を広めることになる。国際的な麻薬シンジケートのセールスマンたちは組織化されて武器を備えている傾向があるが、そのシンジケートとの結び付きが何らかの利益を供すると判明するかもしれない。たとえば、穴だらけとなる国境地帯を通り抜けて、人々や密輸品を動かすといった高い能力である。

麻薬シンジケートの結束が十分に強ければ、麻薬の豪商がそのコミュニティーを彼のカルテルのあからさまな保護監督下に置くかもしれない。そして、失脚したかつての支配階級に代えて、新たな貴族制度をつくり出すかもしれない。

◯新しいルール

コミュニティーをつくることはとても素晴らしく、私たちに残された気苦労のない日々をのんびり過ごすための愉快な方法になる。有益な副次的効果として、その過程を通して貴重な経験をもった個人を育むことが挙げられるが、コミュニティーが崩壊に備えるためにはほとんど何もしていない。

あなたとあなたの子どもにとって安全で快適な環境は明らかによいもので、社会において他人を食い物にするような人々のなかで生き残ろうとするよりもはるかによいだろう。だが、人間は自然法則に対して免疫をもっているわけではない。通常、自然のなかで観察できることは、オオカミが少なければヒツジは足が遅くなり、太って数が増えるということだ。

コミュニティーづくりに伴う中心的な問題は、崩壊後に見込みのあるようなコミュニティーは崩壊前には受け入れられないということである。それは非合法なものであり、不快なものであり、安全ではないのだ。分別のある人で、それに属したいという人はいないだろう。

崩壊に備えるうえでもっとも重要なことは、速やかで徹底的なルールの変更を押し通す計画を考案することであり、そのルールによって社会は作動することになる。緊急事態では、以前に立法化されたルール、つまり法律や規制が帰するところは、誇張された規範、実現不可能な命令、不合理な制約といった致命的なものになり、それらに従うことやそれらを守らせる取り組みは、よくて怠惰を、最悪の場合には武器を用いた紛争を導くはずだ。

ルールを変更する現在の方法は、ロビー活動、討議、立法化、訴訟を伴うが、いずれも時間と費用を要する活動であり、それゆえにその両方がなくなってしまうだろう。複雑なシステムを脱複雑化する非破壊的な方法はほとんどない。そして、物質である部品からなるシステムは自ずと分解していくが、法の枠組みは、生ける屍《しかばね》のような国でさえ間違った期待と希望で人心を奴隷化して永続することができる。また、デフォルト［債務不履行］によって、生き残りたい人々の行動は例外なく古いルールを無視して、事態の進展とともに新しいルールを打ち立てることになるわけだが、これには暴力を伴うほか多くの命を失うという危険性が高い。

そのような訳で、最善のシナリオは、古いルールが速やかに葬り去られることなのだ。社会全般は、必要な変更を施すうえで妨害とはならないだろう。むしろ、あらゆるレベルで既得権益を占有する者たちが妨害となる。政界、金融界のエリート、業界団体、資産や事業の所有者、そして最後に述べるが、決して軽んじられないのが弁護士である。こういった人々が、いつでも必要な変更を阻止しようとする。

彼らは社会のなかで握り締めているものを自発的には手放さないだろうから、彼らの影響力に先んじて、裏をかいた計画を立てることがもっとも望ましい方法となる。コミュニティーづくりの活動に参加するとき、あなたが思い描くコミュニティーが崩壊後の生活への移行を目指すならば、一つの重要な識別を心に留めておくことが肝要となる。つまり、このコミュニティーが作動するのは、古いルールの下か、それとも新しいルールの下か、と問うこととなる。

古いルールは立ち行かなくなるが、新しいルールはうまくいくかもしれない。ただし、それがどんなルールであるかによる。早々に新しいルールを考慮に入れて、緊急事態に備えた訓練を行って新しいルールを試してみるのもよいだろう。

ところで、たとえ最善を尽くして用意した計画が水泡に帰したとしても、時間と空間と共通の利害があって、それらがさほど虐《しいた》げられていないならばコミュニティーは自ずと再生するということを覚えておいて欲しい。産業経済が縮小し続けて仕事がなくなり続け、ますます多くの人々が破産して消費主義者の世界から追放され、何に使おうかと考えていたよりも多くの時間をもっていることに気付いて、同じような境遇の人々と交わりはじめることになるだろう。人々が必要とするものは、しばしば一致するか、あるいは互いに補い合うものであるため、さまざまな一時的で非公式な集団を人々は形成することになるだろう。

現在、互いに助けるためにできることは確かにたくさんあるが、専門分化が進み、画一的に管理された、商業に染められた抗し難い生活によってコミュニティーを壊してきたことを認識して、まずはコミュニティーの破壊となることに精を出して働くことをやめるべきである。

◯社会の再生

社会の失敗はさまざまな形となって現れる。教育システムでは、現代の流行に合わせて生徒に試験（実用的な有用性がないうえに、需要のある技能ではない）を受ける訓練をさせて、その後、存在しない、あるいは存在しなくなるかもしれない仕事を生徒に教えている。

教育が到達し得る最高の成果は、一般教養と基礎科学に精通した人物を送り出すことだが、それも今では一般に役に立たない贅沢だと見なされている。事実、基本的な数量的な思考能力と読み書き能力でさえ、ますます手の届かないものになっている。何しろ、英語を話す国では、機能的非識字率が五〇パーセントほどにも上り〔三〇〇ページ参照〕、母語の読み書きを教えられていないがために社会復帰ができないという人々で刑務所があふれているのだ。

何が何でも経済成長に絶えず固執していることの滑稽な言い回しもある。「膨らんだ生活水準（inflated standards）」と言ったところで、人々が高級な製品やサービスを求めたがゆえにお金が足りなくなれば、基本的な必需品すら調達することができなくなる。極端だが、「非人格的相互依存（impersonal interdependence）」という考えは、見知らぬ者や外国人に万民を依存させて、信じ込ませようとしているものだ。

国際金融システムは、退職金であれ他の投資資金であれ、誰もが自身の蓄えをギャンブルに使わせるようになっている。この合法化されたギャンブルシステムは、局所的な個々のリスクを中央のシステミックリスクへとため込んでいくように操作されており、その集積したリスクは、遅かれ早かれ経済システム全体を破滅させることになるだろう。これらすべての結果は、人が密集して住んでいる経済的に発展した所のほとんどで、人間関係は商業的な依頼人と奉仕人の関係というパラダイムに陥っているということである。

両親と祖父母が子どもを育てて、老いたときには子どもが親の世話をするという世代間の契約はヒトという種の進化した特徴なのだが、現在においてはかなり破棄されてしまっている。住んでいる場所やかかわりのある人々のなかで安全だと思われることでも、またちょっとしたことでも、会話から文書による言葉のやり取りに変わって極度の疎外感を生み出している。地域文化と商業的文化との着実な置換が生じて、人がそれを好んでいるとしても、短命な文化的産物として一括《ひとくく》りにできるような惨状となっている。

これらのことに直面した多くの人々の自然な反応は、社会に背を向けたくなるというものだ。だが、私たちは社会性動物であり、健全さを保つためには、小規模でも密な結び付きの集団に属す必要がある。少ないながらも、まだそのような集団に属している人もいるだろうが、残りの人々は、商業文化が提供する中毒性のある代用品に満足しているにちがいない。つまり、買い物、スポーツ、娯楽、インターネットである。

どのようにすれば、一人取り残されることなく、失敗している社会から私たちは抜け出すことができるのだろうか。いかにして、人はゼロから仲間をつくりはじめるのだろうか。より良い考えは、既存の社会組織の残骸を再生し、再活用して決意を新たにすることだ。社会が瓦解しはじめても、すぐに文化は消えてなくならない。むしろ、文化は歴史という教訓の山の上にあるということが分かる。そこは、余計なものがなく、私たちが再発見して生き返るためのアイデアが豊富にある宝の山であるにちがいない。

◯組織化の原理としての信仰

組織化を達成するための助けとなる団体を私たちはもっているのだろうか。それは、すでに崩壊した数え切れないほどの社会だけでなく、今ではうまくいかなくなった私たちの社会よりもはるか前から存在する宗教団体である。宗教団体は、私たちが数え上げることができるよりも多くの過去の社会をあとにして残っているのだ。さらに宗教団体は、他のすべてが崩壊してしまったところで、生き残りのメカニズムを再三再四用意してきた。

よく研究された事例は、崩壊後のローマである。ローマは、荘厳な帝国の中心からローマ教会の湿原になった。異邦人は浴場と泉を壊したが、流れたままの水道橋は残した。続く数十年にわたって水道橋はローマを水で満たして、マラリアが多発する湿原へと変えた。古代ローマの遺跡であるフォロ・ロマーノはヤギに生草を食べさせる場所として使われたほか、建物の正面を取り除くか彫像を打ち壊すかして大理石を採掘するために使われた。その大理石は加熱して生石灰に変えられ、教会や修道院を建造するためのモルタルの原料となった。

そのあとに続いたことは宗教に支配された一時代であり、宗教がついには神聖ローマ帝国のなかに取り込まれていった。それが、神聖でなく、ローマでもなく、帝国でもなかったことは絶えず論評されてきたことだが、宗教の主要な役割はルールを課したことであり、それに従って支配者をはじめとする誰もが行動しなければならなくなった。

たとえば、戦闘行為は日曜や祝祭日には許されず、神聖な場所と見なされた教会や修道院の中でも許されなかった。また、教会の所有物は極めて神聖なものと考えられた。その成果は、とても小規模でひどく些細な寸劇のような戦争しかない数世紀となって現れ、その間、多くの人々が負傷せずに済んだわけである。このような時代の最後の名残は、第一次世界大戦中にあったクリスマス期間の停戦である。

人間制度のなかで宗教を独特なものにしているのは、それが遍在していること（すべての文化が、それをいくつかの形式でもち合わせている）と、それが専門分化していないことだ。俗世界は、いつも専門に細分化されている。典型的な例として大学を考えてみればよい。マーケティング、コミュニケーション、経済学、政治科学、社会学、心理学などに分かれていて、それぞれの学問分野は各関心事の周りに境界線を引いている。これに対して宗教は、人間の暮らしのすべての側面を取り囲む全体的なシステムとなっている。

さらに宗教は、（権力者の地位に置かれたとき）俗世界に制限を課すことができ、有害なものや無益なことだと分かっていることを拒否することもできる。宗教はまた、社会的な免除を要求して許される神秘的な能力をもっており、かなりのレベルにおいて宗教自らを法としている。逆境の時代には宗教の役割が増す傾向がある。移民や亡命者や離散民のコミュニティーは、しばしば教会、モスク、シナゴーグ［ユダヤ教の会堂］、アシュラム［ヒンドゥー教の僧院］によって結び付いている。この効力はたいていい時代が上向くと弱まるが、その団体は決して消え去るわけではなく、時代が下向きになると盛り返すのである。

だが、宗教の主題は地雷源のようなものでもある。そこには、誰しもを怒らせる何かがある。無神論者は、宗教的体験の欠如ゆえに人間であることの意味の多くを見落としていて、宗教的体験をないがしろにして、自身の生得《しょうとく》の神秘性を抑え込んでいると言われると気を悪くする。これは要注意となる動きであり、不必要なことだ。というのは、宗教は私たちの不合理な考えに対して寛大で、安全な道へと導くためにあるからだ。

他方、信仰心のあつい人々の信念には心理的な基礎があり、人間の子どもの発達パターンに関係しているにちがいない、と言われるとむっとする。神の全能性は子どものように限界を知らない全能幻想であり、また地獄という考えは子どもっぽい怒りのなかに起源がある。

イブがアダムの助骨からつくられたとか、アテーナーはゼウスの頭から現れたといった信仰における神話は、事実を曲げた子どもっぽい心象の投影であり、論争を引き起こすことになる。神が家族をもっているという考えは、父なる神と神の子の名の下にキリスト教徒が祈る原因となっているが、これは恐らくアルファ雄[2]の子孫を好む私たちの天性の傾向に由来するのだろう。

子どもが言葉を獲得し、自我を形成し、社会化するにつれて、対象や概念を間接的に表現できるようになる前に芽生えた感情は抑えられるようになる。だが、この抑圧は完全ではなく、もしも自我が壊されたならば、抑えられた感情が妄想として再び浮上してくる。宗教はこういった感情を導き出して、それを理屈抜きに社会的に受け入れられる方法で表現するより安全な方法を与える。神経の高ぶった人間精神にとって、宗教は本質的に安全弁なのだ。

私の考えでは、無神論も一つの完全に根拠の確かな信仰（あるいは信仰システム）である。すべての人が、何かを信じているにちがいない。なぜならば、私たちの脳は、信じて、何もないようなところにさえ、自発的に物事の解釈に幻覚を起こすように配線されているからだ。それゆえ、

（2）群れのなかで最上位に位置づけられている雄の個体。

まったく理由もなく、いつでも上下している金融市場のチャートを見たときにありがちなように、何らかの解釈をしたがるものなのだ。

そして、誰もがある種の創造神話を信じている。無神論者の創造神話はビッグ・バンであり、宇宙は一二七億五〇〇〇万年前に誕生したというものだ。その代わりに、あなたはこの世界が六日間働いて一日休んだ神によって創られたと信じることもできる。あるいは、あなたがダグラス・アダムズ[3]によって描かれたオーグラの人々の一人だったならば、オーグラの木に住んでオーグラの木の実で暮らしを立てて、ジャイアント・ピクシイがくしゃみをしたときに宇宙は創造されたのだと信じるだろう。ちなみに、この出来事は、のちにビッグ・スニーズ（大きなくしゃみ）として知られる[4]。

私たちは、信じないことができないのである。なぜならば、私たちの脳は、現実についての知覚から不要なものを取り除くために信じていることを利用しなければならないからだ。私たちの知覚や価値判断のすべてが、私たちの信じていることに基づいているのだ。そして、私たちの信仰は、主として若くて、感受性が強く、疑わないころに語られたことに基づいている。

それらの信仰のなかには異様なものもある。たとえば、アメリカ合衆国の郊外の不動産は、引き続きそこに自動車で行くことができるだろうから価値を維持する、と人々は信じているのだ。ともあれ、ほとんどの物事に対して理性的であり続けることはとても重要である。信仰は理性が役に立たないところでは助けになるが、理性の代わりになるわけではないからだ。

キリスト教科学（クリスチャン・サイエンス）(5)の癒やしを専門とする実践士にとっては、神学、天体物理学、ユーモア文学、SF文学はまるで別世界のジャンルだろう。だが、それらは、人類の九九・九パーセントを占めるその他の人にとっては何を信じたいかという選択の問題となる。言ってみれば、信仰を扱う大きなサラダバーに行って、皿に盛りたいものを決めるようなものだ。

キリスト教科学の実践士は、私たちの選択を制限しようとする（競合している状況にあって、信仰の独占状態の達成を永遠に望んでいる）のだが、結局、神あるいは神々を選ぶか、あるいは私たちの観念に新たな神をつくるかは私たち次第である。ところが、ある宗教では、人々を異教に参加させないようにと火炙りの刑に処していたくらいに異教は慰みなのだ！　それゆえ、さまざまな神々が株を買い占め続けることを禁じることが政治的にとても重要となる。カトリシズムとイスラムに対して言う。「これは警告だ！」

（3）（Douglas Adams, 1952～2001）イギリスの脚本家でSF作家。
（4）ビッグ・バンも信じているにすぎず、ビッグ・スニーズを創世神話として信じるのも同程度の営みだと言いたいのだ。
（5）一八七九、メリー・ベーカー・エディによってアメリカマサチューセッツ州ボストン市に創設されたキリスト教系の新宗教。聖書に書かれていることを永遠に変わることがない真理と考えている。

宗教的信念に話を戻そう。

専門家でない私たちにとっては、さまざまな創造神話は、宗教的なものだろうと科学的なものだろうと単に異なる物語にすぎず、証明や証拠なしに疑うことなく受け入れてしまっているものだ。それでも、ただテレビを見ることよりも、あなたが役割を演じることになる物語の一つの型がある。もっとも、宇宙の誕生を祝うべく用意された、原子よりも小さな三つの粒子(6)の入った小さなビッグ・バン用の飼い葉桶(7)はなく、ビッグ・バンの歴史的再演がないことも私は知っている。

宗教上の信条は、私たちに結び付きを提供するのである。「religion（宗教）」という言葉は、「再び結び付くこと」を意味するラテン語の「religare《リリガーレ》」を語源としている。宗教は私たちに担うべき役割を与えてくれるのだ。科学的な信条は、私たちに研究対象や実例を与えてくれ、若くてまだ夢見がちならばノーベル賞をもらえそうな偉大な科学者にしてくれる。

科学は、もちろん役に立つ。科学には実用性がある。それはまた、畏怖の念を抱かせてくれる。ヒッグス・ボソン（「神の粒子」の異名をもつ）を発見した大型ハドロン衝突型加速器は、畏怖の念を抱かせる科学実験である。何しろ九〇億ドルもかかっており、どこにも抜け出せない長さ、二七キロメートルのトンネルなのだ(8)。

ともあれ、畏怖の念を抱かせるにはもっと安上がりな方法があり、同時に担うべき役割を人々に与えることができる。それは、悪い時代にこそ求められ、広がる役割である。

宗教の最小機能は、一人の司祭がかつて述べたことにかぎられる。すなわち、「出生、結婚、死亡」であり、洗礼と堅信、結婚、臨終の儀式である。一方、その最大機能は、修道院のネットワークによって営まれ、農業や建設作業を監督し、商業を規制し、政治を管理し、戦争を制限し、教育、医療、あらゆる助言を提供することかもしれない。このことは、とりわけ中世ヨーロッパの状況を説明し、中国によって侵略される前のチベットでも同様であった。

市民団体を律するルールから、宗教団体を免除してきたという長年の伝統がある。課税から労働関連や土地利用に関する法まで、全般的に緩やかな法律が適用されている（子どもに対する性

(6)　ロシアの天文学者で核物理学者のジョージ・ガモフが支持したビッグバン理論では、陽子、中性子、電子の三つの粒子が創造の材料だった。なお、今日では、陽子と中性子はクォークからできていると考えられている。

(7)　イエスは生まれると飼い葉桶に寝かされていた（『新約聖書』「ルカによる福音書」第2章12）。

(8)　スイスのジュネーブ郊外のフランスと国境をまたぐ地下一七五メートルに欧州原子核研究機構（CERN）が建設したトンネル内では、ローレンツ力を利用してハドロンと呼ばれる荷電粒子（陽子）を高速度に動かして衝突させる実験をしている。その衝突時の軌跡から、物質に質量を与えるという粒子「ヒッグス・ボゾン」が確認されたらしい。なお、高名な生物学者であるエドワード・オズボーン・ウィルソンは、「知性というものは、原子の理解を目的として作られたものでもなければ、ましてや知性自体を理解するために作り出されたものでもない。それは、人間の遺伝子の生存を促進させるためにこそ作り上げられたものなのだ」（岸由二訳『人間の本性について』ちくま学芸文庫、一九九七年、一八ページ）との見解を表明している。

的いたずらのさらなる発生を防ぐために、北米のローマ・カトリック教会が即座に閉鎖されないのもこれが理由である）。多くの特別な新規規則からの適用除外があり、キリスト教科学はマサチューセッツ州の「ロムニーケア保険制度」[9]の適用から免除されているし、ペンシルベニア州の田舎に住むアーミッシュ〔三〇九ページ参照〕は、都市生活者向けの児童保護サービスをゴタゴタさせてしまうような振る舞いが可能となっている。[10]

だが、例外があるのはルールのある証拠ともなる。テキサス州ウェーコの新興宗教セクトである「ブランチ・ダビディアン（Branch Davidian）」は、ＦＢＩによって放火されている。つまり、もしもあなたが違法な武器を蓄えて、監禁した未成年女性を妊娠させれば、政府はいずれ圧制的な頭の悪いやり方であなたを追いつめることになるだろう。ただし、それは徹底的なメディアの狂乱によって成される動機分析の前ではない。

カルト教団はとても厄介な問題だ。なぜならば、政治的権力のある人々もカルト教団に近づくことを怖れるからだ。とくにアメリカ人は、ＤＮＡのなかにカルト性を宿しており、宗教的な何かと向き合うことを避けている。

政治的な対決は一時的なものだが、宗教はさまざまな怨恨や迷信を伴いながらも、ほとんど遺伝的と言ってよいくらい基礎の上に持続し得る。そして宗教は、しばしば病人、老人、貧乏人の世話をする政府の業務を助けている（事情次第では、政府が業務をしないように力添えをする）。

悪い時代には、宗教団体がその役割を拡大するために壁をもっとも引き下げることになる。いや応なしに、永続的な危機の時代には、宗教団体は人々が共存する新たな取り決めをつくり出すことにもっとも長けた組織だということが分かる。

宗教という制度は、持続可能で回復力がある。そのことは、文化や帝国や文明よりも生き延びている事実によって証拠立てられている。宗教団体のすべてがそれを達成しているわけではないが、もしも宗教団体が残り続けることを望むならば、自然本来の不安定な状態にある暮らしが宗教の規範となろう。

人間の活動においては、現実の政策の脅威が常にあり、宗教にとってもそれは例外ではない。それでも宗教は、世俗的な組織よりも、（大勢の死がないかぎり）倫理上の挑戦のための大きな自由を与えられている。

宗教の社会的役割は、アメリカではとくに意義がある。世界の他の地域では、良心的な無神論は完全に道徳的で実直な態度とさえ言える。というのは、無神論者にとって道徳や倫理は、何ら

（9）　マサチューセッツ州のミット・ロムニー前州知事が、二〇〇六年に全米で初めて州住民の皆保険制度を導入した医療制度改革の呼称。

（10）　児童保護サービスは子どもの虐待や育児放棄を取り締まるためのものだが、アーミッシュの教育は伝統的に体罰を容認している。

かの形而上ないし神秘的な外側からの力に頼ることなく自分自身の内なる目的になり得るからだ。

だが、アメリカ合衆国は宗教的な理由で建国され、宗教の違いについての政治的な寛容は他のどんな自由にも増して正式に記されている。法体系を介して倫理上の挑戦を仕掛ける試みは、市民的自由の継続的侵食、法の力も及ばない無敵の政財界エリートの誕生、あらゆるレベルでの不正手段の採用といったことを考慮すれば無駄だと分かる。

同時に、信教の自由は、アメリカ人の政治家には減らすことがとても難しいことだと分かるだろう。事実、それに取り組んでも失敗する。というのは、それに取り組むことを決めて実行に移るや、まず武装する権利を取り去ることに取り組まざるを得なくなるからだ。

宗教には負の側面もあり、そのことを私たちは無視すべきではない。これは、主としてアイデンティティ・ゲームに関係している。

バカな人間に振るための旗を与え、彼に歌うための聖歌と疑いもせずに繰り返すための何らかの愛国者的な戯言を教えると、彼は違う旗の下に行進している別のバカな人間を殺すための戦闘に進んで出掛けるだろう。宗教は、そのような同一化のための豊富な機会を提供し、宗教バカは政治バカよりももっと熱烈になる傾向がある。

だが、バカではないより高次のレベルになれば、異なる宗教がうまく協同する傾向がある。司祭、ラビ［ユダヤ教の宗教的指導者］、イマーム［イスラム教の指導者］がそろってバーに入っていき、彼らが議論することは何だと思うだろうか。唯一無二の真の神は誰か、という話題ではないのだ。彼らは、彼らのすべてを脅かしたり抑圧したりするあらゆるものについての覚え書きを比べて、彼らのトラブルに関する話を共有するのである。

「宗教的寛容（religious tolerance）」と「信教の自由（religious freedom）」は、正確に同じことを記述した異なる言葉だ。そして、宗教からの自由も同じくらい重要なのだ。無神論者は、彼ら自身の教会をもつに値する。お金を節約するために野外の教会になりそうだが、その教会は無人でも建っていられるだろう。

さて、私がある一つの宗教の詳細を徹底して調べていないことに注意されたい。私は信仰という言葉を何気なく用いてきたが、「s-word（スピリチュアリティ）」を用いることは差し控えてきた。私が言いたいことは、どうにか生き残ると思われる宗教団体ないし宗教的伝統を私たちがもち合わせているということなのだ。私たちはまた、崩壊中の社会、多くの生活を台無しにしつつある腐敗して改善不可能な政治システム、そしてますます多くの人々に必需品を供給できなくなっている経済をもっている。

どうして、すでに勝敗の決まっている争いを続けなければならないのか。宗教団体は、すでに政治団体との争いに勝利を収めて、道理をわきまえて休戦中なのであり、政治家たちは休戦が停止することに間違いなく脅えている。

そのような訳で、私たちはゼロからはじめることがないようにしよう。すでにもち合わせているものを使って、私たちは仕事に取り組もうではないか。

◯ 慈悲深く公平なやり取り

政府の監視や圧力から逃れて、周囲の社会の崩壊から距離を置いて、新たな共存のための取り決めをつくり出して、維持するためにうまく位置づけられているさまざまな種類の宗教団体以外にも、とりわけアメリカ合衆国にはさまざまな慈善団体がある。それらの多くも、また宗教的である。

第2章の「贈与の大いなる利点」［一九二ページ］の項で指摘したように、慈善的な寄付、遺贈、その他のやり方で惜しげもなく金品を与えることは、恩恵を施す人を喜ばせるようにつくられた施し物である。感謝の気持ちを起こしたり、返礼を求めたりするよりも、憤りや依存関係、または不当な権利意識の原因を彼らはつくっている。慈善的な行為、騙し取ること、そしてゆすりたかることは、暴力の脅威に裏打ちされた特権に基づく権力関係のなかで、邪悪に動機づけられた一連の交換作業なのだ。

返礼でこたえられないほどの贈与は、虐待あるいは侮辱のようなものとなる。慈善活動は、本当のところ押し付けられた偽善、つまり支配のシステムであり、そこでは優位な立場の人々が、できるかぎりもっとも屈辱的な方法で助けを提供するふりをしているのだ。

しかしながら、慈善的な寄付行為を例外としながらも、国家がすべての取引に課税しているような環境では、慈善団体は合法的に妨げられることもなく、かなり規制を免れた交換を供することが可能となる。そして、その交換が忠誠の義務と信頼関係を構築するために用いられることになる。

こういうことが起こるために、慈善活動は個人でなされなければならない。法律の要求を遵守するために、紙の上での表面的なことを除いて、制度によって直接仲介されないようにしなければならない。この営みは、二人の人間あるいは二組の家族の間での、記録されず、多分に口外されることのない契約でなければならないのだ。

あなたの余剰分を必要とする匿名の誰かに分け合うことで善行を積むようなささやかで表面的な方法よりも、人間関係の部分を形成しなければならない。つまり、ある仲間たちが何らかの可能な方法で別の仲間を支援すると誓約する。そして、後者は何らかの可能な方法で前者を支援すると誓約する。そのような関係性は構築するには時間がかかるが、往々にして、助けを出すという簡単なボランティア行為としてはじまって、あなたが助けようとする人々の表面的な利益以上のものを得ることになる。

恐らく、そのように変容する際のもっとも難しいところは、（慈善活動における）社会的に是認された役割を担いつつ、それと同時に、友人たちのなかでは自分らしく振る舞うというバランス感覚を保つ点にある。

○どんな社会？

本章は短い。短いのにはちゃんとした訳がある。それは、社会の崩壊後に起こることはあなた次第だからだ。

言うまでもなく、社会はなくなるまで存在する。一連の制度、共通の行動規範、法体系（暴力によって強制されている）、および個別の取り決めと金融資産（これまた暴力によって守られている）のなかに示される階級の特権によって、一つにまとまっている社会を考えてみよう。今、これらのすべての特徴を、一か月以上続く長期停電という単純な装置によって無意味なものにしてしまおう。すぐに、輸送用燃料と消費財の調達を事欠くようになるだろう。さて、社会はどこにあるだろうか。パッ！と、恐らく永遠にそれは消えてなくなる。だが、それはちょうど人々が自発的に和解して、互いに助け合うために自己組織化するための契機になる。

実際に、緊急事態や危機に直面したときにこそ、多くの人々が自然と最善を尽くして、もっとも助けとなり、もっとも共同戦線へと他者を引き寄せることができるものだ。だが、以前には単一の一枚岩の統一体に見えていたもの、つまり大規模な社会は恐らく永遠に消滅し、はるかにより実践的で慎ましく地域に根差した形で、複数の「小さな社会」として再構成される。その複数の小さな社会がより大きな何かに連合することを決めるかどうか、またその程度は実際的な関心事となる。

そのような複数の低次の社会は、夫婦、家族、あるいは二組の家族からはじまって、そこから大きくすることができる。全体が部分の和よりも大きくなってしまうというロジックは不可避でやむにやまれぬものであり、官僚が介入して、官僚自らのバラバラで孤立した非人間的な秩序を強要することに失敗した所では、社会の再生過程が自発的に生じることになるだろう。

この章では奇しくも宗教の含蓄を取り上げてきたので、明らかにとても洗練されたアナーキストのオーガナイザーだったイエスの言葉で締めくくるのもいいかもしれない。「二人または三人がわたしの名によって集まるところには、わたしもその中にいるのである」（『マタイによる福音書』第18章20）[11]

---

(11)　この直前の記述は、「はっきり言っておくが、どんな願い事であれ、あなたがたのうち二人が地上で心を一つにして求めるなら、私の天の父はそれをかなえてくださる」（第18章19、日本聖書協会、新共同訳）というもので、「団結せよ！」を連想させるだろう。

第4章の事例研究 ▼ロマ

レニングラード郊外の学校に通っていた三年生と四年生のとき、私はたまたま好きになれそうにもない生徒と隣席することになった。私たちは制服を着用して、二人掛けの机に並んで座ることになった。座席は指定されており、生徒を行儀よくさせるための取り組みとして、できのよい男の子は女子生徒と並んで座ることになっていたが、数人の、とくに問題のある悪ガキは、教師以外の誰も見ることができない後ろのほうに一緒に座らされた。

その悪ガキたちは、軽率に声を出したり、モノを投げたり、ケンカをはじめたりして、頻繁に教室からつまみ出され、授業の残り時間を、教室の外の冷たい風が通る薄暗い廊下に立って過ごすことになった。

このような罰を私は受けることがなかった。というのは、当

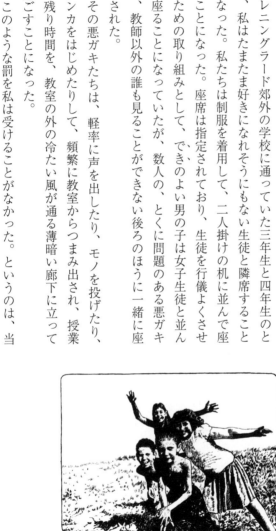

時、私は主として祖母によるホームスクーリングを受けていたからだ。

私は学校の初日に顔を出したものの、二、三週間後にはひどい鼻水や思わしくない咳の症状で体調を壊して学校から隔離され、転地療養のために田舎の家に送り出されたのだ。私の祖母は宿題の量を信じなかったので、私の宿題は、教育大臣がその学年で教えるにふさわしいと認めた教科書すべてを読んで覚え、各章末に書かれてある練習問題すべてを解くこととなった。

毎日、きっちり三〜四時間をその宿題にあてて、残りの時間はスキーやソリで遊んだり、犬とボール投げをして遊んだりしながら着実に勉強を進めた（ほんの少しうんざりしたが）。

一か月ほどのちに私は学校に戻り、体調も完全に回復して黒板の前に立つこともできるようになり、教師とクラスの両方をとても困らせるほどすべての問題に答えた。だが、二、三週間すると再び咳き込むようになった。それ以後、このようなサイクルを繰り返すことになった。

教室での短い滞在中、私が座るだけのよい場所がなかったので、教室の後ろの悪ガキたちと一緒に座らされることになった。すでに教科書を読み終えていたのですべての答えを知っており、授業時間中はずっと手持ち無沙汰だったが、おとなしく教室の後方にいたので、教師が知らん顔でいても気楽なものだった。

しばらくして、退屈なためにうわごとを言うようになり、自分の席から何かを叫んでついに罰を受けた。私の隣には、何も理解していないがあまり気にしないというくずが座っていたのだが、そのくずが私にケンカをふっかけてきた。ケンカをして、それでまた罰を受けた。そして、時が過ぎた。

やがて、何かが理由で、面白みのない教師の過労気味の脳で「カチッ」という音がし、私は教室の一番後ろに移動させられ、背の高い、寡黙な男の隣に座るように言われた。彼は授業中に決して呼ばれることがなく、休み時間であっても誰かに話し掛けることがなかった。少なくとも私よりは三つ以上年上で、学業に取り組まないために何年も落第していた。

彼は教室に入って席に着くと、教科書を開こうとも、筆記用具を持とうともせず、ネコが金魚鉢をじっと見入るかのように、教師をじっと見ながらただそこに座っていた。彼の沈着な態度が伝わって、私の気分もよくなった。私の背中は教室の後ろの壁に接するほどであったので、暇つぶしに本を読んだり、いたずら書きをしたり、空想に耽ることができた。

その少年（あるいは、すでに大人の男？）は、私のことを気に入っているように思われた。決してへりくだって話し掛けてはこなかったが、授業に集中していないときに私の名前が呼ばれたときには、そっと私の脇腹を肘で突いて教えてくれ、私が再び罰を受けるという不名誉を授かることから救ってくれた。

ある日のこと、彼が私に話し掛けてきた。

「ねぇ、君のおじいさんはロシア文学の教授だったよね？」

「そうだよ」

「僕たちの親類は、本が好きじゃないんだ」

私は驚いて、「君の親類って誰のことだい？」と尋ねた。

「цыган《チガン》」と、彼は不可解な笑みを見せながら言った。ロマのことだ。

「読まずに、どうやっていろんなことについて知るんだい？」

彼は頭を指差して、「僕たちは全部覚えるのさ」と答えた。

私は、本を読んで発見した素晴らしいことについて少し話した。すると、

「そこに書いてあることは現実ではない、ということを君は分かっているのかい？」

明らかに現実ではないということについても、私はいくらか話した。

「もういいよ！」と、彼はそっけなく言った。

これで、この日の会話はおしまい。

その後、私たちが話すことはあまり多くはなかったが、休み時間を一緒に過ごすようになった。とくに何かをするわけではなく、一緒に突っ立っていたのだ。彼はまるで、監禁状態から解き放たれた落ち着きのないアホどもが、絶え間なく沸き返る海の中に浮かぶ安定した島のようだった。そして、私が彼と一緒にいたときには、誰も私をいじめようとはしなかった。生徒も教師も彼を怖れ、彼にかかわらないことが安全だということが分かっていた。

それはまさに、彼が望むことだった。総員一〇〇万の兵力が一〇〇〇年以上もの間、交替しながら待機しなければならなかったかのように、彼はただ時節を待っていたのだ。

それから、ある日のこと、私たちは学校の外で偶然出会った。私たちは同じアパートに住んでいたのだ。ソビエト連邦時代の、コンクリート製の高層建築のモノリスで、同じ階の同一の間取りのアパートに私たちは住んでいたのだが、隣接する別の階段を通って出入りしていた。

戸口にペンキで描かれていた数字は剥げ落ちたままで、玄関を数えないことには自分の住まいを区別することが難しかった。私はいつも学校と家の間にあるデコボコの荒れ地を抜けて通学していたのだが、常に玄関前のベンチに座っていた老女を目印にしていた。

ある日のこと、不思議なことに彼女は、一つだけ左隣のドアに移動していたのだ。私はいつものように彼女が座っている所を通り過ぎて、自分が住んでいるアパートに通じると思い込んでいたエレベーターに乗り、我が家だと思ったドアをノックした。すると、教室で私の隣に座っているロマの子どもがドアを開けたのだ。

「君、ここで何しているんだ?」

彼の質問に答えるために、私は彼のアパートに踏み込まねばならなかった。というのも、敷居を挟んで会話を続けることはロシア人にはタブーであるからだ。また、訪問客に尋ねて、質問に答えさせようとしているのに、住居の外に出るのもおかしいだろう。

ロシア人にとっては、敷居を挟んで質問することは中に入るように誘うことを意味している。そして、敷居を越えたとき、私は彼の実に多くの同胞に襲われた（正確な人数を数える余裕もなかった）。しかし、私のポケットには何もなかったので彼らはがっかりした。すぐに彼の母親が台所から出てきて、アパートから出ていくように私に命じた。

のちに学んだのだが、私は一つのタブーを避けようとして、別のタブーを犯してしまったのだ。ロマにとっては、ガジョ（ロマではない人）の足を彼らの住居の中に入れることは「マーリム（穢《けが》れ）」をもたらすのだ。スラブ系の私の耳には、「ガジョ」という言葉がいつも「害虫」のように聞こえる。

警察官や学校の職員など、ガジョの不可避的な訪問の際の穢れを避けるために、ロマの家庭にはたいてい特別にガジョ用の椅子があり、その椅子には、訪問してくるガジョ以外誰も座らないことにしている。また、ガジョに食事を出すときには、ロマは特別な食器類を用いて、あとでガジョが使った他の家庭用品と一緒に粉砕して捨てるのである。

しばらくして、私たちは答礼《とうれい》訪問を受けた。ドアがノックされる音がしたとき、私の母は一人で家にいた。ロマの女性が外に立っていて、彼女は水を一杯もらえないかと頼んで、私の母の運勢について話した。

そのロマが外に立っている間に、何が起こるのかと好奇心を抱きながら私の母は水を取りに行って、コップを手わたした。ロマはコップを受け取り、コップの上に手をかざすと醜い物体が水の中に現れた。そして、何も持っていないほうの手を空中で揺り動かしながら大きな声で叫ぶと、廊下に待機していた数人のロマとともにアパートの中に押し入って部屋中に散開した。

彼女らは、誠に嫌なことに、多くの本を目にする羽目になり、他にはさほどのものを見つけることができなかったはずだ。彼女らは台所からお茶の入った袋を持ち逃げしたが、それがすべてだった。いや、彼女らのうちの一人が母の財布を奪ったが、母は彼女らを追撃して脅かすや、すぐに財布を諦めて逃げ出したのだ。

これが、かなり典型的なロマの手口だと判明した。別のやり口は、疑われ難い人がドアをノックして、ドアが開けば敷居を越えて布にくるまれた赤子を置いて、群れで押し込むというものだ。その泥棒はいつも単なる窃盗で、決して暴力沙汰にはならなかった。暴力の威嚇や権力に立ち向かわねばならない怖れがあるときは、ロマの逃げ足はいつも速かった。

ロシア人は通常権力にかかわりたくないので（今日でも警察は、非公式に「狼人間」と言われる）、ロマを脅かすのはいつも空疎《くうそ》だったが、それでも有効だった。だから誰も、ロマをとくに脅威を与える存在とは考えていなかった。軽窃盗、ペテン、詐欺はさておき、ロマらはときどき幼児の誘拐事件で誤って非難されるが、実際には決してそのようなことはしない。彼らは穢《けが》れを怖れて、ガジョの子どもを養子にすることはないからだ。

彼らは何者なのか？

ここまで来ると、ロマとは本当のところ何者なのか、あなたは知りたくなったかもしれない。彼らについての正確な情報を見つけることはとくに難しいことではないが、広く知れわたっているわけではない。

多くの学術書を扱う図書館は、さまざまな分野の最高傑作で棚一段分くらいの本を保管しており、ロマ「問題」に関する民族学的、言語学的および社会学的分析もある。「*Etudes tsiganes*《エチュード チガン》(12)（ロマ研究）」の全巻を保管している図書館もあるが、私が必要とするロマ「問題」の情報および論説としては多岐にわたりすぎている。私たちが知りたいことは、本書の参考文献に挙げた、英語で書かれた薄い専門書で十分である。

英語の異名「Gypsy」とフランス語の「Gitane《ジタン》」は、ともに「Egyptian/Egyptien《エジプシャ》（エジプト人）」に由来するが、ロマはまさにその通りではない。スラブ語／ドイツ語の異名「Tsygane《チギィン》/Zigeuner《ジゴウナー》」は、恐らく「untouchable（不可触賤民）」にあたるギリシャ語に由来し、どちらかと言えば真実に近い。問題の人々は、いつの時代かは分からないがインドを出てから、彼らの言葉であるロマーニ語のなかにあるペルシャ語、ギリシャ語、アルメニア語の借用語によって証拠づけられるよ

(12)　一九五五年創刊のロマを専門としたフランスの雑誌。

うに、ペルシャ、ギリシャ、アルメニアを通り過ぎたのだろう。

彼らが自分たちのことを呼ぶときには「ロマ」(13)と言っている。ガジェ(ガジョの複数形)と交渉する際には、ロマはたいてい民族的な素性をできるだけ曖昧にする。彼らのことを国勢調査で把握することはできないが、研究者たちは彼らの人口を、ロシア連邦に約一〇〇万人、アメリカ合衆国には一〇〇万人以上、世界中で一二〇〇万人ほどと見積もっている。彼らはヨーロッパ中に広まり、とりわけブルガリア、ルーマニア、バルカン諸国、イタリア、フランス、スペインに多く分布している。

ロマは、彼らの歴史を通してずっと遊動民(ノマッド)であり、ヨーロッパ一帯に広まり、最近では南北のアメリカ大陸に広まっている。経済的には周囲の人々に依存しているにもかかわらず、社会的には周囲の人々から完全に離れたままでいようと努めているため、いつも結構大変な思いをしている。

ロマのアイデンティティは、外の世界には明らかにされることのない内部への帰属意識である。それはコミュニティーに入る幼少期の教育と社会化によって強化される生得《しょうとく》の権利であり、ロマのコミュニティーは一生を通じて構成員の生活を成り立たせるのである。ロマが、ガジョの子どもを養子にすることはない。結婚してロマの家族に入ることや、ロマのコミュニティーの生活に参加することは可能だが、ロマになることはできない。ロマとの雑婚で生まれた子どもは、ロマたるにふさわしく育てられたならば、ロマの子どもになれるかもしれない。

ロマーニ語は書き留められてきたにもかかわらず、ロマの人々にとっては最小の効力しかない。彼らは完全に口述の伝統に固執し続けており、創世神話、キリスト教信仰に緩やかに基づく信仰の考え方、および純粋に口述で扱われる内部法体系を含む豊かな民間伝承をもっている。

読み書きに関する能力は、ロマの間では富や地位と負の相関があり、往々にしてもっとも富める者が最低である。読み書きのできる人は、ガジェとの通信や事務書類などの文書偽造のような補助的で地位の低い役割を担っている。そして、あらゆることを頭の中に入れようと努めることが、ロマの人々にすぐれた記憶力と鋭くて明晰な頭脳をもたらしているように思われる。

その知性は、盗むこと、嘘をつくこと、欺くこと、搾取することにおいてとても奏功しているわけだが、この素晴らしい長所を無知な教育者は見逃す傾向がある。アメリカの桂冠詩人ロバート・ピンスキー［Robert Neal Pinsky, 1940～］が好んで言うように、「これは大事なことだが、それを書き留めてはいけない」のである。

レーニンの言葉「卵を割らなければオムレツはつくれない」をもじれば、「卵を盗まなければ

---

(13)　本稿において原著者は、ここまでの記述においては「ジプシー（gypsy）」と書き表し、区別していたが、差別的な意味合いが含まれるため、邦訳においては「ロマ」で統一をした。

ロマにオムレツはつくれない」というわけで、ロマの特徴を説明することがあるとすれば、それは彼らが行う情け容赦のないスリ、搾取、詐欺、馬泥棒、密猟であり、それらのすべてを彼らはハイアートの域にまで高めている。何しろ、子どもたちは幼少期から物乞いや盗みの技《わざ》をたたき込まれるのだ。そして、彼らの犬までも、とくに肉屋から肉を盗む能力で誉められるほか、飼育場構内に入り込んで、気付かれないように何かを速やかに殺して、それを幌馬車に引きずり込む能力で称賛されている。

だが、ロマも働いている。たいていの場合、「クンパニア」と呼ばれる男女に分けられた職業集団で働き、時には家族としても働く。彼らの伝統的な職業として占い師や馬の売買があるが、彼らは金属くずや古着の回収と販売といったようなさまざまなリサイクル活動、そして屋根葺きや道路舗装のような建設業にも従事している。

彼らのなかには、多くの有能な職人がいる。恐らくもっとも顕著なことは、ロマは素晴らしい音楽家であるということだ。音楽は彼らのもっとも重要な自己表現の手段であり、彼らはこれまでに旅した多くの国々に新しい音楽ジャンルを誕生させている。よく知られているロマのミュージシャンの一人は、ジャズ・ギタリストのジャンゴ・ラインハルト［Django Reinhardt, 1910～1953］だろう。

またロシアでは、「ジプシー・ロマンス」というポピュラー部門の発展に貢献している。映画監督のトニー・ガトリフ［Tony Gatlif, 1948〜］は、フランスのドキュメンタリー映画『*Latcho*《ラッチョ・》 *Drom*《ドローム》（英語タイトルは"safe journey"）』（一九九三年）のなかで、ロマ音楽の歴史について詳しく述べている。

ロマ音楽に新たに加わったものと言えば、ゴラン・ブレゴヴィッチ［Goran Bregović, 1950〜］による二〇一二年のアルバム『*Champagne for Gypsies*《シャンペイン・フォー・ジプシーズ》』だ。彼と彼のロマの仲間からなる「*Wedding and Funeral Band*《ウエディング・アンド・ヒューネラル・バンド》」はヨーロッパ中でとても人気がある。

周囲の社会の特異的な要素を意図的に取捨選択するという彼らの総合戦略を維持して、ロマはプロレタリア化させられることを拒絶して、賃労働から完全に独立した状態を保とうとしている。もっとも身分が低いロマの乞食とて、自営の起業家なのだ。そしてまた、彼らは他の者を雇うこともしない。さらに彼らは、一人で働くことはなくクンパニアの一員として働き、得たすべてのものを「ロン・バロ」と呼ばれる重要人物（女性の場合もある）に送る。

彼は、それをメンバーのなかで等しく分ける。時々、ロマはガジェをクンパニアに受け入れる。彼らはガジョの法律を重視しないので、元受刑者を喜んで受け入れるのだ。とりわけ、刑期中を活用して人を受け入れるわけだが、それをネットワークづくりのよい機会と考えており、商売の要領においては抜け目がない。

ロマの社会の単位は、「ラーザ（すなわち、民族としてのロマ）」、「ナーツィア（最近の出身国）」、

「ヴィーツィア（氏族）」、「ファミリア（拡大家族）」である。「ラーザ」にはいくつかの下位の範疇があるが、その区別は明瞭ではなく、このカテゴリーの主たる意義はロマをガジェと分かつことにあるように思われる。

異なる国を出自とするロマは、その地方の言葉を取り入れた訛《なま》りのロマーニ語を話すのだが、「ナーツィア」は社会的にあまり重要だとは思われていない。「ヴィーツィア」はより重要なもので、「ヴィーツィア」に属するすべての者が生涯にわたって相互扶助の責務を果たさねばならない。ロマは好んで「お金が、私たちロマの仲を裂くことは決してないだろう」と言うのだが、その言葉は、ある「ヴィーツィア」にロマは属しているということを意味していると思われる。「ファミリア」は社会および経済単位であり、三〜四世代からなり、養子や姻戚関係にあるすべての女性を含むほか、姻戚関係にある男性を含むこともある。通常、孤児は祖父母の養子となり、祖父母はまた子どもの離婚の場合にはしばしば孫の監護権《かんごけん》を主張する。また、双子が一緒に育つことは不健康だと考えられており、双子が生まれると、いつも一人は伯母か伯父の養子になる。

すべての稼ぎは蓄えられ、家族の長老（男性または女性）に預けられ、長老は蓄えを必要度と功績に応じて分配する。齢を重ねるにつれてロマは地位と権限を保持することになり、家父長と家母長の言葉こそが法となり、両名がそれぞれの「ファミリア」を治めていく。長老に払われる敬意が「ファミリア」全体に団結と幸福をもたらしているのだが、これは公式の金融的取り決め、年金、退職金、警察による保護、あるいは政府の社会サービスといったものがない状況では極めて重要なことである。

年長者はまた、つまらないことにお金を使うことはない。それは年長者の叡智というよりも、自然なこととしてそうなるのだ。加齢するにつれて人は誘惑に駆られることが徐々に少なくなり、やがてそのような誘惑は稀《まれ》なものになり、関心事は子や孫のことに移るものだ。この生物学的な戦略は衝突を避けることにもなる。

長老たちの意向は、自動的に遵奉《じゅんぼう》されることになっている。それに、長老たちは身体的にも互いに闘いたくないので、起こるであろう最悪のことは二人の長老間における熾烈な口論となるが、それは内密に行われたうえ密《ひそ》かに解決される。

法と政治

しかしながら、深刻な衝突は「ヴィーツィア」の内外で起こり得るし、また実際に起こっている。そのような場合のために、ロマは自らの法体系をもっている。それは、口述で守り伝えられた法体系である。

衝突を裁く第一段階は、「ディワーノ」という長老たちによる裁判のような会議を召集することである。「ディワーノ」での決定事項は、さらなる訴訟手続なしで任意に遂行される。これが行われないときは、「クリス」と呼ばれる誰もが発言できる公開形式の裁判のような会議が召集される。この会議は数名の裁判員によって主宰され、集まった人から選ばれた数名の陪審員によって判決が下される。「クリス」の判決も、通常は任意で遂行される。

これが行われないときはガジョの司法に願い出ることになるのだが、従わない者たちは何らかの冤罪で起訴され、逮捕されることになる。告発人は、告発を取り下げたり、警察への引きわたしで失敗したりするので決して裁判にはならないのだが、逮捕という屈辱が従順にさせる効果があるのだ。

だが、ロマよりもむしろガジェの官憲が、実質的にすべての公式の衝突を起こしている。ほとんどの官憲は、軽犯罪、不審な徘徊、ゴミの散らかしなどといった理由で、厄介者としてロマを扱う傾向がある。また官憲は、遊動民のライフスタイルと適当な文書の不備（身分証明書、自動車の登録証明書、税金の領収書、保険証券がしばしばなくなっていて、見つかっても偽物だと判明する）に難色を示す傾向がある。言ってみれば、ロマは貨幣経済の内側で生活している怪しい人々なのだ。

ガジョの教育家たちは学校に通わされていないロマの子どもたちが気に入らず、学校に無理やり通わせるわけだが、ロマの子どもたちが読み書きを学びたがらないことでまた憤慨する。それでも教育家たちは一般に、見せしめとしての例外はあるものの、ロマを起訴するよりもしないほうが安上がりなロマ対策であることに気付いている。

ナチスは、ユダヤ人とともにロマを根絶しようとした。旧ソビエト連邦は、大多数の収監と遊動生活の全廃に訴えた。そしてフランスは、多数の追放措置をとった。だが、才覚、順応性、強い内部の結束力と高い出生率（若くして出産しはじめる）により、ロマは常に立ち直ってきた。

公式の衝突を処理するロマの戦略は回避、分散、失踪を含んでいるが、この戦略を続けていられるのは彼らの移住能力に負うところが大きい。

彼らの第一の防衛線は、自らのアイデンティティを隠すことにある。ロマは、誰もが三つの名前をもっている。一つ目の名前は、生まれたときに母から名付けられるが、この名前は、どんな状況でも誰かに秘密を漏らされることがないと子どもが理解できるようになるまで秘密にされている。こうして、ロマのアイデンティティを維持することは陰謀に参画することになる。

二つ目の名前はロマ内で使われるもので、「ファミリア」と「ヴィーツィア」のなかで徹底して使われる。これは、ロマの人々が互いに知っている名前であるが、決してガジェには漏らされることがない。

最後の名前は、ガジェとの関係において使うものである。ロマに人気のある名前があり、英語圏では、アダムス、ロバーツ、ウィリアムス、スミスというよくあるものだ（「ファミリア」に対応しないため苗字はない。夫婦同姓である必要はなく、子どもには知らされない）。

したがって、ロマはそれぞれ秘密の名前（私たちは知ることができない）をもち、さらに、ラスランやゼムフィラといったロマ内の名前と、ボブ・アダムスやキャシー・スミスのようなガジェ向けの名前をもっている。そのガジェ向けの名前は、住居に基づいて定期的に変わる。彼らが異なる姓で知られることは、ごくありふれたロマの慣例でしかない。

それがゆえに、もしガジェの官憲がロマ絡みの事件を捜査しようとすると、大変な労力を強いられることになる。複数の場所から物的証拠を集めて、それを拘束している身柄と一つ一つ照合していかなければならない。もし、身柄が収監されていないならば、ずっと逃げたままとなるか、異なる名前と身なりで戻ってくるだろう。いずれにしろ、虚しい追いかけっこがはじまるということだ。

ガジェの官憲と向き合う第二の防衛線は、自ら卑下して丁寧にへりくだる態度である。「私たちは貧しく無学な移民です。子どもたちが育つための安全な場所を望んでいるだけです」といったものである。男は虐《しいた》げられているかのように、一方女は、不公平な扱いを受けているかのように芝居をするのだ。ある場所からの立ち退きを強いられて脅されると（官憲の好きな策略）、まず時間稼ぎをする。そして、彼らは消えるのだ。これが、私たちを彼らの第三の防衛線に運ぶ。すなわち、姿を消すということだ。

幌馬車全部が、一～二時間以内に移動する準備ができてしまうのだ。ロマは、討議やメロドラマなしに、速やかに集団としての決定を下す能力と、その決定を隠し通す能力を育んでいる。旅程があったとしても、その旅程は秘密とされている。というのは、ロマはあらかじめ計画することを非難しているからだ。計画とコミュニケーションを崇拝して、準備、調整、公的議論と公式の賛同なしでは動くことができない、官僚的で文字に頼ったガジェの社会に完全に反して、ロマは臨機応変に集団として方向転換ができるのだ(14)。

ガジェの官憲が、個人的にロマと対立するよりも集団として政治的に取り込もうとして、ロマのリーダーあるいは代表者を探そうとすると、おおよそ見当違いとなるやり方であしらわれることになる。その場合、いわゆる「ロマ・キング」に会わされることになる。

この役割のためにある個人が内輪で決められているのだが、たいていの場合、低い地位で取り柄がない人物である。この「キング」は、ロマの女性と結婚したガジョか、「家にいるロマの男」、つまり姻戚関係にあって一緒に暮らしている男かもしれない。

そんな彼を「キング」として演じさせようとする動機が何かと言えば、ガジェの時間を浪費しつつ権力者として扱われることの喜びを味わえるからだ。もちろん、真のリーダーは「ロン・バ

(14)　以下の教訓を思い出させる。「予測のつかない不測事態が発生した場合に、とっさの臨機応変の対応ができる人物は、定型的知識の記憶にすぐれる学校秀才からは生まれにくい」（戸部良一、寺本義也、鎌田伸一、杉之尾孝生、村井友秀、野中郁次郎『失敗の本質 日本軍の組織論的研究』中公文庫、一九九一年、三七九ページ）

ロ」と呼ばれている「重要人物」であり、彼もまた内輪で決められた個人なのだが、彼の素性は部外者であるガジェに決して漏れることはない。

子どもと結婚

ロマの子どもたちは、最大限集団生活のなかに入れられる。子どもたちは、「ファミリア」および「クンパニア」の経済的かつ政治的な生活に直接参画することを通して、大人からも子ども同士からも互いに学ぶことになる。ちなみに、乳幼児については大切に考えられていない。

通常、すべてのロマはキリスト教徒で（興味深いことに、神を意味するロマーニ語は「デベル」であり、「デブラ！」と呼ばれている）、彼らのすべてが洗礼を施されているが、宗派の選択は重視されていない。

洗礼を施されると、子どもたちは思春期までは「穢《けが》れ」にかかわる純潔性のタブーから解放される。思春期に達するまで、子どもたちはまた性にまつわるタブーについても免除される(15)。そして、大人たちは子どもたちの性生活について議論することをタブーと見なしており、子どもたちが思春期に達するまで見て見ぬ振りをし、卑猥《ひわい》な言葉を使うことや道を踏みはずすことも許容している。だが、あくまでも少女たちは処女として結婚することが要求されている。この文化的特性は、ロマが精神分析療法をほとんど必要としないことを説明するかもしれない(16)。

この特別な免除は、結婚するときに終わる。新婦の結婚初夜は、彼女の新郎とではなく、伝統的に義母と過ごすことになっている。義母は、セックスに関する適切な方法について新婦が知るべきことをすべて話して聞かせる。穢れになることや、さらに悪いことに、旦那がそうなることを避けるために、従う必要のある数多くのタブーについてもその夜に伝える。

時々、ロマはふしだらだと評価されるが、それは魅惑的な外見のイメージから植え付けられたものでしかない。タブーによって、ロマは本当のところ極めて貞淑で、前述したように処女で結婚しているのだ。ロマの少女が快活かつ狡猾《こうかつ》に娼婦を演じることがあるが、それは詐欺であり、お客は最後まで性的に満たされることはなく、やがて誰かの娘か妹を辱《はずかし》めたとして賠償を払わされ、気分を悪くする羽目になる。もちろん、それは貧乏人の子どもの芝居であって、ガジェと本当にセックスをすることは決してない。

子どもたちもまた政治的に有用だ。象徴的な話だが、すでに述べたように、子どもは生まれたときからドアを開かせて殺到し、家に侵入するために使われる。そして、成長とともに物乞いやスパイのようなことを学んでいくことになる。つまり、大人から頼まれると無礼になってしまう

(15) 原著者のオルロフに尋ねると、処女を守るかぎりの性行為は許されるということであった。

(16) 参考までに言うと、次章で触れられるピダハンも自殺なしで精神を病んでいないとされている。そして、ピダハンは乱婚である。イク族も自殺なしで、夫婦関係はおかしなものとなっている。

が、子どもがゆえに警戒心を解くことになる質問の仕方を学ぶのだ。

たとえば、ガジェの官憲が現れて、その家族を立ち退かせようとするときは、誰かに手を引いてもらっているヨチヨチ歩きの幼子を含む子どもたちからなる兵隊を編成することが極めて有効となる。官憲の進路を束になって襲いかかり、袖や足にぶら下がって、「お願いです、旦那さま、僕たちを追い出したりしないで！」と大きな声で泣きわめきつつ、その間に官憲の財布と腕時計などを器用に盗んでしまうのだ。もちろん、これらのモノがなくなっていることに気付かれると、すぐに子どもたちはあちこち探し回って、素早くそれらを「見つけ出す」。

「旦那さま、これを落としたのではありませんか！」

このような親切な待遇を受けると、ほとんどの官憲たちはすぐに給与に見合わぬ仕事を課せられていると思い、違反警告、召喚状、出頭命令、停止命令、令状、立ち退き勧告、その他ガジェの法律家の熱に浮かされた空想の産物などの書類を運ぶだけに留めてしまう。言うまでもなく、ロマはその書類をすぐに燃やしてしまう。

ロマの女性がガジェの官憲に脅されると、決まって穏やかに、礼儀正しく如才なく、支配された状況で全力を尽くしながら長い間苦しみ悩んでいる母を演じる。ほとんどの官憲は、奮起してロマの男を逮捕し、彼らをしばらく投獄する。ロマの男たちは禁欲的かつ協力的に刑務所暮らしに耐えて、善行によってすぐに仮出所が許される。その間、ロマの女性たちは邪魔をされずに子どもを育てるのだ。もちろん、ロマとして。

ロマの少女は、生理がはじまると結婚可能だと考えられている。しかしながら、婚約との間にかなりの時間がかかるかもしれない。婚約は入念な儀式で、その際に新郎の家族はかなりの「ダロゥ（婚資《こんし》）」を支払うことになる。その多くは結婚式で使われるのだが、披露宴が数日間にわたって続くという入念な儀式になる（最近、ロマがYoutubeに盛大な結婚式の映像を投稿している。人を魅了する儀式だと私は思った）。

結婚後、「ボーリ」と呼ばれる「若い妻」はすぐに夫の家庭に入り、子どもを産むまでは義母に管理される見習いないし研修生になる。第一子を産んだときに初めて、彼女は「ローミィ（本当の妻）」になれる。しかしながらロマの妻は、「ボーリ」だろうと「ローミィ」だろうと完全に実父の支配下にあり続け、結婚生活がうまくいっていない場合や、両親の「ファミリア」が彼女の手伝いを求めている場合には、実父が彼女を呼び戻してもよいことになっている。ただし、ひとたび結婚するや、「ダロゥ」の払い戻しはないという条件となっている。

離婚と再婚は非公式な出来事とされ、決してガジェの裁判所にかかわるようなことはない。離婚の場合、子どもはどちらかの親また祖父母に引き取られる。最初の結婚は通過儀式だが、再婚はそうではないのだ。

富

多くのロマは生涯のほとんどにわたって移動するため、キャンピングカー、古い自動車やトラック、そして背負った衣服以外に所有するものがないために極めて貧乏に見えるが、実は彼らの多くはとても豊かである。彼らは、宝石をはじめとする価値のあるアイテムで富を蓄えている。婚約の際、婚資が数十万ドルになることもあるし、前述したように、そのあとには豪華な結婚披露宴が数日にわたって続くのだ。

ロマのなかには遊動生活をやめた者もいる。豊かな者のなかには、クリスタルガラス、手織りのタペストリー、高級家具、彫像や塑像、芸術の域にある電化製品に満たされた豪勢な住まいを築いた者もいる。また、ブルガリア、ルーマニア、バルカン諸国には、遊動生活を続けることにもはや関心がないという域に達している豊かなロマもいて、臆することなく富を見せびらかしている。しかしながら、他のほとんどの地域では遊動生活が続けられており、彼らの富は隠されたままとなっている。

多くのロマの女性は、過剰に、恐らく悪趣味な模造宝石類を身に着けているように見える。彼女らが逮捕されたとき、それらは刑務所の金庫の中の、収容者の所有物の包みの中に納められる。このような内容物を受け取ることに疑問をもった刑務官はまずいないだろうが、その価値が数十万ドルに達すると知ったら驚くだろう。その装飾物は、本物の大きなダイヤモンド、ルビー、エメラルドの付いた金やプラチナだったのだ。

ロマは銀行やガジェの他の機関とかかわることを拒否しているので、移動中も価値あるものを直接身に着けている。事実、これが実際には極めて合理的な方法となる。

分離主義

ロマは、ずっと分離状態を保つためのやむにやまれぬ動機をもっている。昔のまま穢《けが》れを免れた内なる世界と、ガジェに占有されて永遠に汚れていると考えられる外の世界との間に、とても厳格な区分を保持しているのだ。

習慣とタブーの念入りな組み合わせは、内なる世界の純潔さを管理している。テントだろうと、キャンピングカーだろうと、家だろうと、一般的には住居の敷居を境界としている。それゆえ、裏庭をゴミでいっぱいにして、近所や当局を怒らせるロマの家族もいる。また同様に、キャンプ場にゴミを捨てることでも知られている。しかしながら、彼らの内なる世界は拡張し得ることがあり、ロマが彼ら自身のものとして土地の一画を主張するときにそうなる。

もし、彼らが集団で好きなだけ滞在できる一画が生じると、その区画は自発的に掃除されることになる。なぜならば、内なる世界の境界が住居の敷居から野営地の範囲へと拡張したからだ。この内と外との区別は、彼らが輪になって野営するという傾向にも見受けられる。

多くの公営キャンプ場はキャンパーにできるだけプライバシーを確保してもらおうと苦慮しているわけだが、ロマは公然とプライバシーを侵害するかのように、フェンスを解体して燃やしてしまうのだ。一緒に野営するとき、彼らは誰もがお互いに見えるように場所を決め、決してカーテンで隠そうとはしない。だが、彼らがガジェのなかで暮らしているときには、カーテンはいつも閉じられている。

内なる世界でのプライバシーの除去は、内外ともに安全対策となる。内においては、誰もが他の誰かに見られているので、誰もが罰を受けるような規則違反ができなくなる。外に対しては、脅威を見つけることが容易となり、誰もが常に他のみんなの目と声の届く範囲にいるかぎりコミュニケーションも容易になる。

彼らは外から見える場所を選ぶ傾向があり、人目につかない森の奥よりも大きな道路に直接面して晒されたような場所を好む。公衆の非難を受けることで彼らは攻撃されずに済み、隠されることになるのだ。

ロマは隠れない「言葉に気を付けなければならない」。彼らは、彼らが何者であるかを隠すのだ。これは、彼らが外の世界の役割を引き受けないままでいるということなのだが、それは非現実や自堕落に向かう危険な感覚をつくり出すことにもなる。その危険な感覚に対して、彼らは集団の高潔さを強固にする儀式を通して内なる自己を守り、闘っているのだ。

彼らにとって穢《けが》れとなる多くのタブーは筋の通った宇宙論のようなもので、実際的というよりも象徴的なものだが、穢れに対する永遠の弱さを思い出させるものとして構想されている。もっとも汚らわしい通過儀礼は誕生と死だ。月経もまた、とても汚らわしいものと考えられている。

またロマは、食事に関する古くからの入念なタブーを守っている。食事は最初から新鮮なものを準備しなければならず、肉を食べるテーブルは、外から持ち込んだものが置かれていない新品同様に維持しておかなければならない。花瓶や何だかの像は許容されるが、鍵や携帯電話を食卓に置くことは穢れとなる。各人の皿や食器は別々に洗って保管され、別々の布を用いて乾かされている。

物干し綱に吊り下がって、乾いている清潔なティータオルは、それだけでも民族の純潔の象徴とされている。エプロンを着用しているときにだけ料理をしてよいとしているが、それは衣服を食材から守るのではなく、身体の象徴的な穢れから食事を守るという考え方による。そして、もちろん、ガジェほどひどく汚れたものはない。前述したように、ガジェの客は他の誰も座らない特別な席が食卓に用意され、あとで割って捨てられるという特別な皿で食事をすることになる。

ロマは、上半身と下半身をはっきりと区別し続けている。上半身は清潔だと考えられているが（とくに頭は清潔で、唇にキスをすることも差し支えないとされている）、下半身は汚れているものと考えている。男はしばしば上半身裸で歩き回っているが、どんなに蒸し暑い日にも半ズボンをはこうとは決して思わない。一方、女性は、トップレスで踊ったりあからさまに授乳したりするわけだが、いつも膝が隠れるスカートを着用し、男性がいるときには膝を曲げて閉じている。
また、衣類を洗うために用いる水と入れ物は、皿を洗うためのものとは一緒にしない。そして、一度でも身体を拭くために用いたタオルを使って皿を拭くことも決してない。

彼らの貴重な分離主義を貫くために払う犠牲は、民族集団の全体が強迫神経症にかかっているかのようだ。だが、個人については、深刻な精神障がいは稀《まれ》であるように思われる。精神障がいは、民族集団、政党、経済社会（市場経済および計画経済）、国民全体のなかで増加傾向にあるわけだが、この点でロマは、程度において例外的であり、他の人類と比べて同種とは言えない。

「ロマらしさ」

どんな地域やどんな国のロマも、その社会環境における「ロマらしさ」と呼ばれることに依存して、繁栄することもあれば辛い思いをすることもある。彼らはナチス・ドイツ時代にはとても悲惨な状況にあり、ユダヤ人とともにジェノサイド（殲滅《せんめつ》）の犠牲になった。

アメリカでは、彼らは概ね良好な暮らし向きとなっている。そこでは、他民族の短期滞在の人々のなかに容易に溶け込んでおり、路上生活も受け入れるというライフスタイルとなっている。だが、行き過ぎた官僚主義と、監視体制をあちこちに張りめぐらそうとしている近年の傾向は、きっと彼らに問題をもたらすことになるだろう。そこで彼らは、人々に「自分たちはレバノン人だ」と話すようになった。誰かを困らせることが狙いならば、レバノン人のふりをすることはよい選択だと言える。というのは、レバノン人はとても少ない国民であり、民族集団として絶対に同定できないからだ。

ロマは、旧ソビエト東欧圏でも惨めな状況だった。そこでは旅をすることを禁じられ、工場で働くことを強制された。だが、ロマの人々にとっては運命となる目覚ましい変化がソビエト連邦の崩壊とともに起こり、多くのロマが大きな富を蓄えることができた。そして、彼らの多くが豪華な住まいを築いた。

結局、ロマは、厳格に支配されて規制が課された社会では惨めな暮らしであったが、無秩序で組織化に乏しい社会ではうまく暮らしているのだ。後者のような社会には、彼らが一時的に集まって、その後の遊動生活に資することになる経済的なニッチが数多くあるからだ。

このような訳で、崩壊中および崩壊後にロマが栄えるであろうという十分な理由がある。そして、さまざまな崩壊シナリオが展開するにつれて、ロマが実践しているようなことを採用する遊動生活の集団は、別のやり方で暮らす集団よりもうまくいくであろうという十分な理由となる。

第5章

文化の崩壊

第5段階：文化の崩壊

人間の善良さへの信頼が損なわれる。人々は「親切気、寛大さ、思いやり、情愛、正直さ、もてなしのよさ、同情心、慈悲」といった能力を失う。家族はバラバラになって、希少な資源をめぐって骨肉の争いとなる。新しいモットーは、「お前は今日死ね、俺は明日だ」というものになる。

「文化」という言葉は、異なる人々に異なることをほのめかす。ある者は、交響楽団の公演や美術の展覧会のような「文化イベント」の点から「文化」を考える。一方、別の人は、他の形式的でありながら実用的でない分野とともに文学作品や視覚芸術作品を含める。さらに他の人は、ナショナリストの威信のレンズを通して文化を眺め、これこそ生粋の文化だ、偉大なる「文化的到達点」とか「文化的記念碑」といった言い回しをする。

このように、多様な文化の見方はすべて刺激的で興味深く、そして生粋の文化の崩壊は人を魅了する話題ではあるが、それは最優先事項になるはずのないことでもある。ミニマリストの方法を採用して、次の質問に答えてみよう。

- 生理学的な存在としてのヒトを、「文化的」という漠然としていて難しい言葉が意味する「正常な」人間として認識できる誰かにするには、最低どれくらいの文化を要するのだろうか?
- 人間性を存続するために、必要かつ十分な文化的要素とはどのようなものだろうか?

文化的、科学的、経済的、および社会的な発展を悩ませるだけのさまざまな兆候があるわけだが、それらすべての発展が、すでに持続不可能になった自然環境にさらなる負荷をかけるであろうという不愉快な現実を無視する傾向が私たちにはある。私たちの子孫が生き残るためのより良い機会を確保するために、発展をどれくらい縮小することができるのかということについて議論をしようとする意志を欠いているとしか言いようがない。

発展するためには多くの天然資源を必要とするが、淡水や食料のような生態系にかかわる資源、化石燃料や鉱物のような天然資源、これらはともにますます希少なものになっている。さらに、気候変動による気象災害も継続的に拡大している。複雑な社会を維持するために必要な構成要素を失っていることは明らかであり、それとともに複雑な文化を損なっていることも明らかだ。

だが、私たちは、エネルギー効率が改善された新技術、再生可能エネルギーへの投資、新型の悪性の病気と闘うためのより良いワクチンや医薬品などといった「発展」と呼ばれる事業に一意専心であり、自然との全面戦争を遂行中なのだ。それに、何をしようと、どんなに力を注いで闘おうと、最後には自然が勝つということを忘れている。

より賢明な取り組みは、自然に任せ、野生に近い状況でできるだけ生き残ることができるように準備をすることであり、私たちが環境に要求するのではなく、環境が私たちに要求することに基づいて計画を練るか、身を任せる準備をすることだ。

そのような取り組みは、文化についてのはるかに簡素な定義を可能にするが、定義の一つは、「有用かつ不可欠である」ということだ。

文化とは、人々が面と向かってお互いにどのように関係するかであり、加えて後天的に獲得される方法であり、その方法で人々は周囲の物質界と直接かかわるのである。その結果として人々は、「親切気、寛大さ、思いやり、情愛、正直さ、もてなしのよさ、同情心、慈悲」を表すのだろうか。そうだとしたら、これらの太古からの美徳が及ぶ範囲は、自分自身だけに限定されるのだろうか。それとも、核家族、拡大家族、一族、部族、他の部族たち、あるいは周囲の生態系にまで及ぶだろうか。

ここに列挙した美徳はコリン・ターンブル〔三五ページ参照〕の著書から引用したものなのだが、これらの美徳のほとんどを喪失しているアフリカの部族であるイク族に関する本を彼は書いている。

イク族はとても興味深く、本章のあとに掲載している事例研究では彼らのことを取り上げている。この部族に関するターンブルの研究に基づくならば、今のところ金融、商業、政府といった人間味のない制度によって覆い隠されているが、上記の人間的な美徳は西側世界でもほとんど壊されたと指摘されている。金融、商業、政治、社会の崩壊のあとで、私たちはイク族のようになってしまうのだろうか。

コリン・ターンブルは、大胆にも私たちのためにこの問題に取り組んでいる。私たちは、尻込みをすることなく、彼の答えを正視することができるだろうか。

文明化した世界は冷たい世界である。そこに暮らす市民は自活することが理論的に期待されているが、現実には、金融、商業、政府の人間味のないサービスのおかげで辛くも生き延びることができている。これらの人間味のないサービスがもはや得られなくなったら、私たちはどうなってしまうのだろうか。私たちは頼ることができる人間性を残しているのだろうか。それとも、イク族と同じ轍《てつ》を踏むのだろうか。

社会は、家族や友人の間と、恐らくごくかぎられた特別な牧歌的（あるいは不自然な）状況にある隣人の間で、ターンブルの列挙した温かな美徳の実践を可能なものにしている。だが、それははじまりであり、そこから私たちは大事な人々をより多く包み込むように、また包み込んだ人々にとって大事な思いやりの輪を広げることができる。

この思いやりの輪を越えて、より大きな信頼の輪がある。私たちは、リスクの小さな、ささやかな方法で人々を信頼してこの輪を大きくすることができる。つまり、信頼できる人を取り込んで、そうでない人を除くのだ。信頼とは、取り込みながら（威嚇的で、卑劣で、同意できない、あるいは信頼に値しない点が見つかる人々を）排除することなのだ。

信頼することとは身を任せることであり、信頼の輪の外には「不信の戦場」がある。その戦場から、信頼はリスクと労苦を引き受けて骨折って得られるものなのだ。より大きな信頼の輪を築きはじめるには、より大きな承認の輪をまずつくらねばならない。文明化された世界のなかで、多いとされる精神的な暴力の凄まじいタイプは、誰かの存在を頑《かたく》なに認めようとしない振る舞いを明示することだ。

私たちは、「こんにちは」と声をかけずに、あるいは視線を合わさずに、人々の間を歩いていくことを安全だと信じているかもしれない。そうすることは、顔が無表情で冷淡ならば確かに正しく、見るよりも目を逸らすほうが賢明ではある。しかし、言葉で表せば、「私はあなたを認識していない」ということになる。

そのようなことは、必ずあなたを安全な状態にはしておかないだろう。それに対して、もしあなたの表情が「私はあなたを見ていますよ。あなたは大丈夫ね」、あるいはせめて「私はあなたを認識していますよ」というものならば、その効用はまったく異なったものになるだろう。何よりも、暴力沙汰に巻き込まれる可能性を直ちに下げることができる。

ヨーロッパの植民地主義に関するスヴェン・リンドクヴィスト［Sven Lindqvist, 1932〜］の素晴らしい著書『*Exterminate All the Brutes*（すべての獣を駆除せよ）』のなかで彼は、暴力は人の認識能力を奪うという実に素晴らしい観察をしている。

積極的か消極的かはともかく、正当な理由もなく攻撃を行う者は除け者になる。だが、逆もまた真である。かつては攻撃者だと認識されていた者も、攻撃的であり続ける必要がほとんどないことに気付くだろう。

◯人間と他の動物

ヒトの乳幼児は、「極端な晩成性」と生物学者が呼ぶ点で際立っている。赤ちゃんは完全に無力な状態で生まれるだけでなく、そのような状態が長期間続き、他の動物どころか他の霊長類と比べても際立って長い期間、親による世話を必要としている。自律的に動く必要がある振る舞いができるようになるまでに、最低でも三年はかかる。

ヒトの赤ん坊は、他の動物ならば多分に本能で分かっていること、すなわち歩くこと、話すこと、食べること、伝達することを教えてもらう必要がある。そして、物質界を進んでいく方法、自身の感情の理解の仕方、他者とのかかわり方を教えてもらう必要がある。こういった学びのすべてが文化における最小の部分集合となり、それなしでは正常な発達順序を終えられないのである。

オオカミ、クマ、その他の動物に育てられた野生児の事例がある。ヒトの孤児がたまたま人間以外の家族の養子になっても、あるところまでは成長するのだ。だが、そういう子どもたちは直立歩行を発達させることができず、四肢を使って歩くことになる。もちろん、言語を欠き、他の動物がやるように合図を送るだけとなる。

それがゆえに、さまざまな基本的な認知能力を欠くことになる。なぜならば、そのような能力は記号の利用を必要とし、発達の臨界期において言語を獲得する際にのみ学習されるからだ。そして、こうして育った野生児が、自身の野生児を産んで育てることができるのかどうかは不明である。

結局、こういった事例は、未来において実現し得る野生の人間性についてのよいロールモデルになるとは思われない。欠落していることは人間との接触であり、それなしでは、人間的な能力（身体能力も認知能力も）は発達しないということだ。

それでも、この事例は、私たちも詰まるところ動物であるということを指摘している。人間の母親がいないならば、イヌやブタが生理学的なレベルでは代理母になるかもしれない。そこで、（小文字で書いた）文化を伝えるために人間への接触を加えよう。現れるものは、完全に一人前の人間だ。

二、三歳の子どもが動物の養子になった事例もある。ウガンダ人のジョン・セブニャ［John Ssabunnya］は、彼の父が彼の母を殺害したとき藪の中に逃げ去った。そして、死んでしまったという予想に反して彼はサルの集団の養子になって、三年間にわたってその集団の世話になっていた。

同様の事例を挙げておこう。一九九六年、野犬の群れがモスクワの通りを歩き回っていた年のことである。四歳のイワン・ミシュカフ［Ivan Mishukov, 1992～］は、アルコール中毒で崩壊した家庭を逃げ出して、二年間にわたって物乞いをして通りで過ごしたのだが、彼はある野犬の一群の世話を続けたことで群れのリーダーになった。イヌたちは、長く寒い冬の夜には少年を暖めて彼を守ったそうだ。

極端ではあるが、こういった事例は通常のパターンの逆にすぎず、私たちがよく知っていることに目を向けさせる。人間の家庭がヒト以外のメンバーを含むことはごくありふれた光景で、イヌ、ネコ、ニワトリ、ブタ、アヒル、ガチョウ、オウム、ヤギ、ロバ、ウマなどと一緒に暮らしている。しかし、ヒト以外の家族がヒトを含むことを私たちはあまり正常なことだと思わない。いったい、なぜなのだろうか。

未来において、この二つのパターンのどちらが広く行われているのかについて、どうすれば私たちに分かるだろうか。単に、同じ種を贔屓《ひいき》にしているだけなのだろうか。であれば、ヒツジの群れの移動についていく羊飼いは動物社会の一部なのか。それとも、ヒツジの群れが人間社会の一部なのだろうか。

人間の近くに他の種がいなくなることを考えれば、この問いは学問的なものになる。猟師にせよ、羊飼いにせよ、農夫にしても、私たちは他の種が生き残ることを望んでいる。だが、私たちが現在広く実践していることは、他の種との同化や協力ではなく、支配であり、搾取であり、寄生である。それは環境面でとても破壊的であることが分かっており、他の種を記録的なペースで絶滅に追いやっているだけでなく、私たち自身の生き残りをも疑わしいものにしている。そうではなく、共同生活を達成しようとしていたならばどうなっていたのだろうか。

他の動物種よりも私たちがすぐれていると感じさせているものは、言語と記号的推論を駆使する能力である。もしもあなたが人間でなかったならば、本書を読んでいることはないだろう。言語は私たちに、数えて計算する能力、正確な測定法と量を思い出して伝達する能力を生み出す。また言語は、今ここに存在していないものを示唆することや、存在していないものや状況を述べることさえも可能にしている。そして、原因と結果の関係を決定すること、仮説を立てて検証することなども可能にする。そのうえ言語は、道具、衣服、家、その他の人工物をつくる手順を開発することや伝えることを可能にし、それらの人工物は、私たちの身体的制約を克服することを可能にしている。

まとめれば、これらすべてのことが私たちに、より強く、より速く、身体的により危険な動物種を知恵で負かす総合的な能力を与えてくれているということになる。だが、それは諸刃の剣である。言語は、あとになってメルトダウンする原子力発電所を建造して自ら被曝することや、数千の核兵器をため込んですぐにも絶滅するだけの危険に曝すこと、そして化石燃料と化学工業の産物で大洋と大気を汚染して、この惑星のすべての生命を脅かすことをも可能にしている。

最終的な分析結果では、私たちと地球上の全生命は、人間が言語を発展させなかったならばもっと安全だったと思われる。恐らく、知識と言語の使用は、極限としては自殺的な愚かさにおける高みに到達することを可能にしているだけだ。

ところで、生理学的かつ認識能力において正常なのに言語を欠いた人間がいる。これは、たいていの場合、幼少期の臨界期に言語にさらされなかった結果である。子どもは、さらされることになる一つあるいは複数の言語を獲得する能力をもって生まれ、この能力はかなりのレベルで自動的に発現する。ある文化では幼児は絶えず話し掛けられるが、他の文化では幼児は重要な存在ではなく、興味を示されることもなく無視される。生理学的に必要なことについては世話をしても、コミュニケーションにほとんど労力を注がない文化もあるのだ。

だが、大多数がともかく話すことを学ぶ。聾唖者も、コミュニケーションのために自発的に家での合図のシステムをつくり出す。聾唖者のコミュニティーがあれば（たとえ二人でも）、「構音欠如（idioglasia）」として知られる現象において、彼らのなかで言語が自発的に生じるのだ。さらに双子は、時折、私的な言語のようなものをつくり出している。これは「双子語（cryptophasia）」と呼ばれている。要するに、私たち人間の間では、言語は当然のことのように発生するのである。

別に驚くようなことではない。というのは、私たちは生まれたときから言語を聞いて姿を現すからだ。いわゆる言語の普遍的特性に関する数多くの文献があるが、それは論争中の研究対象であり、科学というよりも哲学であるように思われる。明白で、論争の余地のない言語の普遍的特性はごくわずかである。

その一つは、音節に分けること（たとえば、babbling, sometimes babies spontaneously do）である。すべての口で話される言語は音節からなり、音節は音素からなり、音素は子音が前後に伴う母音または二重母音からなる。

普遍的特性の二つ目は、言葉と呼ぶものの存在である。脳の特別な領域（ウェルニッケ中枢）が語彙の扱いを司っている。この領域の障がいはウェルニッケ失語をもたらし、言葉の混乱や言葉を忘れる症状、および意味を認知して伝える能力を喪失する症状が見られる。脳のもう一つの領域（ブローカ領域）では、言葉を熟語や文章に配列することを司っている。この領域の障がいはブローカ失語を招き、失文法症として現れる。つまり、文章を並び替えてしまい、文法上の誤りを起こすという症状のことだ。

だが、言語の普遍的特性に関する議論のほとんどは、これらの明らかな普遍性の代わりに構文法というむしろ抽象的な問題に集中している。ノーム・チョムスキー(1)は偉大な統語論研究者で、「普遍文法(2)」のチャンピオンだが、彼は最近、自分自身の創造的な研究が単に可能性であって、あらゆる言語において確認されるわけではないことを認めるようになった。

◯言語の限界

チョムスキーに言語の普遍的特性についての彼の主張を和らげさせた出来事は、ピダハン語に関する最近の研究だ。それは、アマゾン［ブラジル・アマゾナス州］で狩猟採集生活を送る小集団ピダハン族が話す言語である。(3)

ピダハン語はとても変わった言語である。言語形式はとても豊かで、意味を失うことなく、口笛やささやきやハミングにもなり得る。文法的には極めて複雑で、広範な意味を運ぶ多くの動詞の接尾辞をもっている。だが、もっとも注目すべきことは、その言語が再帰（リカージョン）を欠いているということだ。つまり、「こいつはジャックが建てた家にあった麦芽を食べたネズミを殺した猫だ（This is the cat that killed the rat that ate the malt that lay in the house that

---

(1)　(Avram Noam Chomsky, 1928〜)　五〇年以上在籍するマサチューセッツ工科大学の言語学および言語哲学の研究所教授兼名誉教授。

(2)　(Universal Grammar)　すべての人間が生まれながらに普遍的な言語機能を備えており、すべての言語が普遍的な文法で説明できるとする理論で、ノーム・チョムスキーが提唱した。

(3)　詳しくは、ダニエル・L・エヴェレット／屋代通子訳『ピダハン――「言語本能」を超える文化と世界観』（みすず書房、二〇一二年）を参照されたい。

Jack built.)」のようなことを言うことができないのである。

このことは、リカージョンが普遍文法における主要な要素と考えられていたので、ピダハン語が完全な言語でないことを考えるために何人かによって取り上げられている。ピダハン語では、文章の無限な組み合わせができず、有限な言い回しの組み合わせになってしまうのである。

もう一つ、注目すべき特徴がある。ピダハン語においては、特異的な動詞の接尾辞を用いることにより、情報をもっている個人に関係づけて、情報源が必ず注意を払われるということだ。この特徴は、「イエスがこれこれとおっしゃったと聖人マタイが語った」のようなことを言うことができないことと相まって、ピダハン族が改宗させられることから免れた。聖書のすべてが、ピダハン語の技術的な制約によって、自ずと受け入れ難いものだと判定されたのだ。[4]

最後に、ピダハン族には数を数える能力がない。他の部族と交易するときに騙されないように数の使い方を学ぶことをとても欲しているのだが、そうすることができないままでいる。彼らは量を表す一つの言葉をもっているらしいが、それは「少ない」と「多い」の両方の意味をもち、二つの量の変化は繊細な音の違いで表している。恐らく、彼らは私たちと同様に計算ができるのだろう。ただ、その計算はデジタルというよりもアナログなのかもしれない。

こういった言語的な制約にもかかわらず、ピダハン族は楽しげで、うまくいっている小さな部族であり、見事なぐらい仲良く暮らしているし、人生の運命に満足しているように見える。[5]

このようなピダハン族に関する最近の発見は、提案者でアメリカの言語学者であるベンジャミン・リー・ウォーフ(6)の名を冠した「ウォーフの仮説」と呼ばれる言語相対主義の立場における議論を蘇らせている。

「ウォーフの仮説」とは、言語が認識を決定する（強い主張で、今では完全に論駁されたバージョン）、もしくは言語が認識に影響する（弱い主張で、まだ論争中のバージョン）という考え方を信奉するものである。

この弱いバージョンについては、ピダハン語が現れる前からすでに多くの経験的な支持があった。数（単数／複数）、時制（過去／現在／未来）、性（男性／女性／中性）、直接話法／間接話法、条件文、仮定法、完結相／未完結相といった区別に関する義務的な文法上の標識の存在に基づい

（4）「ピダハンは自分たちが実際に見るものしか信じないからだ。ほかの者から聞いた話を信じるケースもあるが、それは話した人物が実際にその目で目撃した場合にかぎる」（ダニエル・L・エヴェレット／屋代通子訳『ピダハン』みすず書房、二〇一二年、三六八ページ）

（5）「ピダハンはただたんに、自分たちの目を凝らす範囲をごく直近に絞っただけだが、そのほんのひとなぎで、不安や恐れ、絶望といった、西洋社会を席捲している災厄のほとんどを取り除いてしまっている」（前掲書、三七八ページ）、「ピダハン語には『心配する』に対応する語彙がない」（前掲書、三八四ページ）

（6）（Benjamin Lee Whorf, 1897～1941）一九一八年にマサチューセッツ工科大学を卒業し、化学工業の学位を取得後、火災保険会社で防火技師として働いた。その傍ら、言語学と人類学の研究を行った。

て、言語は発話の曖昧さを制限して、ある程度の必然的な確かさを思考と表現に与えている。

このことは、統計的な効果以上のものである。たとえば、言語が噂を義務的に標識すると、人々は風聞と日常生活の根拠のある話とをより区別しやすくなるだろう。だが、たとえ標識しなくても、説明されれば人々はその区別を理解することができ、それに応じて行動ができるのである。

一方、「ウォーフの仮説」の強いバージョンは、一般的な原理的問題として多かれ少なかれ無視されてきた。なぜならば、言語の周囲に境界線を引こうにも引けないからだ。

普遍文法は、どんな言語でも文章の数が無限になり得ることを前提としている。それゆえ、各言語は無限の意味を表現できるとする。しかし、ピダハン語はこの論理を打ち破っている。狩猟採集生活を送る一つの部族が、そのような「不完全な」言語で幸せに何とかやっているのであれば、彼らが言語化して表現することのないすべての根拠を即座に無効なものにしてしまう。そして、理論的にではなく、直接観察可能な方法で言語が実際に認識を決定しているということを示してしまう。

さらに、そのような言語が一つあるならば、別の同じような言語、方言、個人言語が同様にどこかに多数あり得ることになる。そして、その話者は、幸せなことに、私たちのように過重負担で不必要に高い教育を施されて心を悩ませるばかりの多くの事例を知ることもなく、生物としても社会的にも役割を果たすことができるのだ。

もっと言えば、言語というものは、ピダハン語のような言い回しの一定の蓄積から、言語学の学術雑誌のなかにあるような仰々しく衒学的《げんがくてき》な散文まで、幅があるように思えはじめてくる。これは、言語に関する論理的な可能性の問題として抽象的なことを言っているのではなく、話者同士や環境に応じて、母語の話者の自然な発話のなかでも言語が幅をもつということである。

そこで、ピダハン語のような言い回しと学術雑誌のなかにあるような散文の混合したものを言語学者に紹介すれば、とりあえず事情が変わるだろう。つまり、普遍文法の原理に従う応答を母語の話者から引き出そうとする試みにおいて、言語学者は理解を変えることになる。ほとんどの言語において母語を話す人は、ちょうどサーカスのトラが炎の輪を飛び抜けるかのように、普遍文法を支持する応答を引き出すように訓練される。だが、そのような技は、トラが生息する自然環境での振る舞いにおいては少しも類似点がない。

ピダハン族はまた、ごくかぎられたポルトガル語を用いて、よそ者と情報伝達するという能力を多少もっている。彼らはポルトガル語の文法を学ぼうとはせず、単純にポルトガル語の単語に置き換えたピダハン語を使っている。このような言語は「ピジン言語」(7)として知られており、共通言語をもたない集団との間で自ずと発展する。ピジン言語は、交易のような特定分野に限定さ

（７）（pidgin language）現地人と貿易商人などの間で、意思疎通のために自然につくられた接触言語。

れる傾向があり、表現力には乏しいものである。ピジン言語は明らかに不完全であり、誰もそれを母語としては話さない。

ただし、子どもの集団が彼らの最初の言語としてピジン言語を学ぶときには例外となる。その場合には、ピジン言語を完全な言語に変える以外に選択肢がない。その過程は数え切れないほど何度も起こっており、「クレオール化」と呼ばれている。その結果が「クレオール言語」[(8)]である。

よく知られた現代における例は、ハイチ・クレオール語（フランス語に基づく）やカーボベルデ・クレオール語（ポルトガル語に基づく）であるが、実際には、フランス語やスペイン語のようなロマンス諸語はクレオール言語としてはじまった言語であり、征服中のローマ人が、地方の部族と意思疎通するために用いたラテン語ベースのピジン言語から派生したものである。

また英語は、バイキングの侵略とノルマン人のイングランド征服の余波でピジン化とクレオール化が不完全に進み、多くの文法を捨て去って語彙の八〇パーセントほどをフランス語に置き換えたが、クレオール言語が典型的に欠いているいくつかの不規則な動詞やいくつかの文法に関しては痕跡を留めている。

ピジン化およびクレオール化の過程は、多くの文法と語彙の放棄を招く。言語学者はたいていの場合、どんなクレオール言語も完全な言語であるという主張を支持するために例を挙げるだろう。しかし、私自身の観察と経験に基づくならば、多くの人々が政治的に誤っていることに気付くであろうことを確信している、と言っておきたい。

実際、日常的に用いる言葉のパターンにおいて、クレオール言語は極めて限定されたものとなっている。クレオール言語は単純で、限定的で、学ぶことは簡単だ。したがって、複雑で微妙なニュアンスの思考が貴重なエネルギーの浪費となる環境ならば、このように形成された言語は仕事に適した道具となるかもしれない。事実、ここ数十年、急速な経済のグローバル化、文化の画一化、そしてインターネットの普及により、ピジン化の新しい波が世界を席巻している。

世界における事実上の交信用言語は、今やブロークンイングリッシュである。世界中で、子どもたちはブロークンイングリッシュを聞いたり話したりしながら成長し、それを彼らの間で使う多様なピジン言語やクレオール言語に自発的に変換している。

彼らのなかには、もっと完全な英語をのちに学ぶ者もいるわけだが、グローバル経済が衰退する過程とともにそのような教育の機会は減って、英語ベースのピジン言語およびクレオール言語が世界の多くの場所に現れることになるだろうと予期しておくべきだ。また、どの程度でこれらのクレオール言語が完全な言語と見なせるのか、そして、どの程度でクレオール言語の制約が話者の認識能力に影響を与えるのかといったことは、事例ごとに判定されねばならなくなるだろう。

（8）（creole language）ピジン言語が、話者の子どもたちの世代で母語として話されるようになった言語のこと。

語られる記憶

もっとも意義深い言語の利用方法は、物語を記憶するためのものである。すべての文化が、物語を話すという伝統をもっている。それは、（通常年長の）一人が話して、（通常若い）人の集団が耳を傾けるという単純な儀式となっているが、踊りを伴う音楽や人形劇、あるいは影絵芝居などを用いて長い叙事詩で行われることもある（影絵芝居はとくに効果的だ。人形をつくるコストがかからず、移動のときにも荷造りが簡単だし、舞台装置の準備はカーテンとランタンだけでよい。さらに、その技術がすごければ、効果は印象的なものになる）。このようなことは慣例となっており、これらの方法によって文化的な知識が年長者から若者に継承されていく。

今日の私たちにとっては驚くべきことだが、文字使用以前の社会では、叙事詩の朗誦《ろうしょう》を聴くという行為は意義のあることとして扱われていた。というのも、聴衆のなかにはその全文を暗記しようと全精力を傾けていた人がいたからだ。もちろん、あとでそれを自ら朗誦するためである。

書字の登場と普及で、記憶に対する負担は軽くなった。物語は、記憶ではなく紙に書き留められるようになったのだ。その紙が記憶よりも消滅しやすいということは不幸な事実である。私たちがもっている最古の物語、つまり神話と叙事詩は、それが書き下ろされる前はある世代から次の世代へと口承で伝えられて、数千年にもわたって存続してきたのだ。

また、今では当たり前に考えられている黙読は発達するのが遅かった。長い間、書かれた文章の利用と言えば人前で読むためのものだった。たとえある人物が自分のために読んでいるときでさえ、人々は自分の唇を動かしていた。

驚くことではないが、使われない能力は退化する傾向がある。読み書きに関する能力は、人々の記憶能力においては甚大となる心身に有害な効果をもたらした。言うまでもなく、計算機とコンピュータは暗算をする能力に同様の効果をもたらした。スペルチェッカーを過度に利用することで、コンピュータの支援なしで文章を書く能力をかなり消し去っている。また、検索エンジンで情報検索できる手軽さは、結果として人々が保持している情報量を減らしている。パターンはいつも同じだ。松葉杖を使って歩きはじめたために、跛行《はこう》するようになってしまうのだ。

識字能力がもたらした精神に有害なもう一つの効果は、知識の増進がないまま、野放図なまでに情報量の増加を招いたことだ。これは、情報を得る手段を保有する人々がますます覚えなくなるという現象を招いてしまう。

法律や科学的な調査・分析、および工学的な設計仕様書といったものが、私たちに集積した知識の判断を基礎づけてきたわけだが、今や知識が多すぎてほとんどの人の頭の中に収まりきらないうえに、有限である人生のなかで口頭によって伝えることができなくなっている。多くの人々が、もはや知識をもつことができず、単に情報を運んでいるだけである。

あまりにも多すぎる情報による逆説的な効果は、誰もが混乱と無知のなかで転げ回ることを余儀なくされ、ますます救いようがないものとなっている。技術の進歩とともに、人を介した情報処理の機能が自動化され、仕事がなくなり、私たちは取り残されてしまい、役に立たないであろう雑学的な事柄を支離滅裂に寄せ集めて塞ぎ込んでしまった。

逆に、識字能力を重要視せず、口承の伝統を入念に維持することを好んだ部族は多くの利点を認識している。口頭で伝達される処方集および判例法に基づく司法体系は、自ずと法体系の規模を制限する。ある法律を知らないということが広く浸透するならば、それは有効な逃げ口上になる。そして、法律が十分にあいまいなものになれば、法律は捨てられるだろう。

また、口承の文化では、大昔からある厄介な正しい綴りを用いて子どもたちに読み書きを教えることや、書かれた知識を保って複製することに貴重な人材を割く必要がなくなる。協定、契約あるいは条約を締結するとき、紙の上において約束されていることがなければ、時代遅れになって有用性を失ったときにそっと無効にすることが容易となる。

ここ数十年ほど、私たちの情報（恐らく、間違って「知識」と呼び続けているもの）の多くは、デジタル化された媒体に移されている。その工程は、脳から紙、さらに長寿命のプラスチックへと進んでいる。このプラスチックは、小さな分子に変わる化学物質の廃棄物として何世紀も環境中に残存する。ところが、その記録媒体を有効利用できる時間はせいぜい二～三年でしかない。

プラスチックが有用な製品なのかがらくたなのかの区別は、亀裂が入っているか、傷が付いているか、あるいは最近増えている事例としては、以前にずっと使われてきたかというものもある。プラスチック上の微視的な磁化パターンや、レーザ光で刻んだ凹凸として暗号化された情報は、特段耐久性があるというわけではなく、「知識」の莫大な領域が跡形もなく消えていることもある。なぜならば、情報が記録された媒体がもはや読まれなくなってしまうからだ。

たとえデータが無傷であってもより大きな問題がある。情報技術はとてもよく電気を食う獣であり、その電力の多くが、石炭や天然ガス、ディーゼル重油の燃焼および濃縮ウランの崩壊を利用して発電されている。情報技術は、希少で急速に激減している鉱石、希土類元素[9]や他の鉱物にも頼っており、安定していると思われている電力供給に依存しているわけだが、その電力供給は世界中の多くの地域で不安定なものとなっている。電力供給は、予測不可能で繰り返し発生する混乱にも弱く、大きな太陽フレアの発生によって収集した情報を消去しかねないのである[10]。

口述文化から書字文化、さらにデジタル文化への長い道程は、もはやどこにいるのか、誰なの

---

(9) 原子番号57～71番までの「ランタノイド」と総称される元素、および原子番号21番のスカンジウムと39番のイットリウム。さまざまなエレクトロニクス製品の性能向上に不可欠な原材料である。

(10) 太陽で起こっている爆発現象は「コロナ質量放出」と呼ばれるプラズマの塊の放出を伴い、磁気嵐を起こす。磁気嵐は誘導電流をつくるので、電子精密機械の故障や発電所のシステム障害などの原因になることがある。

か、どこでランチを食べればいいのかさえも分からずに、困惑しながら役に立たないスマートフォンを握りしめた人々の集団とともに終わることが危惧される。

彼らは、毎日、無数の情報に攻め立てられることに対処しようと学んでいるわけだが、情報の多くは意味がないか的外れなものであり、そのほとんどを覚えていないというありさまだ。なぜならば、お分かりのように、覚える必要がないからだ。情報は、いつでもすぐに手に入れることができるようになったのだ。

知識の集まりを永遠に活かす最善の方法は、それを子どもに教えることである。それが物語ならば、リズムを付けて、韻を踏み、メロディーに乗せれば、若い頭はスポンジのごとくそれを吸収し、自ずとそれをそっくりそのまま再生産する。たぶん、暗記しようと努力する必要もないだろう。

もし、学ぶべきことが自然界についての事実ならば、子どもたちと一緒に自然のなかに思い切って突き進み、子どもたちに植物の名前を教えながら、臭いを嗅いだり、噛んだりすれば、子どもたちは、見た目、臭い、味、印象を関連づけて耐久性のある総合的な記憶として留めるだろう。

仮にそれが嫌なら、あなたは子どもたちに、鉛筆と紙で遊んだり、スクリーンをジロジロと見たり、ボタンを押したりして膨大な時間を使わせることになるだろう。そうなると、無力でとても役立たずの人間になる方法、および請け売りの理解と長く存続しない技術に頼る方法ぐらいしか子どもは学ぶことができないであろう。必要なテクノロジーは私たちの頭の中にあるのだ。どうして、その使い方を子どもたちに教えようとしないのか！

知識の集まりを保存する二番目によい方法は、それを書き留めることだ。それゆえ、子どもが早く容易に理解できるように読み書きの仕方を教えなければならない。それからすると、現在の英語の綴りは不適格と言える。英語は、体系として学ばれているわけではなく、言葉の読み方と曖昧に関係づけられた特有の表記の組み合わせとして覚えられている。(11) この機械的な記憶のプロセスは一〇年ほどの公教育を要するのだが、イタリア語、ベトナム語、ロシア語の正しい綴りが二年ほどで習得されることからすれば、愚かしいほどの時間と言える。

英語を話す国々における機能的非識字率［三〇〇ページ参照］はすでにとても高くなっているが、それがなおも高くなりつつある。照明の光がまだ灯り、すべての情報がデジタルで利用できるうちに、誰かが実行可能な代替案を提出してこの問題に向き合う時期に来ている［三〇四ページ参照］。この問題に対する解決策としては、ある程度は言語学やソフトウェア・エンジニアリングにも頼るが、中性紙を印刷機に通してテキストをプリントアウトする必要もあるだろう。

---

(11)　第３章「国語」の項［二九八ページ］に具体例が挙げられていた。

○孤立した人

人々が、個人としてではなく集団として生きることは人類の文化的普遍性であり、その集団のもっとも共通する形が家族である。文化的な営みの違いには幅があり、単一の経済単位として動くのに数百人を数える大きな部族もあれば、クリスマスのとき、身近な親戚とさえ会うかどうかを迷うという都市の単身者もいる。家族の結び付きが弱くなって、同僚や同好会、遊び仲間など、他の関係で置き換えられるというさまざまな事情もあるだろう。

こういうことは人類史を通じてほとんど選択可能ではなかったが、現代の高度に発展した工業社会は、人々がほとんど完全に単身者として生活することを可能にしており、一人でいながら何らかの専門的な仕事に就いて、すべての商品とサービスに代金を支払って、他者との人間関係を趣味や気晴らしに限定することができるようになっている。そのような人々は、実のところ、国家の立場から見れば申し分ない存在となる。何しろ、捕捉して諸々の利用や活動すべてに課税することが容易だからだ。

彼らはまた、国家を脅かすような徒党を組んで、国家にとって脅威になることもない。一人だけでいる人は、費用をかける価値のある単独事件以上のことをまず起こさない。一人だけでいることを好む人が多い社会では、他者との関係は弱くなって組織化できなくなる。なぜならば、とりわけ国家に反対する活動をする場合に行われる組織化は信頼を必要とするからだ。

そして、技術の進展とともに、国家機構を管理するテクノクラートは人々をロボットやコンピュータ・プログラムに置き換えることを夢見ることだろう。もちろん、学校教育や訓練や何らかの行動強化によって庶民をロボットやコンピュータ・プログラムの如く振る舞うように条件づけることが可能になれば、費用の嵩むアップグレードは回避されることになる。

だが、人という有機ロボットの場合は、毎日二四時間作動することができず、食料、身体の休息、休日を要求し、退職するからといって彼らを廃棄するには難しい問題が伴うことになる。それでも、この有機ロボットには一つの大きな利点がある。彼らは、製造される必要がないということだ。ご存じの通り、彼らは自発的に再生産するという驚くべき能力をもっている。

もう一つの問題がある。仮に国家という小児病棟を造って、赤ちゃん工場で有機ロボットを育成してもよい結果は生じないということである。現代の技術が進んだ工業社会においてもよい成果を生む方法は、今では無用だと考えられていることから生じるのである。それは拡大家族である。母親と父親だけがいる核家族は、少なくとも何らかの支援なしでは一人の子どもを育てることさえ十分ではない状態となっている。

その支援は、通常、叔母、叔父、および祖父母から与えられるものだ。友人や近所の人々で拡大家族の代わりとなるものを組織することも可能だが、そうすることは、自然に反していることだと理解されねばならない。というのは、祖母というおなじみの人物の存在は進化した人類の適応の結果であり、人類の再生産戦略における肝要な役割であることが判明しているからだ。

ご存じだろうか、閉経を経験する唯一の霊長類の種がいることを。それこそ、私たち人類なのだ。通常、自然は再生産能力を犠牲にしようとはせず、他の種の雌は命が続くかぎりずっと排卵し続ける。それゆえ、閉経が進化した背景として淘汰圧が作用したはずだ。そして、ある個体が減少させた生殖能力の埋め合わせが、その個体の娘が産んだ子どもの増強された生存能力となって返ってきたにちがいない。

このことは、この疑問に対する最近の研究から得られた統計的な結果だけでなく、膨大な逸話的な証拠によっても支持されている見解である。詰まるところ、祖母の助けを借りて育てられた子どもはより良い成長を遂げるということだ。

こういう訳で私たちは、人類の文化における普通のパターンは少なくとも三世代を取り巻く拡大家族だと自信をもって言うことができる。もちろん、普通ということが、しばしば経済や社会の圧力から導かれるものではなくなっており、それが理想的なことだということを忘れないでいただきたい。個人を尊重して、不承不承ながら核家族のためには便宜を図っているものの、拡大家族を維持するためには、ほとんどあるいはまったく支援を与えていない。このようにあからさまに構造化された社会が、理想的あるいは普通とさえ言える人間的な営みを苦難へと導いているのだ。

ところで、それがどのような苦難であるかが理解されなければならない。それは自然に抗《あらが》うような挑戦なのだ。拡大家族は、生物学的には個人や国家よりも古く、より価値があるものだが、そのような本質的な人間の慣行である拡大家族を育まないどころか支援もしない社会は、それを実践している社会よりも不可避的に悪い影響を導くことになり、何か負荷がかかったときには真っ先に崩壊することになるだろう。

このような考え方を裏打ちするだけの理由がある。つまり人類は、拡大家族を伴ったよりすぐれた再生産戦略を進化させてきたのである。このすぐれた再生産戦略に従う者は繁栄する。一方、これに従わない者も繁栄するかもしれないが、それは一時的なものであり、理想的な実験室のような条件下にかぎられるだろう。

当面、働き詰めで子どものためにまったく時間を割けないお金持ちが、乳母、家庭教師、デイケアの専門家といったプロの世話人を雇うという選択肢をもつだろう。(12) この行為は、「典型的な戦争捕虜」のような人間を育むと、臨床心理士のキャシー・マクマホンは私に述べた。つまり、

(12)（Kathy McMahon）心理学博士。ピークオイル、気候変動、経済の崩壊による心理的インパクトについて考察した論考を発表していた。

従順ながらも相反する感情をもって疎外された人間をつくり出すというのだ。

この方法を子育てに採用する者は、名前の分からない孤児の福利のためにお金を払っていることと同じだ。それは、他の見知らぬ者を育てるために、見知らぬ人にお金を払うといった行為とも同様である。(13) 成長過程で孤独になるお膳立てをするにしては、ずいぶんと労働集約型の方法であるように思われる。

家族が第一

拡大家族が一番という考え方が、現在では私たちに相容れないものになっているように思うならば、ごく最近まで、それが完全に常識と見なされていて、言うまでもない状態であったことを思い出すべきであろう。

世界のほとんどの国々は、一つの家族、すなわち王族によって支配されていた時代から離れて二~三世代しか経っていない。それは実際には拡大家族であり、血統の純潔さを守り、王家の間の価値ある同盟をつくり出して、できるだけ多くの貴族の称号を集めるために結婚を整えるべく尽力していた。

今や君主制は、私たちには時代遅れで廃れてしまった統治形態のように思われるかもしれないが、事実上の小君主は、依然としてとても規則正しく再び現れるものだ。国によっては、君主は「大統領」と呼ばれ、亡くなるまで大統領を務めたのち、年長の息子が次期大統領に選ばれている。シリアのハーフィズ・アル＝アサドとバッシャール・アル＝アサドがよい例だ[14]。また、サッダーム・フセイン[15]と彼の息子ウダイとクサイは、侵略したアメリカ人によって殺されていなかったならば王朝を築いていたかもしれない。

ともあれ君主制は、人類という種において進化させた社会的特徴を構成要素に留めているかぎり、絶えることなく、きっと再び現れる運命なのだ。さらに、それは周期的なものとも言える。

人類は大規模で複雑な社会を発展させる傾向があり、その後、すべて崩壊する。崩壊した社会は、より大きな全体に帰属しているという心理的に健全な感覚を保つことに失敗し、ある種の矛盾のない病的な現象が生じることになる。このことは、ウィルフレッド・ビオン[16]によって『集団

---

(13)「人間をつくるには、自分が父親であるか、それとも人間以上の者でなければならない。そういう仕事をあなた方は平気で、金でやとった人間にまかせようというのだ」（ルソー／今野一雄訳『エミール（上）』岩波文庫、二〇〇七年、五九ページ）という意見もある。

(14)（Bashar Hafez al-Assad, 1965〜）二〇〇〇年よりシリアの大統領。バッシャールはハーフィズの次男で、長男バースィルは自動車事故で亡くなっている。

(15)（Saddam Hussein, 1937〜2006）一九七九年から二〇〇三年までの長きにわたりイラク共和国の大統領だった。

(16)（Wilfred Ruprecht Bion, 1897〜1979）イギリスの医学者、精神科医、精神分析家。

精神療法の基礎』(原註25)のなかで最初に述べられたことだ。

支配的な文化が帰属意識を生み出すことに失敗すると、人の心は言語能力を習得する前の状態に退行し、高次の社会性動物に共通の生得《しょうとく》の潜在意識への刺激に支配されるようになる。人の性格と状況によるものの、ビオンによって述べられる以下の三つの主要な刺激の一つ二つが、個人の行動、やがては社会全体の行動を支配するようになることがよくある。

攻撃的な若い男性はといえば、断絶の感覚が彼らのなかに不安と心配の強い感覚を生み出し、それが交感神経系に直接影響を及ぼす。これが動物をより攻撃的に行動させているのかもしれないが、ヒトという動物の場合、石を集めたり、棒を探して先を削ったりする。もし、技術と資金が許すならば、半自動式襲撃銃と弾薬を購入するといった行動を招くことになる。

この過程はいくつかの段階を踏んで進む。最終的な結果は、戦士のメンタリティーの自発的な発達であり、この文化的普遍性は、戦闘のなかで自らを立証することの渇望、死の軽視、エミール・デュルケーム［一三三ページ参照］が「集団本位的自殺」(17)と呼んだことに向かう傾向によって特徴づけられる。

このパターンは、ホメーロス(18)の英雄叙事詩、モンゴルの征服者、日本の侍、騎士道時代のヨーロッパの騎士、激動の一九九〇年代を生きたモスクワの悪党やゆすり屋と同じである。決闘作法を保ちながら繰り広げられた英雄的な暴力行為を通して、無意味から意味がつくり出されたのだ。

エリート集団への参入は暴力的な通過儀礼を通して達成され、集団への忠義と帰属意識をつくり出すことになる。アメリカ合衆国における拳銃の流行はこういう展開に至る強力な前兆であり、時々起こっている銃撃事件のバカ騒ぎはその個別的な現れである。この傾向は、集団的現象になるまで発展するかもしれない。そうなれば、現在の支配階級は全滅し、貴族社会の形成過程が新たにはじまるだろう。

もう一つの無意識の刺激は、自らを弱くて攻撃を受けやすいと感じている人々の心を捉えることだ。この場合、無意識の強い衝動は、強い支配者のような父親的人物を見つけてくっついて離れない子どものような欲求となる。

アメリカ合衆国では、この刺激は姿が見えないものの、万能のリーダーがいる組織化された宗教への広範な固執にその発現を見いだすことができる。起こっているすべてのことがリーダーの計り知れない意志と調和しているという確信と相まって、リーダーに仕えているという幻想が、救いようのなさや疎外に起因する心配を和らげることに資するのだ。(19) 一方、選ばれた聖なるリー

---

(17)（altruistic suicide）「altruistic」は「集団本位的」と訳されているが、「利他的」の意。

(18) 紀元前八世紀末の吟遊詩人。『イーリアス』と『オデュッセイア』の作者と考えられている。

(19) エーリッヒ・フロム／日高六郎訳『自由からの逃走』（東京創元社、一九六五年）には、無力感と孤立が独裁者を仰ぐファシズムの温床となる、と論じられている。。

ダーに従うことを拒む者に対しては言葉による攻撃や身体的な攻撃が繰り返されるが、それらは帰属しない者を排除しながら、連帯意識、忠義、帰属感をつくり出す方法を提供することになる。

最後に、霊長類の心理学に根差す三つ目の無意識の刺激があるが、それは主に女性に作用するものである。帰属意識を得るために、すぐれた個体の想像上の集団にベータ雌として（あるいは、とくに哀れな事例ではベータ雄として）自分自身を気に入られようとする刺激である。このような刺激はまだ生まれていないが、素晴らしい何かの出現、つまりアルファ雄とアルファ雌との交尾の好結果を期待することに表れる。

それは、テレビ番組やスーパーマーケットのレジの所で売られているタブロイド紙を経由して、セレブを崇拝することに現れる。下層階級の女性は、金持ちや有名人の振る舞いに大きな関心をもち続けるものだ。誰が結婚したの、誰が離婚したのといったことに関心をもつわけだが、もっとも重要なことは、誰が妊娠しているかだ。なぜならば、シリコンを詰め込んでボトックス注射をしたふしだらな女の一人が、ある日、私たちの新しい救世主を産むからなのだ。彼女たちの帰属意識は、そのまま、彼女たちがより良いと考える人々の生活のなかに感情移入しながら参加することに由来する。

この三つの刺激が、いかに円滑に歴史のなかで繰り返し関与してきたかが重要となる。第一幕では、私たちの英雄は、彼に抵抗しようとするすべてに対して武器を取って戦闘に勝利する。他の者たちは、彼の味方になることを熱望する。そして第二幕では、私たちの英雄が頭から油を注がれて「堅信」、大暴れしていた悪党から神聖になった君主へと素早く変貌を遂げ、人々は「シーザー万歳！」と喝采を送るのだ。任意であるが、悪党たちが神格化され、神殿が民衆の大きな費用負担で建設されることもある。

第三幕では、今や神聖なものとなった悪党が花嫁を娶《めと》り、彼らが婚礼の行列のなかを歩けば女性たちが足下に花を投げて、聖なる子どもの誕生を熱烈に待ちわびる。そして最後の第四幕では、その悪党が死んで、堕落して口の悪い彼の子どもがすぐに人々の帰属意識を損なってしまう。その子どもはすぐに次の英雄兼悪党に殺されるというサイクルが繰り返し行われる。

このサイクルを永続させているのは、一つの家族だけではない。一つの家族がまず帰属意識をつくり出し、その後バラバラになって、段階を経て再び一緒になる。実際には、その家族あるいは複数の家族が一緒になってバラバラになるのだが、その過程の間、家族として留まっている。こうして、家族は社会の縮図、あるいはメタ家族としての社会を考えることができる。

だが、このような推論は過激な結論を導く。家族は社会であるが、より大きな集団は幻想である。人間の生き残りのどん底では、個人はなく、国家もなく、家族だけがある。もし、家族がいとしたならば、必ずしも人間とは言えない何かがいるか、まったく何もない状態になるだろう。

第5章の事例研究

イク族

イク族についての報告は、教訓的な話と究極的な生き残りに関する説明の両方を供してくれる。それはあまりにも究極的な話なので、何としてでも生き残ることの意味に疑問を投げ掛けるかもしれない。

イク族について私たちが知っていることは、単一ではあるものの包括的な内容の典拠による。それは、その部族と二年を過ごしたイギリスの人類学者コリン・ターンブル〔三五ページ参照〕の著書『ブリンジ・ヌガク』（原註26）である。

ターンブルの調査時、イク族は二〇〇〇人ほどで、スーダン（現在の南スーダン）とケニアに接するウガンダの北端、キデポ渓谷の野生動物保護区とウガンダとケニアを分かつ急斜面の山の間で、間に合わせとも言えるぐらいの小さな村に暮らしていた。

ターンブルの著書は、学究的な世界を越えて幅広い読者層を獲得したが、彼の仲間の人類学者たちは、そこに過激論者を見いだし、偏見を抱いた。事実、のちにイク族を観察したベルント・ハイネは、[20]ターンブルの研究は参考にならないと思った。イク族はターンブルの描写によって知られるようになったことは間違いないのだが、それをイク族は決して喜んではいなかった。ターンブルが観察したことは、彼が時々「完全に異なる人々を取り上げている」と思ったと記録していたことと食い違っている、とハイネは書いた。[21]

そうなのだ。この点は、人類学から金融まで、社会科学において科学性への主張を無効にする相互作用性の原理[22]が示された格好の例であり、観測という行為が観測対象の振る舞いを変えてしまうのだ。

ターンブルはイク族に対して偏見を抱いていたかもしれないが、のちの調査員はターンブルに偏見を抱いたイク族を扱うことになり、そのイク族はひどい悪評にこたえて外から観察できる品行を修正しているわけだ。

---

(20)　訳註：(Bernd Heine, 1939〜)　言語学者でアフリカ研究の第一人者。ケルン大学（ドイツ）名誉教授、英国学士院フェロー（ＦＢＡ）。
(21)　Bernd Heine, The Mountain People: some notes on the Ik of north-eastern Uganda. *Africa* 55, 1 (1985) 3-16.
(22)　研究者と研究対象の再帰的な関係。二一一ページも参照。

それがどうであろうと、私の目的としては、ターンブルの本が感銘を与えるフィクションであったとしても構わない。だが、それはフィクションではない。というのは、ターンブルが想像だけによって書き上げたとは信じられないからだ。別様に考えるということは、ターブルがとても病んだ心をもっていたと主張することに他ならない。

偏見や客観性に関する論争はさておき、ターンブルは文化の退廃と生物学的な生き残りに関する、心を動かさずにはいられないユニークな話を語っている。

イク族とは誰か?

イク族は、このうえなく頑固な個人主義者だ。彼らは抜け目がなく、進取的で、現実的な考えをし、感情には左右されず、幸運と機知によって生き延びている。彼らは、若いうちから自主独立と自由企業の精神を教え込まれる。自由な私生活を尊重し、私有財産を強く信じ、債務の返済には細心の注意を払っている。

また彼らは、革新に努め、隣人にさまざまな生産物やサービスを供して収入を増やしている。そしてまた、生き残りが可能となる耐乏生活の水準にまで社会的支出を削減することによって、通常ならば死に絶えていると思われるような状況での生存を可能にしている。

イク族は、言語、民族、また文化において孤立している。彼らの言語(イーチエトート)はその地域で使われているどの言語とも関連しておらず、すべてにおいてエジプト中王国[23]の古典語に関係している。永久的に日焼けをするという環境の下にいる彼らの肌は、周囲のアフリカ人部族のような黒色ではなく赤色だ。古代エジプト人の小集団が、東アフリカのこの地にいつどのように辿り着いたのかは断定することができない。

彼らは、のちにウガンダ、南スーダン、ケニアに分割される広い地域で、数え切れないほどの世代にわたって季節移動を繰り返しながら、狩猟採集生活者として暮らしていた。だが、彼らがいつも故郷だと考えていた土地はエスカープメント[24]だった。

イク族は自分たちのことを「クワリキク」、すなわち「山の住民」と認識しており、畜群とともに平原を放浪しながら家畜のミルクと血の食事で生きている周囲の牧畜民とは違うと考えている。これがイク族を一つの住民として結び付け、山の居住地を形成している理由である。

ディディンガ族、ドドス族、トゥルカナ族といった近隣の牧畜民のゆっくりしたペースとは違い、イク族は頭の回転が速く、動きが機敏である。彼らの歴史的なアイデンティティの聖なる源泉は、ケニアのルドルフ湖[25]へと延びる高原の上、数千フィートの所にあるエスカープメントに刻

(23) 紀元前二〇四〇年頃〜紀元前一七八二年頃の古代エジプトのこと。
(24) 土地の断層によってできた断崖のような急斜面。

まれた洞穴内にある。その洞穴には、エジプトのヒエログリフ［象形文字］に関係していたかもしれない模様で装飾された儀式用具が貯蔵されていた（ターンブルは再度の訪問でそれらに偶然出くわしているが、詳細な研究を続けることはできなかった）。

イク族のアイデンティティは荒れ果てた山の故郷としっかりと結び付いており、ターンブルの見解では、イク族はその地を捨てるくらいなら飢えるか脱水症で死ぬほうを選ぶだろうという。だが、彼がすぐに気付いたように、餓死する以外のすべてのことは切り抜けられるようになっていたのだ。

イク族は、極上となる崩壊後の社会を形成している。かつて彼らは、何ら屈託のない狩猟採集生活の一団であった。故郷から離れて一時的に放浪し、守衛のいない国境を横切ってスーダン側にわたり、そこで非友好的なアラブ人から危険な目に遭わされても狩猟を続けることができた。そんな時代のイク族には幸福がチラリと見えた（恐らく、南スーダンが独立してアラブ人がいなくなった今、イク族は立派にカムバックできるだろう）。

大惨事は一九五八年に襲った。その年、イギリスの植民地政府が、彼らの主たる狩猟場であったキデポ渓谷を立ち入り禁止区域にしてしまったのだ。そして、ウガンダの独立後、その地はキデポ渓谷国立公園に指定され、専用の監視所が設置された。そこに詰める警察官はライフルで武装し、（狩猟によって家族を養おうとしている）イク族を、公園内で「密猟」している廉《かど》で狙撃するように命令されていた。

　イク族は農耕生活をするように言われたのだが、その場所は、国立公園近くのどこかではなく（そこでは、イク族を監視するために派遣された警察官が作物を育てていた）、険しく不毛な山の上の高所だった。その結果は、断続的に訪れる飢饉となった。

　イク族の文化の階層を次第に取り去っていったのは、三、四年ごとに必ず繰り返される飢饉であった。その影響たるや明らかで、彼らの言葉のなかにさえ現れ、当たり障りのない話や上品さをすべて失った。もっともありふれた言葉（イーチエトート）による挨拶は、「ブリンジ・ヌガグ（食うものをくれ）」というもので、その標準的な応答は「ベラ・ヌガグ（食うものなんかないよ）」である。そのほか、「ブリンジ・ロトプ（タバコください）」という挨拶もあるが、これは空腹の苦しみにタバコが効果的な緩和剤となっていたからだ。

　人口増加や環境破壊を招くことなく太古から動物と調和して暮らしてきた人々の利益よりも動物の利益を重んじることは、公共政策の観点からは確かに疑問の余地がある。イク族の人々は今、「坐り場で、かつての猟場であった国立公園のほうを眺めている。人間が死にかけているのに、

（25）トゥルカナ湖（Lake Turkana）の旧称。大部分はケニアにあるが、北部はエチオピアに面している。面積は六四〇五平方キロメートルで、琵琶湖の約一〇倍あり、砂漠にある湖としては最大である。

なぜ動物だけが保護されねばならないのか、かれらにはどうしても理解できないのだ」(原註27)。

植民地政策は不成功に終わったわけだが、旧植民地の国々の間に国際的に認められた国境が引かれたことでイク族の狩猟場も分割されてしまった。このことは、彼らにとってはとんだ災難だった。というのは、「狩猟・採集生活には、移動性が欠くことのできない要素なのであって、かれらの放浪は、ときとして考えられているような、目的のない行き当たりばったりのさまよい歩きではけっしてない」(原註28)からである。

そして、イク族のような狩猟採集民はいつも完璧な自然保護論者だった。「獲物の取りすぎは重大な罪、何か神の掟にそむくことにも似た罪と考えられている」(原註29)放浪生活の移動性は、一か所での過剰な狩猟や収穫を単に避けるということ以上に重要なことである。それはまた、完全な衝突に至る前に、人間関係の再調整ともめ事の解消を可能にする。移動性は、権威者の場所をも絶えず動かして、権威主義に向かうことを不可能にし、平等主義、協力、男女間の対等を保つ機能を備えている。

女たちによって採集される野菜と穀物は、男たちによって狩猟される獲物と同じくらい重要となるのだ。男たちは何よりもまず狩りに出て、女たちは主として植物の採集を行うが、獲物を捕らえる網を仕掛けて、藪《やぶ》を叩いて動物を追い出すときには男女の両集団が協力して行っている。

放浪生活の狩猟採集民としてイク族は流動的な社会を形成し、彼らの家族構造もまた、これと同じような流動性と自由を反映していた。彼らにとって家族とは、およそ近隣同士のつながりであった。親戚関係にあたる言葉は、責任関係や友好関係を表すために用いられ、血縁関係ではない。どんな大人も親と見なされ、同じ年頃の子どもたちは兄弟姉妹と見なされる。このような移動の自由によって薄れてしまった血縁というものに対する社会の姿勢には弱点がある。それは、移動の自由が奪われるや否や家族が存続しなくなるということだ。

親切気、寛大さ、思いやり、情愛、正直さ、もてなしのよさ、同情心、慈悲といった人間の基本的な美徳は、狩猟採集民にとっては美徳というよりもむしろ集団の結束に必要なものである。というのは、狩猟生活の一団をまとめるものが他に何もないからだ。

このような美徳は、人が豊かな時代にもたらすことができる表面的で贅沢なものなのだろうか。それとも、生存と安全のための単なるメカニズムなのだろうか。みんなに分配が十分に行きわたらない、極めて困難な時代には、イク族の経験が私たちに示すように、上記の美徳は捨てられてしまうにちがいない。なぜならば、その代案は確かに大惨事となり、破滅であり、死滅を導くからである。

イク族は、移動生活に留まっていたときには、恐らくそのような苦難の経験がほとんど、あるいはまったくなく、彼らは必要なだけ狩猟採取し、条件が変わったときには移動していたはずだ。「農民の場合は一年の労働の結実が一夜にして無に帰することもあるのに反し、狩猟民はどんな

に大きな損害を受けたにしても、せいぜい明日一日で取り返せる範囲を出ない」(原註30)
だが、この素晴らしい生活は不意に終わることになり、イク族の文化への影響は壊滅的なものとなった。
「かつては、すべての狩猟民と同じくイク族もまた、山や、風や、雨や、自分たちが狩る動物や、採集する野生の果実などのように、自然の一部であったにちがいない。……しかしかれらがちっぽけな片隅にとじこめられてしまったとき、世界は残酷で敵意にみちたものとなり、かれらの生活のなかで、残酷さが愛に取ってかわったのだ」(原註31)(傍点は本書の著者オルロフによる)
だが、それでも彼らは滅びなかったのである。

社会崩壊の余波

イク族に定住生活を無理強いする責任を負っていたウガンダの行政官と警察官は、イク族について「やっかいもので、不正直で、つかみどころがなくてずる賢い」と言っていた。ここに挙げた言葉のすべてが適切であるように思われる。というのは、イク族はまるでスポーツ競技のように嘘をついて人を騙すようになったからだ。彼らは、誰かを騙すことに成功したあとでのみ本当のことを話す。いつしかイク族のなかでは、正直さが誤解を招いて不正直な印象を与えるまでになってしまった。

「かれらは、人はみな手に入れたものを仲間と分かちあわなければならないという、妙に古風な観念をいまだに抱きつづけている一方、個人の利益ということをそれ以外のすべてのものに優先させてもいるので、各自が手に入れたものは、できるかぎり仲間に知られることなく独占することを、許すというよりも要求するに近い(原註32)」

もしも、何かがあることを知らないならば、何かがあるとは恐らく考えることができないだろう。そこでイク族は、モノを隠したり、あやふやな情報の煙幕を張ったりして、根拠のある情報に接近することを制限すべく努めることになる。

イク族の集落にあるコンパウンド（囲《かこ》いをした構内）は、小さく身を隠すのに適した開口部を通り抜けることになる円形の囲いからなっており、外敵に対する防御というよりも、もっとも近くの隣人に対する防御となるように設計されている。なぜならば、人は近隣の者たちをほとんど信頼しておらず、ずっと近隣の者たちを監視しているからだ。

イク族についてターンブルは、心理学上は正常で社会性もあり、精神的に安定しており、少なくとも自殺はせず、彼らの極端な環境の下では健全だと評することができるようなユーモアのセンスももち合わせている、と記している。イク族はシャーデンフロイデ（「他者の不幸を喜ぶ気持ち」を意味するドイツ語「Schadenfreude」）を選び取って、それに改良を加え、ついにはセルブストシャーデンフロイデ（自分自身の不幸を喜ぶ気持ち「Selbstschadenfreude」）というべきものをつくり出している。

「私を最も悩ませたものは、笑いだったと思う。そして、もともとなくてはならないはずの、何か言い現わしがたいものがそこにないということ。おそらく、そのかわりにそこを笑いが占めているのだ。たとえば、ディー(26)に腰を下ろしている男たちが、炭火のほうへ這い寄って行く赤ん坊を、或る期待をもって熱心に見まもっている。そして赤ん坊がやせこけた手を炭火のなかへ突っ込むと、そのとたんに、陽気な、嬉しそうな笑いをどっと爆発させるのだ。こんなときは、親らしい情愛がおのずから発現する数少ない場合のひとつだった——母親は、自分の子がそんなふうにまわりの連中を楽しませたという喜びに顔を輝かせながら、その赤ん坊をやさしく火から引きはなすのである(原註33)」

　もう一つの例を挙げておこう。転んで足の下に踏みつけられていた盲目のイク族の男は、死んだハイエナの腐った肉にありつこうとして手を伸ばしながら、自らをひどくおかしがっていた。

　このような、ぞっとするような特別な例はさておいて、ターンブルはイク族のなかに情愛を感じ取ることは難しいと気付いた。感情があらわになったときは術策であり、その場かぎりのことで、自己の都合にのみ関係しているものだった。

「そもそも機嫌というものがないかれらは、他人に対していかなる悪をもなそうとは思わず、ただ冷血動物のように生きているにすぎない(原註34)」

イク族にとっては、善は食べ物に等しい。よって、善き人とは腹いっぱい食べている人となる。もはや、善い行いという概念はなく、単に善い状態があるだけだ。善い状態とは、とりわけ、食べることができて太っている状態である。

まさかのときに備えて蓄えるという点では、イク族は惨めな失敗者と言える。彼らの唯一の蓄えは体脂肪である。このため、手に入る食べ物ならなんでも、彼らはさも旨そうに急いで食べる。この振る舞いは不合理ではない。というのは、彼らの食料供給事情があまりにも不確かであり、食料を蓄えるという選択肢があまりにもかぎられているからだ。

彼らは農耕生活をするように求められた。よい年には一つか二つの農場が何かをつくり出すかもしれないが、四年に一度は完全な旱魃《かんばつ》に見舞われる。旱魃が二年続けば、準備をしていたとしても避けられない飢饉に見舞われる。そのため、イク族は収穫を決して当てにはせず、状況に応じて自分たちのエネルギーを使うのだ。

イク族はしばしば餓死寸前になることがあるため、お腹がいっぱいで歩けないほど満たされたときでさえ、より多くの食べ物を得ようと探し求めている。社会的な行事は通常ディーで開かれているが、たいていは静かなものである。誰もが座って、食べ物になるような動物の死んだ印が

(26)　隣村を見わたせるほど眺望のきく所にある露出した岩の坐り場のこと。

見えないかどうかと、田園地帯のほうをじっと見ているのだ。たとえば、ハゲタカの描く円が小さくなって降下する様子や、密猟がうまくいったあとに隠れて料理をしている煙を探しているのだ。動物が死んだ最初の印が見つかれば、人々は飛び上がって食べ物探しに急ぐのである。

密猟に出掛けた者は、仕留めた獲物を猟の参加者で分け合う。また、うまく嗅ぎつけてやって来た者にも分けてやるが、他の者には、たとえ自身の家族だろうと獲物を分けることがない。古い道徳規範の痕跡として、食べているところを見つかって驚かされれば、こんなイク族も食べ物を差し出す。それゆえ彼らは、できるだけ速く料理をして、大急ぎでガツガツ食べる。そのうえ、一人で隠れて食事をすることに全力を尽くす。

男だけが狩りをして、女だけが植物を採集し、分け合わなくてもいいように家から離れた所で別々に食べる。子どもたちはヒヒを観察して、ヒヒが落とした食べかけのナツメヤシを拾って自らの食事とする。老人は、食料を見つける能力が加齢とともに低下するため、ゆっくりと餓死する。食料が豊富なときでさえ餓死があったのだが、それはもっぱら老人に限定されていた。

災難をうまく生き抜くこと

かつての狩猟場は取り上げられてしまい、移動が制限され、農業は実質的に不可能であったイク族は、生活刷新を迫られた結果、近隣の部族に家畜の争奪をけしかけるという実り多いアイデアを思いついた。間に合わせの集落が、すべての経路と部族が接近する様子を見わたせる高所に変えられたおかげで、遊牧民の家畜所有者と畜群の動きについて、彼ら独自の情報を握ることになった。

そこでイク族は、この情報を襲撃団に売って、襲撃団が獲得した家畜と引き換えることにした。イク族は決して家畜を育てることはなかったが、彼らのコンパウンド（囲《かこ》いをした構内）には人目に付かずに家畜を隠しておける「ボマ」と呼ばれる家畜用の空間があり、そこに一時的に家畜を隠しておくことができたのだ。襲撃団の家畜の世話を任されたイク族は、しばしば盗んでそれを食べたのだが（宗教儀式以外では屠殺を行わない牧畜民にはタブーのような行為である）、襲撃団には「自然に家畜が死んだ」と言い張った。

この地域での家畜争奪戦のほとんどは、二つの部族の間で繰り広げられていた。トゥルカナ族とドドス族だ。

トゥルカナ族は、彼らの故郷が旱魃《かんばつ》に見舞われたときには、常にケニアから国境を横断してやって来た。彼らのほとんどがライフルや弾薬を持ち込んできたが、決して銃撃はせず、イク族が所有する水たまりで家畜に水を飲ませ、キデポ渓谷で家畜に生草を食べさせた。それに対するウガンダの警察は、人数でも銃の数でも劣るためとてもかなわないと傍観を決め込み、この数に勝る部族などいやしないという姿勢を貫いた。

一方、ドドス族はトゥルカナ族との直接衝突を避けたが、トゥルカナ族同様、好機をとらえて他の部族の家畜を持ち逃げしていた。そうしているうちに両部族は、いつも情報と武器を提供してくれるイク族に助けられるようになった。政府は禁止しているが、イク族は投げ槍や短刀を製造しており、しばしば同じ時期にそれらを両部族に供給していたのだ。

イク族の集落は、どちらの部族を手伝うかに応じていつでも二つに分かれている。イク族は鍛冶職人であり、木炭をつくって、石の道具で鉄製の武器を鍛造しているのだ。これは、イク族が協力し合う数少ない活動の一つであったが（家と囲《かこ》いを造ることがもう一つの協力作業だった）、こういうときにも彼らはコミュニケーションと目が合うことを避けるようにして仕事に集中していた。その様子はよそよそしいものであった。

崩壊した社会を一つにするのは何か？

彼らの故郷である山への強い結び付き以外に、イク族を一つに結び付けているものが何かは謎となっている。惨めさを分かち合って慰めを得ているからだろうか。それとも、互いの不信から絶えずお互いを探り合う必要があるからだろうか。ターンブルは、最終的にその答えを見つけ出した。

「数人ずつ連れ立って行動する唯一の動機は、他人の不運を見て楽しむことができるという、喜

ばしい期待にあったのではないかと思える」（原註35）

イク族のなかで協力の動機となる主要な要素は「シャーデンフロイデ」［五一三ページ参照］だったのだ。そして、誰かの失敗によって生じた喜びに加えて、密猟、食べ物の採集、建設作業のような協力作業の間、もっとも効果を発揮する力は、いがみ合い、妬み、そして疑惑だった。「経済的利害は、イク族の人口とひとしい数だけある胃袋の、そのひとつひとつの上に集中する。そして協力とは、意識的に自己の利益を増大させるための策略にすぎない」（原註36）

よそ者を巻き込んだ衝突においても部族の団結はない。部族間のもめ事において、イク族はすぐに自分たちを中心にしたがる。そのようなもめ事はいつも現場で解決し、上位の行政関係者にはもち込まない。

イク族における契約の最強のものがヌヨット（戸籍とは無関係の義兄弟）であり、拒絶する権利のない、永続的に続く相互援助の誓いである。口頭での約束と贈り物の非公式な交換で成立し、もめ事を解決するありふれた方法である。だが、他のすべての例のように、イク族は分け合わねばならなくなることを避けるために、持っているものについてはヌヨットにさえ嘘をつこうとする。

イク族は、もめ事を解決するために、集団として互いに訴える場合がある。そのような場合、集団の判断基準は、「問題の行為自体の性質によりも、むしろ、どんな事情でその行為がなされたか、という点に置かれる」(原註37)(27)。もちろん、公平さを表現する際にも、イク族は何よりも個人の利己的な関心によって導かれる。

　このようなイク族のなかでもめ事を解決するもっともありふれた方法は、別の集落へと自発的に移ることだ。イク族の集落は一般的に三年かせいぜい四年しか保たない。嫌々寄り集まっているような状況になって、周囲の人の顔にも飽き飽きしてきた頃合いに、至る所で害虫がたかるようになる。

「屋根には虫がうじゃうじゃいて、とくに気味が悪いのは白いゴキブリだった。夜、住人たちが毛皮の寝具を取り出してひろげるとき、シラミだのゴキブリだの、そのほかいったいどんな虫どもがそれほどガサガサゴソゴソとさわがしく這いまわっているのか知らないが、とにかくその音がはっきり聞きとれた(原註38)」

　住む所を一時的なものにすることでイク族は、頻繁にやりなおして、再グループ化して、ひどく嫌な隣人や人と別れる機会を設けていたのだ。

　建築用資材を集めて柵と住居を造ることは、共同社会のような営みにもっとも近い活動であるが、彼らにとってはあくまでも表向きなものである。実際、イク族のなかでは贈与や犠牲的な行為は決して利他的に行われず、単に貸しをつくる手段でしかなく、必要なときに思い出させるのである。

贈り物を受け取ることで負わされる恩は受け取り拒否で挫《くじ》くことができるが、恩義を避けつつ贈り物という利益を受けるためには大いなる巧妙さが注ぎ込まれている。効果的だが不評なイク族の策略の一つは、我慢することができない食べ物を供して、すぐに恩を清算してしまうというものだ。

三歳にして放り出される

たとえ生物学的に動機づけられた究極的には利己的な種族とはいえ、自身の子どもたちに対しては、ある程度の利他主義を最低限示すだろう、と私たちは単純に考えるかもしれない。しかし、そう考えてしまうと私たちは失望させられることになる。

イク族の母親は不承不承子育てをしており、おんぶ紐で乳児を背負って運び、母乳で育ててはいるが、あまり優しく扱ってはいない。子どもが泣けば、母親はそれを見て笑うぐらいである。植物を摘むときには子どもを地面に下ろし、ヒョウが子どもをさらっていったならば喜ぶのだ。なぜならば、食べたものを消化しようと満足げに眠っているヒョウの所に行って、たやすく仕留

(27)　オルロフの原著では、ターンブルの本にある「またその動機が社会的慣習からみて容認できるかどうか」という判断基準の記述が省かれている。

めて食べることができるからだ。こういうことでさえ決して特別なことではなく、養育関係も早々と解消される。

「子供たちは三歳か、おそくとも四歳になると、〝放り出され〟て、それ以後はもう家のなかで寝ることを許されない（原註39）」

言うまでもなく、こういうことであるから子どもが親を慕うことはない。むしろ、老いた親がゆっくりと餓死する様子を眺めることを楽しみにしているくらいだ。

ひとたび「放り出された」子どもは、一人で生きていくことができないため、食べ物を探すために一緒に山を歩き回る子どもたちのグループに加わることになる。ジュニア（三歳から七歳）とシニア（八歳から一二歳）の二組の年齢別バンドがある。この二つのバンドは、食べ物を探すときには互いに避け合っている。

より正確に言えば、ジュニア・バンドはシニア・バンドを避ける。なぜならば、遭遇すると、暴力を伴いながらジュニア・バンドが集めた食べ物をシニア・バンドが没収することになるからだ。しかも、年上の子どもは年少の子どもから容赦なく奪い取るため、年少の子どもは一人になって困った立場にならないように尽力している。

そんな一例をターンブルは詳しく述べている。

年上の兄が、妹から炭の入った袋を奪い取った。その炭は、妹が警察署に持っていって一杯のお粥と交換するために二日がかりでつくったものだったが、それを奪い取る過程で兄は妹を殴りつけていた。その状況を兄はとても面白がったが、妹はそれほどでもなかった。恐らく、セルフストシャーデンフロイデ［五一三ページ参照］というイク族らしい感覚は、彼女のなかにまだ発達していなかったのだろう。

年齢別バンドへ加入することと、のちにそこから追い出されることは主要な通過儀礼であり、いずれもイジメを伴う。子どもが最年少で、もっとも弱く、もっとも役に立たないメンバーとして年齢別バンドに加入すると、そのバンドの者から殴られることになるが、他に選択肢はなく、そこに留まることになる。

一方、追い出しは、バンドの最年長で最強のメンバーに他の者が束になって襲うことで起こり、やはり選択肢はなく、バンドを去ることになる。

各年齢別のバンド内におけるメンバーの関係はかぎられた範囲内での競争に基づいており、他者を犠牲にせずに、個々の利益を最大化する決まりとなっている。バンド内で子どもは一時的な友情を築くが、その不可避的な断絶がバンド自体の通過儀礼にあり、イク族の若者に友情の脆さを教えているわけだ。イーチエトート（言語）では、「バム（友達）」という言葉はあざけりの語調を運んでいるように思われる。

すべての子どもたちは遊ぶものだが、イク族の子どもの遊びは、ほとんどすべてが食べ物かセックスに関係している。小さな子どもは泥のパイをつくり、小石を飾った。そして、それらを食べてしまった。年長の子どもは、小さい子や弱い子を獲物に見立てて、オモチャの投げ槍やパチンコで狩りごっこをした。そしてシニア・バンドでは、性的な関心が中心になり、年少のメンバーが年長のメンバーと性的な関係をもつことで友達を獲得した。

イク族には、シニア・バンドから追い出されたあとの通過儀礼はもはやない。かつてイク族にも存在した結婚という制度は、とても原始的な伝統によるものであり、略奪結婚だった。夜、若い花嫁候補が排便しようと柵の外に出ると、新郎となる男性と共犯者によってさらわれて、その男性の集落に連れていかれた。そのとき、もしも花嫁が弱々しい声をもらしたならば彼女の家族はうわべだけの追跡をし、仮に花嫁が大きな悲鳴を上げようものならば戦闘を仕掛けて彼女を奪還することになる。その際には、流血と姻戚の訪問というイク族のタブーが観察されることもあった。だが、ターンブルがイク族と過ごした二年の間に結婚はなかった。(28)

イク族の女の子はシニア・バンドから追い出されると、例外なく売春に没頭し、イク族内や訪問中の牧畜民のなかにお客を探していた。彼女たちが専門とするこの職業は短期間で、一八歳を過ぎるともはや惹きつける力がないと見なされて彼女らは見捨てられた。

共同作業の珍しい例がある。イク族の女の子たちは、二人一組で牧畜民の野営地に「求愛に出掛ける」ために協力していた。彼女らは、売春の仕事は退屈でうんざりすることだと思っていたが、グループセックスは愉快なもので、シャーデンフロイデ［五一三ページ参照］にとっては喜ばしい機会となった。

このような気楽な出会いの他に、さらに慣行化された性的関係があった。イク族の女性は価値ある商品と見なされており、他の部族の訪問者に自分を「妻」として物々交換したのだ。(29) そして彼女らは、ある種のネックレスをかけて地位を示していた。そのような「結婚」のたびに一つのネックレスを着けたわけだが、そのなかには、「その種のネックレスを窒息しそうなほどいくつも首に巻いて」(原註40)いる女性もいた。

イク族の男たちは、別の形で妻を評価していた。ある集落の年長者は、病に伏している妻のために受け取った薬を売っていたのだが、妻が死んだとき彼は、妻を自身のコンパウンドの敷地内に埋めた。近所の人に葬式の料理をもてなさねばならなくなることを避けるためだったが、それ以上に重要なことは薬をもらい続けることだった。「彼女は生きていたときより死んでからのほうがずっと役に立ったのだ」(原註41)

(28)　ターンブルの著書には、一週間以内に解消された縁組みが一度だけあったとある。（原註26の邦訳書、一一五ページ）
(29)　「私は感慨をもよおしたのだが、イク族の女は、まさに商人が品物を売るように、自分自身を〝妻〟として売るのだった」（原註26の邦訳書、九五ページ）

のちに、彼は政府による飢饉救済の食料を妻の代わりに受け取りに行き、もちろんそれを自分で食べてしまった。イク族の価値観に従えば、この行為は彼を太らせ、それゆえ「善き人」にしたことになる。

過去には、イク族は離婚制度をもっていた。離婚の手続は、イバラの枝で儀式的に妻を打つことではじめられた。流血はイク族のタブーなので、ひとたび血が流れようものならば結婚は解消され、妻は彼女自身の家のコンパウンドに戻って小屋の外の地面で寝た。姻戚の訪問もまたタブーであり、これは、別居あるいは離婚の場合にさらなる衝突を避けるうえでとても有効だった。だが、ターンブルが訪問したときには、離婚も気にするほどのことでなく非公式なものになっており、どちらかの配偶者による予告のない結婚放棄という簡単な形式になっていた。

上述の行動が何ら悪影響を及ぼさなかったことは特筆すべきことである。狩猟採集民が制定法や判例法の複雑な体系をもつとは、私たちは期待しないだろう。だが、昔、イク族は基本的な道徳観念の防衛に一致団結して立ち上がっていた。彼らは殺人、近親相姦、姦通は重罪として、炎を上げる薪の山に罪人を投げ込んで処罰し、同時に、賢くも流血のタブーを破ることを回避した。だが、ターンブルが彼らに会ったとき、目の当たりにしたのは次のような状況であった。

「ほとんど誰かれなしに姦通がおこなわれているという現状は、或る意味で、家族という無用かつ非機能的な単位の破壊を徹底させるために計画的にもたらされたもの――ではないまでも、そ

ういう働きをしている」(原註42)

そして、彼の観察によれば、イク族のなかのほとんどの性行為は、マスターベーションと姦通の二種類だった。

イク族の男にとって、性交によって性的快楽を得ようとすることは、イク族のすべての女性がセックスの見返り、すなわち食べ物と恐らく金を要求するという事実によって困難なものとなっていた。つまり、イク族の男はどちらももっていなかったのだ。加えて、マスターベーションは少ないエネルギーで済み、食べ物を探すためのエネルギーを温存できるというのが、彼らの考え抜かれた結論だった。

時が経ち、飢饉が続いたために、性行為に費やすエネルギーをますます少なくしていったようだ。彼らは排便と射精を、どちらも余分のものを排出する行為であって、似たような自然現象と見なしているとターンブルは推測している。

上記のことを熟考して、ターンブルは人を怒らせるような結論に達している。

「家族とは、普通われわれが思っているほど基本的な単位でもないし、また、生物学的な意味あいを別にすれば、社会生活をいとなむ上でどうしても欠くことのできない必要条件でもない――イク族はわれわれにそう教えてくれているようだ」(原註43)

とても深刻な生物学的条件においては、「理想的な家族とは、経済面と、当座の暮らしという点だけにかぎっていえば、夫婦だけで子供はない、という状態である」(原註44)ということになる。では、なぜ子どもがいないのだろうか。

「子供は老人と同様、あるいはそれに近い程度に役立たない存在だ。そして子を生む能力のある世代が生きているかぎり、子供などいつでも作れる。だからまず老人を、ついで子供を厄介ばらいしようということになる。そうでもしなければ種族全体が自滅する。そして、遺憾ながら、とさえ言いたくなるくらいなのだが、イク族という種族は、何がどうであろうと自滅の道を選ぶような種族でだけは断じてないのである」(原註45)

さらに、この家族生活の欠如は必然だった。その理由は以下の通りである。

「家族だとか感情だとか愛だとかいった贅沢なものを受けいれるだけの余裕が、ここの住民たちにはないという、ただそれだけの単純な事実を示すにすぎない。餓死の一歩手前にあるとき、そんな贅沢は死を意味する。そして、もう死んでしまった者のために、弱者のために、年寄りのために自分が死ぬなどということは、このうえもなく愚かしい贅沢というものではないのか?こんな考えは、人間の根本的な価値などというものがあるとする臆説への、また美徳だの善だのという観念そのものへの、ひどい打撃であるかもしれない」(原註46)

イク族は、私たちに人間であることは何を意味するのかを問い掛け、彼らの答えは私たちのほとんどが聞きたくない答えとなる。つまり、人間であることは贅沢であり、必要なことではない、というものだ。だが、もっと質《たち》が悪いことに、人間であることをやめても私たちは動物にはなれないのである。

イク族は、彼らの文化とともに零落したが、イチエトート（言語）をまだ話している。彼らは原因と結果について思考することができ、記述的で物語形式の記憶とコミュニケーションをもっていた。そして、彼らは道具を使用した。このことは、彼らを他の動物種よりも進歩的な存在にした。

人間が人間であることをやめるとき、動物になるのではなく残酷な生物学的な機械の歯車になるのだ。そのような非人間的状態に至る潜在性が私たちのすべてのなかにあるのだから、彼らに責任はない。だが、基本的な人間の生存戦略は、比較するならば、下等動物のほうがより人間味のある存在に思わせる。

「奴らを皆殺しにしろ！」

興味深く、ユニークな部族とともに暮らして研究することに二年を費やし、その後、奥地から出て、この部族は焚刑《ふんけい》に処されるべきだと宣言した人類学者がいるというのは極めて珍しい。コリン・ターンブルはそこまでは言っていないが、イク族は小集団に分けて、故郷から遠く離れたウガンダのほうに移住させるべきだ、と勧告する報告書を書き上げている。だが、彼自身が書いていたように、イク族は故郷を捨てるよりもむしろ飢えて脱水症で死ぬだろうから、移住計画は死刑宣告に等しいだろう。

いずれにせよ、彼の提言は無視された。ターンブルはイク族とともに過ごしたことで心的外傷を負ったと、彼の同僚やウガンダの行政官は疑ったと推察される。ジョゼフ・コンラッドの小説『闇の奥』に登場するクルツのように、恐らくターンブルの方法はあやふやだと思われた。(30) それでも、ターンブルのように的確な観察を行ってイク族に関する不利な結論に到達できた者は他に誰もいなかった。

ターンブルはさらに思索を進めた。彼は、私たちのすべてが潜在的にイク族のような面をもち合わせていることを指摘し、先進国の人々がますますイク族のようになっていることに気付いた。「私が事実をあまりにも悲観的に、極端に解釈しすぎるという印象を捨てきれない人がいるとしても、それらの事実が指し示している方向についてだけは、誤解の余地がないはずであり、そしてそれこそは何よりも重要なことである。なぜなら、その方向にあるものは、イク族に対してと同じように、残りの全人類にも影響をおよぼすかもしれないのだから。……われわれ自身の社会に現われている変化の徴候のかずかずは、正確にその世界と同じ方向を指し示しているのだ」(原註47)

「イク族は、われわれが誇らしげに言い立てている人間の価値など、少しも人間に生まれつきそなわったものではなく、ただ社会と呼ばれる特別な生存形式とむすびついてはじめて意義が生じるものであり、そして、そんなものはすべて、社会そのものでさえ、なしですませることのできる贅沢物にすぎないということを教えてくれている（原註48）」

ターンブルの体験の特質として、偏見のない一歩距離を置いた観察者としてではなく、当事者として振る舞うことを強いられたということが挙げられる。というのは、彼はゆっくりと飢えていくイク族のなかで暮らしながら、試されたのは彼自身の人間性だったからだ。

ターンブルはイク族を気遣おうとしたが、余命数日の人の世話をすることが目的にはならないということを痛感するばかりであった。そして、より良い時代、彼らにも互いに気遣い合った時代があったことを思い出させてしまったが、そのことは彼らの苦痛を緩和するどころか悪化させてしまった。そんな状況では、愛は痛みに等しかった。この認識によって彼は、彼自身の偽善を黙認せざるを得なくなった。

「そのときの私は、自分たちは正しいのだ、これこそ唯一の〝人間的な〟行為なのだと確信していた。また事実、或る意味でそのとおりではあった――われわれは、その行為によってみずから優越感を確認し、それだけ自分たちが気楽に生きて行けるようにしていたのだから（原註49）」

ターンブルは衰退した人間性として彼らと自分を見つめ、「人間らしい心をもった最後のイク

（30）（Joseph Conrad, 1857～1924）イギリスの小説家。海洋文学で知られている。

族(原註50)」がいたとさえ書き留めた。その女性は、愛を失った集団よりもウガンダの刑務所に入れられることを望み、釈放されるやすぐに、刑務所のなかに戻してもらうために警官の一人につかみかかったのだ。

　イク族の話を単なる訓話として扱うことができたならば、よかったのではないだろうか。それは恐らく、避けることができたならば、注意深く避けるべき話ではある。だが、誰かの制御を超えた環境が生じた結果として、単純にイク族が現れているのだとしたらどうだろうか。イク族が一種の完成したものを表しているのだとしたらどうだろうか。また、イク族によってつくり出されたシステムを仕上げて、単に生存するということでより良いシステムが創造できるとしたらどうだろうか。つまり、私たちのすべてを「たったひとつの基本的個人的人権、すなわち生存権をもった個人として遇する。そしてそのとき、人間はもはや人間でも動物でも何でもない、完全な植物と化している(原註51)」状態だ。

「イク族が示している、ということはすなわち……社会がなくてもやって行けるのだ、ということでもある。なぜなら、かれらは人間の社会というものを、人間的な感情など問題にならない単なる生存システムに置き換えたからだ(原註52)」

　ここには、あなたと私が甘受しなければならない倫理的なジレンマがある。この惑星に暮らすおよそ七〇億人の命と、この箇所を私が執筆している間に誕生した新たな生命を守ることに価値はあるのだろうか。そうだとしたら、［人口爆発の進展とともに］私たちはイク族のようになるにちがいない。それとも、私たちを人間たらしめる文化を守るために、私たちのうちの多くの者が死んだほうがいいのだろうか。ターンブルは、中身のない機械のような生存に価値を見いださない。

「善がないなら、そこには悪もないということになる。そして愛のないところには憎しみもない。つまるところ、これが進歩というものかもしれないのだ。だが、それはまた、むなしさというものでもある」（原註53）

この選択は厳しい選択であり、時が来て、天佑《てんゆう》の如く安楽死が私たちに降り掛かったならばよいのではないだろうか。イク族にとって、その時は遠くないかもしれない。

「さいわいにして、イク族の人口はそれほど多くない。もともと二千人ばかりだったのが、この二年間に大幅に減少している。そこで、私としては、かれらが完全に死に絶えてしまうまで、これまでどおりの孤立を続けるがいいと思いたい」（原註54）

ならば私たちは、ターンブルがイク族に望んだのと同じことを、私たち自身に望むべきなのかもしれない。ひょっとすると、私たちはすでにそうしているかもしれない。というのは、「われわれは、自分が生きているうちに人類が滅亡することはあるまい、と内心ひそやかにつぶやく。これこそまさに、イク族のものとしてもおかしくないほどの、子孫に対する思いやり深さであり、社会的責任感である」(原註55)からだ。

いつ、私たちがイク族のようになったのかについて、どうすれば気付くのだろうか。それとも、これはすでに起こっているのだが、私たちは豊かすぎて事実を隠しているだけなのではないだろうか。西洋人は子どもたちを三歳で「放り出す」ことはしないが、子どもたちを保育所か幼稚園には送り出している。

「われわれが家庭から国家へと責任を転嫁しているとすれば、イク族は個人にすべてを負わせている、というだけの違いである」(原註56)

私たちが老人を養う、あるいは国家によってゆっくりと孤独に飢えさせることができるのに対して、イク族は彼らの老人たちを餓死させている。この国家を取り去れば、私たちはどんなことになるだろうか。私たちの世代間の契約はまだ無傷なのだろうか。それとも、私たちの社会はすでに、「老年期に入ったわれわれが、遠い少年時代のことを思い出すためのゲームのようなものになってしまっている」(原註57)のだろうか。

人間であり続ける鍵は人間の生命サイクルを守ることにあり、それは子どもと祖父母が関与する。

「老人と子供とは或る大きな信仰——継続というものへの信仰を共有しているのだ。そしてまた、過去に対するものでもあれば未来に対するものでもある希望をも」

イク族では、このサイクルが破壊されている。「イク族の今日の老人たちは、その一人一人が三歳のとき外へほうり出されながら生き残ってきた世代であり」、生命サイクルの連結を壊している。「いまや新旧両世代は完全に入れかわり、そのまま永遠の軌道にのった。われわれが、〝ヒューマニティー〟という名で知っているものは根絶し、世界は冷たい空虚と化した。人は、ただ生き残るということを除けば、自分自身にさえ関心をもっていないかにみえる(原註58)」

私たちが自らイク族のようになることは許せないと言うならば、それはいったいどんなことを意味することになるのだろうか。それは、西側諸国の社会が「秩序を保っているのは、いつなんどきでも適用される厳格な法律と、それにともなう厳格な罰則という強制的な力の存在によってであるにすぎない(原註59)」ということである。

他方、イク族は、「人間の根本的なわがままとして受け入れるべきもの、つまりは、何をおいてもまず一個人として生き残ること、という、人間存在のごく自然な目的を承認するところにまで到達したようだ。これをこそ、かれらは基本的人権と見なしているわけで、そして少なくとも、他人が全力をあげてその人権を追求することを、互いに非難しあうことなく許容するだけのたしなみは持ち合わせているのである(原註60)」。

国家は、私たちがイク族のようになることを防いでいるが、国家が破綻ないし解消したならばどうなるのだろうか。そのとき、私たちの救いとなるのは、ひょっとして愛なのだろうか。

「生きて行くうえで愛は欠くことのできないものだという、まるで宝石のように大切にされているこの観念が正しいかどうかをためす機会を、さいわいにもイク族が提供してくれている」(原注61)と、ターンブルは言っている。彼はイク族のなかに愛を探し出そうとして、愛の微塵さえ見いだすことができなかった。

「贅沢にせよ幻覚にせよ、イク族の世界に愛がないならば、全人類がそれを失ってしまうということもあり得るし、今日の西欧世界に見られる状況そのものが、その喪失を単なる可能性としてではなく必然的な結果として招くものであるかもしれない、いや、その過程はすでにはじまっているのではないか、とも考えられた(原注62)」

それでは結論を出そう。私たちは文化の崩壊を生き残ることができ、それがどのように試みられているのかについては、イク族が私たちに示してくれている。お気に召したのならば、彼らの実体験を生き残る者の才覚として心得ていただきたい。それが気に入らないのであれば、事態を成り行きにまかせることだ。

彼らの体験が示すように、その生存のあり方は絶滅するよりも悪い運命なのかもしれない。何が何でも生き残らなければならないようなことにはならないだろう。生きるも、死ぬも、応報だ。

原著者によるあとがき

本書を読むという苦行をやり遂げた今、あなたにとって「次のステップ」は何だろうか。読後あなたは、本書が「これをしなければならない」あるいは「これをやらなかったらどうなるか」といったことが記された本ではなく、ましてや「私たちはこれをすべきだ」という類いの本でないことに気付いていることだろう。

本書にアジェンダ（指針）はない。ただ、崩壊が起こるという前提、その危急の事態は五つに峻別される段階を経ながら展開するものとして分析されるということ、そして、いくつかの調査に基づいて、崩壊を切り抜けて生き残ることを望む人々に、段階ごとに異なる心構えの適応を要求するという結論だけが示されている。

本書は、学校教育および社会生活への適応に付随して受け入れた考えのほとんどに対する一つの大きな挑戦でもある。本書において呈示された疑問は以下の六つである。

❶行儀よく社会に適応させられることが意味することに疑問を呈している。崩壊のはじまりの明らかな兆候を無視したまま、あなたは社会生活にうまく適応した個人でいられるだろうか。

❷金銭面での安心が意味することにも疑問を呈している。知らない人から手わたされた紙切れに

記された数字が、あなたに疑念よりも安心感を抱かせてはいないだろうか。
❸現代の経済活動に参加することが意味することに対して疑問を呈している。信頼していない見ず知らずの人とビジネスを進めることが、そんなに素晴らしいことなのだろうか。
❹愛国者であることが意味することに疑問を呈している。国旗、国家、そしてわずかばかりの創造神話というものが、あなた方が何者なのかを語るために十分なものであるのだろうか。つまり、人々はあなたのために死ぬことをいとわず、あなたは人々のために死ぬ、ということを命じるに十分なのだろうか。
❺社会の一部であることが意味することに疑問を呈している。あなた方はみな、まさかのときには頼りにならない友なのだろうか。
❻人間であることが意味することに疑問を呈することさえしている。私たちを動物よりもひどく悪しき存在に成り下げてしまうためには、文化はどのくらい劣化しなければならないのだろうか。

この理路に沿って私は、あなたが日常生活のなかで会うことのない興味深い人々を紹介した。まず、金融は政治であると断言し、熟練労働を機能させるために金融企業を解体して、経済成長と国の競争力を回復させたアイスランドの政治家にあなたは会った。あなたはまた、ロシアのマフィアの話を耳に入れた。それはハッピーエンドであり、ロシア人の国はもっとも保護されたマフィアたちの不正な金儲けの場ということがお分かりいただけたであろう。

あなたはまた、パシュトゥーン民族の一員にも会った。絶対に正しいという道徳観ゆえに、彼らはどんな帝国主義の侵略者も気にくわず、逆に息の根を止めようとするほどであった。そしてあなたは、大昔から損なわれていない遊牧民で分離主義者という裏の顔と可能性に関して研ぎ澄まされた感性をもち合わせており、協定できないライフスタイルに根差したジプシーたちにも出会っている。

最後に、あなたはイク族に遭遇した。彼らは、何がなんでも生き残ることが死ぬことよりも悪い運命かもしれないという不快な考えを私たちに突き付けた。

崩壊を切り抜けて、生き残るうえでの信頼できる情報を得ることを望んでいるあなたであれば、アイスランド人を例外として、これらのどの人々もカクテルパーティーには招待しないだろう。また、オフィスのコーヒーサーバー辺りでの立ち話で、ロシア人マフィア、タリバンのメンバー、ロマ、あるいはイク族の人からあなたが得た生き残りのための驚きの情報を、同僚たちには話さないだろう。

これらは私の推察だが、こういうことを話しても、崩壊についての細部にまで及ぶ理解は、崩壊前の社会では人のご機嫌を取るために役立つものでないということに気付くはずだ。

ともあれ、本書のうんざりするほどの見解があなたと共鳴し、その見解のうちのいくらかをあなたが吸収したならば、ロマの社会内部での裏の顔のように、隠れて、崩壊後に備えた個性のようなものを育んでいるかもしれない。あなたは、社交的な分離主義者に変貌するのだ。実名は「ゼンフィラ」だが、ロマではない人の前では自分のことを「キャシー・スミス」と呼び、ロマではない隣人からカップケーキの贈り物を愛想よく受け取っても、彼女の夫を汚すことを避けるべく、近くにあるゴミ箱にカップケーキを投げ入れるだけのロマの女性のように。

それでも、時折、あなたの隠れた正体が漏洩《ろうえい》するかもしれない。あなたは電話越しの女性販売員に、「あなたとはビジネスできない。なぜならば、私はあなたのことを個人的に知らないからだ」と口を滑らせて、販売員を驚かせてしまうかもしれない。あるいは、選挙活動の応援をしている男性に、「あなたはアメリカ人の政治家に投票しないほうがいい。なぜならば……どの人にしてもみんな同じようなものだから」と話して、びっくりさせるかもしれない。そして、あなたが知っていることを理解していて、同じ考え方をする大物に偶然出会うことがあるならば、事態は誠に興味深いことになるだろう。

オルロフ（つまり私）を読んでいるというだけの理由で、あなたはその人物を自動的に信じてもいいのだろうか。否、信じるべきではない。信頼は行動によって築かれるものであって、言葉によってではない。

だが、それならば、どうしてあなたは私を信じるべきなのだろうか。私があなたに保証できることは、私が故意に事実を捏造していないということと、細心の注意を払って調査をしたということだけだ。だが、それらも所詮言葉でしかない。正しい答えは、自分自身で考え、あなたの考えに基づいて行動し、それが自分のためになるならば自分自身を信じることである。

そんな方向に優しく背中を押すことが、私が企図するすべてだ。これとて、度が過ぎるならば、政治家や教育者、すなわち私たちの頭の中に特定の考え方を詰め込みたい人々の目には、あなたが稀有《けう》で危険な人物に映ることだろう。つまり、他人に左右されない自由な思考ができる人になっているということだ。

そのような訳で、あなたは疑いもなく、信頼していない人にはあなたの新しいパワーを秘密にしておかねばならないことを認識するだろう。

私が思うに、より多くの人々が本書のメッセージを自分のものとして、それに基づいてできるだけ範囲を広げて行動することができれば、何かと助けになるだろう（初めは自己利益の観点からだとしても、前に進むにつれて、そのような人々は隣人を善導するだろう）。とはいえ私は、自らの見解を控えめなものにしておきたい。そして、たとえほとんどの読者が本書に書かれてあることを奇妙な寄せ集めくらいに評したとしても、そのなかの一つの考えが読者たちに受け継がれるかもしれないことを期待している。

詰まるところ崩壊は、何がなんでも避けられるべき悪夢のシナリオではなく、人類の歴史においては月並みで変えることのできない盛衰の一部分を成している。したがって、私たちの世界観ゆえに崩壊を妨害しようとする広く行きわたった傾向は、崩壊の影響を緩和するためにはむしろ適応性を欠いたものになるだろう。私が経験してきたこのフィードバックの考えに基づくならば、本書は少数の人々を大いに助けることになるかもしれない。もちろん、本書が大多数の人々をも助けることになれば……とも私は望んでいる。なぜならば、それが本書を執筆した理由に他ならないからだ。それは、役に立つこと、である。

　本書はただ一つの理由で誕生した。人々がそれを求めたのだ。私が六年ほど前に「崩壊」を主題とする最初の記事を書いたとき[1]、その主題について書いたり講演したりするという（数え上げられないが）活動的な生涯のキックスタートをしていたとは思いもよらなかった。その主題はやがて、残念ながら私の家族の下にも降り掛かることなのだ。そして、執筆活動の休止［二〇〇七年］は、ある時点を越えるや、あまりにも多くの人々をがっかりさせたようだ。

　正直に言って私は、ヨット、船乗りの家族、要塞の性質と技術、沿岸の再構築（家屋が浮かび上がる必要がある、分かるよね）などについて記された本のほうが好きだ。そういう本は、あちこちで社交的なコメントが寄せられ、のどかな情景のなかの幸せな人々に起こる愉快な出来事に焦点が絞られている。

　ターコイズブルーのラグーン［珊瑚に囲まれた海面、礁湖］に停泊して贅沢なランチ、白い砂浜と椰子の木に囲まれている……錨はコーラルヘッド〔珊瑚で覆われた岩の塊〕に引っかかって動かない……けれども愉快なことが続く……あなたは事態を察知する。

あなたが想像できるように、この類いの愉快なトピックを扱ったほとんどの著書は、崩壊に関するもっともすぐれた著書よりも格段に売り上げがよい。何がそういうおいしい作家業に私を寄せ付けないようにしているのか、とあなたは尋ねるかもしれない。それは、あなたがいるからだ。私は、本書をあなたのために執筆したのだ。だから、喜んでいただきたい。そして、もしあなたが本書を好きになれなかったのならば、私が次に書く本を待っていただきたい。

次回作は、暑い潮風、魚釣り、ココナッツのことが記されていて、崩壊する唯一のものと言えば、虹色の閃光を発しながら砂の浜辺で砕ける波飛沫くらいのものだろう。[2] 恐らく、あなたはその本をいたく気に入ることだろう。

ともあれ、一つのことをはっきりさせよう！　あなたにとっても、私にとっても、崩壊後の生活をより良いものにする、ということを。

（1）“Post-Soviet Lessons for a Post-American Century”（2005）、その邦訳 http://www.shiftm.jp/show_blog_item/164

（2）本書の次に著述された本（共著）は『Communities that Abide（永続するコミュニティー）』というタイトルで、崩壊を所与の条件として石油文明の崩壊後も続くコミュニティーについて思索を展開している。

Psychoanalysis, John Hopkins University Press, Baltimore, 1968
・Lane, Frederic, *Profits from Power*, State U. of NY Press, Albany, 1979
・Lindqvist, Sven, *Exterminate All the Brutes* (*Utrota varenda jävel*, 1992), The New Press, NewYork, 1997
・Lutz, Catherine ed., *The Bases of Empire: The Global Struggle against US Military Post*, TNI, 2008
・McLaughlin, John B., *Gypsy Lifestyles*, University of Illinois, Lexington Books, 1980
・Meadows, Donella H., ed., *Limits to Growth*, Signer, 1972（大来佐武郎監訳『成長の限界 ――ローマ・クラブ「人類の危機」レポート――』ダイヤモンド社、1972年）
・Meadows, Donella H. et al., *Limits to Growth: the 30-Year Update*, Chelsea Green, 2004（枝廣淳子訳『成長の限界 人類の選択』ダイヤモンド社、2005年）
・Modestrov, Nikolai, *Moskva Banditskaya*, Tsentrpoligraf, Moscow, 1996
・Newton, Michael, *Savage Girls and Wild Boys*, St. Martin's Press, New York, 2003
・Okely, Judith, *The Traveller-Gypsies*, Cambridge Univer Press, 1983
・Rotberg, Robert I., *When States Fail: Causes and Consequences*, Prinston University Press, 2004
・Stewart, Michael, *The Time of the Gypsies*, Westview Press, 1997
・Strange, Susan, *The Retreat of the State: The Diffusion of Power in the World Economy*, Cambridge University Press, 1996（櫻井公人訳『国家の退場――グローバル経済の新しい主役たち』岩波書店、1998年）
・Turnbull, Colin, *The Mountain People*, Simon and Schuster, 1987.（幾野宏訳『ブリンジ・ヌガク 食うものをくれ』筑摩書房、1974年）
・Veseth, Michael, *Mountain of Debt*, Oxford University Press, 1990
・Volkan, Vamik et al., *Psychodynamics of International Relationship*, vol.1, Lexington Books, 1990
・Volkov, Vadim, *Violent Entrepreneurs: The Use of Force in the Making of Russian Capitalism*, Cornell University Press, 2002,

参考文献一覧

・Brooker, Paul, *Modern Stateless Warfare*, Macmillan, 2010
・Clunan, Anne L. and Trinkunas, Harold A., eds., *Ungoverned Spaces: Alternatives to State Authority in an Era of Softened Sovereignty*, Stanford University Press, 2010
・Durkheim, Emile, *Suicide*, Free Press: New York, 1966（宮島喬訳『自殺論』中公文庫、1985年）
・George, Susan, *Whose Crisis? Whose Future?*, Polity Press, 2010（荒井雅子訳『これは誰の危機か、未来は誰のものか――なぜ１％にも満たない富裕層が世界を支配するのか』岩波書店、2011年）
・Glass, James M., *Psychosis and Power: Threats to Democracy in the Self and the Group*, Cornell University Press, 1995
・Hancock, Ian, *Danger! Educated Gypsy*, University of Hertfordshire Press, 2010
Hayek, Friedrich, *Denationalization of Money*, https://mises.org/library/denationalisation-money-argument-refined （2015年８月26日アクセス）
・Horsman, Matthew and Marshall, Andrew, *After the Nation-State*, Harper Collins, London, 1994
・Kagarlitsky, Boris, *Empire of the Periphery: Russia and the World System*, Pluto Press, 2008
・Kagarlitsky, Boris, *The Revolt of the Middle Class*, Cultural Revolution, Moscow, 2006
・Kizlov, Valerii and Sapov, Grigorii, *Inflation and Its Consequences*, Panorama, Moscow, 2006
・Kohr, Leopold, *The Breakdown of Nations*, Chelsea Green Publishing Company, 2001
・Koonings, Kees & Kruijt, Dirk, eds., *Armed Actors: Organized Violence and State Failure in Latin America*, Zed Press, 2005
・Kristeva, J., *Nations without Nationalism*, Columbia UP, New York, 1993
・Lacon, Jacques, *Language and Self: The Function of Language in*

60. 前掲書，p.182.（前掲邦訳，p.168.）
61. 前掲書，p.236.（前掲邦訳，p.221.）
62. 前掲書，p.238.（前掲邦訳，p.222.）

30. 前掲書, p.24.（前掲邦訳, p.18.）
31. 前掲書, p.259.（前掲邦訳, p.245.）
32. 前掲書, p.101.（前掲邦訳, p.91.）
33. 前掲書, p.112.（前掲邦訳, p.102.）
34. 前掲書, p.231.（前掲邦訳, p.216.）
35. 前掲書, p.241.（前掲邦訳, p.225.）
36. 前掲書, p.157.（前掲邦訳, p.143.）
37. 前掲書, p.155.（前掲邦訳, p.142.）
38. 前掲書, p.119.（前掲邦訳, p.108.）
39. 前掲書, p.121.（前掲邦訳, p.110.）
40. 前掲書, p.106.（前掲邦訳, p.95.）
41. 前掲書, p.86.（前掲邦訳, p.77.）
42. 前掲書, p.181.（前掲邦訳, p.166.）
43. 前掲書, p.133.（前掲邦訳, p.122.）
44. 前掲書, p.134.（前掲邦訳, p.123.）
45. 前掲書, p.131.（前掲邦訳, p.119.）
46. 前掲書, p.130.（前掲邦訳, p.119.）
47. 前掲書, p.289.（前掲邦訳, p.274.）
48. 前掲書, p.294.（前掲邦訳, p.280.）
49. 前掲書, p.228.（前掲邦訳, p.213.）
50. 前掲書, p.271.（前掲邦訳, p.257.）
51. 前掲書, p.290.（前掲邦訳, p.276.）
52. 前掲書, p.290.（前掲邦訳, p.275.）
53. 前掲書, p.286.（前掲邦訳, p.272.）
54. 前掲書, p.285.（前掲邦訳, p.271.）
55. 前掲書, p.293.（前掲邦訳, p.279.）
56. 前掲書, p.235.（前掲邦訳, p.219.）
57. 前掲書, p.291.（前掲邦訳, p.277.）
58. 前掲書, p.233.（前掲邦訳, p.217.）
59. 前掲書, p.182.（前掲邦訳, p.168.）

11. Michael Shuman, *Local Dollars, Local Sense,* Chelsea Green, 2012.
12. 引用は2012年 4 月13日付の *Bussiness Insider* の記事、グリムソンへのアダム・テーラーのインタビューによる。
http://www.businessinsider.com/olafur-ragnar-grmsson-iceland-2012-4
13. Vadim Volkov, *Violent Entrepreneurs: The Use of Force in the Making of Russian Capitalism*, Cornell University Press, 2002, p.17.
14. 前掲書、p.18.
15. 前掲書、p.15.
16. 前掲書、p.12.
17. 前掲書、p.x.
18. 前掲書、p.35.
19. 前掲書、p.30.
20. 前掲書、p.28.
21. 前掲書、p.xii.
22. 前掲書、p.22.
23. Frederico Varese, *The Russian Mafia: Private Protection in a New Market Economy*, Oxford University Press, 2001, p.1.
24. イギリスの出版社 Green Books より2012年に再版された。
25. Basic Books, 1961. （*Experiences in Groups and Other Papers*、邦訳：対馬忠訳『グループ・アプローチ』サイマル出版会、池田数好訳『集団精神療法の基礎』岩崎学術出版社）
26. Colin Turnbull, *The Mountain People*, Simon and Schuster, 1987.（邦訳：幾野宏訳『ブリンジ・ヌガク 食うものをくれ』筑摩書房）
27. 前掲書 , 資料写真のキャプション （前掲邦訳 , 資料写真のキャプション）
28. 前掲書, p.21.（前掲邦訳, p.17.）
29. 前掲書, p.25.（前掲邦訳, p.19.）

原註一覧

1. Richard Heinberg, *Peak Everything: Waking Up to the Century of Declines,* New Society Publishers, 2007.
2. Christopher O. Clugston, *Scarcity: Humanity's Final Chapter,* Booklocker.com, 2012.
3. Donella H. Meadows, Jorgen Randers, Dennis L. Meadows, *Limits to Growth: the 30-Year Update,* Chelsea Green, 2004.（邦訳：枝廣淳子訳『成長の限界 人類の選択』ダイヤモンド社）
4. Lucius Anneaus Seneca, Letters to Lucilius, n.91（邦訳：大柴芳弘訳『セネカ哲学全集6』岩波書店に所収）
5. Nassim Nicholas Taleb, *The Black Swan: the Impact of the Highly Improbable,* Random House, 2007, updated edition 2010.（邦訳：望月衛 訳『ブラック・スワン 不確実性とリスクの本質』（上・下）ダイヤモンド社）
6. James Howard Kunstler, *The Long Emergency: Surviving the End of Oil, Climate Change, and Other Converging Catastrophes of the Twenty-First Century,* Grove Press, 2006.
7. Joseph Tainter, *The Collapse of Complex Societies,* Cambridge University Press, 1990.
8. Susan George, *Whose Crisis, Whose Future?,* Polity, 2010, p.19.（邦訳：荒井雅子訳『これは誰の危機か、未来は誰のものか——なぜ１％にも満たない富裕層が世界を支配するのか』岩波書店）
9. David Korowicz, *Trade-Off,* p.59.
   http://www.feasta.org/wp-content/uploads/2012/06/Trade-Off1.pdf
10. Wikipedia の定義。
   http://en.wikipedia.org/wiki/Steganography

訳者紹介

大谷正幸（おおたに・まさゆき）

1969年福井県生まれ。大阪大学大学院工学研究科（応用化学専攻）博士後期課程修了、博士（工学）。現在、金沢美術工芸大学（一般教育等）准教授。

電気化学の専門家だった頃に導出した電極反応理論はEncyclopedia of Surface and Colloid Science（P. Somasundaran編, CRC Press, 2006年）に紹介されている。

近年は、フレデリック・ソディが提唱したエルゴソフィ（「エンジニアの視点から考える経済学、社会学、歴史、および純粋に物理学的な意味での仕事、エネルギー、仕事率に関連づけられた知恵」）を実践し、名目GDPをエネルギー供給量の関数として表した『おいそれと帰農できない理由について』（もったいない学会WEB学会誌）など、石油減耗時代を展望する論考を発表している。

著書に『ファザコン娘に恋をして——文明という自然現象』（ナカニシヤ出版、2002年）、訳書にDmitry Orlov著“Unspeller, Japanese Edition”（Createspace、2014年）がある。

崩壊5段階説
—生き残る者の知恵—

2015年12月10日　初版第1刷発行

訳者　大谷正幸
発行者　武市一幸

発行所　株式会社　新評論

〒169-0051
東京都新宿区西早稲田3-16-28
http://www.shinhyoron.co.jp

電話　03(3202)7391
FAX　03(3202)5832
振替・00160-1-113487

落丁・乱丁はお取り替えします。
定価はカバーに表示してあります。

印刷　フォレスト
装丁　山田英春
製本　松岳社

Printed in Japan
ISBN978-4-7948-1023-6